高等职业教育铁道机车专业"十三五"规划教材
全国高职院校专业教学创新系列教材
——铁道运输类

电力机车制动系统

DIANLI JICHE
ZHIDONG XITONG

主　编◎李益民　聂小武　马　力　伍春发

西南交通大学出版社
·成都·

内容简介

本书是铁路高职高专规划教材。全书共分九章，主要介绍了 SS_4 改、SS_9、HXD_1、HXD_2 和 HXD_3 型电力机车的风源系统、DK-1 型电空制动机、DK-2 型制动系统、CCB-Ⅱ型制动系统、法维莱 Eurotrol 制动系统、基础制动装置、停车制动装置、制动系统试验及常见故障判断与处理等知识。

本书为高职高专铁道机车专业教材，也可供中等职业学校及其他专业学校（院）电力机车或相近专业学生、电力机车检修工厂和机务段的检修和乘务人员参考。

图书在版编目（CIP）数据

电力机车制动系统 / 李益民等主编. —成都：西南交通大学出版社，2017.2（2022.8 重印）
高等职业教育铁道机车专业"十三五"规划教材 全国高职院校专业教学创新系列教材. 铁道运输类
ISBN 978-7-5643-5311-7

Ⅰ.①电… Ⅱ.①李… Ⅲ.①电力机车–车辆制动–制动装置–高等职业教育–教材 Ⅳ.①U264.2

中国版本图书馆 CIP 数据核字（2017）第 038760 号

高等职业教育铁道机车专业"十三五"规划教材
全国高职院校专业教学创新系列教材——铁道运输类

电力机车制动系统

李益民　聂小武　马　力　伍春发　主编

责 任 编 辑	黄淑文
封 面 设 计	墨创文化
出 版 发 行	西南交通大学出版社
	（四川省成都市金牛区二环路北一段 111 号
	西南交通大学创新大厦 21 楼）
发行部电话	028-87600564　028-87600533
邮 政 编 码	610031
网　　　址	http://www.xnjdcbs.com
印　　　刷	四川森林印务有限责任公司
成 品 尺 寸	185 mm × 260 mm
印　　　张	20.5
插　　　页	2
字　　　数	520 千
版　　　次	2017 年 2 月第 1 版
印　　　次	2022 年 8 月第 5 次
书　　　号	ISBN 978-7-5643-5311-7
定　　　价	54.80 元

课件咨询电话：028-81435775
图书如有印装质量问题　本社负责退换
版权所有　盗版必究　举报电话：028-87600562

前　言

本书是普通高等教育铁路系统规划教材。本书系统地介绍了 SS_4 改、SS_9、HXD_1、HXD_2 和 HXD_3 型交流电力机车风源系统、DK-1 型电空制动机、DK-2 型制动系统、CCB-Ⅱ型制动系统、法维莱 Eurotrol 制动系统、基础制动装置、停车制动装置、制动系统试验及常见故障判断与处理等知识。

教材的教学目标是培养具有扎实理论知识，具有较强分析、解决问题和操作技能的交流电力机车制动系统应用型人才。本书共计九个部分，其内容有：机车制动系统概述、电力机车风源系统、DK-1 型电空制动机、DK-2 型机车制动系统、CCB-Ⅱ型电空制动系统、法维莱 Eurotrol 制动系统、基础制动装置与停车制动装置、制动系统试验及常见故障判断与处理、车辆制动机简介等。

在编写过程中，我们查阅了大量的参考资料，多次到铁路机车运用和检修现场调研，多次进行专题交流与研讨。在编排的内容上，注意适用性、理论与实践相结合，突出分析、解决问题和实作能力的培养；在内容的组织上，注意逻辑性、系统性和层次分明；在文字表述上，注意准确、精炼、通俗易懂。每章附有复习思考题，供学生巩固所学的知识。为了压缩篇幅，对于 HXD 型机车缩写和首字母缩写、电力机车制动系统的不下车检查流程和 SS_9 型电力机车制动系统等有关知识采用二维码技术予以介绍，并列入附录。

本书由西安铁路职业技术学院李益民教授、湖南铁路科技职业技术学院聂小武副教授、昆明铁道职业技术学院马力副教授和湖南高速铁路职业技术学院伍春发副教授任主编，全书由西安铁路局高级工程师范秀忠、朱立海任主审，由西安铁路职业技术学院李益民教授负责统稿完成。参加编写的还有天津铁道职业技术学院阳东副教授、郑州铁路职业技术学院马金法副教授、黑龙江交通职业技术学院潘京涛副教授、西安铁路职业技术学院张省伟讲师、西安铁路局安康机务段武明岐工程师、延安机务段潘红生助理工程师、西安机务段王小峰助理工程师、西安地下铁道有限责任公司运营分公司工电部李晴。教材编写具体分工如下：李益民编写第一章、第二章、第四章第一至第三节、第七章、第八章第一至第六节和附录三；聂小武编写第三章第四节、第五节和附录二；马力编写第五章第一至三节；伍春发编写第九章第一、二节；阳东编写第三章第一、二节；马金法编写第六章第一至第五节；潘京涛编写第九章第三节和第六章第七节；张省伟编写第三章第三节、附录四、附录六和每一章的复习思考题；武明岐编写第五章第四节、第六章第六节；潘红生编写第五章第六节；王小峰编写第八章第七节；李晴编写第四章第四节、第五章第五节和附录一、附录五。

在编写过程中，得到了全国铁道职业机车专业教学指导委员会的大力支持，还得到了西安铁路局安康机务段党逸助理工程师、西安机务段屈忠印工程师等个人的大力帮助，在此一并致谢。

编　者
二〇一六年十一月

目 录

第一章 制动系统概述 ... 1
  第一节 制动系统的重要意义 ... 1
  第二节 制动机的发展简史 ... 4
  第三节 制动方式的分类和制动机的分类 ... 5
  第四节 空气制动机的基本作用原理 ... 10
  第五节 常用名词术语 ... 12
  第六节 制动缸压力的计算以及制动管最小有效减压量、最大有效减压量的确定 ... 14
  第七节 空气波、制动波以及列车制动时的纵向动力作用 ... 19
  复习思考题 ... 23

第二章 机车风源系统 ... 24
  第一节 概 述 ... 24
  第二节 SS_4 改型机车风源系统和辅助风源系统 ... 24
  第三节 HXD_1 型机车主风源系统和辅助风源系统 ... 37
  第四节 HXD_2 型机车主风源系统和辅助风源系统 ... 45
  第五节 HXD_3 型机车主风源系统和辅助风源系统 ... 47
  复习思考题 ... 52

第三章 DK-1 型电空制动机 ... 53
  第一节 概 述 ... 53
  第二节 DK-1 型电空制动机主要电器部件 ... 57
  第三节 DK-1 型电空制动机主要气动部件 ... 62
  第四节 其他气动部件 ... 88
  第五节 SS_4 改型机车 DK-1 型电空制动机的作用原理 ... 96
  第六节 DK-1 型电空制动机的辅助功能及与其他系统的配合 ... 106
  复习思考题 ... 112

第四章 DK-2 型机车制动系统 ... 114
  第一节 概 述 ... 114
  第二节 DK-2 型机车制动系统主要部件 ... 115
  第三节 DK-2 型机车制动系统的综合作用 ... 131
  第四节 DK-2 型机车制动系统运行模式设置 ... 140
  复习思考题 ... 143

第五章 CCB-Ⅱ型电空制动系统 ... 144
  第一节 概 述 ... 144

第二节　CCB-Ⅱ型电空制动系统主要部件的构造及作用 …………………… 146
　　第三节　CCB-Ⅱ型电空制动系统基本设置 …………………………………… 162
　　第四节　CCB-Ⅱ型制动系统控制关系与气路综合作用 ……………………… 165
　　第五节　系统主要部件的备份及故障检测方式 ……………………………… 177
　　第六节　控制与辅助管路系统 ………………………………………………… 182
　　复习思考题 ……………………………………………………………………… 183

第六章　法维莱 Eurotrol 型制动系统 …………………………………………… 184
　　第一节　组　成 ………………………………………………………………… 184
　　第二节　法维莱 Eurotrol 制动机司机制动控制器和制动显示屏 …………… 185
　　第三节　法维莱 Eurotrol 制动机司机制动阀和作用阀模块 ………………… 187
　　第四节　法维莱 Eurotrol 制动机 EMP 模块和分配阀 ………………………… 190
　　第五节　法维莱 Eurotrol 制动机中继阀和停放制动模块 …………………… 194
　　第六节　法维莱 Eurotrol 制动机隔离模块、流量计和制动控制单元 BCU … 200
　　第七节　法维莱 Eurotrol 制动机综合作用分析 ……………………………… 207
　　复习思考题 ……………………………………………………………………… 209

第七章　基础制动与停车制动装置 ……………………………………………… 210
　　第一节　SS_4 改型机车基础制动装置与停车制动装置 ……………………… 211
　　第二节　HXD_1、HXD_2 型机车基础制动装置与停车制动装置 …………… 216
　　第三节　HXD_3 系列交流机车基础制动装置与停车制动装置 ……………… 220
　　第四节　防　滑　器 …………………………………………………………… 224
　　第五节　制动倍率、传动效率和制动率 ……………………………………… 229
　　第六节　制动力分析 …………………………………………………………… 232
　　复习思考题 ……………………………………………………………………… 239

第八章　制动系统试验及常见故障判断与处理 ………………………………… 241
　　第一节　DK-1 型电空制动机的操作规程与试验验收规则 …………………… 241
　　第二节　DK-2 型电空制动机和 CCB-Ⅱ制动系统操作规程与试验 ………… 250
　　第三节　法维莱 Eurotrol 制动机检查试验 …………………………………… 258
　　第四节　DK-1 型电空制动机的故障处理 ……………………………………… 260
　　第五节　DK-2 型机车制动系统常见故障判断与处理 ………………………… 266
　　第六节　CCB-Ⅱ型制动系统常见故障判断与处理 …………………………… 271
　　第七节　法维莱 Eurotrol 制动机故障处理 …………………………………… 281
　　复习思考题 ……………………………………………………………………… 281

第九章　车辆制动机简介 ………………………………………………………… 282
　　第一节　客车 104 型空气制动机 ……………………………………………… 282
　　第二节　货车 120 型空气制动机 ……………………………………………… 293
　　第三节　F-8 型电空制动机 …………………………………………………… 299
　　复习思考题 ……………………………………………………………………… 303

附录一	HXD型机车缩写和首字母缩写	304
附录二	电力机车制动系统的不下车检查流程	304
附录三	SS_9型电力机车制动系统	304
附录四	"电力机车制动系统"课程实验	305
附录五	SS_4改型电力机车制动机原理图	
附录六	EPCU模块气路图	
参考文献		320

第一章 制动系统概述

第一节 制动系统的重要意义

人为地使运动物体减速或阻止其加速称为制动。为了使运动中的列车能迅速地减速或停车，必须对它实施制动；为了防止列车在下坡道时由于列车的重力作用导致列车速度增加，也需要对它实施制动；即使列车已经停车，为避免停放的列车因重力作用或风力吹动而溜车，还需要对它实施制动（又称为停放制动）。反之，对已经施行了制动的列车，为了重新起动或再次加速，必须解除或减弱其制动作用，这种做法称为制动的缓解。

一、概述

为了能施行制动或缓解制动，需要在列车上安装由一整套零部件组成的一个完整的制动装置，称为"列车制动装置"。在铁路上，它可以分为动力集中型列车制动装置和动力分散型列车制动装置。对于动力分散型列车而言，列车制动装置分为动车制动装置和拖车制动装置；对于动力集中型列车而言，列车制动装置分为机车制动装置和车辆（客车、货车）制动装置。无论机车、客车、货车还是动车、拖车，各种车都有它自己的制动装置，起着制动和缓解的作用。除此之外，机车还具有操纵全列车的制动功能。动车组列车和城市轨道车辆也有操纵全列车制动功能的设备，它一般安装在列车两端的带司机室的头车上，而头车既可以是拖车也可以是动车。

由制动装置产生的与列车运行方向相反的外力，称为"制动力"。这是人为的阻力，它比列车在运行中由于各种自然原因产生的阻力要大得多。因此，尽管在列车制动减速的过程中，列车运行阻力（自然阻力）也在起作用，但起主要作用的还是列车制动力（人为阻力）。

一套列车制动装置至少包括两个部分，即制动控制部分和制动执行部分。制动控制部分由制动信号发生与传输装置以及制动控制装置组成；制动执行部分通常称为基础制动装置，包括闸瓦制动与盘形制动等不同方式。

过去由于列车上安装的制动装置比较简单、直观，而且用压缩空气传递制动信号，因此我们称其为一套列车制动装置。但是随着轨道交通技术的发展，制动装置中越来越多地采用了电气信号和电气驱动设备。微机和电子设备的出现使制动装置变得无触点化和集成化，并且使制动控制功能融入了其他电路而不能独立划分。因此，我们只能按现代方法将具有制动功能的电子线路、电气线路和气动控制部分归结为一个系统，统称为列车制动系统。

有效的制动装置，又称制动系统（简称制动机），是铁道机车车辆的重要组成部分。随着社会的发展和科学技术的进步，制动机由原始的手制动机、直通式空气制动机，发展到近代性能较完善的自动空气制动机、电空制动机等。与此同时，伴随着铁道牵引动力的革命，制动技术也得到飞跃发展，再生制动、电阻制动、加馈电阻制动和液力制动以其较强大制动功率、极好的高速性能以及很高的经济性得到较为广泛的应用。

二、制动作用的种类

（一）动力分散型列车

动力分散型列车包含动车组和城市轨道交通车辆，其制动在操纵上按用途可分为五种，即常用制动、紧急制动、快速制动、停放制动和保持制动。

常用制动是指在正常情况下为调节或控制列车速度，包括进站停车所施行的制动。它的特点是：作用比较缓和，制动力可以调节，通常只用列车制动能力的 20%~80%，多数情况下只用 50%左右。

紧急制动是一种"非常制动"，是在紧急情况下为使列车尽可能快的停车而实行的一种制动。它的特点是：作用比较迅猛，而且要把列车全部制动能力都用上，且只有空气制动作用。

快速制动，也称非常制动，它平均减速度基本上与紧急制动相当（其他功能与常用制动功能基本相同），但是紧急制动是不可自动恢复的，必须停车后人工恢复，而快速制动是可以恢复的，且一般为电空联合制动，也可以是空气制动作用。

停放制动，也称驻车制动，采用弹簧制动、充气缓解的方式，因此能使列车存放在一定坡度上不溜车而施行的制动作用，实现长时间停车。停放制动具有手动缓解的功能，以备在无风情况相对停放制动实施缓解。也可将铁鞋放入车轮踏面下面阻止列车运动。

保持制动的主要作用是防止列车停在坡道上时发生溜车。保持制动在常用制动模式下且列车速度低于 1 km/h 时触发，是常用制动的一种辅助制动。保持制动力的大小要保证列车停在线路的最大坡道上不会发生溜车。保持制动在列车牵引力大于保持制动力时缓解。

从司机实行制动（将司机控制手柄推至制动位）的瞬间起，到列车速度降为零的瞬间止，列车在这段时间内所驶过的距离，称为列车"制动距离"。这是综合反映列车制动装置性能和实际制动效果的主要技术指标。有的国家不用制动距离而用（平均）减速度作为其主要技术指标，其实两者的实质是一样的，只是制动距离较为具体，而减速度较为抽象而已。

（二）动力集中型列车

前已述及对于动力集中型列车而言，列车制动装置分为机车制动装置和车辆（客车、货车）制动装置。目前，在我国电力机车上使用的机车制动装置包括 DK-1 型电空制动机、DK-2 型电空制动机和 CCB-Ⅱ型电空制动系统（微机控制制动系统）。对于 DK-1 型和 DK-2 型电空制动机而言，机车制动装置（或系统）在操纵上按用途可分为四种，即自动制动、单独制动、后备空气制动和停放制动等制动。对于 CCB-Ⅱ型电空制动系统而言，机车制动装置在操纵上按用途可分为五种，即自动制动、单独制动、紧急制动、后备空气制动和停放制动等制动。下面以 CCB-Ⅱ型电空制动系统为例简要说明。

CCB-Ⅱ型电空制动系统自动制动功能靠大闸手柄在不同位置实现，大闸手柄在不同位置决定列车制动管不同的减压量。

单独制动功能靠小闸手柄在不同位置实现，大闸手柄在不同位置决定机车制动缸的压力。单独制动手柄还具有快速缓解功能。

紧急制动作用可以通过大闸手柄置紧急位实现，也可以通过按压紧急制动阀按钮实现，同时列车断钩及惩罚制动（非司机主动操作引起的机车制动，如监控发出的制动命令及故障引起的制动等）也可以引起紧急制动作用。

后备空气制动功能是靠空气制动阀（后备的制动阀）在不同位置上的停留时间实现，空气制动阀在位置上的停留时间决定了列车制动管不同的减压量，后备制动作用仅在电子制动失效后启用，在正常状态下，空气制动阀手柄被拆除并存放在指定的地方。

停放制动保护机车防止意外溜放。停放制动通过弹簧蓄能制动来实现。

三、制动能力

在设计和制造过程中，列车的最高运行速度和牵引功率需要得到充分考虑和计算，而制动能力更是需要认真计算和校核。列车的最大速度与牵引功率有关，但它更应该受到制动能力的限制，这是更重要的大事。列车的制动能力是指该列车的制动系统能使其在规定的安全范围内或规定的安全制动距离内可靠地把车停下来的能力。一般来说，城市轨道交通系统都有明确的车辆运行规程，特别对列车制动能力有严格的要求和规定。例如，要求列车在紧急情况下的制动距离（紧急制动距离）不得超过某一规定值。从能量的角度看，制动的实质就是将列车上的动能转移出去。制动系统转移动能的能力就是制动功率。在一定的制动距离条件下，列车的制动功率是其速度的三次函数。

四、制动系统在列车运行中的重要意义

日常生活中，任何运输工具都离不开制动系统。小到自行车，大到航天飞机，制动系统都起着保证运输安全的重要作用。对于铁路运输来讲，列车的运行过程包括牵引、惰行和制动三个基本工况，而制动工况的顺利实施关键在于制动系统有效、可靠地工作。

所谓制动是指能够人为地产生列车减速力并控制这个力的大小，从而控制列车减速或阻止它加速运行的过程。制动过程必须具备两个基本条件：

（1）实现能量转换；
（2）控制能量转换。

制动力是指制动过程中所形成的可以人为控制的列车减速力。而制动系统是指能够产生可控制的列车减速力，以实现和控制能量转换的装置或系统。制动系统由制动机、手制动机和基础制动装置三大部分组成。其控制关系（即工作流程）如图1-1所示。

无论是机车还是车辆，都具有各自的制动系统，即各自的制动机、手制动机和基础制动装置。当机车、车辆编组成列车后，其各自的制动系统相互联系而构成一个统一的制动系统——列车制动系统。因此，制动系统则有了机车制动系统、车辆制动系统和列车制动系统之分。由于制动系统的设置目的是实现列车能够按照人的意志减速或

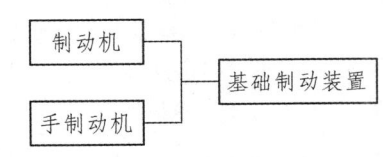

图 1-1　制动系统控制关系

准确停车，所以，制动系统性能的好坏，不仅影响着列车制动效果，而且影响着铁路运输生产。衡量制动系统性能的优劣，主要是衡量制动机性能的好坏。性能良好的制动机对铁路运输有以下几方面的促进作用：保证行车安全；充分发挥牵引力，增大列车牵引重量，提高列车运行速度；提高列车的区间通过能力。

第二节　制动机的发展简史

1825年9月27日，在英国的斯多克顿至达林顿之间建成了世界上第一条铁路，于是世界上第一列由蒸汽机车牵引的列车开始运营。当时所使用的制动机是人力制动机，即手制动机。当运行中需要制动时，由设置在列车上的若干名制动员根据司机所给信号操纵每一节车上的手制动机来完成制动。可见，人力制动不仅使工作在较恶劣环境中的制动员的劳动强度增大，更主要的是大大降低了列车中各车辆制动的同时性，从而造成严重的制动冲击，影响列车制动效果。

1869年，美国工程师乔治·韦斯汀豪斯发明了世界上第一台空气制动机——直通式空气制动机。直通式空气制动机属于气动装置，并且由司机单独操纵，所以与人力制动机相比，大大提高了列车制动的同时性，减小了制动冲击，改善了列车的制动效果。但是，由于直通式空气制动机自身的工作机理，使其在运用过程中存在着致命的弱点——当列车分离时，列车将失去制动作用。

1872年，乔治·韦斯汀豪斯在直通式空气制动机的基础上，研制出了一种新型的空气制动机——自动空气制动机。自动空气制动机克服了直通式空气制动机的致命弱点，从而在铁路运输中得到了广泛的应用，甚至直到科技高度发展的今天，世界各国铁路运输的列车所使用的空气制动机，其工作原理均源于自动空气制动机。

20世纪60年代，随着科学技术的发展，电空制动技术在铁路运输中广为应用，产生了电空制动机，从而改善了制动机的工作性能，为铁路运输提供了更为可靠的安全措施。

目前，在我国电力机车上使用的电空制动机有DK-1型电空制动机、DK-2型电空制动机、CCB-Ⅱ型电空制动系统和法维莱Eurotrol制动系统。

DK-1型电空制动机广泛应用于国产SS系列电力机车上，其工作过程为自动空气制动机的基本作用原理，即"制动管充风→制动机缓解，制动管排风→制动机制动"。DK-1型电空制动机性能稳定、工作可靠，而且可以方便地与列车安全运行监控记录装置的自动停车功能及机车动力制动系统等配合，为列车的自动控制创造了条件。DK-1型电空制动机具有准、快、轻、静；结构简单，便于维修；非自动保压式；多重性的安全措施等特点。

DK-2型机车电空制动机（部分应用于HXD_1型大功率电力机车上）采用微机模拟控制技术，能实现列车自动制动与机车单独制动、空气制动与电气制动的混合（空电联合制动）、断钩保护、列车充风流量检测、无动力回送、制动重联、列车速度监控配合等制动基本功能。具备单机自检、故障诊断、数据记录与存储等智能化、信息化功能，具备MVB、CAN等网络通信接口，适应现代机车制动系统信息化以及网络控制的发展要求。DK-2型制动系统是中国南车株机公司自主研制的，自2012年5月开始，先后通过了原铁道部组织的专家评审、例行试验以及高温、低温和振动冲击等型式试验，控制软件安全认证也被列为重点科研项目在同步推进，2012年7月26日DK-2型机车电空制动系统控制软件顺利通过国家工业与信息化部电子第五研究所（中国赛宝实验室）软件测评中心测评，获得功能安全认证标准符合性测评证书，通过了软件安全认证，为DK-2型制动系统批量装车提供了第三方安全认证基础资质，同时也为中国自主机车制动产业进一步发展打下了基础。DK-2型制动系统现已批量装车应用。

HXD$_1$、HXD$_3$型大功率电力机车采用了先进的机车用 CCB-Ⅱ型第二代微机控制制动系统。该制动系统是基于网络的电空制动系统，它是按照美国铁路协会标准（AAR）以 26-L 制动机为基础，进行设计的电空制动控制系统。该系统可以在干线客运和货运机车上使用，可以和我国现有的机车车辆制动系统进行匹配使用。CCB-Ⅱ型电空制动系统是基于微处理器和 LON 网的电空制动控制系统，除紧急制动作用由机械阀触发外，其他所有逻辑控制指令均由微处理器发出。CCB-Ⅱ型电空制动系统具有控制准确性高，反应迅速；安全性较高；部件集成化高，可进行部件的线路更换，维护简单；有自我诊断、故障显示及处理方法提示功能等特点。

HXD$_2$型机车制动系统是在 SAB WABCO 微机控制电空制动机基础上为满足中国铁路运营的要求开发出来的，是符合 UIC 标准的新一代机车制动系统。该系统在正常工况时，通过微机控制列车制动管和机车制动缸压力实现列车的制动控制，在出现严重故障时，将机车制动系统转换到备用制动进行列车制动控制。Eurotrol 是制动机系统中的一个关键部件，也是 HXD$_2$型机车制动系统有别于其他机车制动系统的标志性部件，因此，通常情况下，HXD$_2$型机车制动系统也被称作 Eurotrol 制动系统，由于该系统为法维莱公司技术，所以将 HXD$_2$型机车采用的制动机称为法维莱 Eurotrol 制动系统。

第三节 制动方式的分类和制动机的分类

要改变运动物体的运动状态，必须对它施加外力。人为地使列车减速或阻止其加速的外力称为制动力。列车的制动力包括所有起制动作用的车辆制动力，它的大小主要由闸瓦压力、闸瓦摩擦系数、速度等确定。

一、制动方式的分类

制动方式可按制动时列车动能转移方式、制动力获取方式或制动源动力的不同进行分类。

（一）按列车动能转移方式分类

按电动车组动能的转移方式不同，制动方式可以分为两类：一类是摩擦制动方式，即动能通过摩擦副的摩擦转变为热能，然后消散于大气；另一类是动力制动方式，即把动能通过发电机转化为电能，然后将动能从车上转移出去。常用的动力制动方式有再生制动、电阻制动和空气制动，在制动过程中，它们分别为第一优先级、第二优先级和第三优先级制动。

1. 摩擦制动

摩擦制动是指电动车组的动能通过摩擦转变为热能。城市轨道交通车辆常用的摩擦制动方式主要有闸瓦制动和盘形制动，在高速列车的制动系统中还有轨道电磁制动等方式。

1）闸瓦制动

闸瓦制动又称踏面制动，是最常用的一种制动方式。在制动时，闸瓦制动装置根据制动指令使制动缸内产生相应的制动缸压力，该压力通过制动缸使制动缸活塞杆产生推力，经基础制动装置中的一系列杆件的传递、分配，使每块闸瓦都贴靠在车轮踏面上，并产生闸瓦压力。车轮与闸瓦之间相对滑动，产生摩擦力，最后转化为轮轨之间的制动力。缓解时，制动控制装置将制动缸压力空气排除，制动缸活塞在制动缸缓解弹簧的作用下退回，通过各杆件带动闸瓦离开车轮踏面，如图 1-2 所示。

在闸瓦与车轮这一对摩擦副中，车轮由于主要承担着车辆走行功能，因此其材料不能随意改变。要改善闸瓦制动的性能，只能改变闸瓦的材料。早期的闸瓦材料主要是铸铁。为了改善摩擦性能和增加耐磨性，目前城市轨道交通车辆中大多采用合成闸瓦，但合成闸瓦的导热性差，因此目前也有采用导热性能良好且具有较好的摩擦性能和耐磨性的粉末冶金闸瓦。

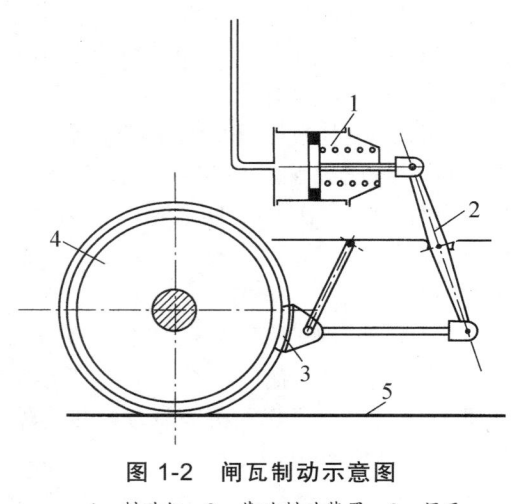

图 1-2　闸瓦制动示意图

1—制动缸；2—基础制动装置；3—闸瓦；
4—车轮；5—钢轨

在闸瓦制动方式中，动能转化为热能的能力大，但热能散于大气的能力相对较小。当要求的制动功率较大时，有可能发生热能来不及散于大气，而在闸瓦与车轮踏面积聚，使它们的温度升高，严重的甚至会导致闸瓦熔化（铸铁闸瓦）或车轮踏面产生裂纹等。因此，在采用闸瓦制动时，对制动功率要有限制。

2）盘形制动

盘形制动可分为轴盘式和轮盘式，如图 1-3 所示。非动力转向架一般采用轴盘式；动力转向架也是优先采用轴盘式，但如果动力转向架轮对之间由于牵引电动机等设备使制动盘的安装发生困难时，可采用轮盘式。制动时，制动缸通过制动夹钳使闸片夹紧制动盘，使闸片与制动盘间产生摩擦，把列车的动能转变为热能，热能通过制动盘与闸片逸散于大气。盘形制动采用的高性能摩擦副材料和良好的散热结构，可以获得比闸瓦制动大得多的制动功率。

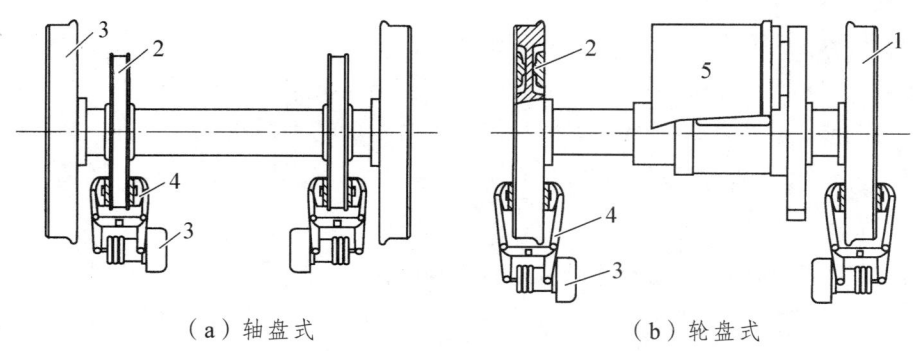

（a）轴盘式　　　　　　　　（b）轮盘式

图 1-3　盘形制动

盘形制动装置的结构由单元制动缸、夹钳装置、闸片和制动盘组成，如图 1-4 所示。其中，单元制动缸中包含闸调器，夹钳装置由吊杆、闸瓦托、杠杆和支点拉板组成。夹钳的悬挂方式为制动缸浮动三点悬挂,即两闸瓦托的吊杆为两悬挂点,另一悬挂点是支点拉板。

盘形基础制动装置在制动时,制动缸活塞杆推出,制动缸缸体和活塞带动两根杠杆,通过杠杆和支点拉板组成的夹钳使装在闸瓦托上的闸瓦同时夹紧制动盘的两个摩擦面,产生制动作用。

与闸瓦制动相比,盘形制动有下列优点:可以大大减轻车轮踏面的热负荷和机械磨耗;可按制动要求选择最佳"摩擦副",盘形制动的制动盘可以设计成带有散热筋,旋转时它具有半强迫通风的作用,以改善散热性能,适宜于高速、重载行车;制动平稳,几乎没有噪声。

但盘形制动有下列不足之处:首先,车轮踏面没有闸瓦的磨刮,轮轨黏着将恶化,所以,为了防止高速滑行,既要考虑采用高质量的防滑装置,也要考虑加装踏面清扫器,或采用以盘形为主、盘形+闸瓦的混合制动方式,否则即使安装有防滑器,制动距离也比闸瓦制动要长;其次,制动盘使簧下质量及其引起的冲击振动增大;运行中还要消耗牵引功率,速度愈高,此种功率损失亦愈大。

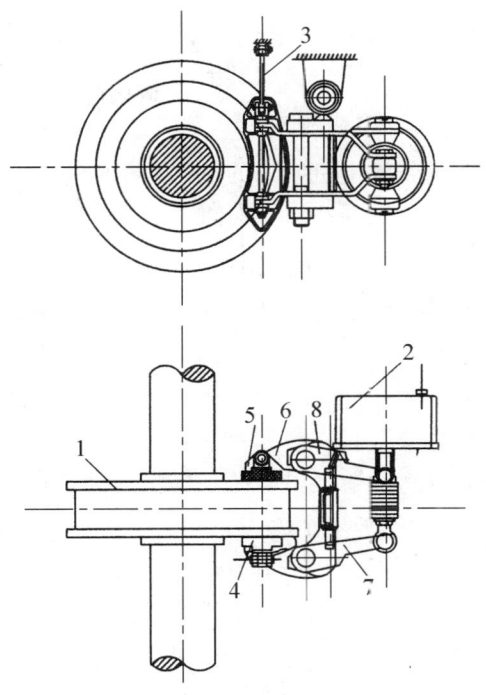

图 1-4　盘形制动结构

1—轮对；2—单元制动缸；3—吊杆；4—制动夹钳；
5—闸片托；6,7—杠杆；8—支点拉板

3）轨道电磁制动（又称为磁轨制动）

如图 1-5 所示,在转向架结构侧梁下通过升降风缸安装有电磁铁,电磁铁下设有磨耗板。制动时将电磁铁放下,使磨耗板与钢轨吸住,电动车组的动能通过磨耗板与钢轨摩擦转化为热能,然后经钢轨和磨耗板最终散于大气。轨道电磁制动能得到较大的制动力,因此常被高速列车用作紧急制动时的一种补充制动手段。

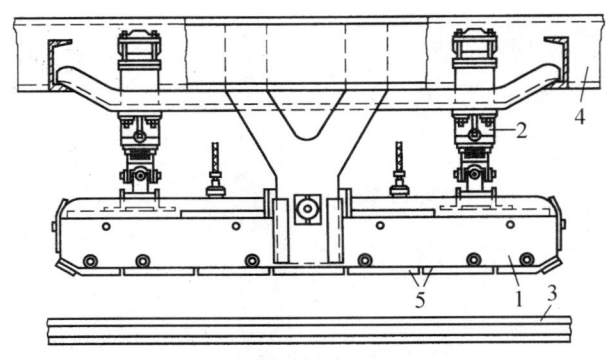

图 1-5　轨道电磁制动

1—电磁铁；2—升降风缸；3—钢轨；4—转向架构架侧梁；5—磨耗板

2. 动力制动

动力制动在制动时,将牵引电机由电动机转变为发电机,使列车动能转化为电能。对这些电能的不同处理方式形成了不同方式的动力制动。动力制动形式主要有电阻制动、加馈电阻制动、再生制动和电磁涡流制动。

1）电阻制动

将发电机发出的电能加于电阻器中，使电阻器发热，即电能转变为热能。电阻器上的热能靠风扇强迫通风而散于大气中。

2）加馈电阻制动

加馈电阻制动又称为"补足"电阻制动，在常规电阻制动中，电机的电枢电流随着机车速度的减小而减小，机车轮周制动力也随着机车的速度变化而变化。加馈电阻制动就是为提高机车在低速运行时的轮周制动力，从电网中吸收电能，补足到电机的电枢电流中去，以获得理想的轮周制动力。其优点一是加宽了调速范围，最大制动力可以延伸至接近零；二是能较方便地实现恒制动力控制。目前大部分 SS 型电力机车都采用这种电制动方式。

3）再生制动

再生制动是把列车的动能通过电机转化为电能后，再使电能反馈回电网提供给别的列车使用。再生制动初期，机车或动车组的电动机转变为发电机，将列车制动产生的电能经过相应转换，输送回第三轨（或接触网）和供给本列车的辅助系统。显然，这种方式既能节约能源，又减少制动时对环境的污染，并且基本上无磨耗，因此，这是一种较为理想的制动方式。随着列车速度的下降，其电制动力也将不断减弱，当列车速度降低至一定的速度时，电制动已不能满足制动的要求，这时电制动力将逐渐被切除，所有的制动力则由空气制动来承担。

4）电磁涡流制动

电磁涡流制动是利用电磁涡流在磁场下产生洛伦兹力，而洛伦兹力方向与物体运动方向相反的物理原理创造的一种电车电磁制动方式。电磁涡流制动具有无摩擦、无噪声、体积小、制动力大的优点。目前，车辆利用电磁涡流制动的方式主要有盘形涡流制动和轨道直线涡流制动。

（二）按制动力形成方式分类

根据列车制动力的获取方式，制动方式可分为黏着制动与非黏着制动。

1. 黏着制动

制动时，车轮与钢轨之间有三种可能的状态：

（1）纯滚动状态。车轮与钢轨的接触点无相对滑动，车轮在钢轨上做纯滚动。这时车轮与钢轨之间为静摩擦，车轮与钢轨之间可能实现的最大制动力是轮轨之间的最大静摩擦力。这是一种难以实现的理想状态。

（2）滑行状态。车轮在钢轨上滑行，这时车轮与钢轨之间的制动力为二者的动摩擦力。这是一种必须避免的事故状态，由于动摩擦系数远小于静摩擦系数，因此一旦发生这种工况，制动力将大大减小，制动距离会延长；同时车轮在钢轨上长距离滑行，将导致车轮踏面擦伤，危及行车安全。

（3）黏着状态。由于车辆重力的作用，车辆与钢轨的接触处为一椭圆形的小面积。列车运行时，因曲线、钢轨接缝及道岔等原因，使制动时车轮在钢轨上处于连滚带滑（基本上是滚动）的状态。这种状态称为黏着状态。黏着状态下车轮与钢轨间的最大水平作用力称为黏着力。黏着力与轮轨间垂直载荷的比值，称为黏着系数。依靠黏着滚动的车轮与钢轨黏着点之间的黏着力来实现车辆的制动称为黏着制动。黏着制动时，为了能得到较大的制动力，需要具有较高的黏着系数。然而黏着系数受列车运行速度、气候条件、轮轨表面状态以及是否采取增黏措施等诸多因素的影响，是一个有很大离散性的参数。

2. 非黏着制动（黏着外制动）

制动时，制动力大小不受黏着力限制的制动方式称为非黏着制动。即非黏着制动的制动力不从轮轨之间获取，因而它可以得到较大的制动力。

显然，在上面曾经介绍的制动方式中，闸瓦制动、盘形制动、电阻制动、加馈电阻制动和再生制动均属于黏着制动；而磁轨制动和电磁涡流制动则属于非黏着制动。

（三）按制动源动力分类

在目前列车所采用的制动方式中，制动的源动力主要有压缩空气和电。以压缩空气为源动力的制动方式称为空气制动方式，如闸瓦制动、盘形制动等都为空气制动方式。以电为源动力的制动方式称为电气制动方式，动力制动及轨道电磁制动等均为电气制动方式。

二、制动机分类

制动机按其用途可分为机车制动机、客车制动机、货车制动机、城市轨道（交通）车辆制动机和高速列车制动机。

制动机按作用对象可以分为机车制动机和车辆制动机。

按制动机的操纵方法和动力来源可分为手制动机、空气制动机、真空制动机和电空制动机等。

1. 手制动机

用人力转动手轮或用杠杆拨动的方法，使闸瓦压紧车轮踏面或使闸片压紧制动盘，从而达到制动目的的装置，叫手制动机。现在我国机车车辆上都装有手制动机，它只是在空气制动机发生故障以及在调车作业或在就地停放时使用。

2. 真空制动机

真空制动机用大气压作为动力来源，用对空气抽空程度（真空度）的变化来操纵制动机的制动和缓解作用。这种制动机的制动执行部件的最高压力只能达到一个大气压，所以制动力受到限制，性能没有空气制动机好。我国除一部分出口机车车辆安装这种制动机外，国内均不采用。

3. 空气制动机

用压力空气作为制动的动力来源，并用压力空气的压力变化来操纵制动机的制动和缓解作用的，称为空气制动机。空气制动机是目前各国采用最为广泛的制动机。我国机车车辆上都装有空气制动机。

4. 电空制动机

电空制动机仍用压力空气作为制动的动力来源,但它用电来操纵制动装置的制动、保压和缓解等作用。最简单的电空制动机是在空气制动机的基础上加装电磁阀等电气控制部件,用电来操纵制动机的作用。与空气制动机相比,其最大优点是全列车能迅速发生制动或缓解作用,列车前、后的动作一致性比较好。

第四节 空气制动机的基本作用原理

在我国,机车、车辆采用的制动机基本上有两种——空气制动机和电空制动机,而电空制动机是在空气制动机基础上加装电器控制器件构成的。

一、直通式空气制动机的基本构成和作用原理

1. 基本构成

直通式空气制动机如图1-6所示。在车辆上,它主要由制动管和制动缸组成;在机车上,直通式空气制动机除包括制动管和制动缸外,还包括空气压缩机、总风缸及操纵整个制动系统的制动阀等组成部分。当编组成列车运行时,机车与车辆、车辆与车辆间除车钩连接外,各自的制动机也要通过制动管连接软管连接,以构成列车统一的制动系统,并且由司机操纵制动阀来实现相应的控制。

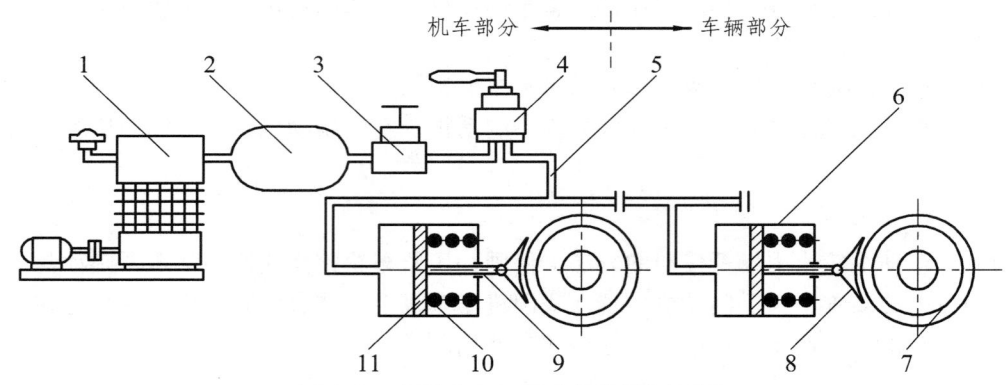

图1-6 直通式空气制动机结构原理图

1—空气压缩机;2—总风缸;3—调压阀;4—制动阀;5—制动管;6—制动缸;7—车轮;
8—闸瓦;9—制动缸活塞杆;10—制动缸缓解弹簧;11—制动缸活塞

2. 基本作用原理

制动系统的工作过程主要包括制动、缓解与保压3个基本状态。

(1)制动状态:当列车需要制动时,司机操纵制动阀手柄置于"制动位",使贮存在总风缸内的压力空气经调压阀、制动阀和制动管直接向机车制动缸和车辆制动缸充风,推动制动缸活塞压缩弹簧移动,并由制动传动装置(如制动缸活塞杆、制动杠杆等)将此推力传递到闸瓦上,使闸瓦压紧车轮,产生制动作用。

（2）缓解状态：当列车需要减小或消除制动时，司机操纵制动阀手柄置于"缓解位"，使机车、车辆制动缸内的压力空气经制动管和制动阀排向大气，在制动缸弹簧作用下，制动缸活塞反向移动，并通过制动传动装置带动闸瓦离开车轮，实现缓解作用。

（3）保压状态：当列车需要保持某一制动力时，司机操纵制动阀手柄置于"中立位"，既关断机车、车辆制动缸的充风气路，又关断其排风气路，使机车、车辆制动缸内保持一定的压力，实现保压作用。

综上所述，直通式空气制动机的工作具有以下特点：

（1）由于制动缸的充、排风都需经过制动管来完成，所以可以这样说，制动管充风，产生制动作用；制动管排风，实现缓解作用。恰恰是直通式空气制动机的这一特点，使其存在着"列车分离时，列车制动系统失去制动作用"的致命弱点，这也是直通式空气制动机遭淘汰的根本原因。

（2）由于制动管又细又长，所以必然导致直通式空气制动机在制动时，前部车辆的制动缸充风快、压力高，而后部车辆的制动缸充风慢、压力低，仍然使列车前、后部各车辆的制动同时性较差，从而造成较大的列车制动冲击（尽管在这方面较人力制动好得多）。

二、自动空气制动机的基本构成和作用原理

1. 自动空气制动机的基本构成

如图 1-7 所示，它是在直通式空气制动机的基础上增设一个副风缸和一个三通阀（或分配阀）而构成的。其中，副风缸是用来贮存由制动管充入的压力空气，并在制动时向制动缸供给压力空气的空气源。三通阀或分配阀的用途是：在制动管通风时，向副风缸充入相同压力的压力空气，并使制动缸排风；在制动缸排风时，停止向副风缸充风，同时使副风缸向制动缸充风。

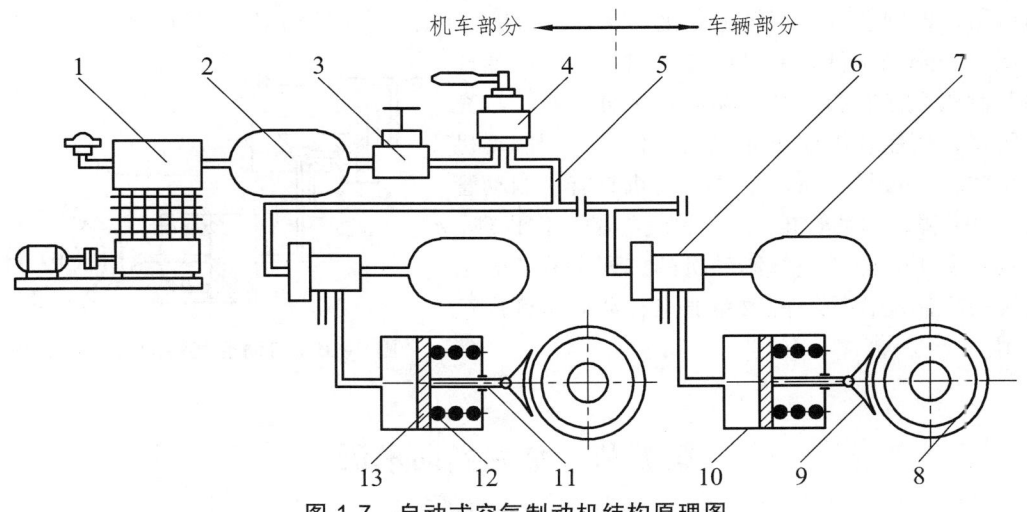

图 1-7 自动式空气制动机结构原理图

1—空气压缩机；2—总风缸；3—调压阀；4—制动阀；5—制动管；6—三通阀（分配阀）；7—副风缸；8—车轮；9—闸瓦；10—制动缸；11—制动缸活塞杆；12—制动缸缓解弹簧；13—制动缸活塞

2. 自动空气制动机的基本作用原理

（1）缓解状态：如图1-8所示，司机将制动阀手柄置于"缓解位"，压力空气经制动阀向制动管充风，三通阀活塞两侧压力失去平衡而形成向右的压力差，推动活塞带动滑阀、节制阀右移，一方面开通充气沟，使制动管压力空气经充气沟进入副风缸贮备；另一方面开通制动缸经滑阀的排风气路，使制动缸排风，最终使闸瓦离开车轮实现缓解作用。

（2）制动状态：如图1-9所示，司机将制动阀手柄置于"制动位"，制动管内压力空气经制动阀排风，三通阀活塞两侧压力失去平衡而形成向左的压力差，推动活塞左移，关闭充气沟使副风缸内的压力空气不能向制动管逆流；同时，活塞带动滑阀、节制阀左移，使滑阀遮盖排气口以关断制动缸的排风气路，并使节制阀开通副风缸向制动缸充风的气路，随着压力空气充入制动缸，将推动制动缸活塞右移，最终使闸瓦压紧车轮产生制动作用。

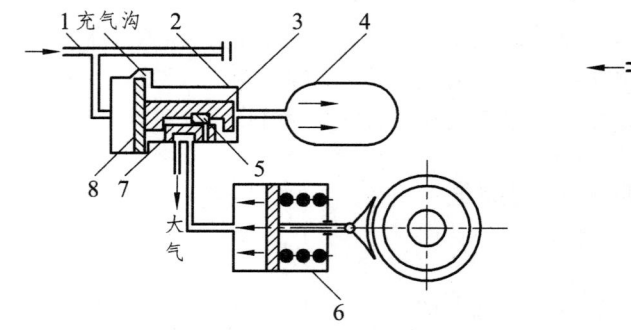

图1-8 自动式空气制动机缓解状态　　图1-9 自动式空气制动机制动状态

1—制动管；2—三通阀；3—三通阀活塞杆；4—副风缸；
5—节制阀；6—制动缸；7—滑阀；8—三通阀活塞

（3）保压状态：如图1-10所示，司机将制动阀手柄置于"中立位"，切断制动管的充、排通风路，即制动管压力停止变化。随着制动状态时副风缸向制动缸充风的进行，副风缸压力降低，当降到稍低于制动管压力时，三通阀活塞带动节制阀微微右移，从而切断副风缸向制动缸充风的气路，使制动缸既不充风也不排风，即制动机呈保压状态。可见，自动空气制动机具有"制动管充风——缓解，制动管排风——制动"的工作机理，因此它克服了直通式空气制动机的"列车分离时制动系统失去制动作用"的致命弱点，从而得到广泛的应用。

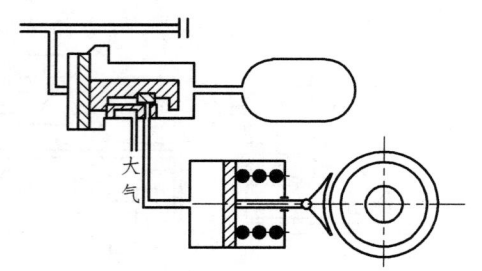

图1-10 自动空气制动机保压状态

第五节　常用名词术语

一、压力与压强

理论上，压力与压强是两个不同的物理量。压力是指物体间的相互作用力，其单位为牛顿（N）；而压强则是指单位面积上所受力的大小，其单位为帕（Pa，N/m²）。在空气管路系统中，人们习惯将"压强"称为"压力"，但其含义不变，只是名称的更换。例如：制动管"压力"为 500 kPa，实际上指制动管"压强"为 500 kPa。

二、绝对压力及表压力

由物理学可知，大气对地球表面作用着一定压力，这一压力称为大气压。人们定义 760 mm 高水银柱的压力为一个标准大气压，一般以 1 atm 计量，换算成国际单位制为 101.333 3 kPa。工程上为计算方便，一般取 100 kPa。

绝对压力是指压力空气的实际压力。若气体未压缩而呈自由状态，其绝对压力即为大气压力；若处于绝对真空状态，则其绝对压力为零。

表压力是指压力表指示的压力值。由于一般压力表只指示高于大气压力数值（真空压力表则例外），所以绝对压力与表压力的差值为大气压力值。可见，绝对压力等于表压力与大气压之和。

三、二压力机构及三压力机构制动机

凡是根据两种压力之间的变化来控制三通阀或分配阀的主活塞动作，以实现制动、缓解与保压作用的制动机，称为二压力机构制动机。如：GK 型三通阀主活塞两侧的压力空气分别来自制动管与副风缸；109 型分配阀的主阀活塞两侧的压力空气分别来自制动管和工作风缸。这种制动机只具有一次缓解性能，而不具备阶段缓解性能。即当制动管充风至高于副风缸或工作风缸一定压力时，就推动三通阀（或分配阀）主活塞至充气缓解状态，直至实现制动机的完全缓解为止。

为适应铁路运输发展的需要，制动机应具备阶段缓解性能与自动补风性能。因此，目前对分配阀进行了改造，即在主活塞上除保留制动管与工作风缸的作用外，另增加制动缸压力的作用。这种根据三种压力之间的变化来控制分配阀的主活塞动作，以实现制动、缓解与保压作用的制动机，称为三压力机构制动机。如国产的 JZ-7 型、美国生产的 26-L 型制动机均为三压力机构制动机。

有时为了满足二压力机构制动机与三压力机构制动机混编的需要（前者缓解较后者快），通常在三压力机构制动机上加装转换装置，以实现二、三压力机构制动机的转换。例如，JZ-7 型和 26-L 型制动机均属二、三压力可调式制动机。各种压力机构制动机的作用示意图如图 1-11、1-12 和 1-13 所示。

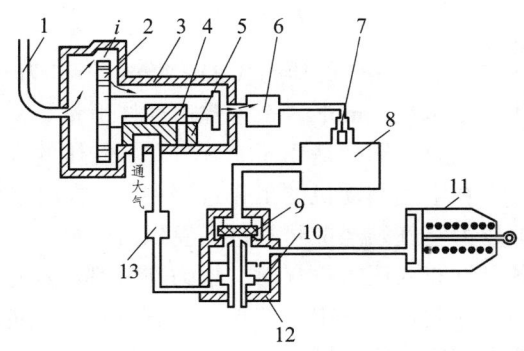

图 1-11　二压力机构分配阀作用示意图

1—制动管；2—主活塞；3—分配阀；4—节制阀；5—滑阀；
6—工作风缸；7—止回阀；8—副风缸；9—均衡阀；
10—均衡活塞；11—制动缸；12—均衡阀体；
13—容积室；i—充气沟

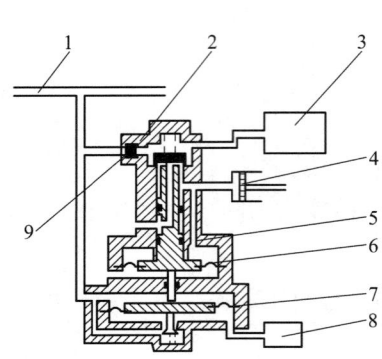 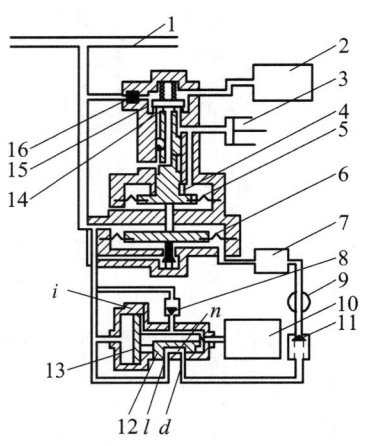

图 1-12　三压力机构分配阀作用示意图　　图 1-13　二、三压力可调式分配阀作用示意图

1—制动管；2—分配阀；3—副风缸；4—制动缸；5—缩孔；
6—小膜板；7—大膜板；8—工作风缸；9—止回阀

1—制动管；2—副风缸；3—制动缸；4—弹簧；5—小活塞；
6—大活塞；7—工作风缸；8—充气止回阀；9—转换塞门；
10—降压风缸；11—止回阀；12—滑阀；13—活塞；
14—排风阀口；15—进排风阀；16—止回阀

第六节　制动缸压力的计算以及制动管最小有效减压量、最大有效减压量的确定

一、空气制动机的工作过程

空气制动机的工作过程是利用压力空气的压力与容积的变化关系来实现的。如果空气制动机的型号一定，那么空气的压力与容积之间保持着一定的关系。根据热工学的推论认为，克拉贝隆理想气体状态方程：

$$PV = GRT$$

式中：P 为气体的压力（Pa，N/m²）；V 为气体的容积（m³）；T 为气体的温度（K）；G 为气体的摩尔数（mol）；R 为普适气体恒量，$R = 8.31$ J/mol·K。

该公式同样适用于实际气体。气体的变化又分为绝热、等温、等压以及多变等变化过程。

在空气制动机的工作过程中，一方面，虽然空气压缩机产生的压力空气具有一定的温度，但压力空气须经散热管进入总风缸，并且总风缸又置于大气之中，所以当总风缸向制动管及各风缸充入压力空气时，压力空气都已经过充分冷却，使其温度与外界接近于相等。另一方面，在制动过程中，随着制动管减压速度的不同，副风缸向制动缸（或工作风缸向容积室）充风速度也不相同，致使气体因动能的变化而造成气体温度的波动和压力的波动，但待风缸的压力稳定后，其气体温度与大气温度也接近于相等（有关试验资料表明，制动机工作过程受到温度的影响约为 1 ℃），同时，在制动机中存在着各种漏泄和游隙，对计算精确度也有影响。所以，为简化计算起见，可以忽略温度变化对计算结果的影响，即把压力与容积的变

化过程看作是等温变化过程。根据波义耳—马略特定律,空气压力与容积之间的关系为:

$$PV = 常量$$

式中:P 为压力空气的压力(绝对压力),(Pa,N/m²);V 为压力空气的容积(m³)。

即

$$P_1V_1 = P_2V_2$$

上式说明压力空气的绝对压力与体积的乘积为常量,即等温过程变化前与变化后,其压力与体积乘积相等。

二、制动缸压力的计算

常用制动过程中,分析制动机制动管、副风缸和制动缸之间的变化关系时,应考虑下列因素:

(1)当制动管的减压量非常小时,三通阀的充气沟作为制动管与副风缸的连通通路并未被主活塞切断时,制动管与副风缸的空气压力是平衡的。

(2)制动时,进入制动缸的空气量等于副风缸排出的空气量,而副风缸减压后的压力与制动管压力相平衡。

(3)在制动计算中,副风缸与制动缸的容积之比选取 3.25∶1(即 $V_\mathrm{f}:V_\mathrm{z} = 3.25:1$。该比值并不是副风缸和制动缸的实际比值,而是考虑到各空气通路所占有的容积和漏泄量诸因素后的换算比值)。

下面,以副风缸内的压力空气为研究对象,根据波义耳—马略特定律列方程式:

$$P_0'V_\mathrm{f} = (P_0' - r)V_\mathrm{f} + P_1'V_\mathrm{z}$$

化简得

$$P_1' = \frac{V_\mathrm{f}}{V_\mathrm{z}} \times r$$

或

$$P_1 = \frac{V_\mathrm{f}}{V_\mathrm{z}} \times r - 100$$

式中:V_f 为副风缸容积(m³);V_z 为制动缸容积(m³);P_0' 为列车管定压,绝对压力(kPa);P_1' 为制动缸压力,绝对压力(kPa);P_1 为制动缸压力,表压力(kPa);r 为列车制动管减压量(kPa)。

上面两式说明制动缸压力与副风缸和制动缸的容积之比以及制动管的减压量有关。当副风缸与制动缸的容积比值一定时,制动缸的压力正比于制动管的减压量 r 值,所以司机操纵列车时,通常是通过控制制动管减压量 r 值来控制列车制动力的大小。

下面,我们具体讨论 GK 型车辆制动机和使用 109 型分配阀的 DK-1 型电空制动机制动缸压力的计算问题。

1. GK 型车辆制动机

对于 GK 型车辆制动机,其副风缸与制动缸的容积比为 $\frac{V_\mathrm{f}}{V_\mathrm{z}} = 3.25$,则有:

$$P_1 = 3.25r - 100 \text{(kPa)}$$

可见，制动管减压量 r 取不同值时，便可得到相应的制动缸压力。

例如，当制动管减压量为 50、100 和 140 kPa 时，制动缸压力分别为：

（1）$r = 50$ kPa 时，$P_1 = 3.25 \times 50 - 100 = 62.5$（kPa）；

（2）$r = 100$ kPa 时，$P_1 = 3.25 \times 100 - 100 = 225$（kPa）；

（3）$r = 140$ kPa 时，$P_1 = 3.25 \times 140 - 100 = 355$（kPa）。

2. 机车 109 型分配阀

作为机车制动机的 DK-1 型电空制动机所采用的 109 型分配阀，在工作中起着空气制动机三通阀的作用，但由于机车制动机的特殊要求，其结构、作用原理较车辆三通阀复杂，因此，在分析计算时需做必要的简化。

109 型分配阀属于二压力机构分配阀，制动缸的压力取决于容积室的压力，而容积室的压力则与制动管定压、制动管减压量、容积室的大小及工作风缸容积等有关。按照其作用原理，根据波义耳—马略特定律，经必要的参数修正得到下式：

$$P_1 = P_r = 2.6r$$

式中：P_1 为制动缸表压力（kPa）；P_r 为容积室表压力（kPa）；r 为列车制动管减压量（kPa）；2.6 为修正比例系数。

可见，制动缸压力与制动管减压量成正比。

例如，当制动管减压量为 50 kPa、70 kPa、140 kPa 时，制动缸压力分别为：

（1）$r = 50$ kPa 时，$P_1 = 2.6 \times 50 = 130$（kPa）；

（2）$r = 70$ kPa 时，$P_1 = 2.6 \times 70 = 182$（kPa）；

（3）$r = 140$ kPa 时，$P_1 = 2.6 \times 140 = 364$（kPa）。

综上所述，制动缸压力正比于制动管减压量，产生一个制动管减压量，就有一个制动缸压力值与其对应。但是，实际工作过程中，制动缸压力受有效制动作用的限制，因此，制动管减压量范围也就受到了相应的有效减压量的限制。

三、制动管最小有效减压量

根据理论分析，由式 $P_1 = \dfrac{V_f}{V_z} \cdot r - 100$ 可知，制动管不论减压多少，制动缸均应得到相应的压力，但在实际上是有差异的。

无论何种类型的机车制动机，都以控制全列车实现制动、缓解与保压为目的，而只有全列车的闸瓦均压紧车轮，才有效地产生了制动作用。实际工作表明，制动缸充风后将制动缸活塞推出使闸瓦压紧车轮的过程中，需要克服制动缸弹簧对活塞的背压及相关的摩擦阻力，因此制动缸存在最小有效制动缸压力，那么相对应的存在一个制动管最小有效减压量（简称制动管最小有效减压量）r_{min} 值。下面，以 GK 型车辆制动机为例，介绍最小有效减压量 r_{min} 的确定方法。

实践表明，只有制动缸压力达到 35 kPa 以上时，才足以克服制动缸弹簧对活塞的背压以及各种摩擦等阻力，产生有效的制动作用。于是有 $P_{1min} = 35$ kPa。将 P_{1min} 值代入式 $P_1 = 3.25r - 100$ 中可得：

$$P_{1\min} = 3.25 r_{\min} - 100$$

所以 $\quad r_{\min} = 41.5$（kPa）

以上计算结果说明：当制动管减压量小于 41.5 kPa 时，GK 型车辆制动机不足以产生有效制动。工作实践中，制动管最小有效减压量的确定，还要考虑其他因素的影响，例如，制动管减压值在车列中不是完全一致的，车列越长其尾部制动管减压值比首部越小，因此要求制动管减压量不能过低，避免后部车列无制动作用，以影响行车安全。一般地，单机时，最小有效减压量选取 40 kPa；牵引列车时，最小有效减压量选取 50 kPa；牵引 60 辆以上时，最小有效减压量选取 70 kPa。例如 DK-1 型电空制动机，在设计初制动时，考虑到最初制动管减压量的要求，制动管定压为 500 kPa 时，制动管最小有效减压量选取 36 kPa；制动管定压为 600 kPa 时，制动管最小有效减压量选取 56 kPa。

四、制动管最大有效减压量

由式 $P_1 = \dfrac{V_f}{V_z} \times r - 100$ 可知，制动缸压力随制动管减压量的增加而正比例增加。但当制动管减压量增大到（即制动管压力降到）一定程度时，副风缸与制动缸的压力将达到平衡状态，此时若制动管继续减压，制动缸压力也不会上升，因此，制动缸存在制动缸最大压力 $P_{1\max}$ 值，而相应于制动缸最大压力 $P_{1\max}$ 值的制动管减压量则被称为制动管最大有效减压量 $r_{\max}$ 值。

1. GK 型车辆制动机制动管最大有效减压量的确定

以副风缸内的压力空气为研究对象，根据波义耳—马略特定律列方程：

$$P_0' V_f = P_{1\max}'(V_f + V_z)$$

所以 $\quad P_{1\max}' = V_f \times P_0'/(V_f + V_z)$ 或 $P_{1\max} = V_f \times P_0'(V_f + V_z) - 100$

式中：P_0' 为列车管定压，绝对压力（kPa）；$P_{1\max}'$ 为制动后制动缸与副风缸的平衡压力，绝对压力（kPa）；$P_{1\max}$ 为制动后制动缸与副风缸的平衡压力，表压力（kPa）；V_f 为副风缸的容积（m³）；V_z 为制动缸的容积（m³）。

将 $\dfrac{V_f}{V_z} = 3.25$ 代入上式得：

$$P_{1\max}' = 0.765 P_0' \quad \text{或} \quad P_{1\max} = 0.765 P_0' - 100$$

（1）取制动管定压为 500 kPa（表压力）时

$$P_{1\max}' = 0.765 \times (500 + 100) = 459 \text{（kPa）}$$

即 $\quad P_{1\max} = 0.765 \times (500 + 100) - 100 = 359 \approx 360$（kPa）

将 $P_{1\max} \approx 360$ 代入式 $P_1 = 3.25 r - 100$ 中得：

$$r_{\max} = (360 + 100)/3.25 \approx 140 \text{（kPa）}$$

（2）取制动管定压为 600 kPa（表压力）时

$$P'_{1\max} = 0.765 \times (600 + 100) = 535.5 \text{（kPa）}$$

即 $P_{1\max} = 0.765 \times (600 + 100) - 100 = 435.5 \approx 436 \text{（kPa）}$

将 $P_{1\max} \approx 436$ 代入式 $P_1 = 3.25r - 100$ 中得：

$$r_{\max} = (436 + 100)/3.25 \approx 170 \text{（kPa）}$$

2. 机车制动管最大有效减压量的确定

以工作风缸内的压力空气为研究对象，根据波义耳—马略特定律列方程：

$$P'_0 V_g + 100 V'_r = P'_{r\max}(V_g + V_r)$$

可得 $P'_{r\max} = (P'_0 V_g + 100 V'_r)/(V_g + V_r)$ 或 $P_{r\max} = (P'_0 V_g + 100 V'_r)/(V_g + V_r) - 100$

式中：P'_0 为列车制动管定压（即制动前工作风缸压力），绝对压力（kPa）；$P'_{r\max}$ 为制动后工作风缸与容积室（即制动缸）压力，绝对压力（kPa）；$P_{r\max}$ 为制动后工作风缸与容积室（即制动缸）压力，表压力（kPa）；V_g 为工作风缸容积（m³）；V'_r 为制动前容积室容积（m³）；V_r 为制动后容积室容积（m³）。

将 $V_g = 11.504 \times 10^{-3}$ m³，$V'_r = 4.267 \times 10^{-3}$ m³，$V_r = 4.327 \times 10^{-3}$ m³ 代入上式，可得：

$$\begin{aligned} P_{r\max} &= (11.504 \times 10^{-3} P'_0 + 100 \times 4.267 \times 10^{-3})/(11.504 \times 10^{-3} + 4.327 \times 10^{-3}) - 100 \\ &= 0.727 P'_0 - 73 \end{aligned}$$

（1）取制动管定压为 500 kPa（表压力）时

$$P_{1\max} = P_{r\max} = 0.727 \times (500 + 100) - 73 \approx 360 \text{（kPa）}$$

将 $P_{1\max} = P_{r\max} \approx 360$ 代入式 $P_1 = P_r = 2.6r$ 中得：

$$r_{\max} = 360/2.6 \approx 140 \text{（kPa）}$$

（2）取制动管定压为 600 kPa（表压力）时

$$P_{1\max} = P_{r\max} = 0.727 \times (600 + 100) - 73 \approx 430 \text{（kPa）}$$

将 $P_{1\max} = P_{r\max} \approx 430$ 代入式 $P_1 = P_r = 2.6r$ 中得：

$$r_{\max} = 430/2.6 \approx 170 \text{（kPa）}$$

可见，由于制动管的定压不同，其制动管最大有效减压量也不同。当制动管压力为 500 kPa 或 600 kPa 时，则其制动管最大有效减压量分别为 140 kPa 或 170 kPa。制动管减压量超过制动管最大有效减压量时即为过量减压，一般情况下应尽量避免，因损失压力空气而未能使制动力增加，并将延长充风时间，带来不安全隐患。

综上所述，尽管制动缸压力正比于制动管减压量，但却是在一定范围内成立。实际工作过程中，制动缸压力受有效制动作用的限制，因而，制动管的减压量范围也就受到了相应的制动管最小、最大有效减压量的限制。

第七节　空气波、制动波以及列车制动时的纵向动力作用

一、空气波和空气波速

1. 空气波

制动管有两种功能：一是向列车制动系统充风（包括漏泄时的补风）；二是通过充风或排风，引起制动管空气压力的增减，从而控制全列车制动机的动作。在铁路运输中，由于机车车辆是编组成列车运行的，制动管又细又长，空气又是个弹性的物质。所以，当司机在列车前端控制制动管充风或排风时，并不是全列车制动管立即同时、同步地增压或减压。以施行制动为例，首先是列车前端制动阀附近的制动管空气压力开始下降，使其原有的压力平衡遭到破坏。然后，这一压降沿着制动管以一定的速度逐渐向后传播，直到列车尾端制动管封闭处的压力也开始下降。当这一压降由前向后传播时，制动管前端的空气压力继续下降，新的压降也不断向后传播。这种空气的压力波动沿制动管长度方向由前向后传播所形成的波，称为空气波。它的传播如同投石于湖中引起的水面波纹不断向外扩散一样，也是一种机械波。不过，它是沿制动管传播的一种空气波，其性能与声波等其他空气波相似。

在列车前端排风减压并且不断地向后传播的过程中，制动管内的压力空气不断地膨胀，它的压能不断地转化为动能。因此，它不断地由后向前连续流动，经由制动阀排气口排向大气。显然，气体的连续流动与压降的传播不是一回事。压降的传播（空气波）属于一种振动波，它按振动的规律在媒介质中进行传播；空气在管内的连续流动则不是一种波，而是媒介质的一种连续运动，故周围（如管壁）阻力对它的影响很大。另外，在减压时气流方向与压降的传播方向是相反的（充风增压时空气波传播方向与气流方向虽然相同，但也不是一回事）。

由于空气波在传播过程中能量有损失，所以空气波动强度实际上是逐渐减弱的，因此制动管的减压速度也是越往后越低。

2. 空气波速

通常，以物理量空气波速来衡量空气波传播的快慢。空气波速是指空气波的传播速度，可用下列公式计算：

$$v_{kb} = \frac{L_{kb}}{t_{kb}}$$

式中：v_{kb} 为空气波速（m/s）；L_{kb} 为空气波传播的距离（m）；t_{kb} 为空气波传播的时间（s）。

一般空气波速为 330 m/s 左右。

目前，要想大幅度提高空气波速，使列车前后部的制动管减压速度达到最大限度的一致性，采用电气控制的电空制动机是一个有效的途径。

二、制动管减压速度

空气波传到列车中任一分配阀后，该阀主活塞外侧（制动管一侧）即开始减压。但是，

要使主活塞动作，还必须使主活塞两侧形成一定的压力差，而且压力差要累积到大于主活塞的移动阻力，主活塞才能移到制动位，才能沟通作为风源的副风缸压力空气进入制动缸的通路，从而实现制动作用。此压力差的建立取决于制动管的减压速度。减压速度大，压力差建立就快，反之就慢。如果减压速度过低，由于副风缸压力空气经充气通路逆流入制动管，主活塞两侧的压力差就建立不起来，阀就不能产生动作。

在列车中各车辆的分配阀处的减压速度，受到距排风口的远近、制动管长度、车辆制动支管的长度及主活塞外侧容积、制动阀排气方式和制动管定压等许多因素影响。

三、制动波和制动波速

（一）制动波

如前所述，当司机施行制动时，由于空气波的存在，列车中各制动机的制动作用并不是全列车立即同时、同步地发生，而是有一个陆续发生的过程。在理想情况下，制动作用沿列车长度方向由前向后逐次发生，这种制动作用沿列车长度方向由前向后逐次传播的现象，人们把它叫作"制动波"。

实际上，由于各制动机的结构、性能和状态的影响，制动作用有时就不是完全由前向后逐次发生，而是存在某种"跳越"现象。即，列车中某车辆或某几辆车的制动作用可能比其后的车辆发生得还要晚。这说明，制动波并不是一种波，只是习惯上那么叫罢了。

（二）制动波速

衡量制动波传播速度的物理量，称为制动波速，一般以"m/s"为计量单位。

制动波速 w_{zb} 通过试验由下式求得：

$$w_{zb} = \frac{L_{zb}}{t_{zb}} = L_{zb}/(t_{kb} + t_d)$$

式中：w_{zb} 为制动波速（m/s）；L_{zb} 为制动波传播距离（一般制动管长度计算）（m）；t_{zb} 为制动波传播时间（从开始减压至最后一台制动机开始动作时为止）（s）；t_{kb} 为空气波传播时间（s）；t_d 为制动机动作时间（s）；

由于制动波的传播速度受到空气波传播快慢、三通阀（分配阀）动作灵敏性及制动机性能好坏等因素的限制，所以，制动波速总比空气波速要小。

制动波速是综合评定制动机性能的重要指标。制动波速越高，表明列车前、后部制动作用的同时性越好，有利于减轻制动时的纵向动力作用和缩短制动距离；同时制动波速越高，则制动作用的传播长度可更大些，即能适应长大列车的要求。目前我国性能较好的制动机，紧急制动波速可达 250 m/s 以上，一般在 150~280 m/s 之间；常用制动波速可达 225 m/s 以上，常用制动波速一般在 60~255 m/s 之间。

近年来，有关部门研制了新型车辆制动机和机车制动机。各种阀类采用橡胶膜板活塞、柱塞结构，使其气密性好、灵敏度高、动作时间短，从而使制动机性能更加优越，适应了客观要求。但仍需研究如何进一步提高制动波速，以适应高速、重载列车发展的需要。

四、缓解波和缓解波速

与制动波和制动波速相似,当司机操纵制动机进行缓解时,缓解作用沿制动管长度方向由前向后逐次传播的现象,称为缓解波。其传播的速度称为缓解波速。

同样,缓解波速也受到空气波传播快慢、三通阀(分配阀)动作灵敏性及制动机性能好坏等因素的影响,所以,如何提高缓解波速也成为亟待解决的问题之一。目前,国产 120 型控制阀的缓解波速已达到 150 m/s。

五、制动机的稳定性、安定性与灵敏度

1. 稳定性

当制动管减压速率低于某一数值范围时,制动机将不发生制动作用的性能,称为制动机的稳定性。也就是说,要使制动机可靠地产生制动作用,除了要有一定的制动管减压量外,还需要一定的减压速率,两者缺一不可。其数值范围因各型制动机而不同,我国规定:制动管减压速率或漏泄小于 20 kPa/min。

2. 安定性

常用制动时不发生紧急制动作用的性能,称为制动机的安定性。即当制动管减压速率在 10~40 kPa/s 范围时,紧急阀不应动作。

3. 灵敏度

当制动管减压速率达到一定数值范围时,制动机必须产生制动作用的性能,称为制动机的灵敏度。一般地,常用制动灵敏度为 10~40 kPa/s;紧急制动灵敏度为 70 kPa/s。

上述三者之间相互联系,在同一制动机上必须协调一致,保证三者之间有明显的隔离区间,否则将使制动机无法正常工作。

六、列车制动时的纵向动力作用

由以上讨论可知,对于空气制动机,在施行制动或缓解时所产生的空气波存在一个沿制动管长度方向由前向后扩散或传播的过程;列车越长,其前后部开始制动或缓解的时间差就越大。这种"沿列车长度方向的制动或缓解作用的不同时性",是列车制动或缓解时发生强烈纵向动力作用的主要原因。对于重载(或扩编)列车,这个问题尤其突出。

(一)制动阶段的划分及其性质

根据列车制动过程中各制动缸压力的变化及分布情况,整个制动过程可划分为四个阶段。如图 1-14 所示,为一列车(为简化分析,设该列车编组为 4 辆)各制动缸的充风曲线(即 P-t 曲线)。

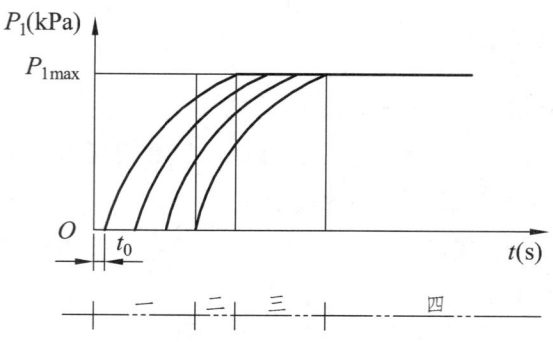

图 1-14 列车制动时各车辆制动缸的充风曲线

t_0—第一台制动机发生制动作用的时间

（1）第一制动阶段：从司机扳动制动阀手柄至制动位时开始，到最后一辆车制动缸压力开始上升的瞬间为止。在这个阶段，由列车前部第一辆开始，各车辆制动机逐次发生制动作用；并且，制动缸压力及相应的制动力沿列车长度方向由前向后越来越小。因此，前部车辆减速度大，而后部车辆减速度小，形成各车辆间的动能之差，导致了列车各车辆从两端向列车中部挤压的相对运动，并将动能差转换为车钩缓冲器弹簧的势能，即造成列车各车钩缓冲器弹簧的压缩，该压缩为静压缩。由于列车的这种压缩具有一定的作用速度，所以表现为列车的纵向动力作用。当第一制动阶段终了时，列车压缩力达到最大值，车钩缓冲器弹簧到达新的静平衡位置，静压缩也达到最大值。

（2）第二制动阶段：从最后一辆车制动缸压力开始上升起，到第一辆车制动缸压力上升到最大值为止。在这个阶段，各车辆的制动缸压力保持着第一阶段末已形成的压力差而按相同的速率上升，车钩缓冲器弹簧继续被压缩，形成动压缩。当第二制动阶段所形成的动能差全部转换为势能时，动压缩达到最大值；然后车钩缓冲器弹簧开始伸张，造成列车的纵向动力振动。由于车钩缓冲器的摩擦阻尼作用，这个动力振动将很快衰减而消失。但静压缩则仍保持不变。

（3）第三制动阶段：从第一辆车制动缸压力上升到最大值的瞬间起，到最后一辆车的制动缸压力上升到最大值为止。在这个阶段，各车辆的制动缸压力逐渐趋于一致，第一制动阶段所贮存在车钩缓冲器弹簧中的静压缩势能逐渐释放出来，列车中各车辆在车钩缓冲器弹簧的反拨作用下发生由列车中部向两端伸张的现象。这种伸张也具有一定的作用速度（比压缩的速度小，能量有损失），所以也会引起列车纵向动力作用。这个冲动由于车钩缓冲器的摩擦阻尼作用也很快衰减和消失。

（4）第四制动阶段：从最后一辆车的制动缸压力上升到最大值时起，到列车完全停车或缓解为止。在这个阶段，各个车辆的制动机都产生了最大制动力。如果列车单位制动力分配均匀，则车辆之间不形成任何因制动而产生的相互作用力。但如果单位制动力分配不均匀，则仍将有压缩力或拉伸力存在，即可造成列车的纵向动力作用。这是静力性质的，当制动力达到最大值时，这种作用力也达到最大值。

实际工作中，在列车制动过程中的每一瞬间，各个机车车辆具有不同的单位制动力。如果列车施行制动时是处在拉伸状态，则制动之初首先要消除这些车钩与车钩之间的自由间隙，这就必然会产生强烈的纵向动力作用，或发生强烈的纵向动力作用。

（二）产生动力作用的原因及减小列车制动时的纵向动力作用的方法

列车制动时产生纵向动力作用的主要原因有三个：

（1）制动作用沿列车长度方向的不同时性，即列车前部制动力形成得早，上升得快，后部则晚而慢。

（2）全列车制动缸的压力都达到指定值以后，单位制动力（列车每吨重量的制动力）沿列车长度方向的不均匀分布。这是由于列车中车辆类型和装载状态不同而造成的。

由于上述两种原因，列车中各车辆在制动过程中的每一瞬间都具有不同的单位制动力。如果没有车钩的连接，各车辆都将按各自的减速度运行。但这是不可能的，组成列车的机车和车辆必须按同一减速度运行，具有相同的单位惯性力（列车每吨重量的惯性力）。因此，在各车辆间的车钩连接处，必然要产生相应的纵向动力作用。

（3）各车辆之间的非刚性连接（缓冲器可压缩，车钩与车钩之间有自由间隙）使由于前两种原因产生的纵向动力作用更加剧烈。

为了缓和因制动不同时性和单位制动力分布不均所造成的强烈纵向动力作用，每个车钩后面都装有可压缩的缓冲器，制动时可通过前从板压缩缓冲器弹簧，吸取和衰减纵向动力作用的能量，将它限制在允许的范围内。但这样一来，列车纵向的可压缩量也增大了，由于列车的这种压缩不是缓慢进行的，它具有一定作用速度，所以弹簧被压缩到静平衡位置时列车的压缩并未停止，当弹簧继续被压缩并达到动平衡位置时，列车压缩的相对运动的能量被用尽，弹簧和列车的压缩量才达到最大值，车钩受到的纵向力也才达到最大值。列车制动纵向动力作用，随列车长度的增加和制动力的增大而加剧。严重时它能导致车钩缓冲器装置折损和车体严重损坏等重大事故。所以，对于这个问题的试验和研究是一项很重要的工作。

复习思考题

1-1　什么叫制动？什么叫制动方式？
1-2　制动机是如何分类的？
1-3　叙述直通式空气制动机的构成和作用原理。
1-4　叙述自动式空气制动机的构成和作用原理。
1-5　什么叫绝对压力和表压力？它们有什么关系？
1-6　什么叫二压力机构制动机？什么叫三压力机构制动机？
1-7　说明空气在等温变化时，容积和压力的变化关系。
1-8　制动缸压力与制动管减压量之间有什么关系？
1-9　什么叫制动管最小有效减压量？怎样计算？
1-10　什么叫制动管最大有效减压量？怎样计算？
1-11　什么叫空气波和制动波？什么叫空气波速和制动波速？
1-12　什么叫缓解波速？
1-13　什么叫制动机的稳定性、安定性与灵敏度？
1-14　产生列车制动纵向动力作用的主要原因有哪些？

第二章 机车风源系统

机车空气管路系统按其功能可分为风源系统、制动机气路系统、控制气路系统和辅助气路系统四大部分。其中，风源系统的作用是生产、贮备、调节控制压力空气，并向全车各气路系统提供所需的高质量的，洁净、稳定的压力空气。本章重点介绍 SS_4 改、HXD_1、HXD_2 和 HXD_3 型机车风源系统及其组成部件。

第一节 概　述

SS 系列机车风源系统主要由主空气压缩机组、压力控制器、总风缸、止回阀（止回阀或逆流止回阀）、高压安全阀、无负载启动电空阀、空气干燥器（或油水分离器）、塞门及连接管等组成。HXD 系列机车的风源系统还增加了精油过滤器、低压维持阀等部件。

主空气压缩机组（简称主压缩机组，包括主压缩机及其驱动电动机）用于生产具有较高压力的压力空气，供全车空气管路系统使用。总风缸（又称主风缸）是用来贮存压力空气的容器。为保证压力稳定的压力空气的充分供应，机车上必须配备容量足够大的总风缸。工作中，总风缸内的压力空气经总风缸管送至制动机系统、控制气路系统和辅助气路系统供使用。空气压力控制器（即空气压力调节器）是利用总风缸压力的变化，自动控制空气压缩机的工作，使总风缸压力空气的压力保持在一定范围内。空气干燥器用于去除主空气压缩机组生产的压力空气中的油、水、尘及机械杂质等杂物后，储存在总风缸内，供全车空气管路系统使用。无负荷启动电空阀用于减小主空气压缩机组在启动过程中的启动负载，以保证主空气压缩机组顺利启动。止回阀（止回阀或逆流止回阀）用于限制压力空气的流动方向，以防止压力空气向主空气压缩机气缸内逆流或防止压力空气逆流到无负荷启动电空阀排入大气。精细滤油器用于去除压缩空气中的残油。它装在压缩空气管路中，位于空气干燥设备后面。低压维持阀用来保证干燥器内部快速建立起压力，使干燥器可以进行再生、干燥工作，开通压力为 6 bar。同时对两台干燥器间通道进行隔离。安全阀安装在干燥器前后，以确保机车空气系统的安全。

第二节 SS_4 改型机车风源系统和辅助风源系统

一、概　述

SS_4 改型机车风源系统管路原理如图 2-1 所示。SS_4 改型机车风源系统可分为压缩空气的生产、压缩空气的压力控制、压缩空气的净化、压缩空气的贮存以及总风的重联五个环节。

其正常工作时的气路如下：

空气压缩机 43 ─┬─→ 高压安全阀45（调整动作压力 950±20 kPa）。
　　　　　　　├─→ 止回阀47 → 冷却管 → 空气干燥器49 → 塞门111 → 第一总风缸91 → 塞门112 ─┐
　　　　　　　└─→ 无负载起动电空阀247YV → 塞门110（关闭）。

┬─→ 塞门139 → 压力控制器 517 KF（开断900±20 kPa，闭合750±20 kPa。
├─→ 逆流止回阀50 → 第二总风缸92 → 塞门113 → 总风管 → 制动机、气动器械。
└─→ 总风联管 → 总风折角塞门63或64 → 总风软管连接器65或66 → 重联机车风源系统。

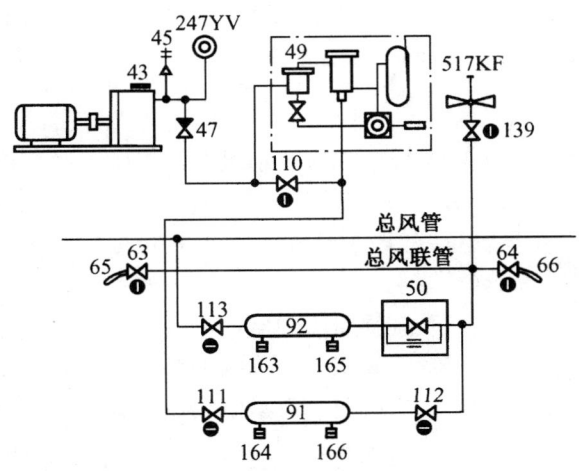

图 2-1　SS₄改型机车风源系统管路原理图

43—主空气压缩机组；45—高压安全阀；47—止回阀；49—空气干燥器；50—逆流止回阀；63、64—总风折角塞门；
65、66—总风软管连接器；91—第一总风缸；92—第二总风缸；111～113、139—塞门；163～166—排水阀；
247YV—无负载启动电空阀；517KF—压力控制器；2MA—主空气压缩机电机

SS₄改型机车由两节完全相同的机车组成，每节机车上均设置一套完整的空气管路系统，可以单独运用。并且可通过空气管路系统的重联环节实现两台或多台 SS₄改型机车空气管路系统的重联运用。

1. 压缩空气的生产

每单节 SS₄改型机车主压缩空气的生产由一台生产量为 3 m³/min 的 VF-6/9 型空气压缩机 43 完成。该空气压缩机为四缸 V 形排列两级单动风冷固定式，其额定排气压力为 900 kPa，额定转速为 980 r/min，并由一台功率为 37 kW 的 YYD-280S-6 型三相交流异步电动机 2MA 驱动。在运行中，如果压缩机组出现故障，可利用另一节机车上的压缩机继续维持运行。

2. 压缩空气的压力控制

压缩空气压力由 YWK-50-C 型压力控制器 517KF 来调整，其性能稳定，调整方便，根据总风缸压力的变化，自动闭合或切断主空气压缩机电动机电源，从而控制主空气压缩机的运转或停止，使总风缸内压力空气的压力保持在规定的压力范围（750～900 kPa）内。压力控制器故障时，可通过塞门139切除，这时司机可利用强泵风按钮操作压缩机组。

3. 压缩空气的净化

压缩空气的净化处理由空气处理量为 3~5 m³/min 的 DJKG-A 型空气干燥器 49 完成。主压缩机组生产的压缩空气先经过一段较长的冷却管冷却后进入干燥器，在干燥器的滤清筒、干燥筒内进行干燥净化处理后，送入总风缸内贮存。

4. 压缩空气的贮存

经过干燥净化处理后的压缩空气，进入两个串联的总风缸内贮存。其中第一个总风缸 91 容积为 290 L，第二个总风缸 92 容积为 612 L。机车入库后可关闭塞门 111、113，保存总风缸内的压缩空气；在机车无火回送时，应将塞门 112 关闭，切除第一总风缸，缩短列车的充气时间。在使用中还应定期打开总风缸排水阀 163~166，检查和排除总风缸内的积水。

5. 总风的重联

为适应铁路运输的高速和重载要求，SS₄ 改型机车设置了重联功能，经过干燥、净化处理后的压力空气进入第一总风缸后，一路经逆流止回阀 50 进入第二总风缸提供本节机车使用；另一路经总风联管、总风折角塞门 63 或 64、总风软管连接器 65 或 66 等总风重联装置进入另一台重联机车，使得所有重联机车的总风缸相通。当一台机车空气压缩机组出现故障后，可由另一台机车通过总风重联装置提供压力空气。

当重联在一起的两节机车或其他重联机车之间断钩分离后，第一总风缸内的压缩空气将很快随拉断的总风软管连接器排入大气，第二总风缸内的压缩空气由于逆流止回阀的单向作用将缓慢沿逆流小孔排入大气，保证分离机车制动所需的压力空气。同时逆流止回阀又能保证所有重联在一起的机车总风缸内压缩空气压力一致，而不会由于各机车用风量不同造成总风缸内压缩空气压力不一致。

二、主空气压缩机组

SS₄ 改型机车采用的 VF-3/9 型空气压缩机，为四缸、V 形排列、中间冷却、两级压缩、活塞式空气压缩机（排气量为 3.0 m³/min）。VF-3/9 型空气压缩机与 YYD-280S-6 型三相异步电动机通过联轴器直接连接，使空气压缩机按顺时针方向转动（从电动机端看）。

（一）构　造

VF-3/9 型空气压缩机包括运动机构、空气压缩系统、冷却系统及润滑系统等组成部分，如图 2-2 所示。

1. 运动机构

运动机构主要包括曲轴、连杆及活塞等。曲轴采用 QT600-3 球墨铸铁制成。曲轴为双支点结构，通过轴承座和轴承盖上的一对球轴承安装在机体两端的主轴孔上，中间两曲拐上各安装有一对一、二级活塞连杆机构。连杆采用 QT450-10 球墨铸铁制成。低压气缸活塞采用轻型活塞结构，材料为 ZL108，活塞上部第一道环为密封环，第二道环为扭曲环，第三道环为刮油环。高压气缸活塞采用 HT200 铸铁制造，为筒形活塞结构，第一、二道环为密封环，第三道环为扭曲环，第四道环为刮油环。

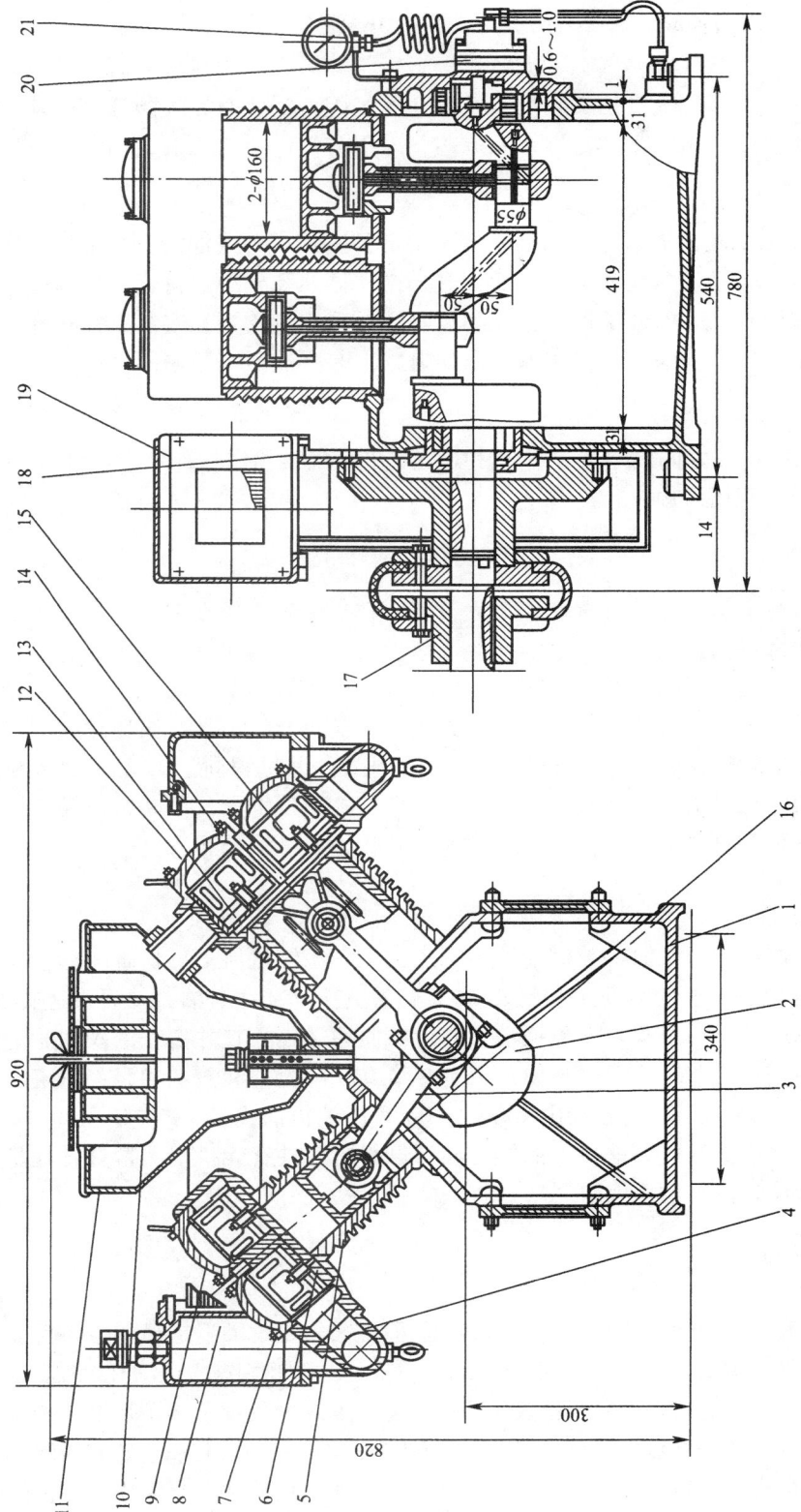

图 2-2 VF-3/9 型空气压缩机

1—机体；2—曲轴；3—连杆；4—气管；5—一级气缸；6—一级活塞；7—二级气阀；8—中间冷却器；9—二级气缸盖；10—导风罩；11—空气滤清器；12—消声器；13—一级气缸盖；14—一级活塞；15—二级气缸；16—轴承盖；17—联轴节；18—油泵；19—油系；20—铜套；21—油压表

2. 空气压缩系统

空气压缩系统主要包括气阀、气缸、滤清器等。气阀分为进气阀与排气阀两种，均采用环状阀结构。低压气缸和高压气缸均安装有进气阀和排气阀。安装时，气阀螺钉必须拧紧，止退垫必须锁牢。滤清器采用汽车空滤器纸质滤芯，采用与消声器结合的结构。

3. 润滑系统

VF-3/9 型空气压缩机的曲轴、连杆及活塞等主要部件采用压力式润滑。油泵供给压力油从曲柄拐颈油孔溢出，经润滑曲拐和连杆瓦后，进入连杆体油孔到小头衬套，润滑活塞销和小头衬套。气缸壁和活塞环等部件采用飞溅式润滑。油泵采用齿轮泵，安装在轴承座外侧，油从机体底部，经滤油器吸入油泵，并在油泵出油道路上装有油压表和调压阀。

4. 冷却系统

冷却包括一、二级压缩之间的空气冷却（压力空气进入集气箱进行冷却）和机体、气缸、缸头等受热体的冷却（利用风扇进行冷却）。

（二）工作原理

当低压气缸活塞往下运动时，气缸容积增大，压力减小，进气阀在大气压力作用下被打开，空气经消音器和进气阀进入气缸；当活塞往上运动时，气缸容积缩小，压力升高，进气阀自动关闭不再吸气，随着活塞继续往上运动，气缸内空气压力不断升高，当压力高于排气阀弹簧力和排气管道中压力空气所产生背压的合力时，排气阀开启，经一级压缩的空气排入集气箱；经过冷却的压力空气进入高压气缸，进行二级压缩（其过程同上），然后排入机车总风缸。如此周而复始，外界大气不断吸进空气压缩机低、高压气缸，又不断被压缩，源源不断地进入总风缸，使机车总风缸中的空气压力逐渐升高。

（三）维护与保养

应经常检查润滑油油位，及时补充润滑油；每班在空气压缩机启动后检查润滑油压力应在 150～350 kPa 范围之内；新空气压缩机运转 50 h 后需更换全部润滑油，以后每运转 500 h 更新全部润滑油；每运转 500 h 检查并更换消声器中纸质滤芯，检查并清洗气阀和滤油器，对易损零件阀片、弹簧、活塞环应及时更换；每运转 1 000 h 检查和清洗油泵；每班应开启中间冷却器的排水阀两次；润滑油应采用 N68、N100 号压缩机油或者 13#（冬季）、19#（夏季）压缩机油；应定期检查空气压缩机上的螺栓、螺母等紧固件有无松动，检查各处是否存在漏泄，并定期校验检查油泵油压表。

三、空气干燥器

由于油水分离器的结构方面的限制，其滤清精度及油水分离效果不是很理想，目前部分机车已采用作用性能更好的空气干燥器来处理压力空气。SS_4 改型机车采用 DJKG-A 型空气干燥器来处理压力空气，它是利用干燥剂吸收压力空气中的水分并周期地将干燥剂中的水分除去并附有滤清装置，分为双塔式和单塔式。该空气干燥器（单塔式）只有一个装有吸附剂的干燥筒和一个滤清筒。当机车主空气压缩机工作时，干燥器产生吸附作用；当空气压缩机停止运转时，干燥器即自动产生再生作用。由于其结构和作用的关系，该装置要求主空气压缩机间歇工作，不能长时间连续工作，否则干燥筒内的吸附剂将无法再生，最终失去干燥能力。

1. 主要部件的构造和作用

该空气干燥器由滤清筒、干燥筒、再生风缸、电动排泄阀、截断塞门、消音器以及电动排泄阀防冻装置和连接钢管等组成，除消音器外，所有部件均安装在一个钢架上，构成了一个完善的"空气处理中心"。该空气干燥器是一种单塔无热再生空气干燥器。其工作流程图如图 2-3 所示。

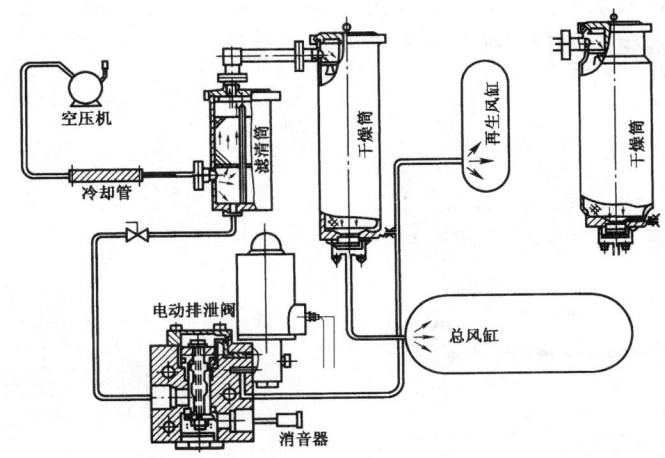

（a）干燥作用流程图

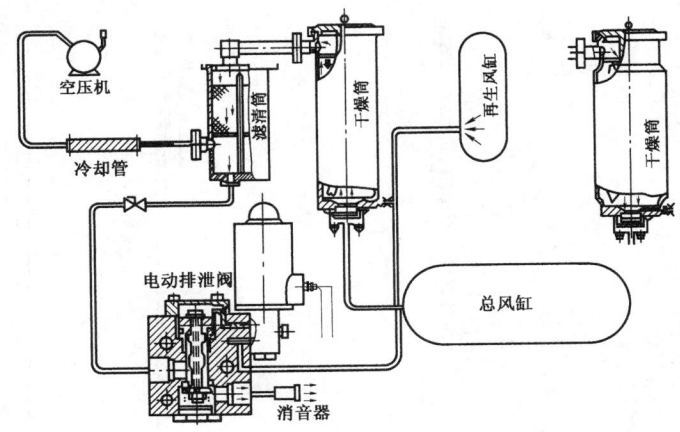

（b）再生作用流程图

图 2-3 空气干燥器工作流程图

1）干燥筒

干燥筒是盛装吸附剂的筒状容器，它由筒体、筒盖、连接卡箍、压紧弹簧、橡胶 O 形圈、上滤网、支架、吸附剂、止回阀、大橡胶垫、小橡胶垫、连接法兰盘等组成，如图 2-4 所示。筒体与筒盖采用连接卡箍进行连接，筒体与筒盖之间的橡胶 O 形圈可防止筒内压力空气外泄。下滤网通过支架安装在筒体下部，在上、下滤网间填满了吸附剂；安装在上滤网上部的压紧弹簧可将吸附剂压紧,防止吸附剂在工作过程中的移动。止回阀安装在连接法兰盘内部,通过紧固件和大、小橡胶垫及连接法兰盘与筒体底部密封连接。干燥筒通过焊接在筒体背面的两个安装座安装在钢架上,筒体正面还有干燥器的铭牌。

2)滤清筒

滤清筒是安装高效气液过滤网的筒状容器,它由筒体、筒盖、连接卡箍、网孔板、过滤芯子、过滤芯托架等组成,如图 2-5 所示。筒体与筒盖采用连接卡箍进行连接,筒体与筒盖之间的橡胶 O 形圈可防止筒内压力空气外泄。由不锈钢丝网带缠绕组成的过滤芯子穿装在过滤芯托架上,并通过两端网孔板夹紧组成高效气液过滤网,过滤网的上部和下部均为膨胀气室。滤清筒通过焊接在筒体背面的两个安装座安装在干燥器安装钢架上,筒体的正面还安装了恒温器。

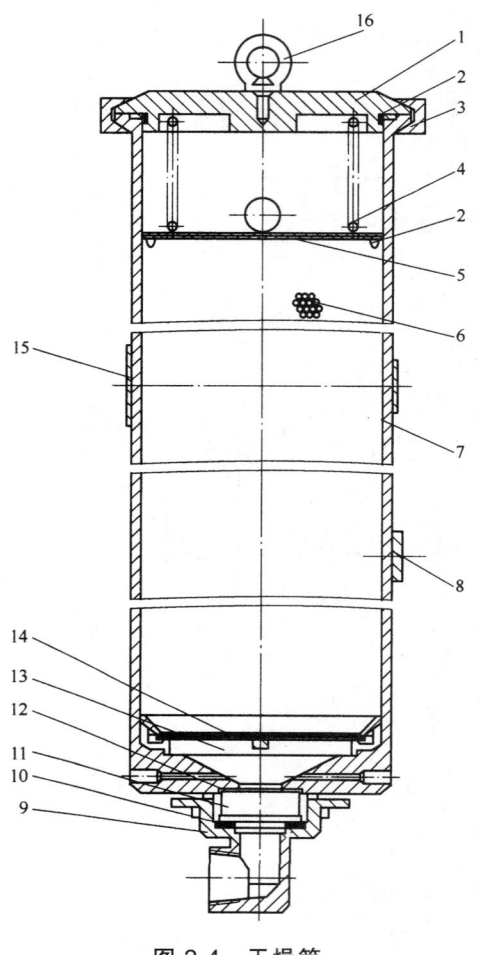

图 2-4　干燥筒　　　　　　　　图 2-5　滤清筒

1—筒盖;2—橡胶 O 形圈;3—连接卡箍;4—压紧弹簧;5—上滤网;　　1—筒盖;2—连接卡箍;3—过滤芯子;4—网孔板;
6—吸附剂;7—筒体;8—安装座;9—连接法兰盘;　　　　　　　　　5—过滤芯子托架;6—筒体;7—O 形密封圈
10—大橡胶垫;11—止回阀;12—小橡胶垫;
13—支架;14—下滤网;
15—铭牌;16—吊环

3）电动排泄阀

电动排泄阀由一个 TFK_{1B} 型两位电空阀和一个柱塞式排泄阀组成,如图 2-6 所示。柱塞式排泄阀由阀体、活塞、活塞杆、活塞复原弹簧、上端盖、下阀盖、排气阀、橡胶 O 形圈等组成。其阀体上有已安装棒形加热元件的内孔,另外还有一些暗道作为内部气路,由于阀体还起到管座的作用,故有三条气路连接管:一条为左边气路可经塞门与滤清筒底部相连通,是再生阶段排泄空气的通路;另一条为右边气路可与消音器相连通,再生阶段的排泄空气经此通路排入大气;还有一条前连气路为 Dg10 管座,由此向阀体外,经管子与再生风缸相通,并经阀体内暗道、电空阀、阀体暗气路、上盖与活塞的上气室沟通,这是控制活塞动作的空气通路。

4）止回阀

止回阀用法兰盘固定在干燥筒的底部,其结构如图 2-7 所示(图示位置与实际安装位置相差 180°)。

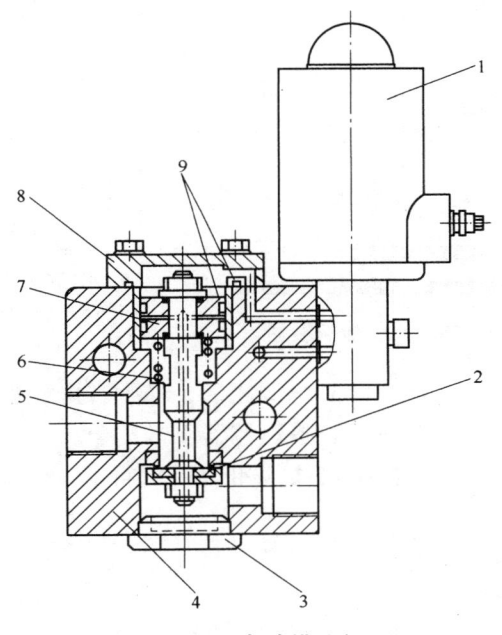

图 2-6 电动排泄阀

1—TFK_{1B} 型闭式电空阀;2—排气阀;3—下端盖;4—阀体;
5—活塞杆;6—活塞复原弹簧;7—活塞;
8—上端盖;9—O 形密封圈

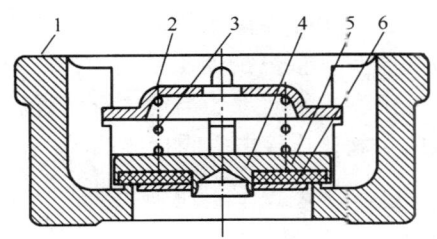

图 2-7 干燥止回阀结构图

1—压圈;2—橡胶垫;3—止回阀阀片;
4—止回阀弹簧;5—弹簧托;
6—止回阀体

通过干燥筒的干燥空气,推开止回阀阀片,从止回阀内侧的气路输入总风缸。当止回阀阀片上、下侧的压力均衡时,在弹簧的作用下,止回阀片关闭阀口。当总风缸内压力低于干燥筒侧压力时,止回阀又开启。

5）消音器

消音器是为了消除干燥器在再生阶段排气时产生的尖锐刺耳的噪声而设置的。消音器内的填料为六层间隔放置的穿孔板。

6）塞　门

在滤清筒至电动排泄阀之间设有一个塞门，平时处于常开位。在机车运行途中若发生因排泄阀关闭不严而排气不止时，可关闭此阀门以防压力空气漏泄，待处理正常后再开放。该空气干燥器作用正常时，不得随意关闭此塞门，否则将使吸附剂过早失效。

7）电动排泄阀的防冻装置

其作用是为了防止管路和阀冻结而设置的，它包括控温器、感温元件盒和加热元件等部分，如图 2-8 所示。

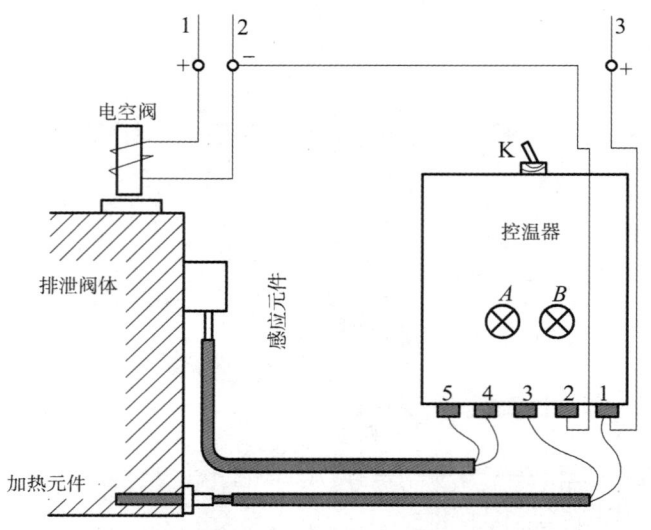

图 2-8　电动排泄阀及防冻装置电路连接图

空气干燥器要求机车提供三根电源线，一根为 DC110 V 电源正线，经常带电，提供给防冻装置，接恒控器 1 号端子；一根为 DC110 V 电源负线，接恒控器 2 号端子；另一根为 DC110 V 电源正线，当空气压缩机启动运转时失电，空气压缩机停止运行时得电，提供给排泄电空阀，连接电空阀接线端子。

2．系统工作原理

1）吸附干燥过程

当空气压缩机运转时，饱和湿空气由空气压缩机出风口经过冷却管冷却后进入滤清筒，压力空气中的油雾、水分和尘埃、机械杂质被高效气液过滤网拦截捕获。然后除去凝结水、油雾、水分和尘埃、机械杂质的饱和湿空气进入干燥筒内，通过吸附剂的作用，其水蒸气分子被吸附。故干燥筒底部的压力空气是洁净干燥的。这些干燥空气经过干燥筒底部的止回阀向机车总风缸输送，同时还经节流孔向再生风缸充风。这一过程称为吸附干燥过程。当空气压缩机停止运转时，该吸附干燥过程结束。在此过程中排泄电空阀失电，排泄阀口关闭。

2）再生过程

当空气压缩机停止运转时，控制电路使排泄电空阀得电，再生风缸内压力空气进入排泄阀活塞上部，克服活塞弹簧反力，推动活塞及活塞杆下移，打开排泄阀口。这时，滤清筒、

— 32 —

干燥筒以及空气压缩机出风口至干燥筒管道内的压力空气连同油、水分和尘埃、机械杂质经开放的排泄阀口,再经消音器排入大气。同时,再生风缸内的干燥压力空气通过干燥筒底部的节流孔膨胀成为接近大气压力的超干燥空气,并朝着与吸附干燥过程相反的流向由上而下通过吸附剂,将吸附剂吸附的水蒸气分子几乎全部带出,经排泄阀口、消音器排入大气,使吸附剂重新恢复干燥状态。这一过程称为再生过程。当再生风缸内压力空气的压力降至约 30 kPa 时,排泄阀内的活塞弹簧推动活塞及活塞杆上移,关闭排泄阀口,再生过程结束。

3. 干燥器的维护与检修

机车乘务员每次出乘前,应观察整套装置的工作是否正常,定期察看总风缸内是否有积水。干燥器应定期进行检查和大修。机车进行中修时,其检修内容如下:清洗检查电动排泄阀各部;用去污粉洗净消音器各部;解体并清洗滤清筒内的过滤元件,组装前要用压力空气吹干;解体并清洗干燥筒内各部件,更换活性氧化铝,并使吸附剂填实,然后用压力空气与正常气流相反方向吹扫一遍;按恒控器盒内侧所附线路图检修恒控器;重新组装整套装置并在试验台上进行性能检查,合格后装车使用。

四、其他风源部件

(一)压力控制器

YWK-50-C 型压力控制器是根据总风缸压力的变化,自动闭合或切断主空气压缩机电动机电源,从而控制主空气压缩机的运转或停止,使总风缸内压力空气的压力保持在规定的压力范围(750~900 kPa)内。当总风缸空气压力达到最大规定值时,自动切断主空气压缩机电动机的电源电路,主空气压缩机停止工作;当总风缸空气压力低于最小规定值时,自动闭合主空气压缩机电动机的电源电路,主空气压缩机恢复打风。该压力控制器设在电空制动屏柜内,为铸铝壳体,防水型,其规格为 0~1 MPa,如图 2-9 所示。

YWK-50-C 型压力控制器的基本作用原理是利用杠杆、波纹管、调节弹簧以及切换差旋钮内的弹簧组成一个杠杆体系,并充分利用动触头和静触头组成的单断点大开距微动开关具有瞬动开闭的特点而设计的一种结构简单的压力调节控制装置。当被控压力空气的压力上升或下降时,波纹管伸长或缩短,通过杠杆与拨臂,拨开微动开关,使触头闭合或断开而达到压力空气压力控制的目的。

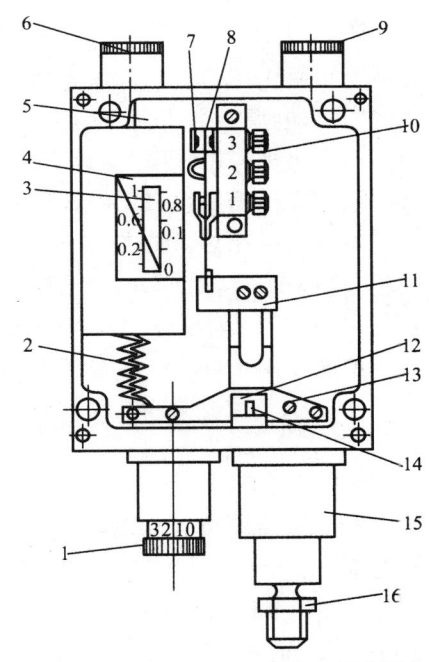

图 2-9 YWK-50-C 型压力控制器

1—切换差旋钮;2—调节弹簧;3—指针;4—标尺牌;
5—调节杆;6—锁紧螺帽;7—静触头;8—动触头;
9—出线套;10—接线端子;11—拨臂;
12—刀支架;13—杠杆;14—刀;
15—波纹管室;16—接头

1. YWK-50-C 型压力控制器的安装与调整方法

（1）打开表盖，将压力控制器垂直安装在安装板上，严禁用手拨动或用工具碰撞拨臂，以防改变性能。

（2）旋下接头，将外径为 6 mm 的金属导压管的一端锡焊于接头体上，然后旋紧接头，使连接管密封，将被控压力空气经导压管通入波纹管室。

（3）将导线连接在接线端子上。如果被控压力空气的压力需下降至下限设定值，电路切换连通，应接 1 和 3 点；否则应接 1 和 2 点。机车上使用的压力控制器，导线应接 1 和 3 点。

（4）复查安装是否妥贴，装好表盖，接通电源。

（5）取下锁紧螺帽，用一字螺丝刀旋动调节杆，使指针指在所需控制的下限设定值，然后拧紧锁紧螺帽。

（6）用手旋动切换差旋钮以获得需要的切换差，即被控压力空气的压力上限设定值。

2. 调整注意事项

切换差旋钮上的数字以及调节杆和指针在标尺牌上数值仅表示上、下限设定切换值的大小而非实际值，实际值由标准压力表（即司机室内总风压力表）读取；若欲控制压力空气不超过某一给定的压力范围，应先调下限设定值（调整调节杆使指针在该压力值上），后调上限设定值（调整切换差旋钮，使压力上升至该压力值时开关切换）；根据压力控制器的使用情况，进行定期校对调整。

3. 调整示例

欲控制总风缸内压力空气的压力保持在 750~900 kPa 的范围内，则应先接通空气压缩机组的控制与工作电源，并开通总风缸与波纹管室的气路。旋动调节杆，使指针指示下限 0.75 MPa，闭合司机操纵台面上的空气压缩机按键，这时空气压缩机组应启动，压力空气的压力上升，当空气压缩机组自动停机后，设法降低总风缸内压力空气的压力，反复旋动调节杆，使空气压缩机组在总风缸内压力空气的压力为 750±20 kPa 时准确启动；当下限设定值调定在 750±20 kPa 后，再反复旋动切换差旋钮，使空气压缩机组在总风缸内压力空气的压力达 900±20 kPa 时准确停机。这样反复调动调节杆与切换差旋钮，控制空气压缩机组的启动和停机，就能控制总风缸内压力空气的压力，使其保持在 750~900 kPa 的范围内。

（二）止回阀

1. 止回阀或单向阀

在每台空气压缩机的出风管路上安装止回阀，用来防止压力空气逆流，以实现单向流动性能。一般地，止回阀包括无压差止回阀和压差止回阀两种。前者为金属结构，适用于高温管路，一般空气压缩机出风管路上均安装该型止回阀；而后者为橡胶结构，适用于常温气路。如图 2-10 所示。当压力空气由 A 进入，在初始状态时，B 侧管路压力较低，则 A、B 间的压差足以克服止阀而将其压起，阀口开放，经 B 处流出。当 B 侧压力（或 B 侧压力加弹簧反力）接近 A 侧时，止阀下落关闭阀口。若压力空气由 B 侧流入，则止阀在压力作用下与体上的阀座更加密贴，无法向 A 侧输送。故只能实现单向流动，即 A→B。安装时，必须注意使箭头方向与管路流向一致，且垂直安装。

2. 逆流止回阀

逆流止回阀设置在第一与第二总风缸之间，其结构、作用原理如图 2-11 所示。逆流止回阀与空气压缩机出风管路上安装的止回阀外形很相似，区别在于止回阀的盖为六方体，而逆流止回阀为四方体。其阀芯也是利用止回阀的阀芯，仅在阀芯底部中央一处以及圆柱面靠近底部位置两处，钻出三个 $\phi 6$ mm 的圆孔。

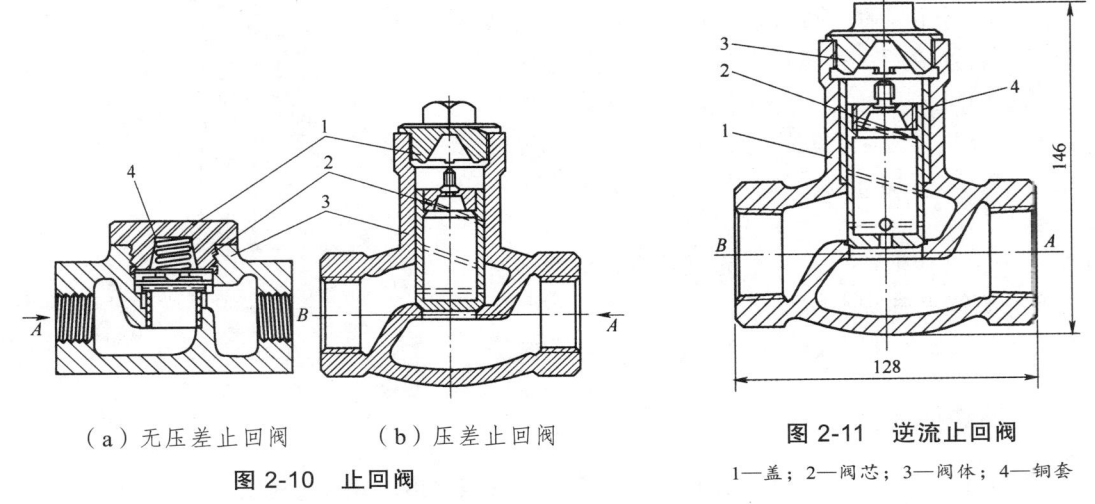

（a）无压差止回阀　　（b）压差止回阀　　　　图 2-11　逆流止回阀

图 2-10　止回阀　　　　　　　　　　　　　　1—盖；2—阀芯；3—阀体；4—铜套

1—盖；2—止阀；3—阀体；4—弹簧

当 B 侧管路压力较 A 侧低时，A、B 侧间的压差克服阀芯重力将其抬起，A 侧压力空气经开放阀口的大通道进入 B 侧。当两侧压力空气压力接近时，阀芯下落关闭阀口，但两侧压力空气仍能经逆流小孔沟通。当 B 侧管路压力高于 A 侧时，阀芯在空气压力以及自重作用下，与阀体上的阀座更加密贴，关闭阀口，但 B 侧压力空气仍能经逆流小孔进入 A 侧，保持两侧管路压力相等。

安装时，A 侧接第一总风缸以及总风联管，B 侧接第二总风缸。当机车空气压缩机打风时，压力空气首先进入第一总风缸与总风联管，再经该阀的阀芯上移后开放的阀口大通路进入第二总风缸，继而供机车用风。当本节机车空气压缩机故障后，其他机车空气压缩机产生的压力空气也能经总风联管进入第一总风缸，再经该阀进入第二总风缸。当机车空气压缩机停止运转后，由于各机车用风量的差异，用风量小的机车的第二总风缸内压力空气将经逆流孔反向流出，补充用风量大的机车总风缸，从而保证了各重联机车正常运行时所有总风缸压力完全一致。

当重联机车间发生断钩现象后，各机车第一总风缸内压力空气将经断裂的总风联管快速排入大气。而第二总风缸内压力空气因逆流止回阀的阀芯下落关闭了阀口大通路，不能快速排入大气，只能经逆流小孔缓慢排入大气，从而保证了机车在停车时空气制动所需压力空气。逆流止回阀安装时必须注意方向且垂直安装。

（三）高压安全阀

为确保空气管路系统的安全，必须严格控制压力空气的最大压力。因此，在所有的压力空气管路系统中必须设置安全阀，以便正常的压力控制装置失效后，能自动降低压力及报警达到安全保护作用。高压安全阀的结构如图 2-12 所示。高压安全阀一般设置在每台空气压缩机出风口至止回阀管路间，其作用是确保总风缸气压不超过最大工作压力，其压力整定值为 950 ± 20 kPa。

（四）总风缸

总风缸又名主风缸，用来储存压力空气，供制动机及其他风动装置使用；并能使来自油水分离器的压力空气在总风缸内进一步冷却，分离出沉淀油水及尘埃等。为确保制动机及其他风动装置工作安全，应在总风缸压力接近 0 kPa 时定期开放总风缸排水塞门，放出缸内积水和尘埃。总风缸是一个受压容器，严禁在总风缸上进行电焊打火或搭接地线。总风缸充风后严禁重物锤击，更应注意在其周围的加温情况。

空气压缩机的其他附件还包括无负载启动电空阀等。

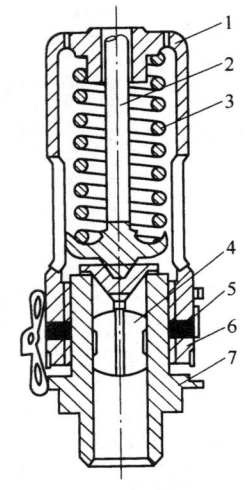

图 2-12　高压安全阀

1—弹簧盒；2—阀杆；3—弹簧；4—阀；
5—止挡环；6—锁紧螺母；7—阀座

五、辅助风源系统

SS 系列机车设有辅助空气压缩机组，作为备用风源使用。辅助空气压缩机组由辅助空气压缩机（见图 2-13）、直流电动机（DC110V）及其安装底座等组成，其设置目的在于解决长期停放机车、机车总风缸或控制风缸压力较低时升起受电弓和闭合主断路器的用风问题，通过机车蓄电池直流供电系统启动辅助空气压缩机组，为受电弓、主断路器提供压力空气，以确保机车投入正常工作。

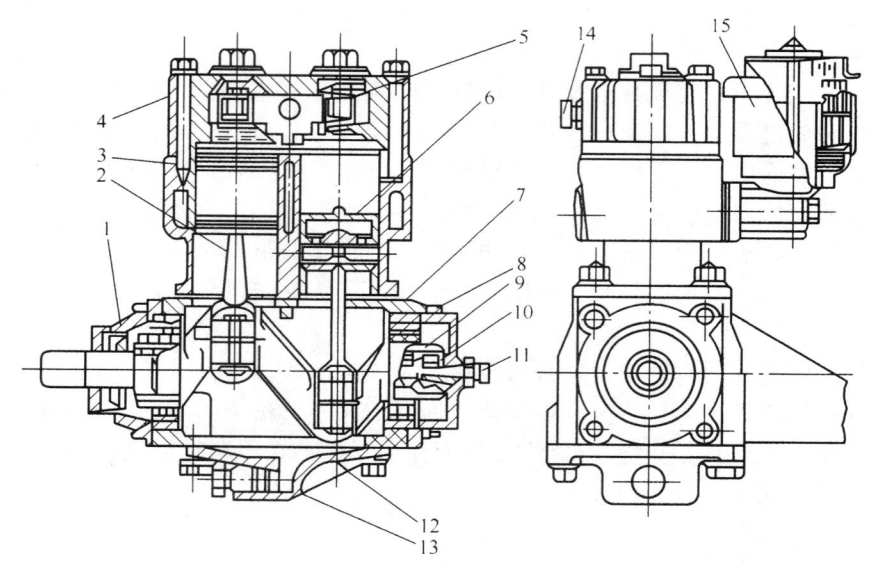

图 2-13　辅助空气压缩机

1—油封；2—连杆；3—气缸体；4—气缸盖；5—气阀；6—活塞；7—曲轴箱；8—轴承；9—曲轴；
10—后盖；11—进油接头；12—底盖；13—回油接头；14—出气接头；15—滤尘器

SS$_4$改型机车采用CA-10/Z$_2$-22型辅助空气压缩机组。其中，CA-10型空气压缩机为直立双缸一级压缩活塞式空气压缩机，当转速为1 350 r/min时排气量大于42 L/min，工作气压为700 kPa，轴功率为1.1 kW；Z$_2$-22型直流电动机从机车蓄电池获取110 V直流电能，通过联轴器直接驱动其空气压缩机。该辅助空气压缩机只作辅助性短时运转，采用附加油杯注油润滑。

第三节 HXD$_1$型机车主风源系统和辅助风源系统

一、概 述

HXD$_1$型机车风源系统也分为两个相对独立的部分：一部分为由主空气压缩机组、主空气干燥器、总风缸等组成的主风源系统；另一部分为由辅助压缩机组、辅助干燥系统、风缸及连接管路等组成的辅助风源系统。HXD$_1$型机车主风源系统与国内其他各型机车主风源系统基本相同，其原理见图2-14。压缩机排出的压力空气经连接管路进入空气干燥器，压缩机与干燥器之间设有安全阀，干燥器处理后的压力气经止回阀进入总风缸备用。两个总风缸串联布置，总风联管设在两个总风缸之间，并且总风缸之间设有止回阀，可防止断钩时总风风源全部流失，保证机车制动系统停车所需风源。与以往机车不同，HXD$_1$型机车主风源系统止回阀与总风缸之间设有高压安全阀，用于总风缸压力过高时起保护作用。

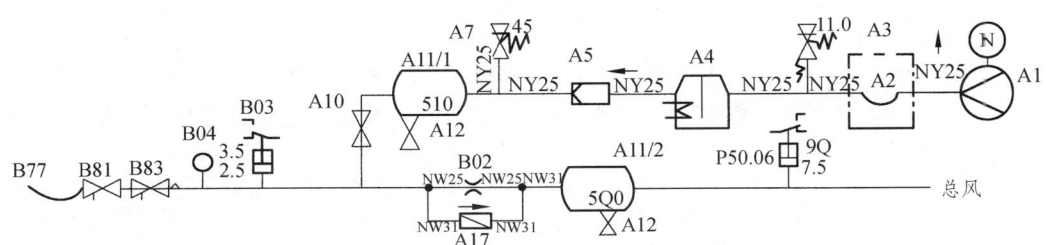

图 2-14 HXD$_1$型电力机车主风源系统原理图

A1—主压缩机组；A2—空气压缩机出风软管；A3—安全阀；A4—空气干燥器；A5—精细滤油器；A7—高压安全阀；A10—截断塞门；A11—总风缸；A12—排水阀；A17—止回阀；B02—限流阀；B03—压力开关；B04—压力测试口；B77—总风软管转接器；B81—折角塞门；B83—防撞塞门

二、主空气压缩机组

HXD$_1$型机车每单节车采用一台TSA-230AD型或BT-3.0/10AD型的螺杆空气压缩机组，螺杆空气压缩机组由四大主要部件构成：驱动装置、空气压缩机组体、风冷却装置和底座。它们用螺栓连接在一起，组成一个紧凑的机组，底座以上的设备通过弹性减振器平稳地固定在这个钢制的共用底座上。共用底座将这些部件连成一个整体，通过其下方的4个安装孔固定在机车上，如图2-15、图2-16所示。压缩机位于机械间压缩空气柜旁边。压缩机主要技术参数见表2-1。

图 2-15　TSA-230AD 型主压缩机　　　　图 2-16　BT-3.0/10AD 型主压缩机

表 2-1　压缩机组主要技术参数

空压机型号	BT-3.0/10AD	TSA-230AD
额定转速	1 777 r/min	3 540 r/min
流量	3 000 L/min	3 000 L/min
控制电压	DC110V	DC110V
电机功率	30 kW	30 kW
排气压力	10 bar	10 bar
额定电压	440 V	440 V
额定频率	60 Hz	60 Hz
机组质量	475 kg	425 kg
冷却方式	风冷	风冷

（一）TSA-230AD 型螺杆压缩机

1. 概　述

TSA-230AD 系列空气压缩机是 SS$_9$ 型机车独立通风机车专门开发的下排风式螺杆压缩机，其主要特点是效率高、振动小、噪声低、动转平稳、可靠性好、易损件少、维修成本低。其外形如图 2-17 所示。

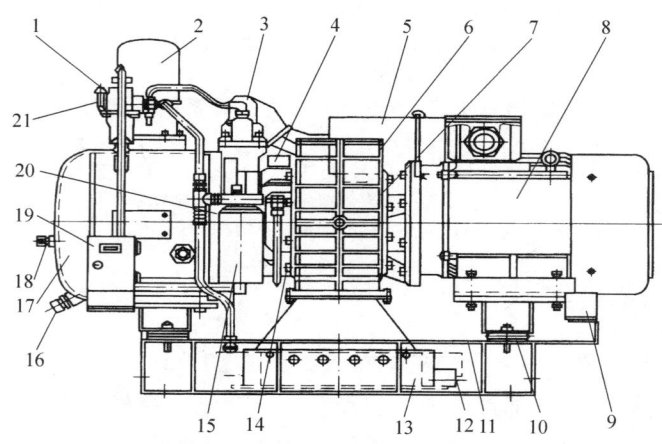

图 2-17　TSA-230AD 型螺杆式空气压缩机结构

1—温控阀；2—油细分离器；3—进气阀；4—压力开关；5—空气滤清器；6—蜗壳；7—中托架；8—电机；
9—输气接口；10—减振器；11—底座；12—冷却器卸油口；13—冷却器；14—风机后盖；
15—油过滤器；16—泄油阀；17—油气筒；18—温控开关；
19—电控箱；20—螺杆组；21—安全阀

2. 工作原理

TSA-230AD 系列空气压缩机是一种双轴回转容积式压缩机，电机通过联轴器直接驱动压缩机转子，转子为两个互相啮合的螺杆，具有非对称的啮合型面，并在一个铸铁壳体内旋转，其压缩原理为四个过程，如图 2-18 所示。

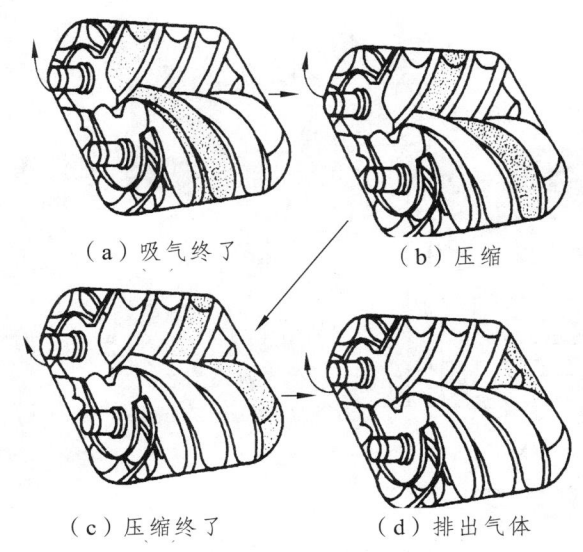

（a）吸气终了　　（b）压缩

（c）压缩终了　　（d）排出气体

图 2-18　一个齿槽容积的工作过程

（1）吸气过程：螺杆组的进气侧吸气口，必须设计成压缩机可以充分吸气，而螺杆式压缩机并无进气与排气阀组。当转子转动时，主副转子的齿沟在转至进气端开口时，其空间最大，此时转子的齿沟空间与进气口之自由空气相通。因在排气时齿沟之空气被全数排出，排气完了时，齿沟即处于真空状态；当转至进气口时，外界空气即被吸入，沿轴向流入主副转子的齿沟内。当空气充满了整个齿沟时，转子齿沟之进气侧端面转离了机壳之进气口，在齿沟间的空气即被封闭，以上为"进气过程"。

（2）封闭及输送过程：主副两转子在吸气终了时，其主副转子齿峰会与机壳封闭，此时空气在齿沟内闭封不再外流，即"封闭过程"。两转子继续转动，其齿峰与齿沟在吸气端吻合而逐渐向排气端移动，此即"输送过程"。

（3）压缩及喷油过程：在输送过程中，啮合面逐渐向排气端移动，亦即啮合面与排气口间的齿沟空间逐渐减小，齿沟内之气体逐渐压缩，压力提高，此即"压缩过程"。而压缩同时润滑油亦因压力差的作用而喷入压缩室内与空气混合。

在压缩过程中，压缩机凭借其自身所产生的压力差不断向压缩室及轴承喷入润滑油。润滑油主要有润滑作用、密封作用、冷却作用和降低高频压缩机产生的噪声等作用。

（4）排气过程：当转子的压缩气腔（齿沟）转到与机壳排气口相通时（此时压缩气体之压力最高），被压缩气之气体开始排出，直至齿沟的啮合面移至排气端面，此时两转子的啮合面与机壳排气口间之齿沟空间为零，即完成"排气过程"，与此同时，转子之啮合面与机壳进气口之间的齿沟长度又达到最长，其吸气过程又在进行。

3. 系统流程

TSA-230AD 系列压缩机系统包括空气系统、润滑油系统和冷却系统，图 2-19 为其系统流程详图。

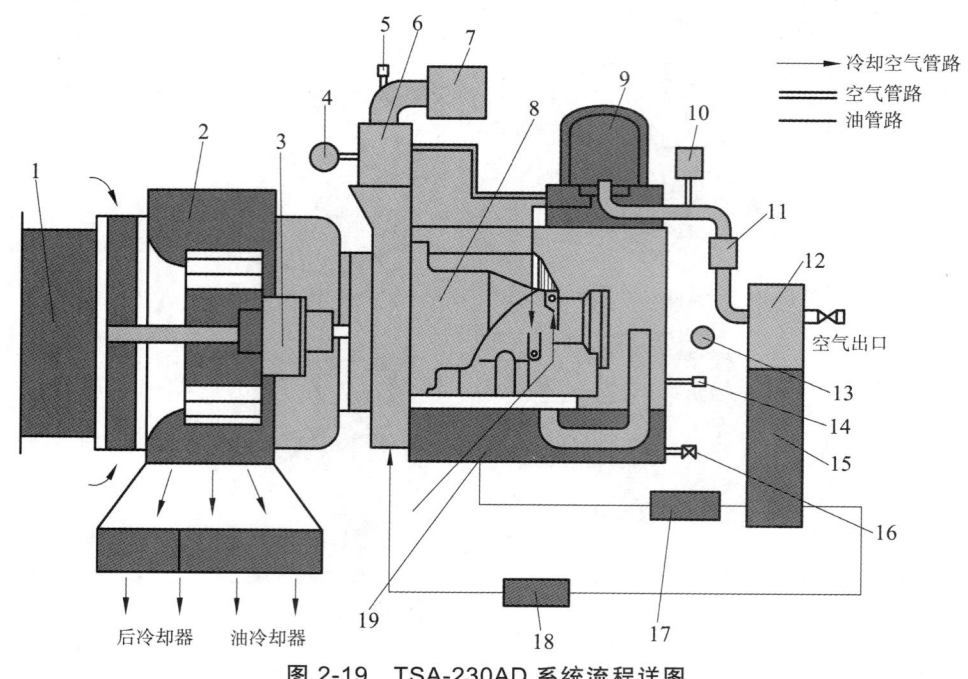

图 2-19 TSA-230AD 系统流程详图

1—电机；2—冷却风机；3—联轴器；4—压力开关；5—空气滤清器指示；6—进气阀；7—空气滤清器；8—压缩机机体；9—油细分离器；10—安全阀；11—压力维持阀；12—后冷却器；13—温度开关；14—油位计；15—油冷却器；16—泄油器；17—温控阀；18—油过滤器；19—油气筒

1）空气系统流程

空气系统由空气滤清器、进气阀、油气筒、油细分离器、压力维持阀和后部冷却器组成（参照系统流程详图）。空气由空气滤清器 7 滤去尘埃后，再由进气阀 6 进入主压缩室压缩，并与润滑油混合。与油混合之压缩空气由压缩机排至油气筒 19，经油细分离器 9、压力维持阀 11 及后冷却器 12 之后送入使用系统中，各组件功能如下。

（1）空气滤清器：为一干式纸质过滤器，过滤纸细孔度为 10 μm 左右。空气滤清器座上装有一真空指示器。指示器显示红色或箭头指向 3.7 kPa 时，应清洁滤清器和倒掉后盖内尘土，清除的办法为使用低压空气将尘埃由内向外吹出，若发现滤纸破损，则应更换。重新装上空气滤清器后，按下指示顶端的复位按钮（PRESS TO RESET）复位。

（2）进气阀：该进气阀专门用于间歇工作的螺杆式空气压缩机，主要由两部分组成：

① 进气止回阀：当空气压缩机停机时，在弹簧力的作用下，阀板被迅速推向阀座，关闭进气通道，防止从油气筒回流至进气阀的含油空气排入大气。同时也能避免因压缩空气倒流造成空气压缩机转子反转。

② 卸压阀：当压缩机停机后，该阀能在很短时间（约 14 s）内将油桶内压力卸至 300 kPa 以下，以保证空气压缩机在低负荷下再次启动，有利于电机的正常工作。

（3）温度开关：在失油、油量不足、冷却不良等情况下，均可能导致排气温度过高。当排气温度达到温度开关所设定之温度值时，则温度开关断开而停机。温度开关设定在 105 ℃ ± 5 ℃，在出厂前已调好，请勿随意调整。检查温度开关时，拔下温度开关上的电线护套，用电阻表测量温度开关两接线柱间的电阻，在温度没有达到 105 ℃ ± 5 ℃ 时，该电阻应为 0。

（4）油气筒：油气筒筒侧装有视油镜，空气压缩机停机 5 min 后观察，润滑油油位应在视油镜的上限与下限之间。油气筒下方装有泄油阀，应在机车每次出库前略微打开泄油阀以排除油气筒内的凝结水，筒上方装有 Rp1 的加油孔可供加油用。由于油气筒的宽大截面可使压缩空气流速减小，油滴分离，此为第一段之除油。

（5）油细分离器：详细内容请参照润滑油系统流程一节说明。

（6）安全网：当机车上的主风缸压力开关调节不当或失灵而致使油气筒内压力比额定排气压力高出 200 kPa 以上时，安全阀即会自动起跳而泄压，使压力降至设定的排气压力以下。安全阀于出厂前已经过整定（设定在 1 110 ± 40 kPa），因此不能随意调整。检查安全阀的方法是在压缩机满载工作时（880 ~ 900 kPa），轻拉安全阀上方的拉环，若此时安全阀能向外排气，则视为正常。

（7）压力维持阀：位于油气筒上方油细分离器出口处，开启压力设定为 600 ± 50 kPa 左右。压力维持阀的功能主要为：启动时优先建立起润滑油的循环压力，确保机器的润滑；压力超过 600 ± 50 kPa 之后方行开启，可降低流过油细分离器的空气流速，除确保油细分离效果之外，还可保护油细分离器避免压差太大而受损；当停机后油气筒内压力下降时，防止主风缸内压缩空气回流。

（8）压力开关：压力开关受进气阀阀座内压力控制，压缩机停机后，油气筒内压力立即传至进气阀阀座内，当压力超过 400 kPa 时，压力开关断开。随着油气筒内的压力被卸压阀快速卸除，进气阀阀座内压力也降低，当压力降至 300 kPa 时，压力开关恢复接通，此时压缩机才能再次启动，保证了电动机在低负载下启动，压缩机再次启动的最短时间间隔为 14 s。压缩机运行时，进气阀腔内压力低于大气压力，压力开关处于接通状态。

（9）后冷却器：用叶轮将冷空气抽入，通过后冷却器冷却压缩空气，将排气温度控制在环境温度 + 15 ℃ 以下。

2）润滑油系统流程

润滑油系统由油细分离器、温控阀、油冷却器和油过滤器等组成（参见系统流成详图）。由于油气筒内的压力，润滑油从筒内流出，经过温控阀口和油冷却器进入油过滤器，经由过滤器后分成两路，一路由机体下部喷入压缩室，冷却压缩空气，一路通到机体两端，润滑轴承组。而后汇集于压缩机室底部，随压缩空气一起又进入油气筒。

3）冷却系统

冷却系统由离心风机、蜗壳、油冷却器和后部冷却器组成。冷却空气由冷却风机抽入，由蜗壳导向吹过油冷却器和后部冷却器的散热翅片，同时冷却压缩空气及润滑油。

4．电　机

（1）TSA-230AD IV 型空气压缩机驱动电机型号为 FS200-2A，其额定电压为 380V，但在供电电压为 270 V 或 460 V 时也能输出 22 kW 的轴功率，满足驱动空气压缩机的要求，并能在正弦性畸变率 30%和电压不对称度 7%（最高电压时）或 10%（最低电压时）的情况下正常工作。该电机采用了 F 级绝缘。

（2）TSA-230AD 型空气压缩机驱动电机型号为 FS200-2AB，是专为逆变器供电方式设计的。

三、空气干燥器

HXD$_1$ 型机车每单节车采用一台 TAD-4.8-H 型空气干燥器，如图 2-20 所示，其空气处理量为 4.8 m^3/min。该空气干燥器是一种两室吸附式双塔干燥器，并带有自动排水功能的冷凝器和干燥器控制单元，由 2 个干燥塔、进气阀、排气阀、出气止回阀、电控器、离心式油水分离器及安装架等组成。通过电控器和电控阀对进气阀、排气阀和出气止回阀的控制，使 2 个干燥塔定时在吸附、再生和充气 3 种状态下周期性地转换，保证处理后的空气达到相应指标，满足机车、车辆用风要求。

图 2-20　TAD-4.8-H 型空气干燥器

TAD-4.8-H 型空气干燥器主要技术参数见表 2-2。

表 2-2　TAD-4.8-H 型空气干燥器主要技术参数

总重	115 kg
处理空气量	4.8 m^3/min
工作压力	1 000 kPa
再生耗气率	15.3%
再生方式	无热、常压
出气口相对湿度	<35
干燥塔转换周期	80 s

四、其他风源部件

1. 精油过滤器

精油过滤器用于去除压缩空气中的残油，它装在压缩空气管路中，位于空气干燥设备后面。精油过滤器构造如图 2-21 所示。

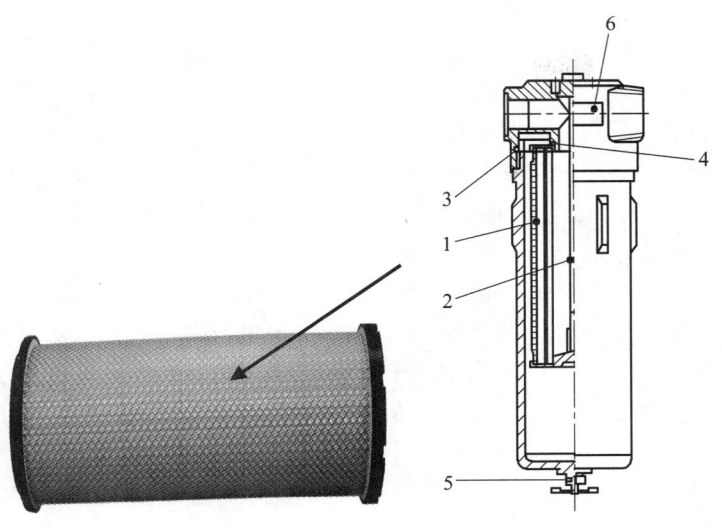

图 2-21 精油过滤器

1—过滤元件；2—螺纹杆；3、4—O形圈；5—手动泄放阀；6—铭牌

过滤元件是用螺丝固定在装于阀箱（过滤器端部）中间的螺纹杆上的，并通过端帽自行密封。

2. 安全阀

安全阀（A3）（A7）是压缩空气供给设备的组成部分，（A3）可防止下游空气干燥设备过压。当压力达到设定的 11.0 + 0.2 bar 时阀门打开。安全阀（A7）可防止上游空气干燥设备过压，当压力达到厂方设定的 9.5 + 0.2 bar 时阀门打开。

1）安全阀构造（见图 2-22）

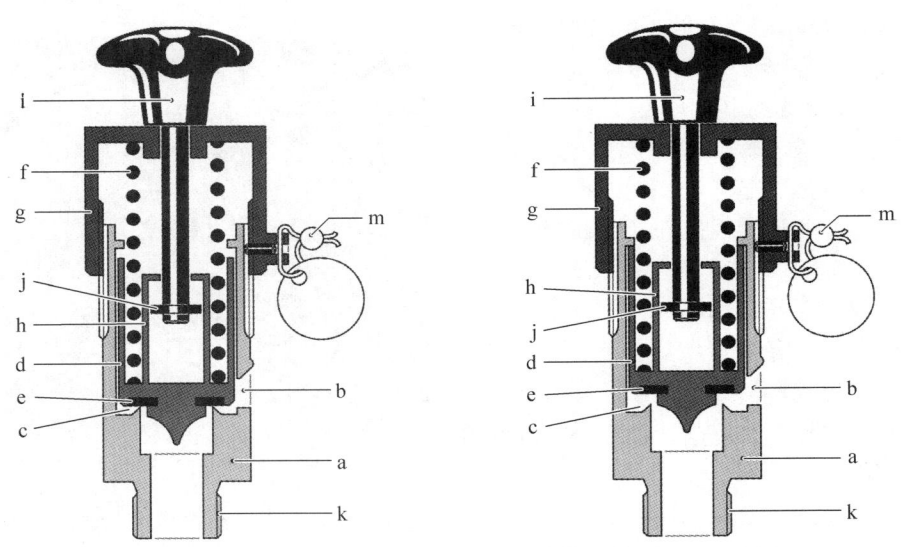

图 2-22 安全阀结构

a—阀箱；b—出气口；c—阀座；d—活塞；e—密封圈；f—压缩弹簧；g—盖；
h—弹簧支承套筒；i—手柄；j—圆柱销；k—接口螺纹

2）安全阀作用原理

运行中活塞（d）在其位于阀座直径内的底面被加上压缩空气。由此产生的压力反向作用于压缩弹簧（f）的弹簧力，从而保持阀门关闭。

如果设备中的压力超过允许的工作压力，则压力大于压缩弹簧（f）的弹力。活塞（d）反向于压缩弹簧（f）的弹簧力向上运动。在密封圈（e）和阀座（c）之间有一个环状间隙。压缩空气通过这个间隙从出气口（b）进入大气。

当阀门前的压力继续上升时，同样也在向上运动的活塞（d）会使得产生的环形间隙越来越大。在某个特定的点上会出现提升效应。活塞（d）突然向上运动，从而产生一个很大的排气截面。阀门保持开启，直至阀门前的压力下降后活塞（d）便向下朝着阀座（c）方向运动。当压力下降到低于设定压力时，活塞（d）中的密封环（e）自动置于阀座（c）上将其气密关闭，于是阀门关闭。

3. 截断塞门

截断塞门（A10）用于机车无火回送操作。当机车进行无火操作时关闭该塞门，机车只有第二总风缸投入运用，保证机车快速达到无火行车状态。

4. 总风缸

总风缸是用于储存压缩空气的，HXD_1 型机车每节车上设两个总风缸，总容量为 2 000 L。

五、辅助风源系统

HXD_1 型机车辅助风源系统与以往 SS 型机车辅助风源系统相比，增设了辅助空气干燥系统，并将辅助压缩机组、辅助干燥系统布置在一个结构紧凑的柜体内，形成辅助风源系统模块，如图 2-23 所示。该装置主要由机架、无油活塞式压缩机组和干燥系统组成。

辅助压缩机组的压缩机（6）经吸气过滤器（8）吸入大气，经压缩机压缩后再通过管道（5）送入干燥系统（1），经过辅助空气干燥系统处理后，由过滤器（9）清洁了的干燥后的压缩空气经压力管（4）和止回阀（7）送入压力风缸（3），压力风缸布置在机架上，如图 2-24 所示。辅助风源系统还设有安全阀，用以控制辅助风源系统压力不超过最大限定值。辅助压缩机组采用无油活塞式压缩机，其启停受机车控制电路控制。压缩机组的气缸盖上还设有温度传感器，用以控制辅助压缩机组在规定温度范围内正常运行。

图 2-23　HXD_1 型机车辅助风源系统

辅助干燥系统主要包括吸附式单塔干燥器、再生风缸、过滤器、自动排水阀、加热装置、消音器等。吸附式单塔干燥器再生方式为无热再生，当压缩机组停机时，再生风缸内干燥的压缩空气经过干燥筒和消音器后排入大气，同时将干燥处理积累的水自动排出，空气干燥器完成再生。加热装置用来防止干燥器在工作过程中出现冻结现象。过滤器用来过滤干燥后空气中的粉尘。经辅助干燥系统处理后的压缩空气质量满足 ISO8573 含尘埃等级 3、含油等级 4 和含水等级 3 的标准要求。

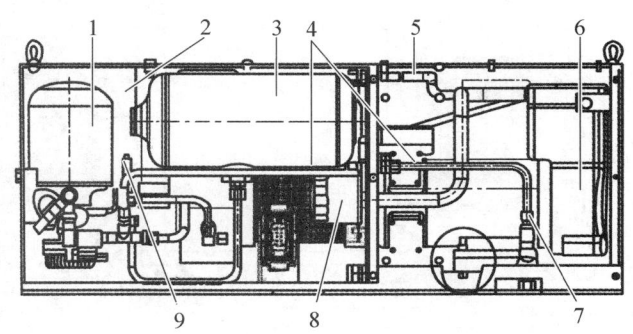

图 2-24　HXD₁ 型机车辅助风源系统结构示意图

1—干燥系统；2—机架；3—辅助风缸；4—压力管；5—管道；6—无油活塞式压缩机组；
7—止回阀；8—吸气过滤器；9—过滤器

第四节　HXD₂ 型机车主风源系统和辅助风源系统

每节 HXD₂ 型机车风源系统主要由 1 台 GAR22 型螺杆式空气压缩机组、1 台 CDR45-628 型双塔空气干燥器、1 套 WSDR25/PDR60 型自动排水除油过滤装置、1 台辅助压缩机、1 台辅助压缩机干燥器和 2 个 500 L 的总风缸等设备构成，总风缸采用并联方式组合。

一、螺杆式空气压缩机组

GAR22 型螺杆式空气压缩机组的作用是为制动系统、列车用风设备提供压缩空气，安装在主风源柜上，由机车 TCMS（Train Control and Manager System，列车微机网络控制系统）控制，三相交流 380 V/50 Hz 的电机驱动、电源箱供电，星-三角启动方式。压缩机组外形如图 2-25 所示。螺杆式空气压缩机主要技术参数如表 2-3 所示。

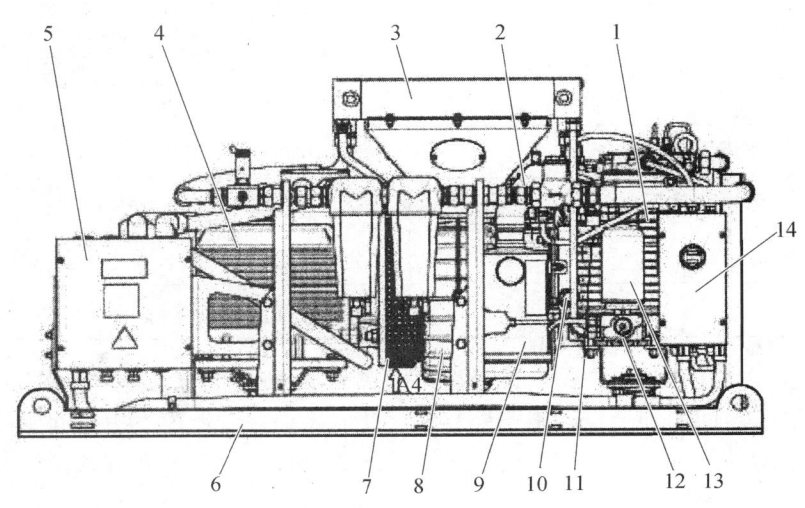

— 45 —

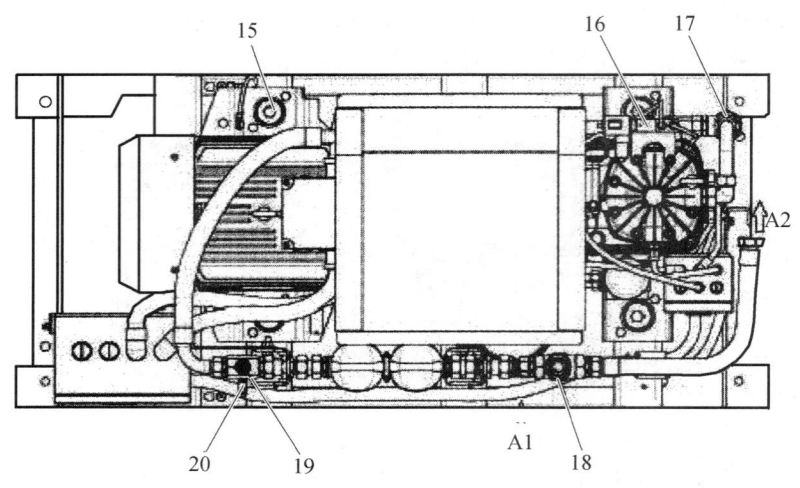

图 2-25　GAR 22 型螺杆式空气压缩机组外形图

1—压缩机壳体；2—压缩机螺杆组；3—冷却器；4—三相电机；5—电气盒1；6—底架；7—连接器及保护网；
8—蜗壳；9—空气过滤器；10—油位计；11—油标尺；12—油控单元；13—滤油器滤筒；14—电气盒；
15—弹性支脚；16—空运转装置；17—最小压力阀；18—单向阀；19—安全阀；20—测试点；
A1—空气入口；A2—压缩空气出口；A2—空气入口

表 2-3　GAR 22 型螺杆式空气压缩机主要技术参数

压缩方式	连续，单级
额定排气压力	1 000 kPa
冷却方式	风冷
润滑油量	6.5 L
旋转方向	从电动机轴伸出端看为逆时针
电动机额定功率	25 kW
额定转速	2 940 r/min
公称容积流量	$Q = 2.4 \ m^3/min$
允许工作循环（$ED = t_1/t * 100\%$） （t_1—每循环中的工作时间，t—每循环的全部时间）	$ED_{max} = 100\%$ $ED_{min} = 30\%$
环境温度上限	65 ℃
环境温度下限	－40 ℃
空气压缩机停留温度	油气筒内温度 $t = 120 \pm 5$ ℃
耗油量	排气含油量小于 5 ppm（相当于 6 mg/m³）

首先通过空气过滤器吸入空气，并送至压缩单元-螺杆式压缩机中。在螺杆式压缩机中，通过减少两个转子之间的剩余空间来压缩空气，此时将油泵到压缩室中，起到降温和润滑作用。压缩空气成为油气混合压缩体。高温压缩油气混合体经过逆止阀进入油气分离器。在油

气分离器中，大多数注入压缩室的油与压缩空气分离，并通过回油管路进行循环利用。当油气分离器中的压力达到额定压力（4×10^5 kPa）时，最低压力阀打开并允许高温压缩气体进入空气冷却器中。经过空气冷却室冷却后的压缩空气即可为车载设备使用。

二、空气干燥器

空气干燥器连接在压缩机冷却器的出口，油水分离器的后面。干燥器由干燥塔和控制阀组成，阀是用来控制通过干燥塔的空气流量的。通过打开、关闭阀，干燥塔能够吸收或生成干燥的空气。

三、总风缸

2 个总风缸安装在车体气动柜中，每个总风缸容量为 500 L，两总风缸采用并联方式连接。

四、辅助风源系统

辅助风源由辅助空气压缩机组组成，主要具有下列功能：在机车升弓前，由辅助压缩机提供受电弓和主断路器所需的压缩空气；在机车放置时，利用升弓风缸保存压缩空气，以备下次升弓和闭合主断路器用。

辅助空气压缩机由蓄电池供电的直流电机驱动。

第五节　HXD$_3$ 型机车主风源系统和辅助风源系统

HXD$_3$ 型机车主风源系统由主空气压缩机组、压力控制器、安全阀、主空气干燥器、微油过滤器、总风缸安全阀、总风缸、止回阀、限流阀、折角塞门及连接管路等组成。该机车采用两台 SL22-47 型螺杆式空气压缩机组作为系统风源，排风量为每台 2 750 L/min。配套使用两个 LTZ3.2-H 型双塔干燥器和两个 OEF2 型微油过滤器作为风源滤水、滤油的处理装置。其双塔干燥器的空气处理量为每个 4.8 m^3/min。处理后的压缩空气可以满足 ISO8573-1 固体颗粒 2 级、油 2 级、水 2 级的标准。另外机车采用 4 个容积均为 400 L 的风缸串联作为压缩空气的储存容器，风缸采用车内立式安装。为了满足机车重联功能，在机车端部安装了总风重联管软管和平均管软管。

一、SL22-47 型螺杆式压缩机组

HXD$_3$ 型机车采用两台 SL22-47 型螺杆式空气压缩机组作为系统风源，如图 2-26 所示，其驱动电机为 KB/26-180L 型交流电机。此空气压缩机组具有温度、压力控制装置，可以实现无负荷启动。冷却器排风口向下向车内排风。空气压缩机组的开停状态由总风压力开关进行自动控制，也可以通过手动按钮强行控制开停。

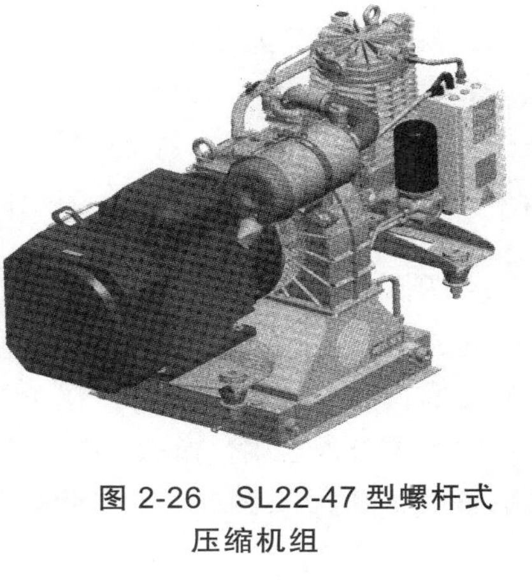

图 2-26　SL22-47 型螺杆式压缩机组

（一）SL22-47型螺杆式空气压缩机组主要技术参数（见表2-4）

表2-4 SL22-47型螺杆式空气压缩机主要技术参数

电动机额定功率	2 920 r/min
流量	2 750×（1±6%）L/min
工作压力	10 bar
轴功率	25×（1±7%）kW
机油量	7/6 L
机油牌号	Anderal3 057M
工作温度范围	−40 ℃～+50 ℃
电机型号	KB/26-180LB
工作电压	$380^{+15\%}_{-5\%}$ V
频率	50 Hz
工作电流	$48^{+20\%}_{-10\%}$ A
启动电流	440×（1+20%）A
冲击电流（峰值）	810×（1+20%）A
保护等级	IP55
冷却空气流速	0.55 m³/s
控制电压	DC110×（1±30%）V

（二）空气压缩机组组成

SL22-47型螺杆式空气压缩机组包含以下主要部件：三相电机、压缩机、弹性支座（F1）、电气系统和空滤器，如图2-27所示。各部分通过螺栓连接形成紧凑的自支撑结构，整个空气压缩机组通过弹性支座与机车连接。通过真空指示器的显示状态可以判断干式滤芯是否需要进行更换，若指示器为红色表示应更换滤芯。如果压缩机内的工作温度超过温度开关的设定值，温度开关将动作，并切断空气压缩机的控制电源。温度传感器安装在空气压缩机机头位置，工作时，温度传感器对压缩空气出口的温度进行测量，在温度异常升高的情况下，温度传感器将对空气压缩机进行停机保护。启动开关用于检测压力，受进气阀压力控制，压缩机停机后，空气压缩机内压力立即传至进气阀阀座内，当压力超过320 kPa时，压力开关断开；随着空气压缩机内的压力被卸荷阀快速卸除，进气阀压力也降低，当压力降至恢复压力时，压力开关恢复接通，此时压缩机才能再次启动，保证了电动机在低负载下启动。压缩机再次启动的最短时间间隔为6 s。压缩机运行时，进气阀腔内压力低于大气压力，压力开关处于接通状态。空气压缩机安装了一个温度调节装置控制油加热器，在环境气温下降至−20 ℃±5 ℃时，油加热器开始工作，对空气压缩机润滑油进行预热，预热期间空气压缩机不能够工作。

（三）SL22-47型螺杆式压缩机组工作原理

机车螺杆空气压缩机为间歇工作制。动作值为8.25 kPa启动，1 000 kPa停止。HXD₃型机车装有两台空气压缩机组，在正常使用状态下，只有一台空气压缩机组投入运用。空气压缩机组是否投入运用，由操纵端决定。Ⅰ端司机室控制1号压缩机组（靠近Ⅰ端机室）；Ⅱ端司机室控制2号压缩机组（靠近Ⅱ端司机室）。当总风缸压力下降速度过快使得总风压力降至

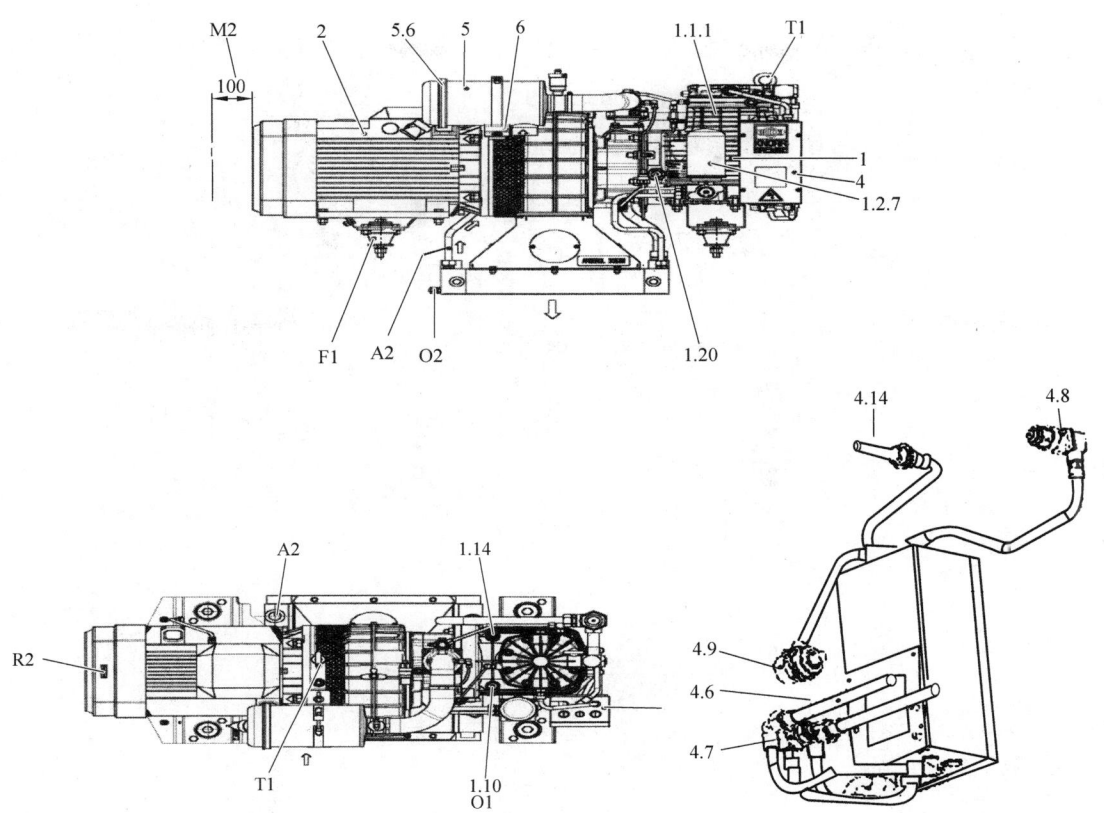

图 2-27 空气压缩机组结构

1—压缩机；4.14—温度传感器；1.1.1—压缩机壳；5—空滤器；1.2.7—油过滤器；5.6—干式滤芯真空指示器；1.10—油尺；6—适配器壳；1.14—安全阀；A2—压缩空气出口；1.20—油位窗口；F1—弹性支座；2—三相电机；R2—电机旋转方向标示；4—电气系统；T1—吊环；4.6—油加热器；M2—冷却空气所需最小间隙；4.7—温度调节装置；4.8—启动开关；4.9—温度开关；O1—加油口；O2—排油口

750 kPa 以下时，两台空气压缩机组同时投入运用。螺杆压缩机有两个螺旋形的转子。空气输送几乎没有波动，1 000 kPa 的压缩空气压力是一级压缩产生的。其工作示意图如图 2-28 所示。

1. 空气压缩过程

空气通过空滤器（F）和单向阀吸入压缩机体。空气被压缩后，通过与转子连接的输送口被推进压缩机壳。如果压缩机启动时压缩机壳里无空气压力，最小压力阀将保持关闭状态，以便使压缩机壳内迅速建立起空气压力。空气压力建立后，润滑油开始循环。当压缩机壳内空气压力达到大约 650 kPa 时，最小压力逆止阀打开并将压缩空气送出。送出的压缩空气达到系统的规定压力后，压缩机受总风压力开关控制自动停机，最小压力阀将自动关闭，将系统和压缩机壳内的通路隔断。每次压缩机停机后，压缩机壳内的空气压力被自动释放。压缩机停机后，最小压力阀和单向阀关闭。在进气口，由于压缩机体空气逆流而压力升高，导致减压阀打开。压缩机壳里压缩空气可通过减压阀流进空滤器后排向大气，从而快速将压缩机壳里空气压力降低到约 180 kPa。剩余的压力通过减压阀上的缩孔被缓慢排放至 0 kPa。停机时间 $t>6$ s 后，可以实现空压机的无负荷再启动。

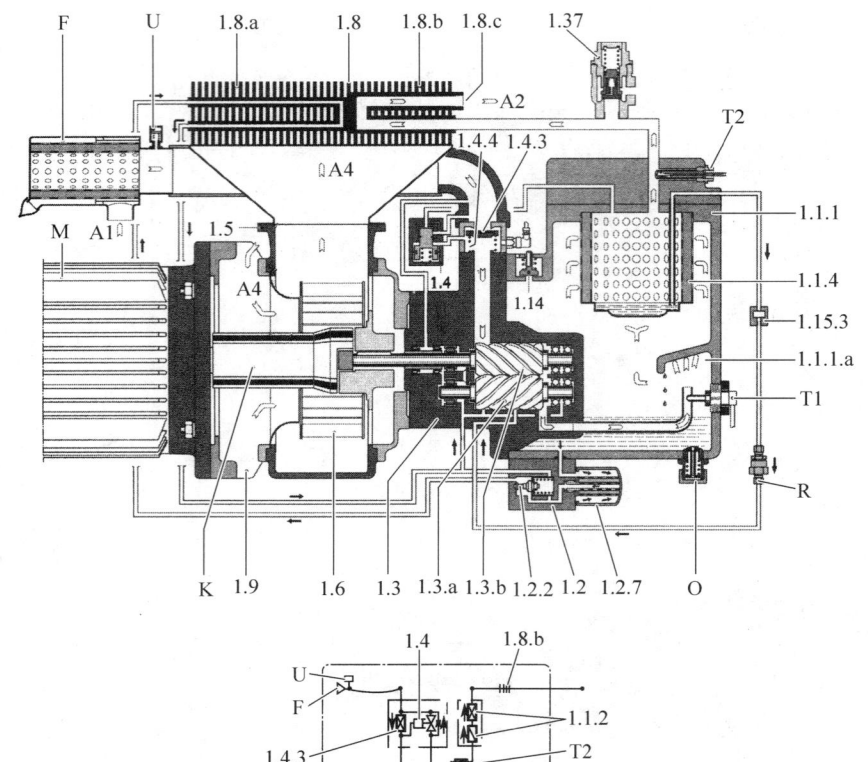

图 2-28 空气压缩机组工作示意图

1.1.1—压缩机壳；1.1.1a—挡板；1.1.4—油细分离器；1.2—油控制单元；1.2.2—温控器；1.2.7—油过滤器；
1.3—压缩机体；1.3.a—阳转子；1.3.b—阴转子；1.37—最小压力阀；1.4—减压阀；1.4.3—单向阀；
1.4.4—弹簧；1.5—蜗壳；1.6—离心风扇；1.8—冷却器；1.8.a—油冷却器；1.8.b—空气冷却器；
1.8.c—压缩空气出口；1.9—适配器壳；1.14—安全阀；1.15.3—回油过滤器；O—排油阀；
K—联轴器；F—空滤器；M—三相电机；T1—温度开关；T2—温度传感器；
U—真空指示器；R—止回阀；A1—进气口；
A2—压缩空气出口；A4—冷却空气

2. 油循环过程

当压缩机运转时，在压缩机壳里建立起的空气压力，将壳内的润滑油通过油过滤器输送到轴承、传动装置和压缩机体内油喷射点。这些油用于润滑、密封转子凸轮尖部，带走空气压缩产生的热量。压缩机传送的空气/油混合物通过输送口并打在壳上挡板上，这一过程属于油粗级过滤。之后，压缩空气又经过油细分离器进行精级过滤。精级过滤分离的油被收集到油细分离器底部，在压缩机壳内空气压力作用下，通过回油过滤器和止回阀（R）返回到压缩机体。

3. 其 他

当压缩机运转时，如果在压缩机壳内没有建立起空气压力，压缩机将不能被充分润滑和冷却。在这种情况下，转子可能被损坏。当润滑油温度高于 83 ℃ 时，油控制单元中温控阀打开到油冷却器的通道，对润滑油进行冷却。当润滑油温度低于 83 ℃ 时，油冷却器的通道保持关闭，油被直接传送到压缩机体。通过这种方式可达到润滑油的最佳操作温度，可以有效避免机油乳化。压缩机壳的空气/油混合物的温度由输送口的温度开关（T1）监测。如果温度高于设定值 112 ℃，温度开关动作，压缩机停止工作。若环境温度较低（-20 ℃ 以下），压缩机可以通过一个油加热器对润滑油进行预热后再启动空气压缩机。

二、空气干燥器

HXD₃ 型机车采用 LTZ3.2-H 型空气干燥器，属于双塔吸附式干燥器。该干燥器具有低温加热功能，位于空气压缩机组和总风缸之间，具有过滤压缩空气中油、水，降低至压缩空气露点的功能，保证空气系统在正常使用时不会出现液态水。

空气干燥器（见图 2-29）主要包括：两个干燥塔（1），每个塔内集成一个油分离器（A）；带有计时功能的脉冲电磁阀（12）；带可更换再生节流孔（47）的双逆止阀（4）；排放阀（44）（LTZ-H 型单元的排放阀还配备了一个恒温器控制器）；消音器（72）和冷凝排放盖。每个电磁阀的工作状态用一个气动压力指示器显示。当电磁阀作用时，压力指示器弹起，对应的塔处于再生状态。

无热吸附式双塔干燥器的再生和吸附工作在两个塔中同时进行，当压缩空气在一个塔内通过干燥剂进行干燥时，另一塔内的干燥剂被干燥的空气吹扫进再生处理。如图 2-30 所示为空气干燥器气动控制示意图。

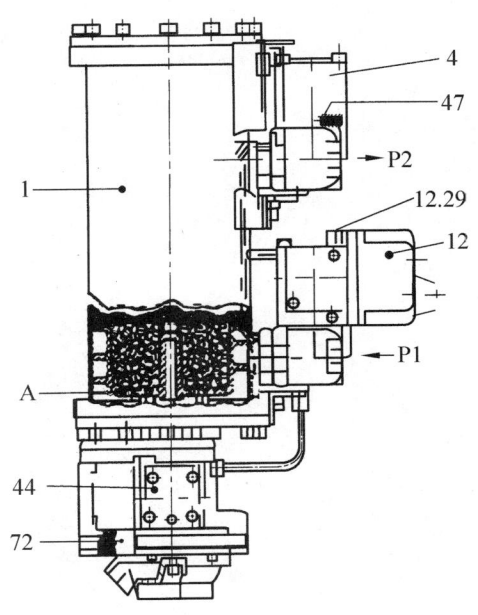

图 2-29 空气干燥器结构图

1—干燥塔；4—双逆止阀；12—脉冲电磁阀；12.29—压力指示器；
44—排放阀；47—节流孔；72—消音器；A—油分离器；
P1—压缩空气入口；P2—压缩空气出口

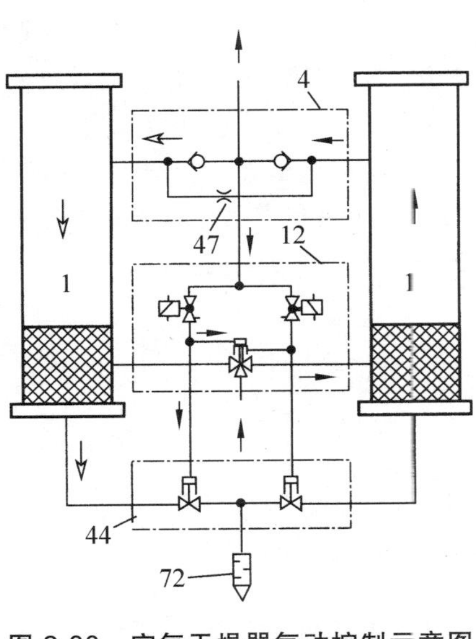

图 2-30 空气干燥器气动控制示意图

1—干燥塔；4—双逆止阀；12—脉冲电磁阀；44—排放阀；
47—节流孔；72—消音器；→ 主气流；
→ 再生空气；→ 控制空气

到达干燥器的饱和压缩空气里的油和冷凝物在通过油分离器时首先被提取出来。饱和的压缩空气接着通过干燥塔的干燥剂，压缩空气里水分子被吸收，干燥器出口压缩空气的相对湿度达到35%以下。部分干燥后的压缩空气通过再生节流孔进入再生塔，吸收饱和干燥剂表面的水分，并将其排放到大气。两个工作塔交替作为干燥塔和再生塔进行工作。

三、辅助风源系统

HXD_3型机车采用LP115型辅助压缩机组，将其和升弓控制模块、升弓风缸及风表相连接。辅助压缩机组控制开关位于电气控制柜上，点动开关后，辅助空压机开始工作，当风压达到（735±20）kPa时，自动切断辅助压缩机电源。辅助风源由直流电机、空气压缩机和干式空气过滤器等部件组成。该装置结构紧凑。辅助空压机为单级压缩，自带法兰安装。直流电机通过联结器和空压机连接。干式空气滤清器可以为压缩机提供纯净的空气。空压机单级工作吸入的空气由干式空气过滤器清洁并在气缸内进行压缩。

复习思考题

2-1　电力机车风源系统由哪些部分组成，各部分的作用是什么？
2-2　SS_4改型和HXD_3型等电力机车的风源系统各有什么特点？
2-3　空气压缩机有哪些常见故障，如何处理？
2-4　简要叙述VF-3/9型空气压缩机的结构和工作原理。
2-5　简要叙述TSA-230A型螺杆压缩机的结构和工作原理。
2-6　简要叙述V-2.4/9型压缩机的结构和工作原理。
2-7　简要叙述SL-22-47型螺杆压缩机的结构和工作原理。
2-8　空气压缩机有哪些附件，各有什么作用？
2-9　试叙述压力控制器的结构和工作原理。
2-10　试叙述空气干燥器的工作原理。
2-11　叙述辅助空气压缩机的作用和使用时机。

第三章 DK-1型电空制动机

电空制动机是指以电信号作为控制指令，压力空气作为动力源的制动机。DK-1型电空制动机工作过程为自动空气制动机的基本作用原理，即"制动管充风→制动机缓解，制动管排风→制动机制动"。本章着重以SS_4改型机车为例介绍DK-1型电空制动机的组成、特点、作用原理以及综合作用等。

第一节 概 述

一、DK-1型电空制动机的特点

DK-1型电空制动机是以电信号作为控制指令，以压力空气作为动力源的制动机。它具有以下优点：

（1）准、快、轻、静。"准"是指大闸进行减压时其减压量准确；"快"是指充风快、排风快；"轻"是指制动阀操纵手柄轻巧灵活、转动自如，由于采用凸轮柱塞结构，大大减少了回转阻力；"静"是指因制动机的排风部件（除小闸下压手把排风外）均不在司机室，大大减少了噪音污染。

（2）结构简单，便于维修。该制动机把整体式的滑阀结构改为组合式结构，绝大部分部件采用橡胶件，有利于检修和查找故障。

（3）非自动保压式。制动减压量随着操纵手柄停留在"制动位"时间的增长而增加，直到最大减压量。操作中，可将手柄由"制动位"转换到"中立位"进行保压。

（4）具有多重性的安全措施。采用了失电制动，如因电器或线路等原因造成失电时，该制动机便自动施行常用制动，以保证运行安全；采用电空制动与空气制动转换，如果电器部分发生故障，可转换成由小闸控制全列车制动、缓解来维持运行；与机车其他系统配合，该制动机能够与列车安全运行监控记录装置、动力制动系统等进行配合，以适应列车的运行需要。

二、DK-1型电空制动机的性能

DK-1型电空制动机具有良好的灵活性和适应性，其主要性能如表3-1、表3-2、表3-3所示。

表3-1 单独制动性能

序号	项 目	技术要求
1	全制动时制动缸最高压力（kPa）	300
2	制动缸压力自零升到280 kPa的时间（s）	≤4
3	缓解时，制动缸由300 kPa降至40 kPa的时间（s）	≤5

表 3-2　自动制动性能（制动管定压 500 kPa）

序号	项　　目	技术要求
1	初制动的制动管减压量（kPa）	40～50
2	运转位，制动管由零充至 480 kPa 的时间（s）	≤9
3	均衡风缸自 500 kPa 常用制动减压至 360 kPa 的时间（s）	5～7
4	常用全制动时，制动缸最高压力（kPa）	340～380
5	常用全制动时，制动缸升至最高压力的时间（s）	6～8
6	运转位，制动缸压力由最高缓解至 40 kPa 的时间（s）	≤7
7	紧急位，制动管压力由定压降至零的时间（s）	≤3
8	紧急位，制动缸最高压力（kPa）	≤450±10
9	紧急位，制动缸压力升至 400 kPa 的时间（s）	≤5

表 3-3　辅助性能

序号	项　　目	技　术　要　求
1	紧急位，切除动力源	牵引手柄有级位时切除动力源，无级位时不切除
2	列车分离（断钩、拉紧急制动阀）保护	切除机车动力源，切除制动管补风，机车产生紧急制动作用
3	制动管折角塞门关闭情况的判断	可对机车后 15 节以内车辆制动管的折角塞门关闭与否进行判断
4	失电	产生常用制动
5	与列车运行监控记录装置配合	与机车自动停车功能配合，对超速列车可以实行强迫紧急制动
6	动力制动与空气制动协调配合	动力制动初始时自动产生空气初制动，制动管减压 40～50 kPa，25～28 s 后，空气制动自动消除，机车保持动力制动；并且可以实现空电联合制动
7	空气电阻联合制动	在正常工况下，司机施行列车空气制动时，机车自动产生相应的电制动而不进行闸瓦制动；当列车运行在下坡道上，司机施行加馈电阻制动而制动力不足以控制列车速度时，能自动使列车产生空气制动力给予补偿

三、DK-1 型电空制动机的组成及功用

（一）DK-1 型电空制动机的组成

DK-1 型电空制动机的组成从各部件的安装位置来看，可分为操纵台部、制动屏柜及空气管路三大部分；从各部件的功能来看，可分为控制部分、中继部分、执行部分和其他辅助部分。

1. 以各部件的安装位置来分

（1）操纵台部。操纵台部主要包括司机操纵台和学习司机操纵台。在司机操纵台设有电空制动控制器、空气制动阀及空气压力表、充气及消除按钮等。学习司机操纵台设有紧急停车按钮和紧急放风阀。

（2）制动屏柜。机车制动屏柜主要有下列部件（见图3-1）：电空阀、调压阀、中继阀、总风遮断阀、分配阀、紧急阀、电动放风阀、压力开关、压力传感器、重联阀、电子时间继电器及中间继电器。除此之外，制动屏柜内还包括控制风缸、工作风缸、过充风缸、均衡风缸、压力表及各种塞门等。

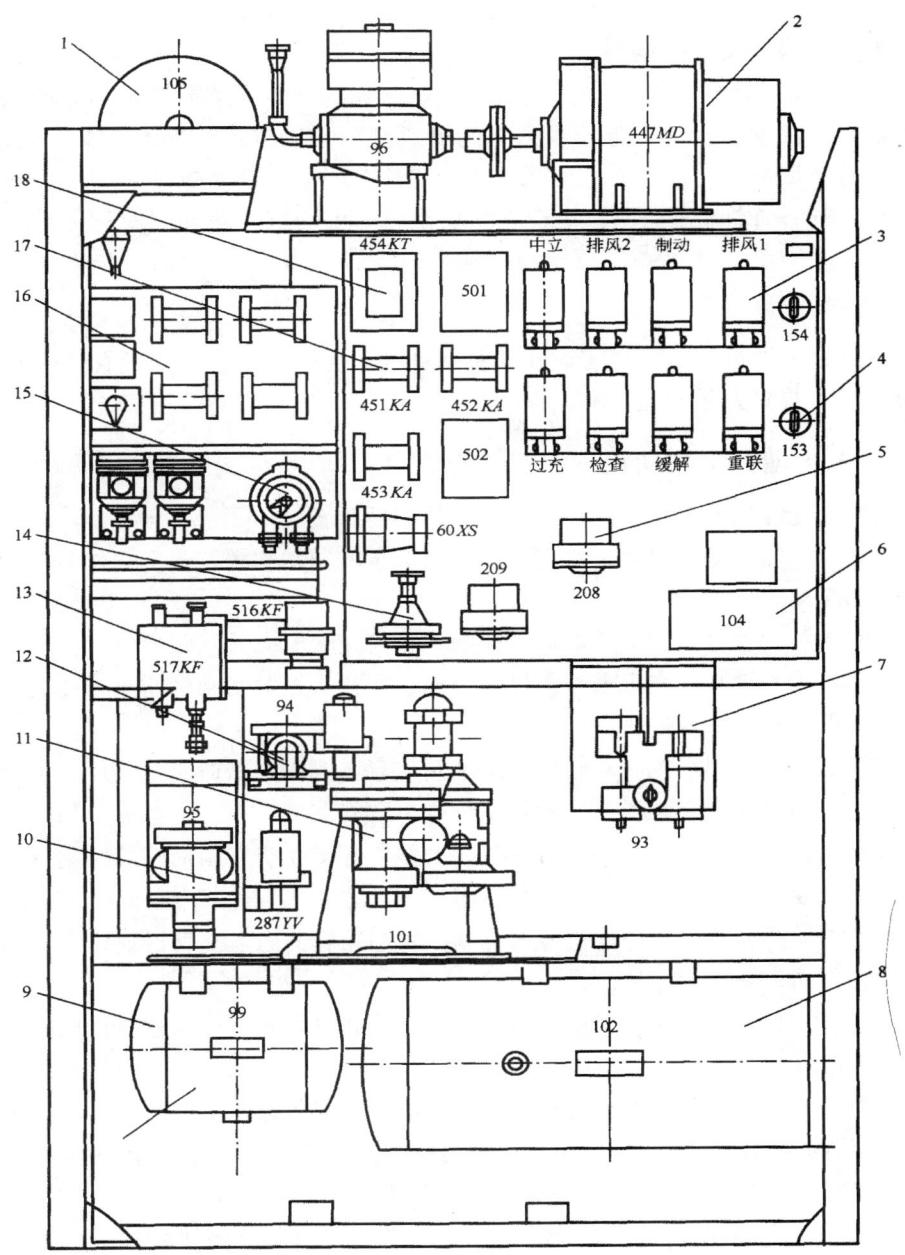

图 3-1　SS₄改型机车电空制动屏柜结构图

1—辅助风缸；2—辅助压缩机组；3—电空阀；4—转换阀；5—压力开关；6—中继阀；7—重联阀；8—控制风缸；
9—工作风缸；10—紧急阀；11—分配阀；12—电动放风阀；13—压力控制器；14—55调压阀；
15—双针压力表；16—空电联合制动板；17—中间继电器；18—电子时间继电器

2. 以各部件的功能来分

（1）控制部分。控制部分的作用是发出指令，控制列车发生制动、缓解或保压等作用。它包括电空制动控制器、空气制动阀、紧急停车按钮和手动放风塞门。

（2）中继部分。中继部分的作用是将控制部分发出的信号（主要是电信号）转变成执行部分可以理解的空气信号，即制动管压力的变化。它的主要组成是电空阀、调压阀、压力开关、中继阀及总风遮断阀等。

（3）执行部分。执行部分的作用是根据制动管压力的变化（或控制部分的直接指令），控制机车本身的制动、缓解、保压及列车的紧急制动。它包括分配阀、工作风缸等。

（4）其他辅助部分。除上述三部分之外，DK-1型电空制动机还包括一些附属部件，以满足制动机的各种性能要求。如起紧急制动作用的电动放风阀和起断钩保护作用的紧急阀及各塞门、压力表、继电器、转换阀、无动力装置、重联部分等。

3. 空气管路

空气管路性能的好坏，决定着制动机能否正常、可靠地工作。空气管路包括管道滤尘器、截断塞门、管路及管路连接件等。

（二）DK-1型电空制动机主要部件的功用

（1）电空制动控制器：用它来操纵全列车的制动和缓解。

（2）空气制动阀：电空位时，用它单独操纵机车的制动和缓解；空气位时，用它操纵全列车的制动和缓解。

（3）电空阀：它受电空制动控制器的控制，接通或切断有关气路。

（4）双阀口式中继阀：它根据均衡风缸的压力变化来控制制动管的压力变化，从而完成列车的制动、保压和缓解等作用。

（5）总风遮断阀：用来控制双阀口式中继阀的充风风源，以适应不同运行工况的要求。因此，也可将双阀口式中继阀和总风遮断阀统称中继阀。

（6）分配阀：它根据制动管的压力变化而动作，并接受空气制动阀的控制，向机车制动缸充气或排气，使机车完成制动、保压和缓解作用。

（7）电动放风阀：它受紧急电信号的控制，将制动管的压力空气迅速排入大气，使列车产生紧急制动作用。

（8）紧急阀：紧急制动时，加速制动管的排风，同时切断均衡风缸的充风电路并选择切断机车的动力源。

（9）压力开关：气动电器，它根据均衡风缸压力的变化进行电路的转换。

（10）调压阀：将总风缸的压力空气调整为所需的稳定压力供有关部件使用。

（11）转换阀：它是一种手动操纵阀，通过它进行空气管路的转换。

（12）重联阀：它是在多机重联运行时，使所有机车的制动和缓解作用一致，并且在机车分离时，能保持机车的制动作用。

（13）空气压缩机：制造压缩空气，供给制动装置以及机车的其他用风部件。

（14）电子时间继电器及中间继电器：用于实现电路的相关联锁和自动控制。

四、DK-1 型电空制动机的控制关系

DK-1 型电空制动机的工作分为两种工况：电空位（即正常位）工作时，通过操纵电空制动控制器（或空气制动阀），可以控制、实施全列车（或机车）的制动与缓解；空气位（即故障位）工作时，通过操纵空气制动阀，可以控制、实施全列车的制动与缓解。其各主要部件的控制关系如下。

1. 电空位

1）控制全列车

电空制动控制器→电空阀→均衡风缸→中继阀→制动管→车辆制动机
　　　　　　　　　　　　　　　　　　　　　　　　　→机车分配阀→机车制动缸

2）控制机车

空气制动阀→作用管→机车分配阀→机车制动缸

2. 空气位

1）控制全列车

空气制动阀→均衡风缸→中继阀→制动管→车辆制动机
　　　　　　　　　　　　　　　　　　　→机车分配阀→机车制动缸

2）控制机车

空气制动阀（下压手柄）→作用管→机车分配阀→机车制动缸

3. 重联机车

本务机车制动缸→本务机车重联阀→平均管→重联机车重联阀→重联机车作用管→重联机车分配阀→重联机车制动缸

第二节　DK-1 型电空制动机主要电器部件

一、电空制动控制器

电空制动控制器俗称"大闸"，是一种电器组合转换开关，是 DK-1 型电空制动机的操纵部件，用于操纵全列车制动或缓解的指挥装置。当司机操纵电空制动控制器时，它通过在不同位置接通不同的电路，产生电信号，传递给不同的电空阀，开放或关闭气路，来控制列车空气制动系统进行制动、缓解与保压。

（一）电空制动控制器的构造

电空制动控制器主要由操纵手柄、凸轮轴组装、静触头组及定位机构等组成，如图 3-2 所示。

（1）操纵手柄：电空制动控制器共设六个工作位置，按逆时针排列顺序依次为：过充、运转、中立、制动、重联及紧急位，操纵手柄只能在重联位取出或装入。对于双端操纵的机车，两个电空制动控制器只配备一个操纵手柄，以保证机车运用中只有一台电空制动控制器在工作，另一台被锁定在重联位，而不会引起制动指令的混乱，以确保行车安全。

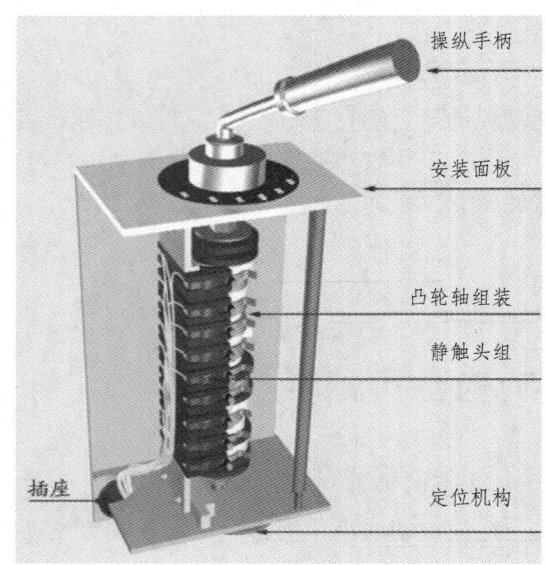

（2）凸轮轴组装：用于随操纵手柄进行同步转动，以控制和实现相应电路的闭合与断开。主要由转轴、轴承、调速垫圈、隔板、动触头等组成。由于该控制器的工作范围小于180°，所以一个凸轮动触头与两个对应的静触头构成两对独立的触头组，既减少了凸轮动触头个数，又使其结构紧凑，电空制动控制器共设9个动触头。

图3-2 电空制动控制器结构图

（3）静触头组：静触头组包括18个静触头，每个静触头均由触头座、触指、出线座及辅助连接片等组成。18个静触头分两列安装在一个触头座上，一个凸轮动触头分别与一个或两个静触头构成一对或两对触头组，如图3-3所示。当操纵电空制动控制器手柄在不同工作位置时，凸轮动触头分别与对应静触头接触或分离，从而使相应的电路闭合或开断。通常，用触头闭合表来表示不同手柄位置下相应电路的闭合与断开情况，如图3-4所示。识读时，若某一手柄位置下某一对触头组闭合，则在该手柄位置下方及相应触头组下侧加注"●"表示，不闭合的触头组不加注"●"；静触头连接导线的线号标注在该导线上侧。

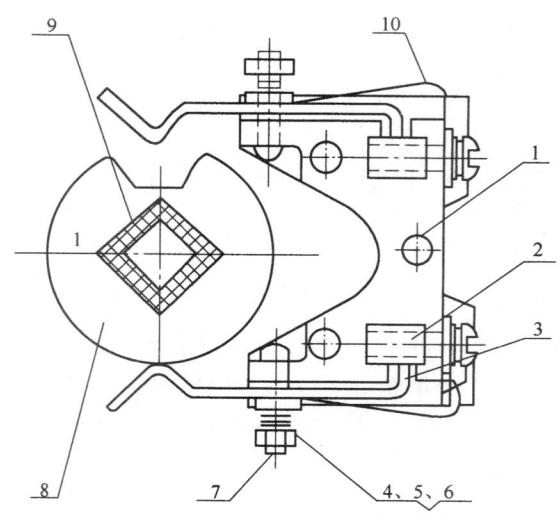

图3-3 静触头与凸轮的对应关系

1—触头座；2—出线座；3—静触头；4—弹簧；5—弹簧座；6—开口挡圈；
7—销；8—凸轮；9—转轴；10—软连接片

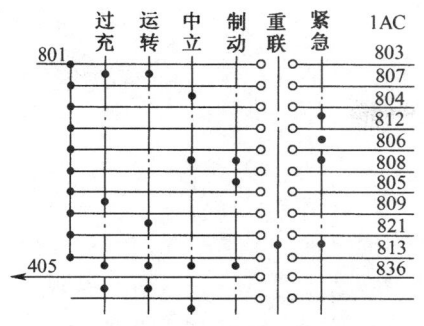
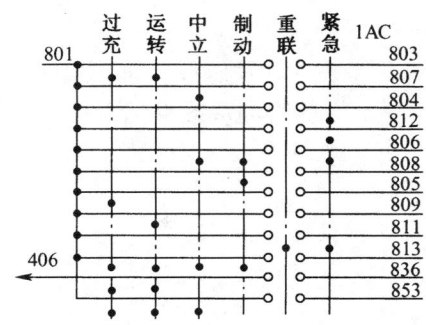

(a) SS₄改进型机车触头闭合表　　　(b) SS₉型机车触头闭合表（Ⅰ端）

图 3-4　电空制动控制器触头闭合表

（4）定位机构：定位机构的用途是固定电空制动控制器手柄在一定的工作位置上，不能自动移动位置。它主要由棘轮、滚轮杆及弹簧组成。定位机构的滚轮杆利用有缺口的棘轮和弹簧的张力来实现定位，以保证操纵手柄可靠停放在各个工作位置上。

（二）电空制动控制器的作用

1. 过充位

该位置是施行制动后，为了在较短的距离内将制动管内的风压充满，缩短充风时间，满足坡道充风的需要而使用的位置。手柄在此位置，导线 801 接通导线 803 及导线 805，使缓解电空阀得电，总风向均衡风缸及制动管充风；使过充电空阀得电，制动管得到高于定压 30～40 kPa 的过充压力。

2. 运转位

该位置是列车运行中常置位置。手柄在此位置，导线 801 接通导线 803，使缓解电空阀得电，总风向均衡风缸及制动管充风；同时导线 801 接通导线 809，使排风阀、电空阀得电，作用管通大气，机车与车辆处于缓解状态。

3. 中立位

该位置是司机准备制动前或施行制动后放置的位置。手柄在制动前的中立位，导线 801 接通导线 807 并经二极管 262 使制动电空阀得电动作，关闭均衡风缸排风口；同时导线 807 经二极管 263 使缓解电空阀得电，均衡风缸处在充风状态。导线 801 接通导线 806，使中立电空阀得电，切断了总风向制动管的充风通路。

手柄在制动后的中立位与制动前的中立位的不同在于，均衡风缸因压力开关 209 断开了导线 807 到缓解电空阀的电路而不再处于充风状态。

4. 制动位

该位置是司机有目的地进行常用制动调速或正常停车的位置。手柄在此位置，导线 803 失电，缓解电空阀失电使均衡风缸的压力经失电的制动电空阀排向大气，机车列车均产生制动作用。导线 801 接通导线 806，使中立电空阀得电切断制动管的充风通路。同时，导线 801 接通导线 808，当均衡风缸减压量达到压力开关 208 动作值时，208 接点接通制动电空阀使其动作关闭均衡风缸排风通路。

5. 重联位

该位置是机车重联加挂时或司机换端时的手柄取出位。手柄在此位置，导线 801 接通导线 811，使重联电空阀得电，中继阀自锁；使制动电空阀得电关闭排风口，使中立电空阀得电切断制动管的充风通路。

6. 紧急位

该位置是在运行中遇有特殊情况需要立即停车时使用的位置。手柄在此位置，导线 801 接通导线 804，使紧急电空阀得电动作，沟通总风到电动放风阀的通路，电动放风阀及紧急阀动作，加速排出制动管的压力空气，列车产生紧急制动；导线 801 接通导线 810，使撒砂电空阀动作开始自动撒砂；导线 801 接通导线 811，使重联电空阀得电，沟通均衡风缸与制动管的通路，使均衡风缸压力空气排入大气；同时，制动电空阀、中立电空阀也得电动作。

电空制动控制器手柄在 6 个位置的电路工作情况及作用见表 3-4。

表 3-4　电空制动控制器各位置电路工作情况及作用

手柄位置	得电导线	作用
过充位	803、805、813、836（经 405）	车辆快速缓解，机车保压
运转位	803、809、813、836（经 405）	正常运行位，机车、车辆缓解
中立位	807、806、813	全列车保压
制动位	806、808、813	常用制动位，机车、车辆制动
重联位	821	换端操纵、重联机车位，接受本务机车控制
紧急位	804、812、806、821	紧急制动位，全列车紧急制动

二、电空阀

电空阀是进行电路、气路转换的控制元件，通过电磁力来控制空气管路的连通或切断，从而实现远距离控制气动装置的电器。有关电空阀的结构和原理请参看《电力机车电器》教材。SS_4 改型机车电空阀代号为"数字 + YV"，各电空阀空气管路连接情况及其功用如下。

（1）撒砂电空阀：机车上共有 4 个撒砂电空阀，代号为 251YV、241YV、250YV、240YV。其输入口接总风管，输出口经止回阀与撒砂器连接，排气口通大气。当电空制动控制器置于紧急制动位时，使其得电以完成自动撒砂，防止车轮在制动时滑行。

（2）过充电空阀：代号为 252YV。其输入口接总风管，输出口接过充风缸管，排气口被堵。当电空制动控制器置于"过充位"时，使其得电并连通总风向过充风缸充风的气路，以控制双阀口式中继阀动作，使制动管快速充风，并得到过充压力。

（3）中立电空阀：代号为 253YV。其输入口接总风管，输出口接总风遮断阀管，排气口通大气。当操纵电空制动控制器使其得电时，连通总风向总风遮断阀充风的气路，以关闭总风遮断阀口，切断制动管供气风源；而其失电时，则开通制动管的供气风源。

（4）排风 1 电空阀：代号为 254YV。其输入口接作用管，输出口和排气口通大气。当其得电时，连通作用管向大气排风的气路，以实现机车的缓解；而其失电时，则切断该排风气路。

（5）检查电空阀：代号为 255YV。其输入口接总风管，输出口接均衡风缸管，排气口被堵。当按下"充气"按钮使其得电时，连通总风向均衡风缸充风的气路，以完成制动管折角塞门开通状态的检查。

（6）排风 2 电空阀：代号为 256YV。其输入口被堵，输出口接过充风缸管，排气口通大气。当其失电时，加快过充风缸排风。

（7）制动电空阀：代号为257YV。其输入口被堵，输出口与初制风缸和缓解电空阀258YV的排气口连接，排气口通大气。当其失电时，连通初制风缸和缓解电空阀258YV排气口向大气排风的气路；而其得电时，则切断该气路。

（8）缓解电空阀：代号为258YV。其输入口经止回阀203、调压阀55接总风管，输出口接均衡风缸管，排气口与初制风缸和制动电空阀257YV输出口连接。当其得电时，连通总风经调压阀55向均衡风缸充风的气路，并使其得到定压；而其失电时，则连通均衡风缸与初制风缸、制动电空阀257YV输出口的气路。

可见只有当制动电空阀257YV、缓解电空阀258YV同时失电时，才连通均衡风缸向大气排风的气路。

（9）重联电空阀：代号为259YV。其输入口接制动管，输出口接均衡风缸管，排气口被堵。当其得电时，连通均衡风缸与制动管之间的气路，以实现中继阀自锁；而其失电时，则切断该气路。

（10）紧急电空阀：代号为94YV。其输入口接总风管，输出口与电动放风阀膜板下侧连通，排气口通大气。当其得电时，连通总风向电动放风阀膜板下侧充风的气路，以控制电动放风阀开放制动管的放风气路；而其失电时，则连通电动放风阀膜板下侧向大气排风的气路，以控制电动放风阀切断制动管的放风气路。各电空阀的管路连接及其功用见表3-5。

表3-5 各电空阀的管路连接及其功用

名称	代号	配管			功用
		输入口	输出口	排气口	
撒砂	251YV、241YV、250YV、240YV	总风管	撒砂管	大气	紧急制动时得电，自动撒砂防滑
过充	252YV	总风管	中继阀过充管	不通	过充位得电，使制动管得到过充压力（30~40 kPa）
中立	253YV	总风管	总风遮断阀管	大气	中立、制动、重联、紧急位得电，切断中继阀的制动管供风风源
排风1	254YV	作用管	大气	大气	得电时，排放作用管的压力空气，以实现机车制动机的缓解
检查	255YV	总风管	均衡风缸管	不通	与检查按钮配合，用于发车前检查判断制动管开通状态
排风2	256YV	不通	过充风缸管	大气	中立、制动、重联、紧急位失电，加速排放过充风缸的压力空气，以避免影响中继阀的作用
制动	257YV	不通	初制风缸管	大气	失电时，排放初制风缸的压力空气；得电时，关闭该气路
缓解	258YV	55调压阀管	均衡风缸管	初制风缸管	缓解、过充位得电，使总风经调压阀55向均衡风缸充风；失电时，连通均衡风缸与初制风缸的气路
重联	259YV	制动管	均衡风缸管	不通	重联、紧急位得电，连通制动管与均衡风缸的气路，使中继阀自锁
紧急	94YV	总风管	电动放风阀膜板下侧	大气	紧急位得电，以控制电动放风阀开放制动管的放风气路；失电时，关闭该气路

第三节　DK-1型电空制动机主要气动部件

一、空气制动阀

空气制动阀俗称"小闸",是 DK-1 型电空制动机的操纵部件。空气制动阀用于"电空位"下,单独控制机车的制动、缓解与保压;"空气位"下,控制全列车的制动、缓解与保压。它有 4 个工作位置,按逆时针方向依次为:缓解位、运转位、中立位和制动位,如图 3-5 所示。通过限位装置,操纵手柄只能在运转位取出或装入。

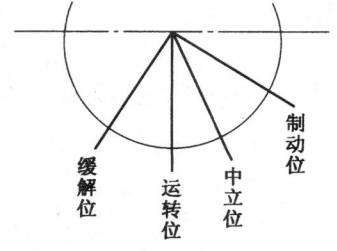

图 3-5　空气制动阀的工作位置

(一)空气制动阀的构造

空气制动阀由阀体部分、凸轮盒部分及阀座等组成,如图 3-6 所示。

1. 阀　座

阀座,既是空气制动阀的安装基座,也是管路的连接座。管座上接有 3 根管子:经调压阀 53(或 54)过来的总风管(简称调压阀管)、作用管和均衡风缸管,如图 3-7 所示。

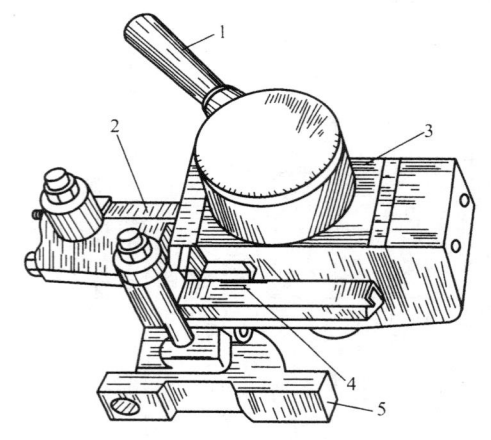

图 3-6　空气制动阀

1—操纵手柄;2—阀体;3—凸轮盒;4—电空转换扳钮;
5—阀座(管座)

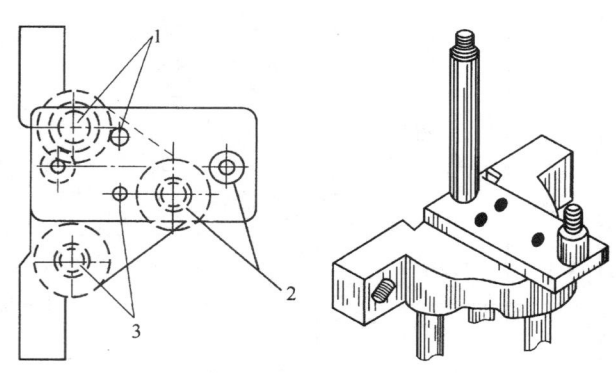

图 3-7　空气制动阀管座

1—均衡风缸管;2—调压阀管;3—作用盒

2. 凸轮盒部分

凸轮盒左侧与阀体联结,右侧安装了联锁开关,下部为排风阀,中间安装了轮轴以及定位凸轮、作用凸轮上部装有手把座与盖板。凸轮盒主要由操纵手柄、凸轮机构、单独缓解阀及微动开关、接线座等部分组成,如图 3-8 所示。

1)操纵手柄

操纵手柄设有 4 个工作位置,按逆时针顺序为:缓解位、运转位、中立位、制动位,只有在运转位才能装入或取出。工作中,手柄须插入手柄座内,并通过手柄座与凸轮机构的转轴连接,以便在转动手柄时通过转轴带动凸轮一起转动。

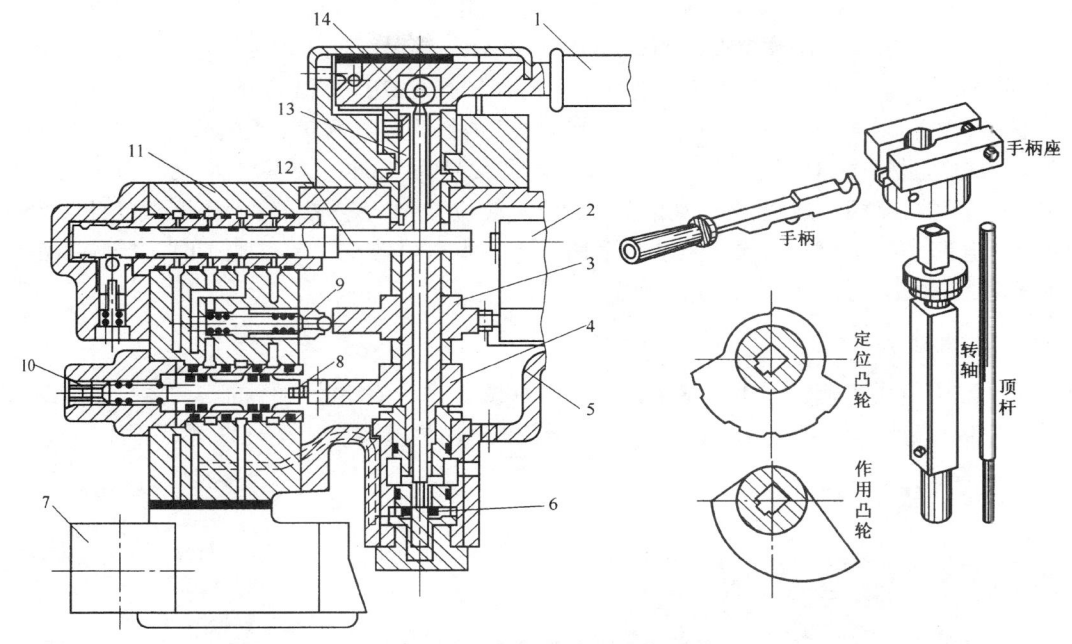

图3-8 空气制动阀结构图

1—操纵手柄;2—联锁微动开关组;3—定位凸轮;4—作用凸轮;5—凸轮盒;6—单缓阀;
7—管座;8—作用柱塞;9—定位柱塞;10—排风堵;11—阀体;
12—电空转换柱塞;13—转轴;14—顶杆

2) 凸轮机构

凸轮机构用于随手柄转动而转动,以实现对作用柱塞阀和单断点微动开关的控制,并完成定位作用。凸轮机构主要由转轴、顶杆、定位凸轮和作用凸轮等组成,如图3-9所示。其中,转轴为空心轴,使顶杆贯穿其中。定位凸轮有两个作用:与定位柱塞组成定位机构,确保位置的准确无误;与联锁微动开关配合组成电控环节,以闭合或断开相应电路。作用凸轮只控制作用柱塞阀的左右移动,实现气路的连通或切断。

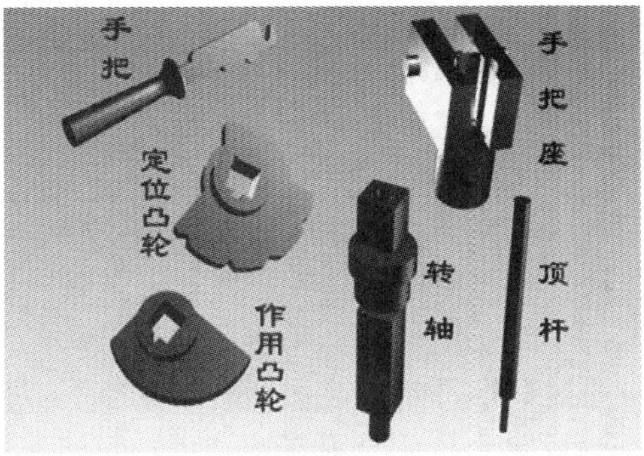

3) 单独缓解阀

单独缓解阀简称单缓阀,主要由单独缓解阀、单独缓解阀座套及单独缓解阀弹簧等组成。其中,单独缓解阀与其座套构成该阀的阀口。当下压手柄时,推动顶杆下移并顶开单缓阀阀口,从而连通作用管向大气排风的气路,以实现机车的单独缓解。

图3-9 空气制动阀凸轮机构

4) 接线座与微动开关

在空气制动阀上共装2个微动开关,分别受转换柱塞及定位凸轮的控制,并通过接线端子与外电路相连。接线端子分别与导线818、899、801、800连接。

微动开关包括双断点微动开关和单断点微动开关两个微动开关。其中，双断点微动开关用来控制电空制动控制器电源电路 899-801 与制动电空阀 257YV 单独得电电路 899-800 的转换，其电器代号为 3SA1。双断点微动开关的工作由电空转换阀转换柱塞联动，当电空转换阀处于"电空位"时，转换柱塞脱离与微动开关 3SA1 的接触，使其闭合电路 899-801，并断开电路 899-800；当电空转换阀处于"空气位"时，转换柱塞压缩微动开关 3SA1，使其闭合电路 899-800，并断开电路 899-801。单断点微动开关作为串联联锁，用来控制排风 1 电空阀 254YV 得电电路 809-818 的闭合与断开，其电器代号为 3SA2。单断点微动开关由定位凸轮控制，当空气制动阀手柄处于"缓解位"或"运转位"时，定位凸轮不压缩微动开关 3SA2，使其闭合电路 809-818；当空气制动阀手柄处于"中立位"或"制动位"时，定位凸轮压缩微动开关 3SA2，使其断开电路 809-818。

3．阀体部分

阀体为转换柱塞套、作用柱塞套以及定位柱塞、排气缩堵等零件的安装体，还有许多暗道作为内部气路。阀体部分主要包括电空转换阀、作用柱塞阀及定位柱塞等，如图 3-10 所示。

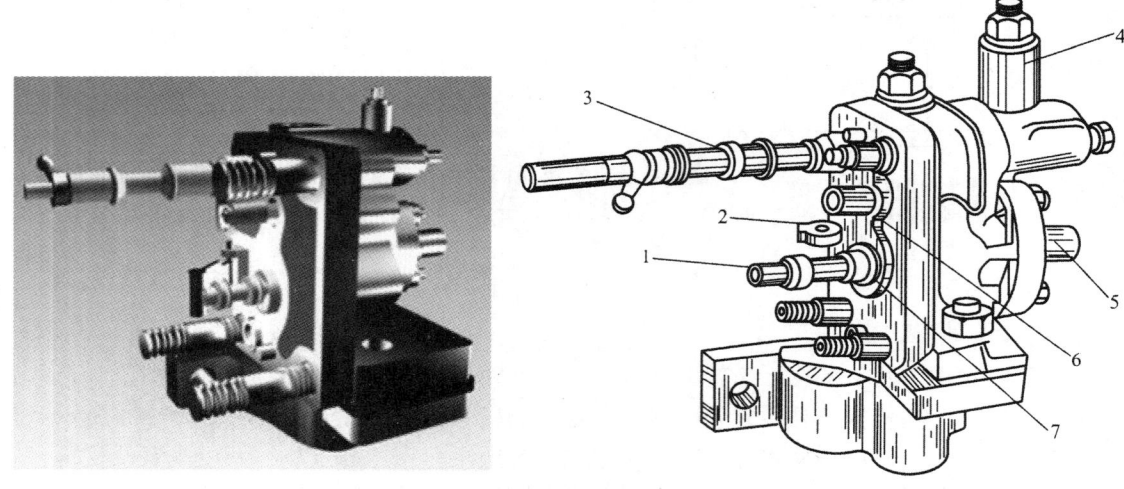

图 3-10　空气制动阀阀体部分
1—作用柱塞；2—支承；3—转换柱塞；4—转换柱塞定位机构；
5—作用柱塞顶盖；6—定位柱塞；7—作用柱塞套

1）电空转换阀

电空转换阀用于控制"电空位"与"空气位"之间的转换。电空转换阀属于柱塞式空气阀，主要由电空转换柱塞、电空转换柱塞阀套、定位机构及 O 形圈等组成。其中电空转换柱塞不随手把转动而动作，是通过阀的左侧电-空转换扳钮的扳动在转换柱塞套内做前后动作，通过其尾部定位装置使转换柱塞形成两个工作位置：电空位或空气位。电空转换柱塞阀套上设径向通孔，分别与均衡风缸管和作用管连通。

2）作用柱塞阀

作用柱塞是通过司机操纵小闸手柄，使作用凸轮旋转，由其工作曲面的变化而使作用柱塞左右移动，通过凹槽连通或切断 a 管或 b 管，从而连通或切断相应气路，间接控制均衡风缸或作用管的充、排风,以实现小闸电空位时单独控制机车或空气位时控制全列车的制动、保压、缓解作用。

作用柱塞阀主要由作用柱塞、作用柱塞阀套、作用柱塞弹簧及O形圈等组成。作用柱塞阀套上设径向通孔,与调压阀管连通,并且作用柱塞两端与大气连通。

3)定位柱塞

定位柱塞工作端设有钢珠,并嵌在阀体内的定位柱塞端部;定位柱塞与定位凸轮配合,实现空气制动阀手柄的定位作用。

(二)空气制动阀的作用原理

空气制动阀是通过直接控制分配阀容积室压力空气的充入或排出而使机车制动或缓解的,它包括"电空位"和"空气位"两种工况。

1. 电空位

电空位为空气制动阀的正常工作位置,用于单独控制机车的制动与缓解。它有4个工作位置:缓解、运转、中立、制动。此时电空转换柱塞处于左极端位置,转换柱塞凹槽连通作用管与b管的气路,同时微动开关3SA1动作,闭合电路899-801,断开电路899-800。

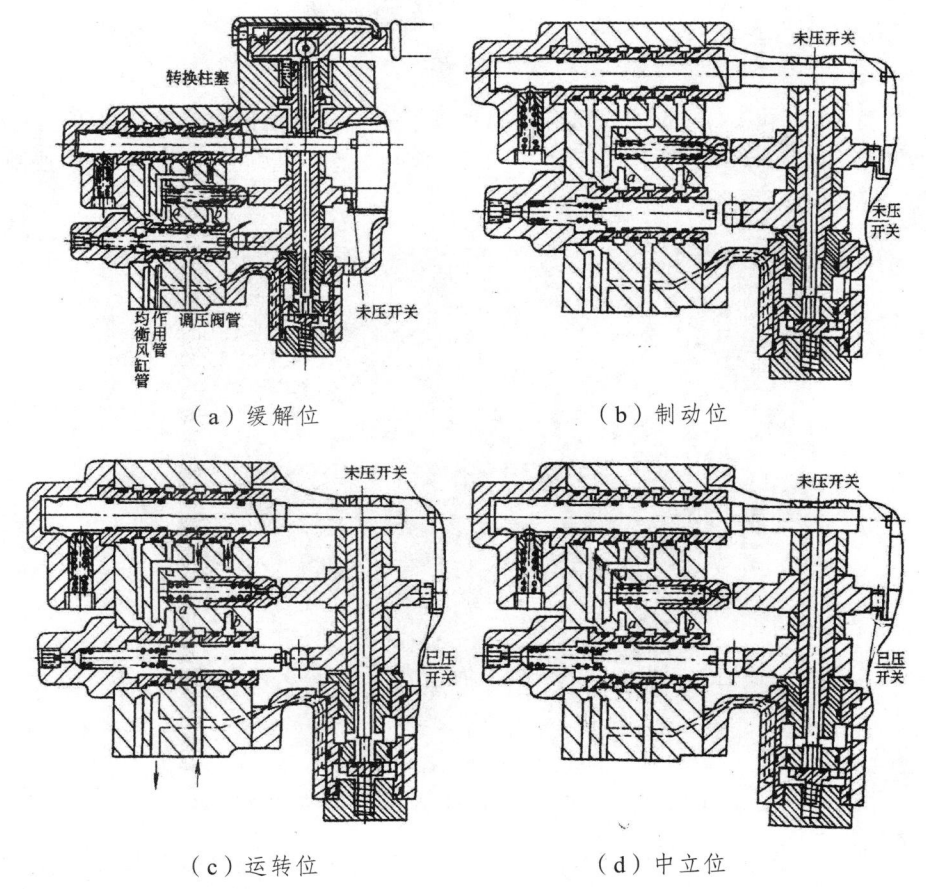

图 3-11 空气制动阀作用原理图-电空位

（1）缓解位[见图3-11（a）]：当空气制动阀手柄置于缓解位时，作用柱塞阀开通了作用管的排风气路（作用管→电空转换阀→作用柱塞阀→大气），实现机车的单独缓解；同时微动开关3SA2闭合电路809-818。

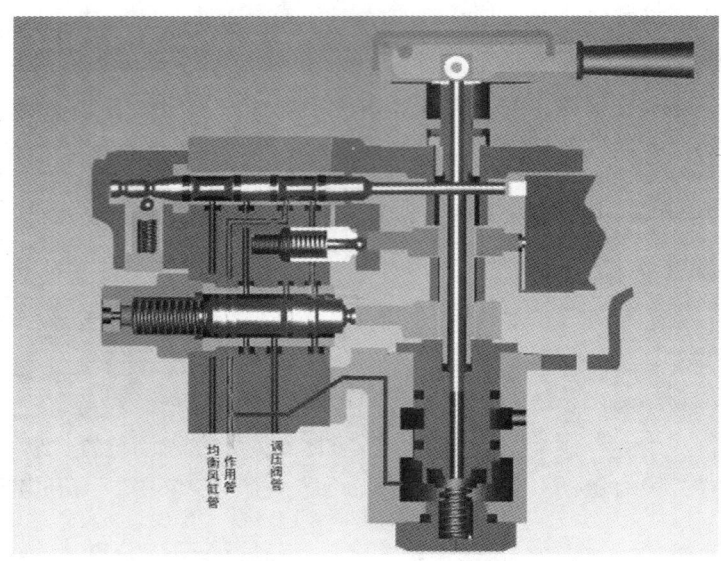

图3-11（a） 空气制动阀作用原理图-电空位（缓解位）

（2）制动位[见图3-11（b）]：当空气制动阀手柄置于制动位时，作用柱塞阀开通了作用管的充风气路（调压阀管→作用柱塞阀→电空转换阀→作用管），实现机车的单独制动；同时微动开关3SA2被压缩断开电路809-818。

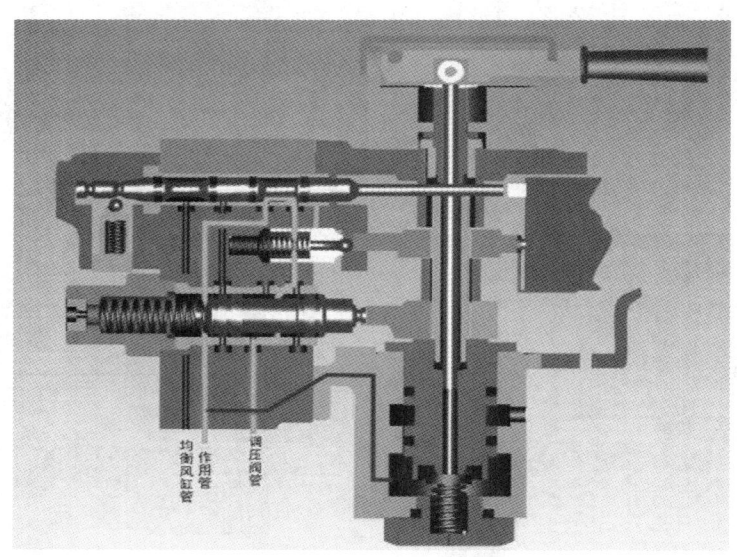

图3-11（b） 空气制动阀作用原理图-电空位（制动位）

（3）运转位[见图3-11（c）]：当空气制动阀手柄置于运转位时，作用柱塞阀左移至中间位，切断所有气路。此位置为电空制动控制器的控制位。

— 66 —

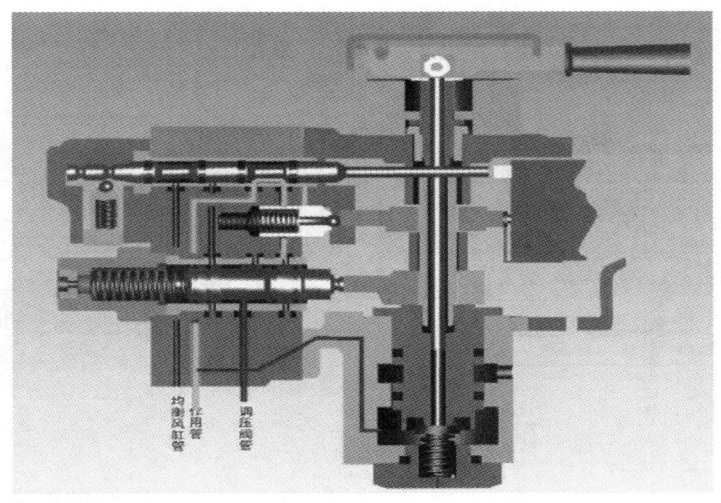

图 3-11（c） 空气制动阀作用原理图-电空位（运转位）

（4）中立位[见图 3-11（d）]：当空气制动阀手柄置于中立位时，作用柱塞阀切断所有气路。微动开关 3SA2 切断电路 809-818。

当中立位下压空气制动阀手柄时，推动顶杆压缩单缓阀弹簧，并顶开单缓阀口，从而连通作用管向大气排风的气路（作用管-单缓阀口-大气），实现机车的单独缓解。

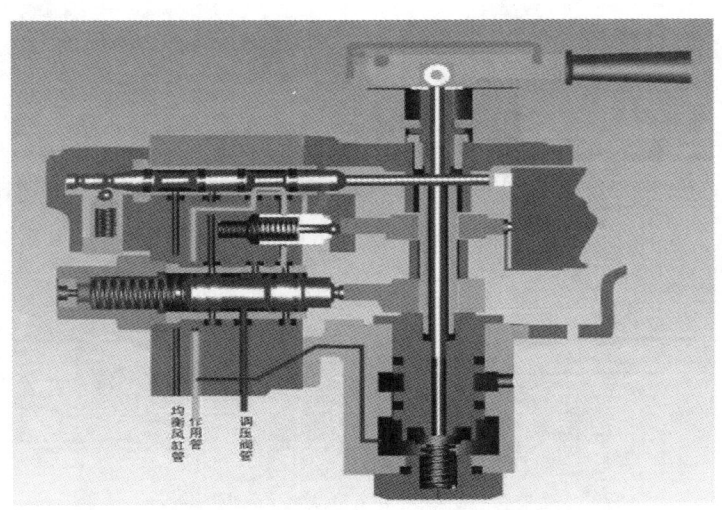

图 3-11（d） 空气制动阀作用原理图-电空位（中立位）

2. 空气位

运行中发现大闸或制动机系统有关电路、电器故障时，将空气制动阀上的转换柱塞扳钮扳至"空气位"。此时将实现两个作用：转换柱塞凹槽连通均衡风缸管与 a 管的气路；联动微动开关 3SA1 动作，闭合电路 899-800，使制动电空阀（257YV）单独得电；断开电路 899-801，从而使大闸断电失去作用，那么微动开关 3SA2 是否闭合都将使排风 1 电空阀（254YV）失电，作用管排大气的通路被切断。

在"空气位"时，空气制动阀有三个作用位置。

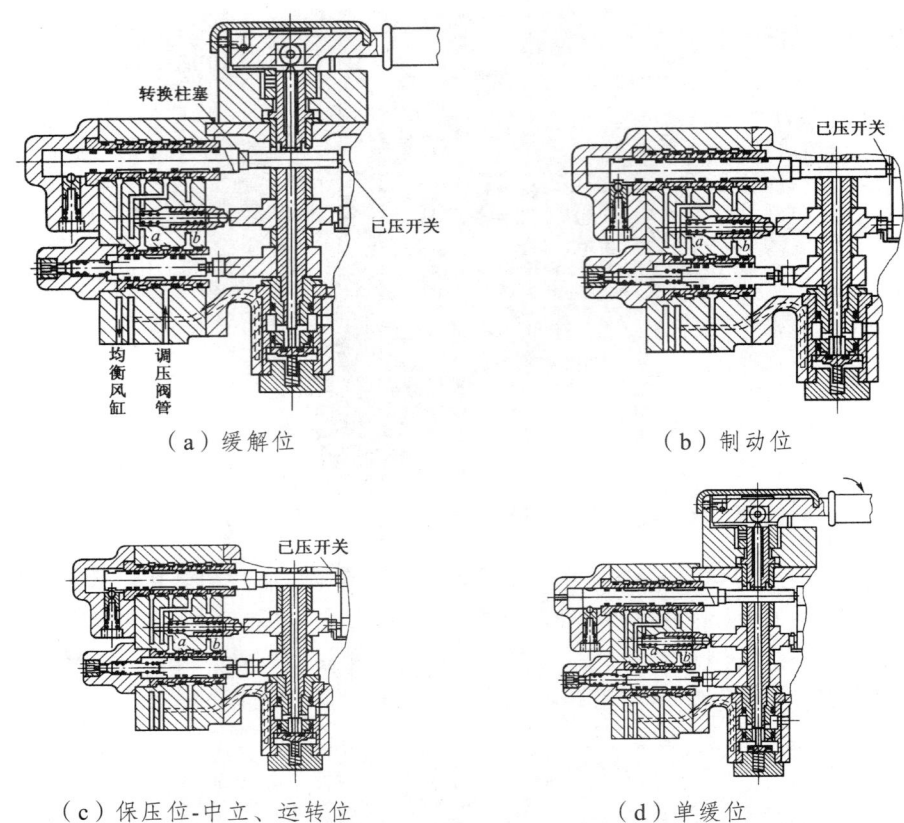

图 3-12 空气制动阀作用原理图--空气位

（1）缓解位[见图 3-12（a）]：作用凸轮得升程，推动柱塞左移，连通调压阀管与 a 管的气路（调压阀管→作用柱塞凹槽→a 管→转换柱塞凹槽→均衡风缸管）。调压阀将总风压力空气调整为 500 kPa 或 600 kPa，向均衡风缸充气，控制中继阀向制动管充风，车辆缓解。机车的缓解是靠下压手把而得。

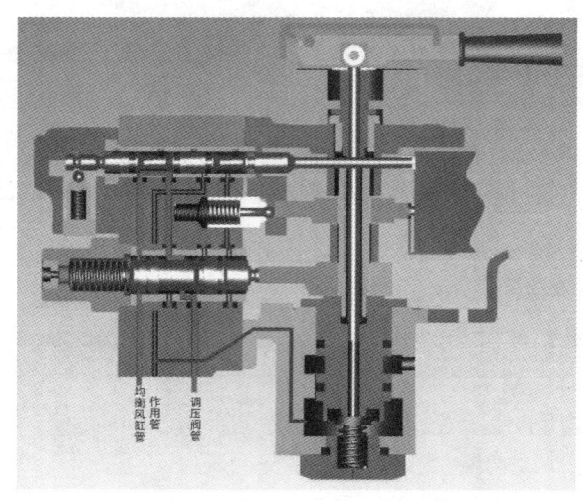

图 3-12（a） 空气制动阀作用原理图-空气位（缓解位）

- 68 -

（2）制动位[见图3-12（b）]：手柄右移到制动位，作用凸轮得到降程。作用柱塞在弹簧的反力作用下右移，切断调压阀管至均衡风缸的通路，开通均衡风缸管经端盖缩孔排气的通路，使均衡风缸压力空气排至大气。控制中继阀使制动管排出与均衡风缸减压量相等的压力空气，全列车制动。

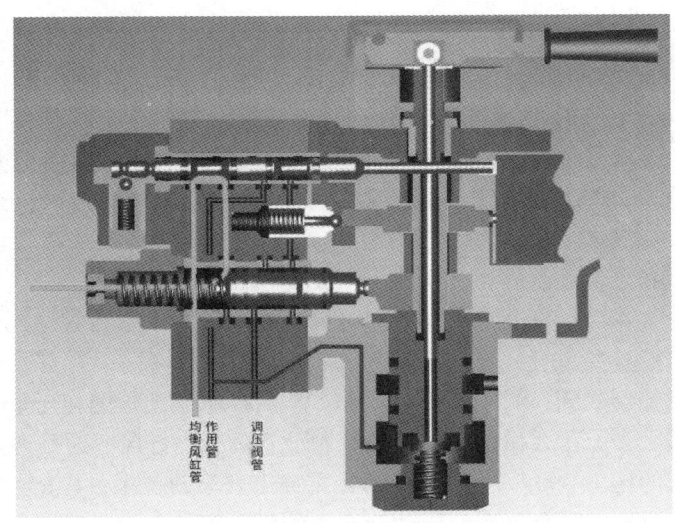

图3-12（b） 空气制动阀作用原理图-空气位（制动位）

（3）中立位[见图3-12（c）]：空气制动阀在制动位停留时间的长短可确定均衡风缸减压量的多少。如果此时均衡风缸减压量达到了要求，司机可将空气制动阀手把回移至中立位。作用凸轮使作用柱塞左移至中间位置，将调压阀管与均衡风缸管以及均衡风缸管与大气的通路均切断，使机车、车辆保持制动。（在"电空位"操纵时，运转位与中立位气路相同，但电路不同，故此两位不同；而"空气位"时，制动系统的电路均无电，此两位作用相同。）

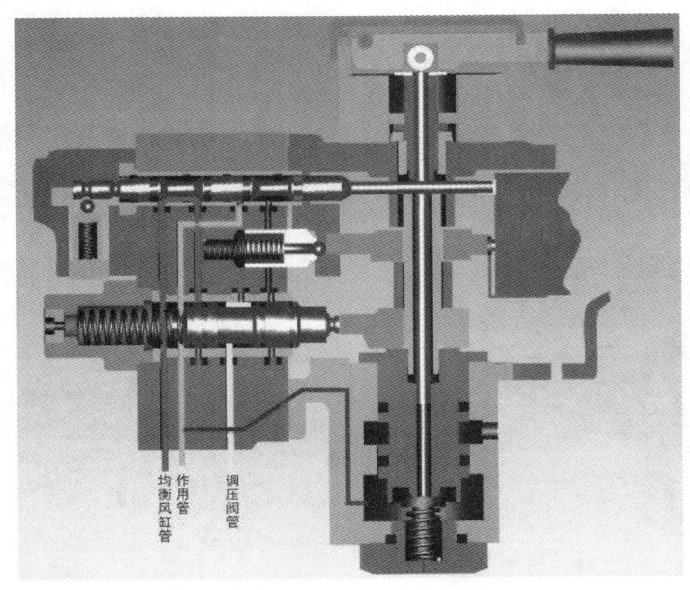

图3-12（c） 空气制动阀作用原理图-空气位（中立位）

（4）下压手柄：若此时欲单独缓解机车的部分或全部制动力，司机可下压手把，通过顶杆下压单独缓解阀，排出作用管的压力空气，即可达到目的。

二、中继阀

中继阀由双阀口式中继阀、总风遮断阀和管座三部分组成，如图 3-13、图 3-14 所示，作为气动部件的空气阀，在 DK-1 型电空制动机的工作过程中起着非常重要的作用，其工作性能的好坏直接影响着 DK-1 型电空制动机能否安全、可靠地工作。总风遮断阀受中立电空阀控制，用以启闭双阀口式中继阀的总风源，控制制动管的充风风源。而双阀口式中继阀则是根据均衡风缸压力变化来控制制动管的充风、排风，以使全列车缓解或制动的。

双阀口式中继阀和总风遮断阀通过阀座安装于制动屏柜上，共用一个阀座，并经阀座与总风缸管、制动管、均衡风缸管、过充风缸管和总风遮断阀管 5 条空气管路连接，因此，阀座既是安装基座，又是管路连接基座（简称管座）。均衡风缸用于储存压力空气，并以均衡风缸压力变化为控制信号来控制双阀口式中继阀的动作，从而控制制动管的减压量，达到准确控制列车制动力的目的。那么，为什么司机不直接控制制动管的充、排风，而是通过控制均衡风缸压力变化来控制制动管的压力变化呢？因为制动管贯穿于列车的首尾，其充、排风是由司机在机车上操纵实施的，而司机操纵台上反映制动管压力的压力表是连接在机车上的，因此该压力表只能即时反映机车附近的制动管压力，而不是整个列车的制动管压力，如果司机通过观察制动管压力表直接控制制动管减压量来控制制动力大小进行操纵的话，容易造成失误。所以，在制动机工作过程中，需设一个较易准确、迅速控制的参量为标准量，使制动管压力依照该标准量的变化而变化，从而达到准确控制列车制动管减压量，以此控制列车制动力大小的目的。

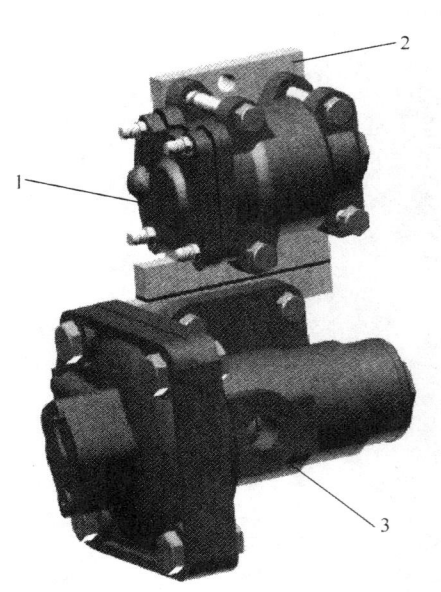

图 3-13 中继阀的组成

1—总风遮断阀；2—管座；3—双口式中继阀

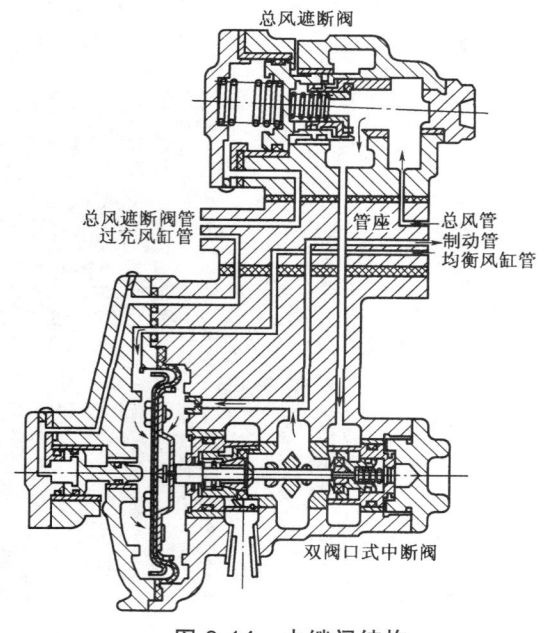

图 3-14 中继阀结构

（一）总风遮断阀

总风遮断阀用于控制总风能否通往双阀口式中继阀的供气室，即控制制动管的供气源。

1. 总风遮断阀的构造

总风遮断阀属于阀口式空气阀，主要由阀体、遮断阀、阀座、遮断阀套、弹簧等组成，如图 3-15、3-16 所示。总风遮断阀各内部空间分别与 3 条管路连通，阀座右侧空间与总风缸管连通，并经遮断阀中心孔通往遮断阀套右侧空间，阀座左侧空间与双阀口式中继阀供气室连通，遮断阀套左侧空间与总风遮断阀管连通。

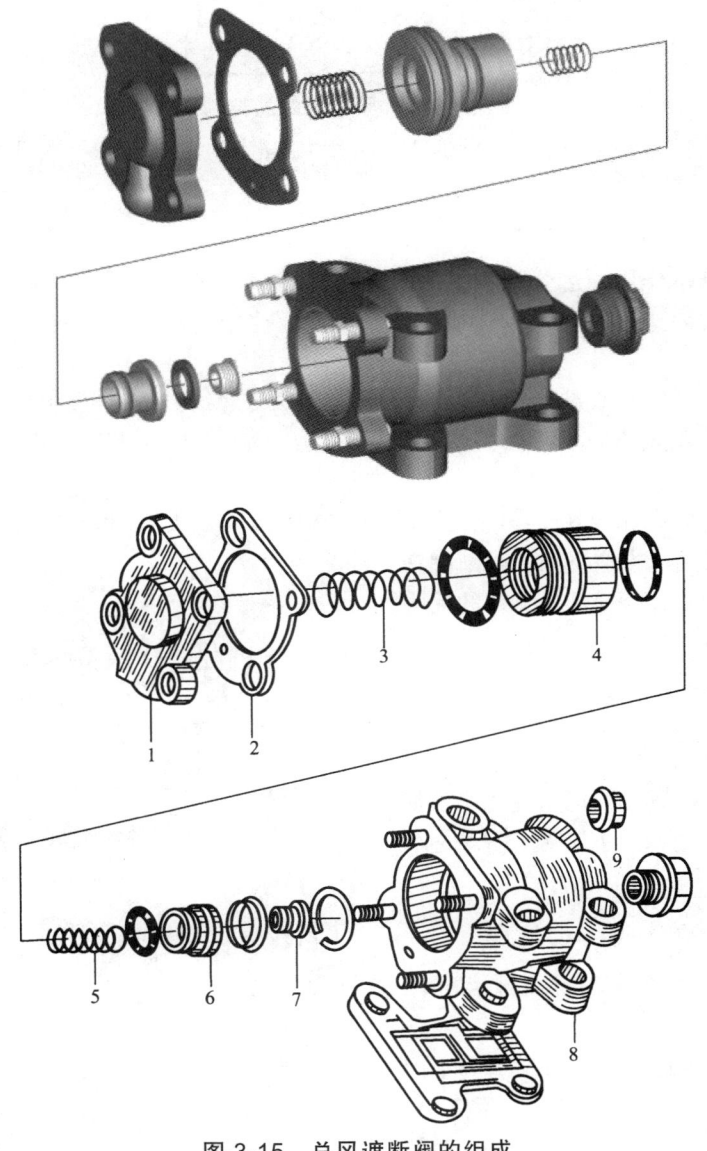

图 3-15 总风遮断阀的组成

1—遮断阀盖；2—盖胶垫；3—作用弹簧；4—遮断阀套；5—遮断阀弹簧；
6—遮断阀；7—遮断阀胶垫螺母；8—遮断阀体；9—阀座

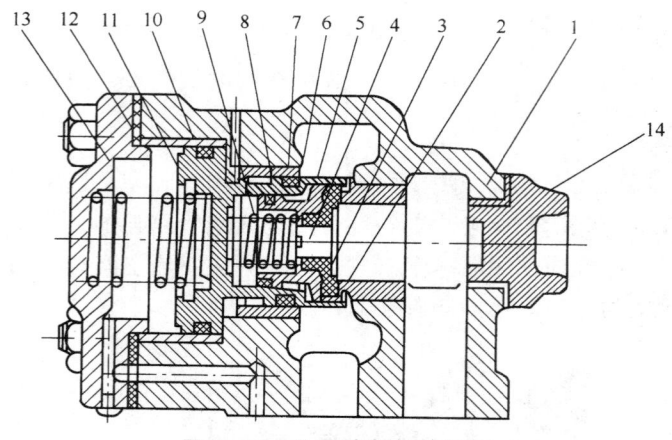

图 3-16 总风遮断阀的结构

1—遮断阀体；2—挡圈；3—胶垫；4—胶垫螺帽；5—遮断阀；6—遮断阀套；7、8、10—O 形圈；
9—遮断阀弹簧；11—弹簧；12—胶垫；13—遮断阀盖；14—螺盖

2. 总风遮断阀的作用原理

总风遮断阀基本作用原理为根据总风遮断阀管压力变化，从而使遮断阀套带动遮断阀左右移动，开启或关闭遮断阀口，以连通或切断总风通往中继阀供气室的气路，其工作过程包括以下两个动作状态。

（1）阀口关闭状态（见图 3-16）：当中立电空阀 253YV 得电时，总风向总风遮断阀充风，遮断阀在其左侧的总风压力及弹簧力的作用下右移，迅速关闭遮断阀口，切断总风通往中继阀供气室的通路。

（2）阀口开启状态（见图 3-14）：当中立电空阀 253YV 失电时，总风遮断阀管向大气排风，遮断阀套左侧无压力空气时，遮断阀在其右侧的总风压力作用下，克服弹簧的反力左移，遮断阀口呈开启状态，连通总风通往中继阀供气室的通路。

（二）双阀口式中继阀

中继阀根据均衡风缸的压力变化来控制制动管的压力变化，主要是控制制动管的充风和排风。

1. 双阀口式中继阀的构造

中继阀主要由以下零部件组成，如图 3-17 所示。

（1）主活塞：传感部件，用于感应不同压力空气间的压力变化，从而带动顶杆左、右移动，以开启或关闭排风阀口或供气阀口，最终实现连通或切断排气、供气气路。主要由内、外活塞和橡胶膜板等组装而成。

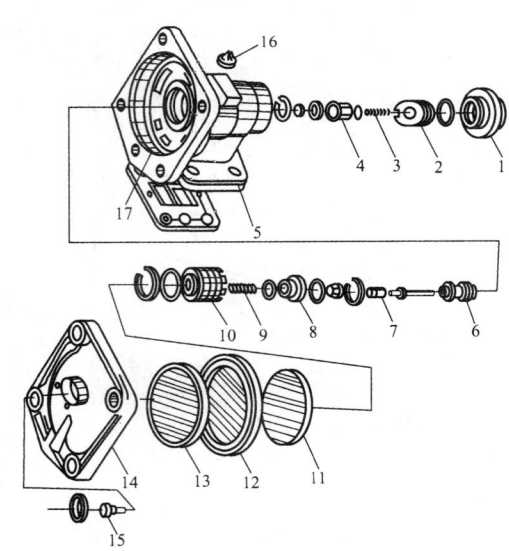

图 3-17 双阀口式中继阀组成图

1—螺盖；2—供气阀套；3—供气阀弹簧；4—供气阀；5—阀体；
6—阀座；7—顶杆；8—排气阀；9—排气阀弹簧；10—排气阀套；
11—内活塞；12—膜板；13—外活塞；14—过充盖；
15—过充柱塞；16—排气堵；17—缩堵

（2）供气阀机构：连通或切断供气气路的执行部件，主要由供气阀、供气阀套、供气阀弹簧及O形橡胶密封圈（简称O形圈）等组成。

（3）排气阀结构：连通或切断排风气路的执行部件，主要由排气阀、排气阀套、排气阀弹簧及O形圈等组成。

（4）顶杆：跟随主活塞移动并顶开供气阀口或排气阀口。

（5）阀座：为双向阀座结构，分别与供、排气阀形成供、排气阀口。

（6）过充柱塞："过充位"快速充风时，产生附加作用力并作用在活塞膜板上，以实现制动管的快速充风，并使制动管得到过充压力。

（7）其他零部件：包括阀体、端盖、缩堵、排风堵及橡胶密封件等。

中继阀各内部空间分别与5条气路（即管路）连通，如图3-14所示，过充柱塞左侧空间与过充风缸管连通，活塞膜板左侧空间（称为中均室）与均衡风缸管连通，活塞膜板右侧及阀座中间的空间与制动管连通，排气室与大气连通，供气室与经总风遮断阀过来的总风缸管连通。

2. 双阀口式中继阀的作用原理

中继阀的基本作用原理为根据均衡风缸压力变化，使作用在活塞膜板两侧的作用力之差发生变化，从而使活塞膜板带动顶杆左、右移动，顶开供气阀口或排气阀口，以连通或切断制动管的排风或供风气路，实现制动管的充、排气。中继阀有4个作用位置，见图3-18。

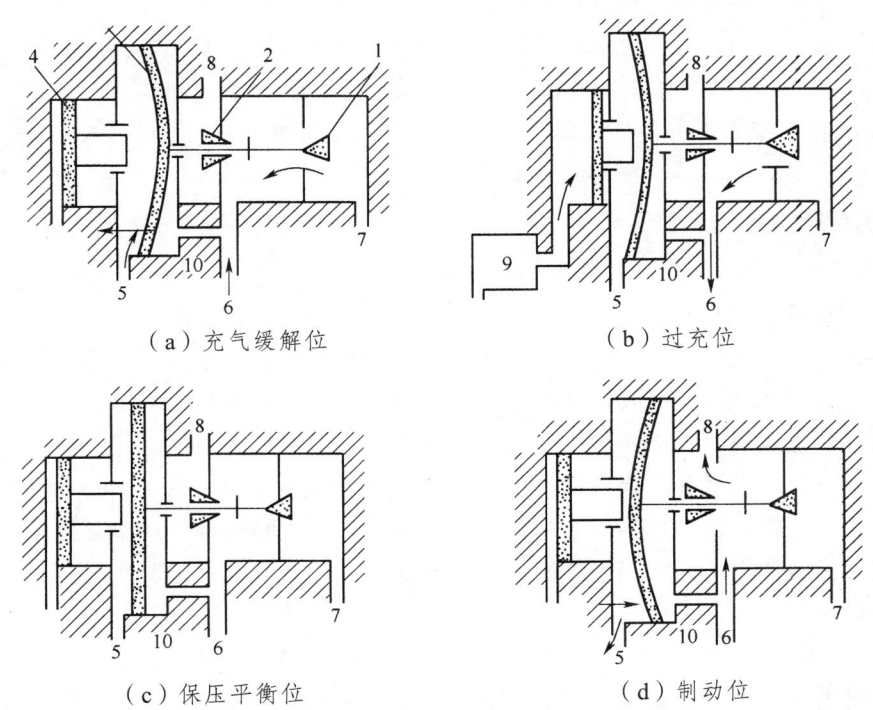

(a) 充气缓解位　　(b) 过充位

(c) 保压平衡位　　(d) 制动位

图3-18　双阀口式中继阀各作用位置示意图

1—供风阀及阀口；2—排气阀及阀口；3—主活塞；4—过充柱塞；5—均衡风缸管；
6—制动管；7—总风管；8—排风口；9—过充风缸；10—缩孔

1）充气缓解位[见图 3-18（a）]

当均衡风缸压力增加时，活塞膜板左侧的压力升高，使其产生向右的作用力，因此，活塞膜板带动顶杆右移，并压缩供气阀弹簧推动供气阀右移，从而顶开供气阀口，则由总风遮断阀过来的总风缸压力空气（以下简称总风，其压力为 700～900 kPa）经开启的供气阀口向制动管充风，同时总风经缩堵（$\Phi 1.0$）向活塞膜板右侧充风。

2）过充位[见图 3-18（b）]

为了适应列车运行于长大坡道或长大列车运行时对缓解充风速度的要求，DK-1 型电空制动机设置了"过充位"操纵，以实现列车的快速充风。

当司机将电空制动控制器手柄置于"过充位"时，连通了总风向过充风缸充风的气路，即过充柱塞侧压力升高，推动过充柱塞右移，并作用在活塞膜板上，该作用力的大小相当于 30～40 kPa 压力空气所产生的作用力；同时，连通总风经调压阀 55（用于调整、限定均衡风缸的定压，为 500 kPa 或 600 kPa）、缓解电空阀 258YV 向均衡风缸充风的气路，即活塞膜板左侧压力升高。在二者共同作用下，活塞膜板带动顶杆迅速右移，顶开供气阀口，并且阀口开启较大，使总风迅速向制动管及活塞膜板右侧充风；当活塞膜板右侧压力及制动管压力与活塞膜板左侧压力平衡时，在供气阀弹簧作用下，关闭供气阀口。可见，当电空制动控制器手柄置于"过充位"时，经双阀口式中继阀动作，能够实现制动管的快速充风，并使制动管压力得到过充压力，即超过定压 30～40 kPa。

如欲消除过充压力，可将电空制动控制器手柄由"过充位"转换至"运转位"，此时，均衡风缸仍保持定压，而过充风缸内的压力经过充风缸小孔（$\Phi 0.5$）缓慢排向大气（120～180 s 消除过压），则过充柱塞端部作用在活塞膜板上的附加力缓慢消失，此时制动管过充压力缓慢排向大气，而不会引起后部车辆的自然制动。

3）保压位[见图 3-18（c）]

① 缓解后保压位。

随着活塞膜板右侧和制动管压力的增加，逐渐平衡活塞膜板左侧压力，在供气阀弹簧作用下，使供气阀推动顶杆、活塞膜板左移逐渐缩小供风阀口，直至关闭。同时，顶杆、活塞膜板停止左移，不能打开排风阀口，使其处于供、排气阀口均不开启的保压状态。

当制动管发生泄漏时，双阀口式中继阀活塞膜板右侧的压力随之降低，在活塞膜板上产生向右的作用力，所以活塞膜板带动顶杆右移，顶开供气阀口，使总风向制动管内补风，同时活塞膜板右侧也得到补风；当活塞膜板右侧及制动管压力补充到与活塞膜板左侧压力平衡时，在供气阀弹簧作用下，关闭供气阀口，完成补风过程。可见，补风作用是随着制动管的泄漏而自动进行的。

② 制动后保压位。

随着活塞膜板右侧和制动管压力的降低，逐渐平衡活塞膜板左侧压力，在排气弹簧作用下，使排气阀推动顶杆、活塞膜板右移；直到活塞膜板两侧压力平衡时，关闭排气阀口，从而切断制动管的排风气路。同时，顶杆、活塞膜板停止右移，不能打开供气阀口，使其处于排、供气阀口均不开启的保压状态。

4) 制动位[见图 3-18（d）]

当均衡风缸压力减小时，活塞膜板左侧的压力下降，使其产生向左的作用力，因此活塞膜板带动顶杆左移，并压缩排气阀弹簧推动排气阀左移，从而打开排风阀口，制动管向大气排风，同时，膜板右侧的压力空气经缩堵、排风阀口也向大气排风。

由上可知，当制动管发生泄漏时，双阀口式中继阀也将进行自动补风作用。由于目前我国绝大多数车辆制动机采用二压力机构分配阀，只具有一次缓解性能，故实际运行中，通过转换装置将自动补风作用切除，以避免发生自然缓解而危及行车安全。同样，制动管压力随着均衡风缸压力变化而变化。司机不直接控制制动管的充、排风，而是通过控制均衡风缸压力变化来控制制动管的压力，是因为贯穿列车首尾又细又长的制动管存在压力差，不便于操纵。因此，为达到准确控制制动管减压量以控制列车制动力大小的目的，设置了均衡风缸（容积 4 L）压力为标准参量，依此准确地控制制动管减压量。

进一步分析发现：若使双阀口式中继阀活塞膜板左右两侧沟通，即均衡风缸与制动管沟通，则无法在活塞膜板上形成有效作用力之差，从而不能打开其供、排气阀口，人们习惯地称双阀口式中继阀此时处于自锁状态。显然，使双阀口式中继阀呈自锁状态的条件是使制动管与均衡风缸沟通。

三、分配阀

分配阀是根据制动管的压力变化来控制机车制动与缓解的。DK-1 型电空制动机系统中的分配阀除接受电空制动控制器的操纵外，还可接受空气制动阀的操纵，从而使机车得到制动、保压与缓解作用。

（一）分配阀的主要特点

DK-1 型电空制动机选用 109 型机车分配阀，它具有以下主要特点。

1. 具有良好的稳定性

在制动管发生允许范围内的漏泄（即缓慢减压）时，制动机不发生制动作用的性能，称制动机的稳定性。109 型机车分配阀的稳定性在于：

（1）工作风缸向制动管逆流。在充气状态时，制动管的压力空气经 $L_2 \rightarrow L_5 \rightarrow g_1$ 与工作风缸沟通，当制动管发生漏泄（每分钟不超过 20 kPa）时，工作风缸压力空气将逆流返回制动管，保持活塞上下压力的平衡。

（2）主活塞尾部的稳定弹簧以及阻力。由于稳定弹簧的反力、橡胶膜板的变形阻力及节制阀移动的阻力，所以，主活塞两侧必须具备一定的压力差才能上移。在工作风缸尚有逆流的情况下，主活塞不可能克服上述阻力而上移。

2. 制动力的不衰减性

在制动后的中立位，当制动缸发生漏泄时，由于均衡活塞上侧的压力随之下降，均衡活塞上移，重新开放均衡阀，总风向制动缸充风，直至新的平衡为止，这种自动补风作用使 109 型分配阀保持制动力的不衰减。

3. 制动缸压力的单独控制

109 型机车分配阀可通过空气制动阀控制作用管（容积室）的压力变化来控制制动缸的压力变化，实现机车的制动与缓解。

（二）分配阀的结构

109 型机车分配阀由安装座、主阀（主阀部、均衡部、紧急增压阀部）、安全阀及局减室、容积室（二室）和工作风缸（-缸）组成。局减室与容积室在中间体内，主阀部、均衡部、紧急增压部为阀体部分，安全阀装在中间体的上面，如图 3-19 所示。

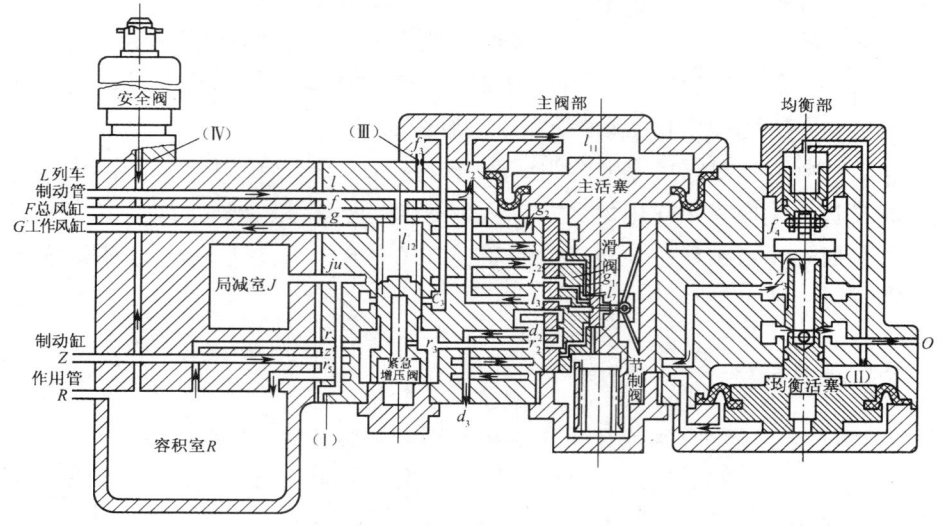

图 3-19　109 分配阀结构（缓解状态）

1. 主　阀

主阀控制着不同通路的充风、缓解、制动和保压作用，是分配阀的最主要部分。由主阀部、均衡部、紧急增压阀三部分组成，如图 3-20 所示。

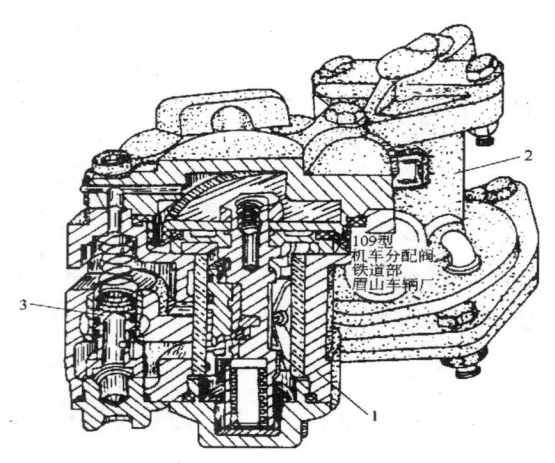

图 3-20　109 分配阀主阀

1—主阀部；2—均衡部；3—紧急增压阀

1）主阀部

主阀部用于根据制动管的压力变化来控制容积室和作用管的充、排风。由主活塞、橡胶膜板、滑阀、滑阀座、滑阀弹簧、节制阀、稳定杆、稳定弹簧及挡圈等组成，如图 3-21 所示。

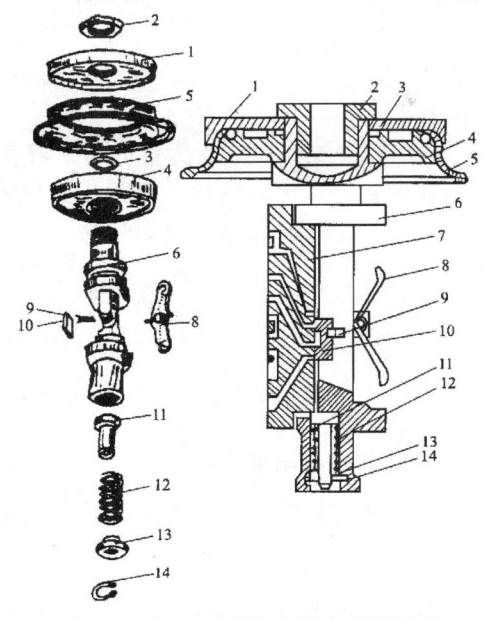

图 3-21　109 型分配阀主阀部结构

1—上活塞；2—活塞压帽；3—密封圈；4—下活塞；5—膜板；6—活塞杆；7—滑阀；8—滑阀弹簧；9—节制阀弹簧；10—节制阀；11—稳定杆；12—稳定弹簧；13—稳定弹簧座；14—挡圈

主活塞的膜板上、下两侧互相密封，膜板上侧通列车制动管，下侧通工作风缸。主阀部就是利用上下压力差，即制动管与工作风缸的压力差，使主活塞带动滑阀、节制阀上下移动，以连通或切断相应气路，形成充风、局减、制动、保压和缓解等作用。

由稳定杆、稳定弹簧及挡圈等零件安装在主活塞杆尾部的套筒内，它一定程度上阻碍主活塞的向上移动，用以防止列车在运行中因制动管轻微漏泄或压力波动而引起意外自然制动，从而加强制动机在缓解状态时的稳定性。

节制阀、滑阀和滑阀座上设置相应的孔、槽，布置如图 3-22 所示。其作用如下：

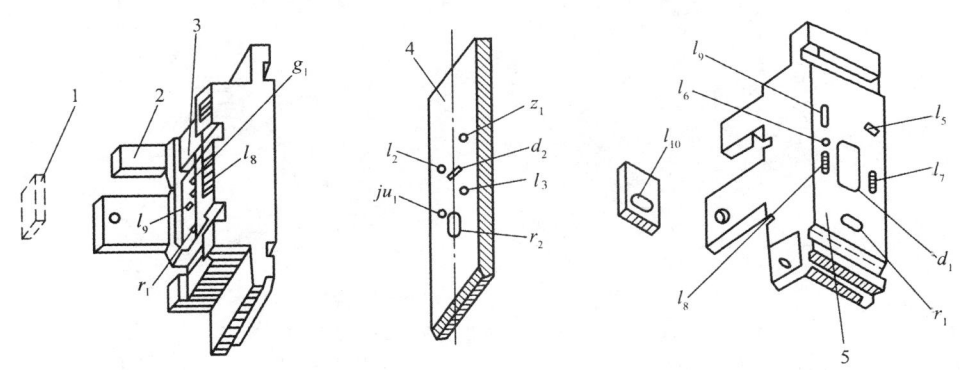

图 3-22　节制阀、滑阀和滑阀座孔槽布置图

l_{10}—局减联络槽,用于制动开始阶段,沟通局减通路,将列车制动管压力空气引入局减室。

l_5—充气孔,列车制动管向工作风缸充气时压力空气所必经的孔。

l_6、l_7—分别为局减孔和局减室入孔,为上下贯通孔。制动开始阶段,这两孔通过节制阀上局减联络槽 l_{10} 连通,形成局减通路,将列车制动管压力空气引入局减室。

l_8、l_9—无作用孔。

g_1—充气限制孔,位于滑阀背面,与滑阀面上的 l_5 孔在滑阀内部有暗孔相通,为列车制动管向工作风缸充气所必经的孔。

r_1—制动孔,上下贯通,制动时将工作风缸压力空气引入容积室。

d_1—缓解联络槽,用于沟通容积室压力空气向大气排出的缓解通路。

l_2、l_3—均由列车制动管处引来,分别为列车制动管向工作风缸进行充气和向局减室进行局减的孔。

r_2—通向容积室。

ju_1—通向局减室。

z_1—无作用孔。

d_2—通大气。

当制动管压力变化在主活塞上产生作用力之差时,主活塞通过主活塞杆带动节制阀或滑阀上、下移动,连通或切断相应气路,从而产生充风、缓解、局减、制动和保压。

2)均衡部

均衡部是受主阀部作用的支配,根据容积室的压力变化来控制制动缸(闸缸)的压力。

均衡部由膜板活塞(包括上活塞 7、下活塞 9、膜板 6)、空心阀杆 5(包括活塞压帽 10、阀杆 5、密封圈 14 等)、供气阀组成(括供气阀 11、导向杆 3、供气阀弹簧 2 及密封圈 14 等)、供气阀座阀杆套 13、缩堵 15(Φ0.8 mm)、均衡上盖 1、均衡下盖 8 等构成。如图 3-23 所示。供气阀室内通入的是总风缸压力空气(f_4);供气阀座下风孔 Z_3 可通制动缸,并可经缩堵孔(Φ0.8 mm)通膜板活塞上方;膜板活塞下方为 r_4 与容积室 R 相沟通;而空心阀杆套之间通大气,是制动缸的排气通路。

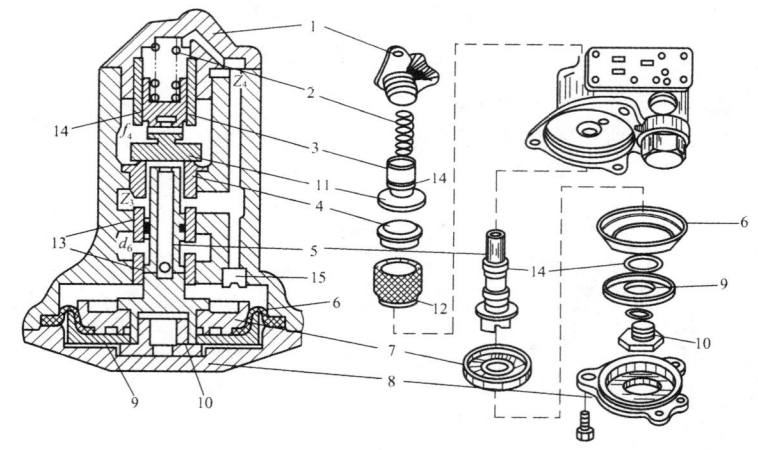

图 3-23 分配阀均衡部结构

1—均衡上盖;2—供气阀弹簧;3—供气阀导向杆;4—阀座;5—空心阀杆;6—膜板;7—上活塞;8—均衡下盖;9—下活塞;10—均衡活塞压帽;11—供气阀;12—滤网;13—阀杆套;14—密封圈;15—缩堵;Z3、Z4—制动缸;f4—供气阀室总风;d6—大气通路

3）紧急增压阀

为使紧急制动时提高制动缸压力，确保列车行车安全，在分配阀上设有紧急增压阀。紧急增压阀设于主阀部与均衡部之间，其功用是当发生紧急制动工况时，利用容积室与制动管的压力差，使总风缸的压缩空气进入容积室，从而将制动缸的压力提高，以得到更大的制动力。

增压阀由增压阀弹簧 1、增压阀套 2、增压阀 4 及密封圈等组成，如图 3-24 所示。增压阀上方通制动管；增压阀内为空心，外周通容积室 r_3 与主阀滑阀座下方 r_2 孔；增压 29 阀中部细腰处有一个直径 3 mm 的径向孔 r_6 与其内空腔沟通；增压阀套上的径向孔 f_5 与总风相通。在紧急制动时，总风可由套上径向孔 f_5 经增压阀孔 r_6 进入增压阀内腔 r_3，再进入容积室，促使制动缸增高压力。在平时，由于增压阀弹簧和制动管内压力空气的作用，增压阀常处于下部关闭位置。只有在紧急制动时，增压阀上方制动管内压力空气迅速排尽，下方容积室压力迅速上升，克服弹簧张力使增压阀上升，连通总风至容积室的通路。总风缸的压力空气经开启的通路进入容积室，产生增压作用。

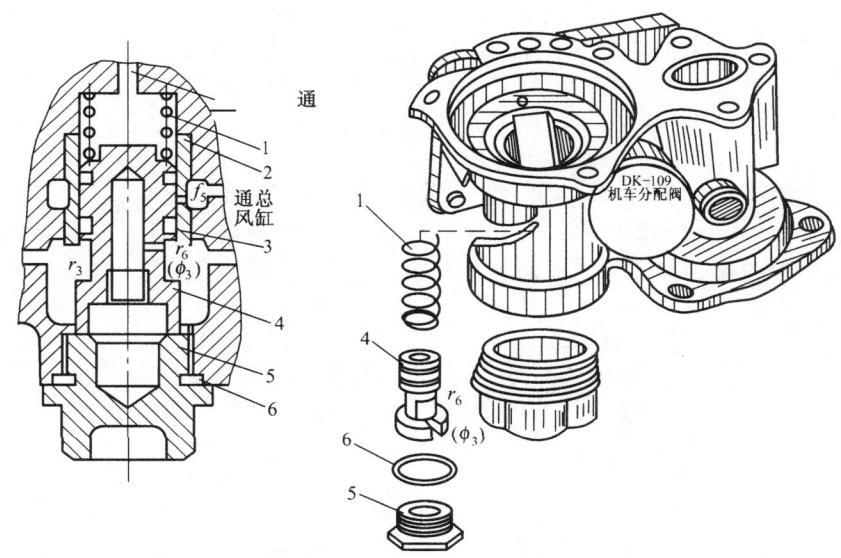

图 3-24　109 型分配阀紧急增压阀结构

1—增压阀弹簧；2—增压阀套；3—密封圈；4—增压阀；5—增压阀盖；6—密封圈

2. 安全阀

安全阀通过阀座安装在安装座上。它主要由阀、阀杆、调整弹簧、阀体等组成，如图 3-25 所示。其功用是在紧急制动作用后将制动缸压力稳定在规定范围内，其整定值是 450 ± 10 kPa（无火回送时定为 200 kPa）。

当容积室压力超过调整弹簧压力时，阀稍稍离开阀座，压缩空气进入较大的阀面上，使阀快速上升，阀杆上移。则将左侧直孔关闭，同时开放排风口，使容积室压力降低。一旦容积室压力降低，弹簧稍稍将阀压下，此时直孔开放，空气进入阀的上面，使阀上部受力增大，迅速将阀压下停止排风。当容积室压力再度增加时又重复上述过程。

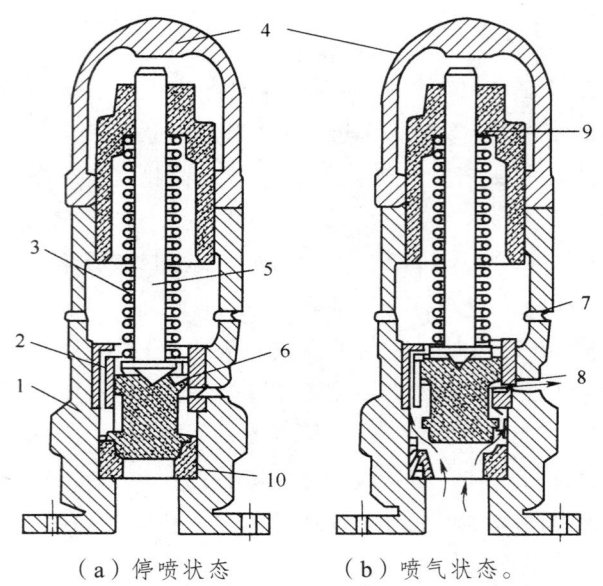

(a) 停喷状态　　(b) 喷气状态

图 3-25　109 型分配阀的安全阀

1—阀体；2—直立孔；3—调整弹簧；4—螺帽；5—阀杆；6—阀；
7—通气孔；8—排风口；9—调整螺母；10—阀座

3. 安装座

安装座又叫中间体，座内为 1.85 L 的容积室和 0.6 L 的局减室。安装座背面为接管面，分别接有总风管（F）、制动缸管（Z）、作用管（R）、列车制动管（L）及工作风缸管（G）等五根管。其正面为主阀安装面，顶面装有安全阀与座内容积室相通，如图 3-26 所示。

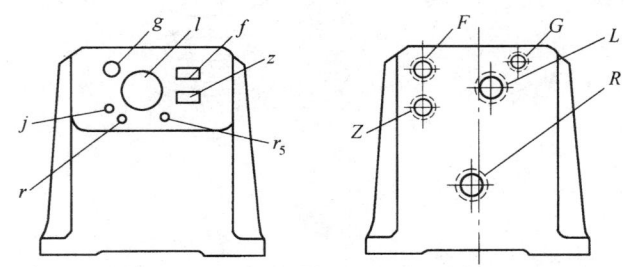

图 3-26　109 型分配阀安装座结构

Z—制动缸；F—总风缸；g—通工作风缸；l—通制动管；G—工作风缸；L—列车制动管；
f—通总风缸；z—通制动缸；R—作用管；r、r_5—通容积室；j—通局减室

工作风缸也是分配阀的组成部件之一，其容积为 11 L，它由制动管充风并完成向容积室的增压作用。

（三）分配阀的作用原理

1. 充风缓解位

在充气缓解位，列车制动管充风。

（1）列车制动管压力进入主活塞上方压主活塞至下极端位置。l→l_1→l_{11}。

（2）工作风缸充风。使列车制动管压力空气进入工作风缸备用。$1\to l_2\to l_5\to g_1\to g_2\to G$。

（3）紧急增压阀上方充风。列车制动管压力空气进入紧急增压阀上方，使其处在下部关闭位。$1\to l_{12}$。

（4）容积室缓解。

均衡活塞下方的压力空气经$\to r_4\to r_5$容积室R。

容积室的压力空气经增压阀杆下部$\to r_2\to d_1\to d_2\to d_3$再排大气。

（5）制动缸缓解。

由于容积室的缓解，均衡活塞上下失去平衡，活塞下移，活塞杆顶面离开均衡阀，制动缸压力空气经均衡阀口进入均衡活塞的轴向中心孔排大气。$z\to z_1\to z_3\to$轴向中心孔$\to d_5$排大气。

充风缓解位分初充风缓解和再充风缓解位两种工况。前者为机车运行前初始状态，列车制动管压力为零时，由总风向列车制动管充至定压；后者为列车制动管已减压产生了制动作用后需要缓解时，总风向列车制动管再充至定压，使制动缸缓解。

① 初充风缓解。

当列车制动管充风时，压缩空气经安装座进入主阀，经主阀体内暗道及通路l_1到主阀部主活塞上方，将主活塞推向下方，主活塞杆通过其上肩推动滑阀一起向下移，直至主活塞下底面碰到主阀体时为止。此时主活塞及滑阀处于充气缓解位，列车制动管压缩空气经以下通路充入工作风缸直到定压。

a. 工作风缸充风：列车制动管压力空气经主阀$\to$滑阀座充风孔$l_2\to$滑阀充风孔$l_5\to$滑阀充风限制孔$g_1\to$滑阀室孔$g_2\to$经主阀体暗道至安装座$\to$工作风缸。

b. 增压阀处于关闭位：列车制动管压缩空气经主阀体内暗道进入增压阀杆上方的l_{12}与增压弹簧的共同作用下，使增压阀处于下部关闭位。

由上可见，工作风缸的充风由列车制动管通过滑阀及g_1来控制。

② 再充风缓解。

当列车制动管减压制动后再充风时，由于列车制动管增压，破坏了主活塞在制动保压位时的平衡，所以当主活塞两侧压力差及重量之和超过滑阀与节制阀的摩擦阻力时，三活塞便带动滑阀下移到充气缓解位。此时，工作风缸再充气，容积室与制动缸排气缓解，其充气通路与初充风完全相同。

a. 容积室缓解：容积室（包括作用管）的压缩空气经主阀安装面$\to$增压阀杆下部$\to$滑阀座孔$r_2\to$滑阀底部的缓解联络槽$d_1\to$滑阀座孔$d_2\to$主阀部排气口$d_2\to$大气。而均衡活塞下方的压缩空气经主阀体内暗道$r_4\to$主阀体安装面上的r_5孔$\to$容积室，再经上述通路排入大气。

b. 制动缸缓解：由于容积室的缓解，均衡活塞上下失去了平衡，在制动缸压力作用下，活塞下移，使活塞杆的顶面离开供气阀，制动缸压缩空气经安装座$\to$主阀安装面上的z孔$\to$均衡活塞杆上部外围$z_3\to$活塞杆轴向中心孔和径向孔$d_5\to$均衡部排气口$\to$大气。而均衡活塞上侧及均衡阀杆上侧的压力空气也经上述通路排入大气。

由上可知，制动缸的压力受容积室压力的控制。

2．常用制动位

当列车制动管进行常用制动减压时，因工作风缸压力空气来不及经充气通路向列车制动管逆流，于是在主活塞两侧产生了一定的压力差。此压力差克服了节制阀、主活塞膜板和稳定弹簧等阻力，使主活塞先带动节制阀，然后带动滑阀向上移动，产生常用制动作用。

1）初制动位（如图 3-27 所示）

当列车制动管减压后，主活塞两侧形成一定的压差，主活塞压缩稳定弹簧，带动节制阀上移。此时由于滑阀与活塞杆有一间隙，故活塞上移时滑阀未动。当节制阀上移时，先关闭滑阀背面的充风缩孔 g_1，从而切断列车制动管与工作风缸的通路。同时又开放滑阀背面的制动孔 r_1，以备下一阶段工作风缸向容积室充气的准备。节制阀上的局减联络槽 l_{10} 通滑阀背面的 l_6 与 l_7 孔，就使列车制动管 l→滑阀座孔 l_3→滑阀贯通孔 l_6→节制阀 l_{10}→滑阀贯通孔 l_7 滑阀座局减室孔 ju_1→局减室 J，同时经主阀安装面孔排入大气。这就形成了分配阀的初制动位。

在此位，主活塞仅上移 4 mm（滑阀与主活塞杆的上、下两肩之间的间隙），使该间隙处于滑阀上方，列车制动管产生局减作用。

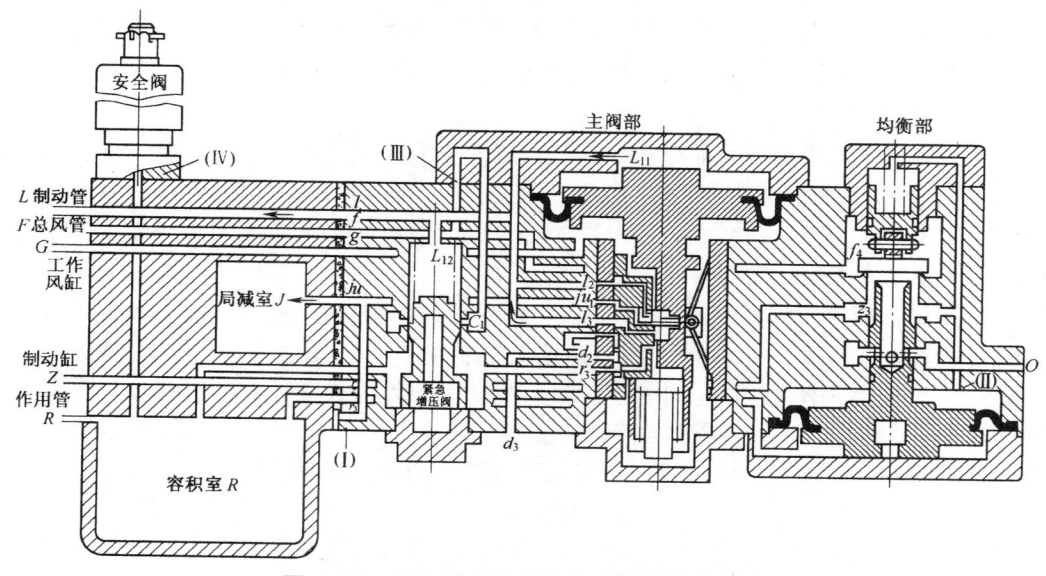

图 3-27　109 型分配阀结构（初制动状态）

2）制动位（如图 3-28 所示）

由于列车制动管的局减作用及列车制动管减压量的加大，增加了主活塞两侧的压力差，于是主活塞带动滑阀克服滑阀与滑阀座之间的摩擦阻力进一步上移到制动位。滑阀与滑阀座的相对位置发生了变化，滑阀底面上的 l_6 孔与滑阀座上的 l_3 孔错开，因而切断了列车制动管与局减室的通路，第一阶段局减作用结束。同时，滑阀底面上的 l_8、l_9 和 r_1 孔分别与滑阀座上的 l_3、z_3 和 r_2 孔对准，形成了容积室与制动缸充风通路，进一步产生制动作用。

① 容积室充风：工作风缸压力空气→滑阀室→滑阀上的制动孔 r_1→滑阀座上的容积室孔 r_2→增压阀杆的下部通路→主阀安装面上的孔→容积室 R，容积室压力上升。

② 制动缸充风：容积室压力空气→主阀安装面上的 r_5 孔→主阀体暗道和主阀体底面孔 r_4→均衡活塞下侧，推动均衡活塞上移顶开供气阀。同时总风经体内暗道至供气阀气室上方 f_4→开放的供气阀口→均衡活塞杆上端外围空间 z_3→安装座→制动缸，制动缸压力增加。另一路经 z_3 至供气阀杆上方，使供气阀与阀座密贴；再一路经缩孔（Ⅱ）进入均衡活塞上侧。另外，由于增压阀杆上部的列车制动管剩余压力与弹簧力之和仍大于其容积室的压力，增压阀杆仍处于下部，不参与作用。

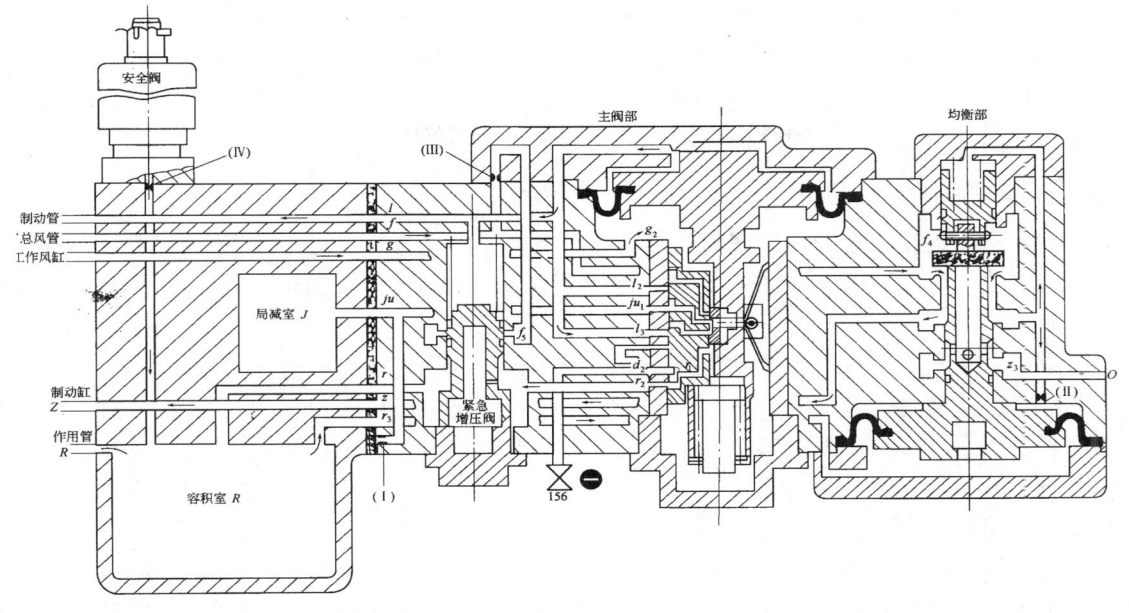

图 3-28 109 型分配阀结构（制动状态）

3. 制动保压位

列车制动管停止减压，使分配阀处于保压位置（如图 3-29 所示），制动缸压力也保持不变。在列车制动管刚停止减压时，由于主活塞和滑阀、节制阀都还在制动位，工作风缸仍在向容积室充风，因而工作风缸压力继续下降，直到主活塞两侧的列车制动管与工作风缸压力相接近时，在主活塞尾部原被压缩的稳定弹簧的反力及主活塞自重的作用下，使主活塞仅带动节制阀向下移动，节制阀遮盖住滑阀背面的制动孔，切断工作风缸与容积室的通路，工作风缸停止向容积室充风。此时的主阀部处于保压位。

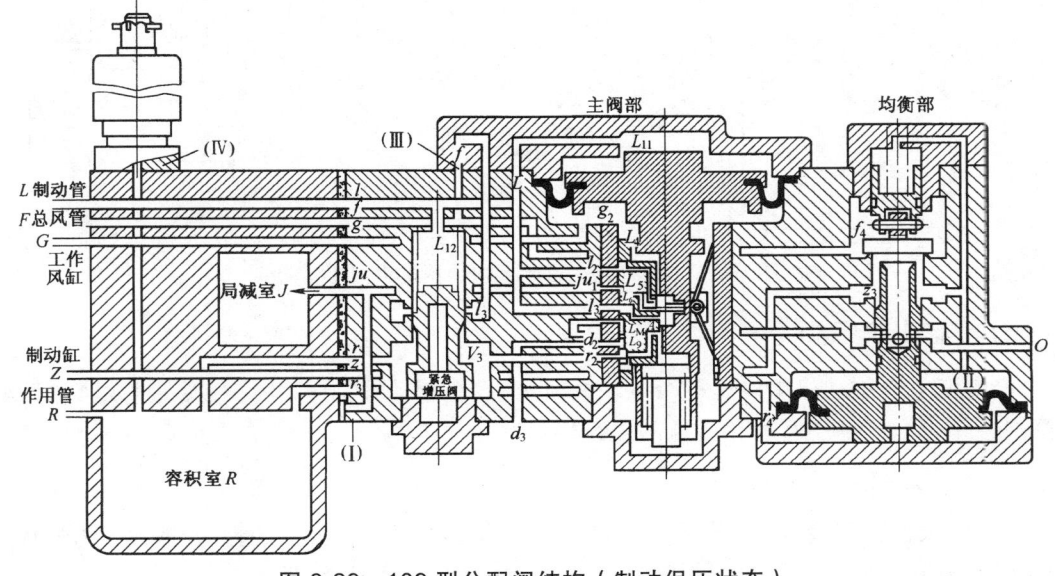

图 3-29 109 型分配阀结构（制动保压状态）

分配阀均衡部,当容积室压力停止上升时,由于供气阀仍在开放状态,总风仍在向制动缸充风,当通过缩孔(Ⅱ)流到均衡活塞上侧的制动缸压缩空气的压力增大到与均衡活塞下部的容积室压力相接近时,在均衡阀、均衡活塞的自重及供气阀弹簧的作用下,停止制动缸充风,制动缸压力停止上升,使分配阀处于制动保压位。

4. 紧急制动位

当列车制动管由于种种原因而引起急速排风时,分配阀产生紧急制动作用(如图3-30所示)。紧急制动时,主阀各部分的作用,除增压阀外,均与常用制动位相同,只是动作更加迅速,通路变大。

由于列车制动管压力急速排出,所以在增压阀上部的列车制动管压力快速下降,而同时其下部容积室压力迅速上升。当容积室的压力达到能克服增压阀弹簧的反力和列车制动管较小的剩余压力时,增压阀上移,增压阀处于开放位。这时,总风经凹槽迅速流向容积室。容积室的压力达到 450 ± 10 kPa 时,安全阀动作,以保证容积室压力不超过此规定值。此时均衡部供气阀开启时间延长,使制动缸压力达到 450 ± 10 kPa,这就是紧急制动时的增压作用。当分配阀由常用制动转为紧急制动时,由于列车制动管的压力急速排出,并且由于紧急增压阀的作用,仍能有效地发挥紧急制动作用。当然,其效果随常用制动时列车制动管减压量的增大而有所下降。

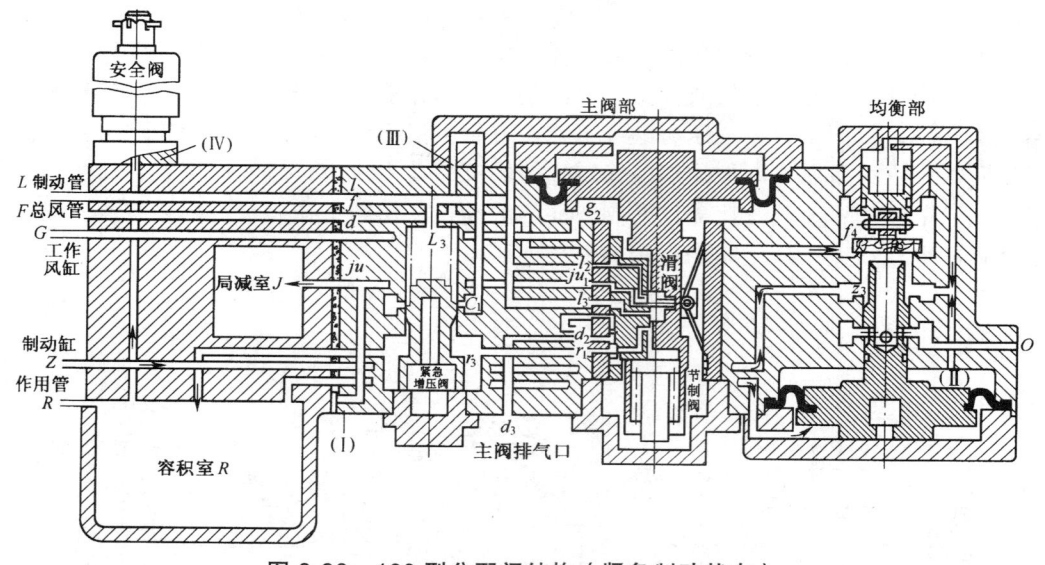

图 3-30 109 型分配阀结构(紧急制动状态)

四、电动放风阀

DK-1 型电空制动机中设有一个电动放风阀,设在制动屏柜内,用来接受紧急电空阀 94YV 的控制,作为列车制动管紧急排风的执行部件。

1. 电动放风阀的构造

电动放风阀属于阀口式空气阀。主要由橡胶膜板(简称膜板)、铜碗、芯杆、芯杆套、放风阀(简称阀)、放风阀弹簧、阀座等组成,如图 3-31、图 3-32 所示。

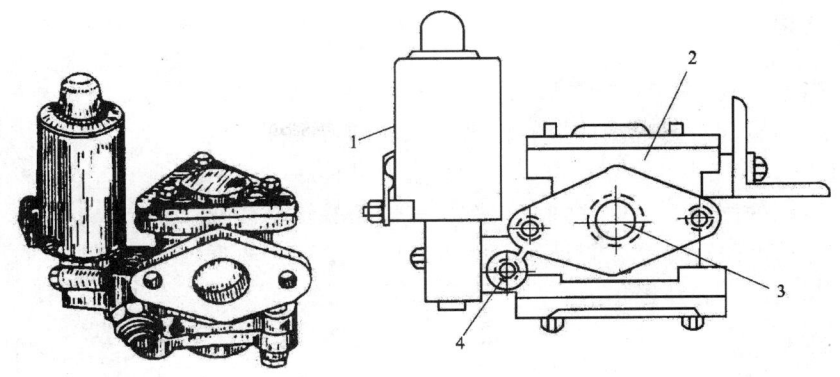

图 3-31 电动放风阀结构

1—紧急电空阀 94YV；2—阀体；3—制动管接管孔；4—总风缸接管孔

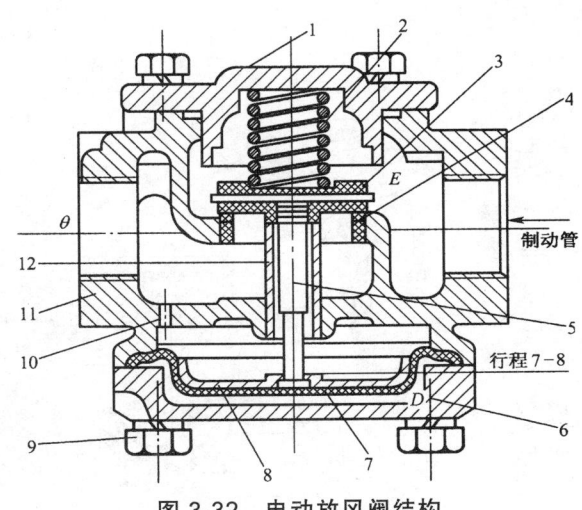

图 3-32 电动放风阀结构

1—上盖；2—放风阀弹簧；3—放风阀；4—阀座；5—芯杆；6—下盖；7—橡胶膜板；
8—铜碗；9—螺钉；10—小孔；11—阀体；12—芯杆套

电动放风阀内部空间分别与 3 条气路（或管路）连通：放风阀上侧空间经阀体孔与制动管连通；放风阀下侧及铜碗上侧空间经阀体孔与大气连通；铜碗及膜板下侧空间与紧急电空阀 94YV 的控制气路连通。

2. 电动放风阀的作用原理

电动放风阀的工作过程包括以下两个动作状态：

（1）紧急制动状态：当紧急电空阀 94YV 得电时，接通总风经紧急电空阀 94YV 向电动放风阀铜碗及膜板下侧空间充风的气路，橡胶膜板、铜碗推动芯杆上移而压缩放风阀弹簧，顶开放风阀口，连通制动管向大气放风的气路，使制动管压力迅速降低，实现全列车的紧急制动。

（2）非紧急制动状态：当紧急电空阀 94YV 失电时，接通电动放风阀铜碗及膜板下侧空间经紧急电空阀 94YV 向大气排风的气路，在放风阀弹簧作用下，放风阀推动芯杆、铜碗、橡胶膜板下移，关闭放风阀口，切断制动管向大气放风的气路。此时，制动管的压力变化主要由中继阀控制。

五、紧急阀

紧急阀根据列车制动管排风速度的快慢，自动选择作用位置。在紧急制动时，紧急阀参与电动放风阀排风，从而加快了列车制动管的排风速度，并实现 DK-1 型电空制动机与自动停车、列车分离、车长阀制动的配合。同时，通过机车电气线路联锁，切除牵引工况机车的动力源，使紧急制动作用更可靠。在 SS_4 改型机车上，紧急阀装设在制动屏柜内。

1. 紧急阀的构造

紧急阀由紧急阀阀体与阀座两部分组成，如图 3-33 所示。阀座又称管座，其内部设一个空腔——紧急室（1.5 L）。

紧急阀主要由以下零部件组成，如图 3-34 所示。

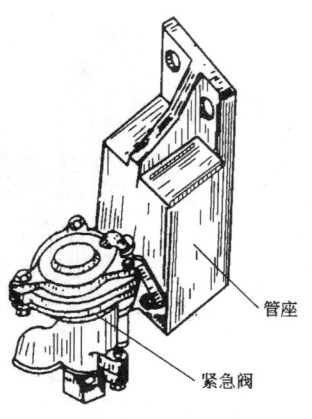

图 3-33 紧急阀

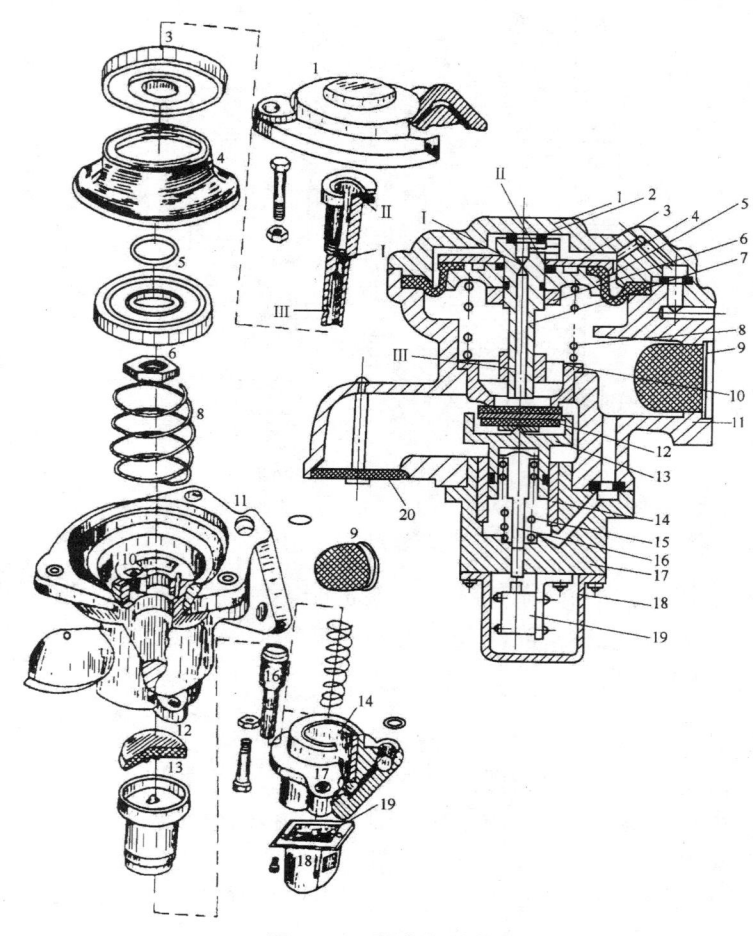

图 3-34 紧急阀结构

Ⅰ—缩孔 Φ1.8 mm；Ⅱ—缩孔 Φ0.5 mm；Ⅲ—缩孔 Φ1.2 mm。

1—阀盖；2—密封圈；3—上活塞；4—膜板；5—下活塞；6—螺母；7—活塞杆；8—安定弹簧；9—滤尘罩；
10—放风阀座；11—阀上体；12—放风阀；13—放风阀导向杆；14—放风阀套；15—放风佛法弹簧；
16—顶杆；17—阀下体；18—罩；19—双断点微动开关；20—排风口罩

(1)活塞膜板：活塞膜板为传感部件，用于感应作用在橡胶膜板上、下两侧的作用力之差，从而带动活塞杆上、下移动，以关闭或开启放风阀口，切断或连通制动管的放风气路；同时，联动微动开关95SA断开或闭合电路838-839。主要由上活塞、下活塞、橡胶膜板等组成。

(2)活塞杆：活塞杆可随活塞膜板上、下移动，关闭或顶开放风阀口。活塞杆轴向中心开一通孔，并设3个缩孔：缩孔Ⅰ（Φ1.8 mm）、缩孔Ⅱ（Φ0.5 mm）、缩孔Ⅲ（Φ1.2 mm）。中心孔Ⅰ用以控制紧急室压力空气向制动管的逆流速度；缩孔Ⅱ用以控制制动管压力的紧急室的充风速度，以防止制动管压力下降过快引起自然制动；缩孔Ⅲ用以在紧急制动后，控制紧急室压力空气排大气的时间（延时时间），以延长放风阀的开放时间，保证紧急制动位制动管压力的排空。

(3)放风阀机构：放风阀机构是连通或切断制动管放风气路并联动微动开关95SA的执行部件，主要由放风阀、放风阀座、放风阀导向杆、放风阀套、放风阀弹簧、顶杆等组成。

(4)微动开关：该微动开关为双断点微动开关，电器代号为95SA，用来控制电路838-839的闭合与断开。

(5)其他零部件：包括安定弹簧、滤尘罩、排风口罩、密封圈等。紧急阀内部空间分别连通3条气路：活塞膜板上侧空间与紧急室连通；活塞膜板下侧及放风阀弹簧侧的空间与制动管连通；放风阀下侧空间经排气口与大气连通。

2. 紧急阀的作用原理

紧急阀有三个工作状态：充气缓解状态、常用制动状态和紧急制动状态。

1) 充气缓解状态（如图3-35所示）

当机车制动机充气缓解时，紧急阀处于充气位。即列车制动管充风，制动管压力升高，活塞膜板下侧压力上升的速度大于上侧的，所以活塞膜板产生向上的作用力，带动活塞杆上移至上端，关闭放风阀口，从而切断制动管的放风气路；同时，顶杆不压缩微动开关95SA，使其断开电路838-839。与此同时，制动管经缩孔Ⅰ、Ⅱ向紧急室缓慢充风，直至两者压力相等为止。此时，紧急活塞在安定弹簧作用下，仍保持极上端位置。

2) 常用制动状态（如图3-36所示）

当制动管正常减压时，活塞膜板下侧压力下降的速度大于上侧的，所以活塞膜板带动活塞杆下移，打开活塞顶部上端口，紧急室的压缩空气经缩孔Ⅰ向制动管逆流，使活塞上下压力差减小，紧急阀不动作，当两者压力相等时，在安定弹簧作用下，使活塞膜板带动活塞杆重新上移至上端。

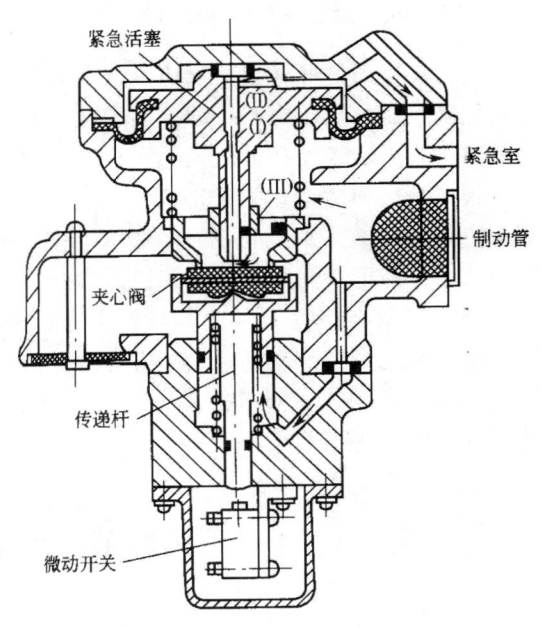

图3-35 紧急阀缓解状态

3）紧急制动状态（如图 3-37 所示）

当制动管急速减压时，活塞膜板下侧压力下降的速度远远大于上侧，即紧急室压力来不及从缩孔逆流，所以活塞膜板带动活塞杆下移，压缩放风阀弹簧而顶开放风阀口，从而连通制动管的放风气路；同时，推动顶杆下移并压缩微动开关 95SA，使其闭合电路 838-839。与此同时，紧急室的压缩空气经缩孔 I、III 排向大气，当紧急室压力降到某一压力值时，在安定弹簧、放风阀弹簧作用下，使活塞膜板、活塞杆重新上移至上端；并且放风阀、顶杆也一起上移，关闭放风阀口，切断制动管的放风气路，并使微动开关 95SA 重新断开电路 838-839。

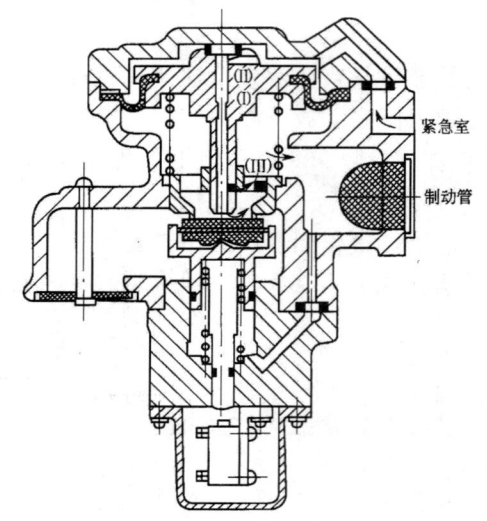
图 3-36　紧急阀常用制动状态

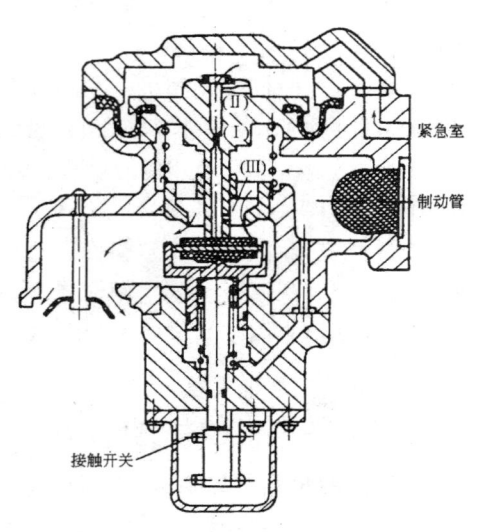
图 3-37　紧急阀紧急制动状态

可见，紧急阀是根据制动管和紧急室的充、排风速度不同而进行工作的，并且由制动管的压力变化来控制。其放风阀口的开启和微动开关 95SA 闭合电路 838-839 仅保持一定时间。该时间参数主要决定于缩孔 III 孔径的大小，正常工作时调整为 15 s。通过前面的分析可知，紧急阀放风阀口开启和微动开关 95SA 闭合电路 838-839 的保持时间决定于紧急室压力的排风速度，而紧急室是通过缩孔 I、III 进行排风的，并且缩孔 III 的孔径小于缩孔 I 的，因此，改变缩孔 III 孔径的大小，即可达到调整放风阀口开启及微动开关 95SA 闭合电路 838-839 的时间的目的。

此外，紧急制动后 15 s 内，若司机进行缓解操纵，则 DK-1 型电空制动机不能可靠实现缓解。这是因为紧急制动后 15 s 内，紧急阀放风阀口一直处于开启状态，充入的制动管压力空气还会经开启的放风阀口排入大气，列车制动管充气无效。所以，若此时进行缓解操纵，制动系统不能实现可靠缓解。

第四节　其他气动部件

一、重联阀

重联阀不仅可以使同型号的机车制动机重联，也能与其他类型的机车重联使用，以实现多机牵引，乘务员只需操纵本务机车制动机，就能保证重联机车的制动与缓解作用与本务机车协调一致。并且在列车分离时，重联阀将自动保持制动缸压力，使重联机车制动机恢复到本务机车制动机的工作状态，以便于操纵列车，起到分离保护作用。重联阀由本-补转换阀部、重联阀部、制动缸遮断阀部、重联阀体及管座组成。其连接管包括作用管、平均管、总风联管及制动缸管，如图3-38所示。

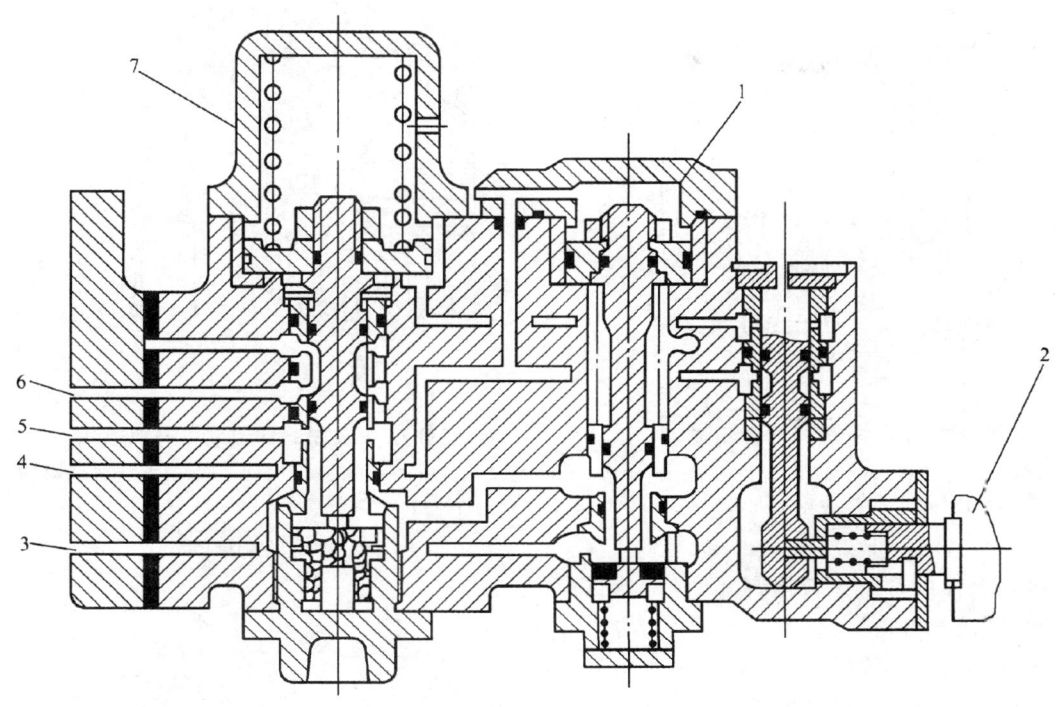

图3-38 重联阀（本机位）
1—遮断阀；2—主-补转换阀（本机位）；3—制动缸管；4—总风联管；
5—平均管；6—作用管；7—重联阀

本-补转换阀部是一个手动操纵阀，它与转换阀结构相通，由转换按钮、偏心杆、弹簧、阀套、柱塞、O形圈、标示牌和弹性挡圈、挡盖、定位销等组成。它有两个作用位置，分别是本机位和补机位。本机位时，总风压力至与重联阀活塞下方的通路不通，并且重联活塞下方通大气；补机位时，总风压力与重联活塞下方沟通，同时关闭重联活塞下方通大气的通路。如图3-39所示。

重联阀部由重联阀活塞、活塞杆、重联阀弹簧、阀套、O形圈和止回阀、止回阀弹簧等组成，如图3-40所示。重联阀活塞下方通过转换阀部分在补机位时沟通总风联管，活塞上方是重联阀弹簧，活塞按其上下方的压力关系带动活塞杆上下移动，顶开或关闭止回阀，并通过活塞杆上的O形圈的密封作用，实现不同通路的开和断。

制动缸遮断阀部由制动缸遮断阀活塞、活塞杆、遮断阀弹簧、阀套、O形圈和止回阀、止回阀弹簧等组成，如图3-41所示。正常运行时，在总风联管压力空气（750~900 kPa）的作用下，制动缸遮断阀活塞和活塞杆下移顶开止回阀，一旦机车间发生断钩分离，由于总风联管压力很低，在遮断阀弹簧作用下活塞向上移动，止回阀在止回阀弹簧的作用下关闭，切断了机车制动缸与其他管路的通路，自动保持机车制动缸压力。

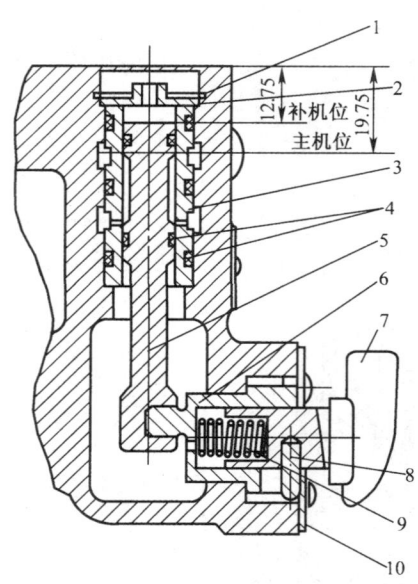

图 3-39 本-补转换阀部组成

1—弹簧挡圈；2—挡盖；3—阀套；4—O形圈；5—柱塞；
6—偏心杆；7—转换按钮；8—定位销；
9—弹簧；10—指示牌

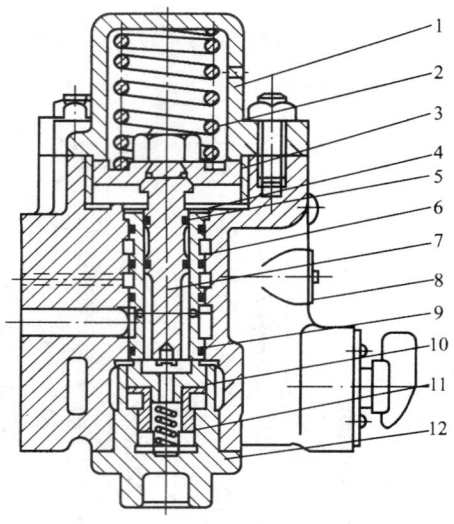

图 3-40 重联阀部组成（补机位）

1—重联阀上盖；2—重联阀弹簧；3—重联阀活塞；4—弹性挡圈；
5—O形圈；6—重联阀套；7—活塞杆；8—厂铭牌；
9—O形圈；10—止回阀；11—止回阀弹簧；12—下盖

重联阀体内部安装转换阀部、重联阀部以及制动缸遮断阀部的空腔，并压装有与部件相配的铜套，还有许多暗道作为内部气路。管座吊装在空气管路柜骨架上。其正面为重联阀安装面，与重联阀安装时采用橡胶垫密封；背面和右侧面为接管面，分别接有总风联管、制动缸管、作用管和平均管。

重联阀转换按钮有两个作用位置：当机车作为本务机车使用时，必须将转换按钮置于本机位；当机车作为重联机车使用时，必须将转换按钮置于补机位，该位置也是 SS_4 改型机车非操纵节重联阀所处的位置。空气位操纵时同样适用。

1）本机位

由总风联管来的压力空气被转换阀部O形圈遮断，而重联阀活塞下方经柱塞下方通大气，重联阀活塞在其上方重联阀弹簧作用下，带动活塞杆一起向下移动，顶开下方

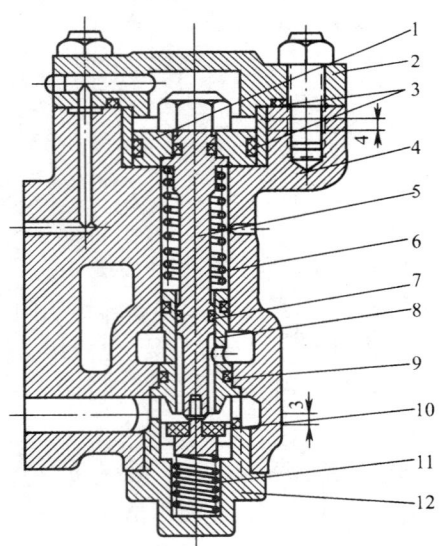

图 3-41 制动缸遮断阀部组成（补机位）

1—遮断阀活塞；2—遮断阀上盖；3—O形圈；4—重联阀体；
5—活塞杆；6—遮断阀弹簧；7—O形圈；8—遮断阀套；
9—O形圈；10—止回阀；11—止回阀弹簧；
12—遮断阀下盖

的重联止回阀，这时作用管压力空气被活塞杆上O形圈遮断，平均管与重联止回阀下方的制动缸通路相通。同时总风联管来的压力空气流入制动缸遮断阀活塞上方，使活塞克服下方遮

断阀弹簧张力带动活塞杆下移,顶开止回阀,使制动缸管经止回阀与重联止回阀下方的制动缸通路相通,继而与平均管相通。

当本务机车制动机进行制动、缓解操纵时,本务机车制动缸压力将会变化,通过重联阀,本务机车制动缸的压力变化将经平均管和机车间的平均管塞门、平均软管传入重联机车的平均管。

当机车发生断钩分离时,制动管、总风联管、平均管等连接软管均断裂,本务机车制动机将产生紧急制动。同时由于总风联管内压力空气下降,制动缸遮断阀活塞在其下方遮断阀弹簧作用下,带动活塞杆上移,并脱离与止回阀的接触,止回阀在其弹簧作用下,关闭阀口,从而切断了制动缸管与重联止回阀处的制动缸通路的连通,制动缸管被遮断。防止了制动缸内压力空气经打开的重联阀止回阀进入平均管后排入大气,从而保证了本务机车的安全。

2) 补机位

由总风联管来的压力空气经转换阀柱塞上的凹槽流入重联阀活塞下方,使活塞克服上方弹簧的作用,带动活塞杆上移,并脱离与止回阀的接触。止回阀在其弹簧作用下关闭阀口,切断了平均管与止回阀下侧制动缸通路连通,但作用管经活塞杆上的凹槽与平均管沟通。制动缸遮断阀在总风联管的压力空气作用下,仍与本机位一样,使止回阀开放,制动缸通路沟通后被重联止回阀遮断。

在此位置,由于作用管与平均管沟通,本务机车制动缸的压力变化将通过平均管传入重联机车的作用管,重联机车的分配阀均衡部将根据作用管的压力变化,使重联机车的制动缸压力产生变化,保持与本务机车制动缸压力协调一致。

在制动管减压制动时,重联机车分配阀主阀部也将产生制动作用,工作风缸将向作用管充风,即向平均管和本务机车制动缸均衡。由于机车分配阀采用间接方式控制制动缸压力,该压力不会引起本务机车的制动缸压力变化,同时重联机车的制动缸压力也不会受影响。同样,重联机车误动导致空气制动阀引起的重联机车作用管的充、排气,也不会引起本务和重联机车的制动缸压力的变化。所有重联运行的机车制动缸压力只受本务机车的控制。

当机车间发生断钩分离时,制动管、总风联管、平均管等连接软管均断裂,由于总风联管内的压力下降,制动缸遮断阀与本机位相同。在重联阀部,同样由于总风联管内的压力空气下降,重联活塞在上方弹簧作用下向下移动,顶开止回阀,自动转换到本机位,防止了作用管压力空气经断裂的平均管排入大气。

二、调压阀

机车上的压缩空气要供给多种系统用,所以总风缸的压力空气保持在高压范围内。这种较高而又不稳定的压力空气直接供给列车制动机用,不但对列车的缓解不利,而且与力机车有关系统所用的压缩空气也有一个限制值,所以在总风缸与有关用压缩空气系统的管路上均设有调压阀。韶山型机车压缩空气源系统中所采用的调压阀为 QTY 型,共有三个,其中两个以代号 53、54 表示,分别在司机室内空气制动阀下方的总风缸支管上,另一个以代号 55 表示,设在电空制动屏中的总风缸支管中。调压阀由调整手轮 1、阀上体 3、一级调压弹簧 4、二级调压弹簧 5、膜板 7、溢流阀 6、阀杆 9、阀座 10、进气阀 11、进气阀弹簧 12 及下螺盖 13 等组成,如图 3-42 所示。

调压阀的输出压力值可通过调整手轮进行调整,由于调整弹簧力可将膜板 7 中部压下,从而带动阀杆 9 打开进气阀 11,使总风缸压力空气经过进气阀口送至输出端,同时通过小孔进入膜板下方中央气室。

当输出压力与调压弹簧压力相等时,膜板趋于平衡,进气阀在进气阀弹簧 12 作用下密闭阀座 10,停止输出。当输出压力过高时,膜板下方中央气室的压力高于弹簧压力,将膜板中央向上顶起。进气阀关闭,溢流阀 6 开启,使多余的压力空气排出,直至再次平衡为止。此时膜板恢复平衡,溢流阀关闭。

调压阀调整方便,阀体上装有压力表与输出端相通,可随时观察输出压力值。调整好后,将紧固螺母拧紧。其调整方法为:顺时针旋转手轮为调高压力,反之为调低压力。在静态和动态的不同工况下,调整值会有所变动,通常可根据正常工况进行调整。

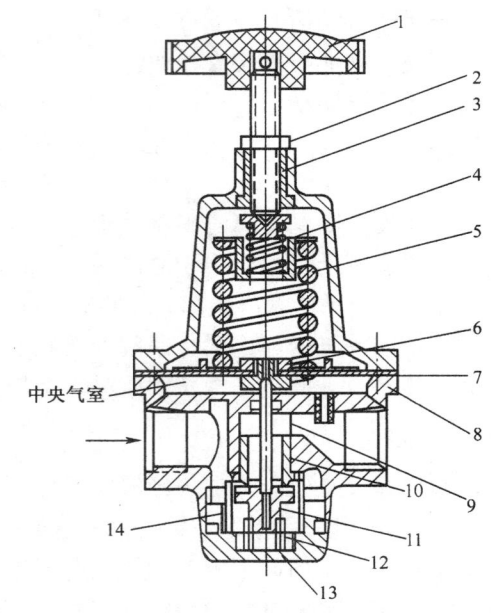

图 3-42　QTY 型调压阀结构

1—调整手轮；2—紧固螺母；3—上体；4—一级调整弹簧；
5—二级调整弹簧；6—溢流阀；7—膜板；8—下体；
9—阀杆；10—阀座；11—进气阀；12—进气阀弹簧；
13—下螺盖；14—滤网

三、压力开关

压力开关是利用空气压力差控制微动开关电器,来现实电路通断的控制元件。SS_4 改型机车的 DK-1 型电空制动机中采用 208、209 两个 TJY 型压力开关,其中,压力开关 208 是为自动控制制动管的最大减压量而设,其动作值是 190~230 kPa；压力开关 209 是为自动控制空气初制动制动管的减压量大小而设,其动作压差不大于 20 kPa。如图 3-43 所示,压力开关由微动开关、外罩、芯杆、导套、模板、下盖、O 形弹性挡圈等组成。膜板上方与总风管相通,模板下方与均衡风缸管相通,压力开关 208、209 膜板上方与总风管间是通过安装座上的 Φ0.8 mm 的限制缩孔相通的。另外,膜板上下压力空气的作用面积上方小、下方大。压力开关利用膜板上下的压力差动作,使膜板上凸或下凹,带动芯杆上下移动,顶触或脱离微动开关。当列车进行充气缓解时,均衡风缸压力上升并与调整后的总风压力相等,由于压力开关膜板上侧压力空气作用面积比下列作用面积小,膜板下侧压力空气作用力大于上侧压力空气作用力,使膜板呈凸起状,带动芯杆上移顶触微动开关。

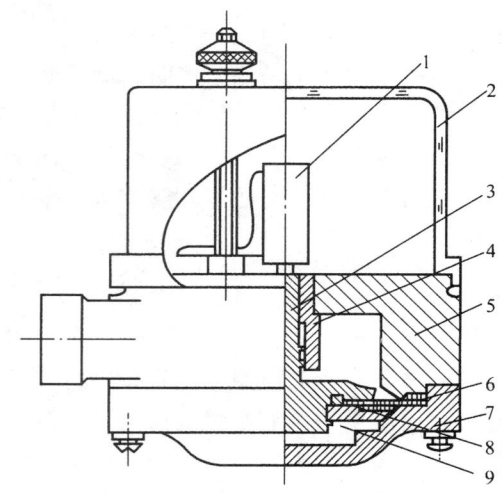

图 3-43　TJY 型压力开关结构

1—微动开关；2—外罩；3—芯杆；4—导套；5—体；
6—膜板；7—下盖；8—挡板；9—弹性挡圈

当均衡风缸减压时，压力开关下气室压力下降，达到一定值时，膜板上下作用力相等；再继续下降，膜板上侧压力空气作用力大于下侧压力空气作用力，使膜板呈凹下状，芯杆逐渐下移，脱离微动开关。其动作压差与芯杆的直径有关，即与膜板上方有效作用面积有关。由于芯杆的顶触或脱离微动开关，微动开关由联锁将发生改变，再经微动开关外接的导线，实现电路的转换。压力开关208、微动力开关只有常闭联锁外接两根导线800与808，在充风缓解位时两导线断开，在均衡风缸减压大于190～230 kPa时两导线接通。压力开关209微动开关常开联锁接导线807、827；常闭联锁接导线822、800。当均衡风缸充气到接近定压时，导线822、800断开，而导线807、827接通。当均衡风缸减压超过20 kPa时，导线807、827断开，而导线822、800接通。

四、转换阀

为保证良好的气密性和屏柜布置的需要，DK-1型电空制动机采用特制的塞门结构的手动操纵阀，即153、154两个转换阀。每个转换阀有两个作用位置，153有空气位和正常位，为空电转换阀；154有客车位和货车位，为客货转换阀。将转换按钮向里推，然后再转动180°到达所需的作用位置后松开，便完成了位置的转换。如图3-44所示，转换阀由阀体、阀套、转换按钮、偏心杆、弹簧、柱塞、O形圈、挡盖、弹性挡圈、定位销等组成。

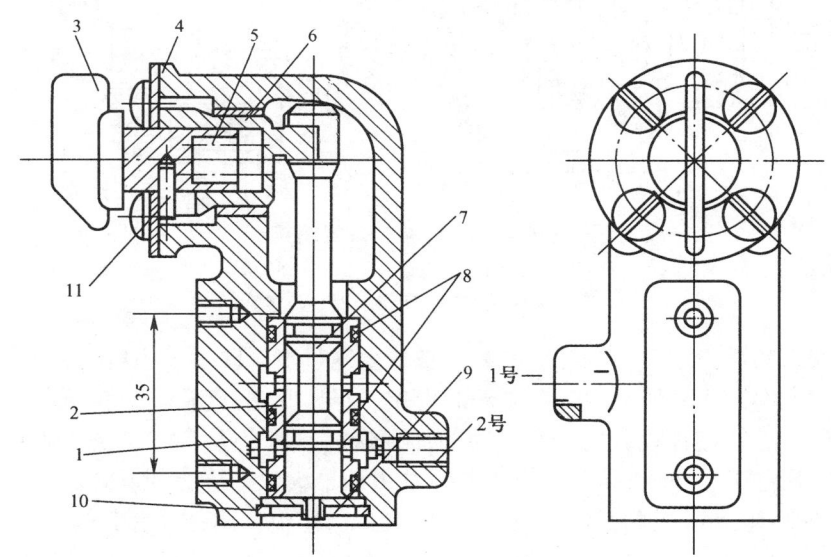

图3-44 转换阀结构

1—阀体；2—阀套；3—转换按钮；4—标示牌；5—弹簧；6—偏心杆；7—柱塞；8—O形圈；
9—挡盖；10—弹性挡圈；11—定位销。1#—输入；2#—输出

转换阀通过转换按钮的转动来带动偏心的转动，而偏心杆与柱塞为垂直方向连接，所以，偏心杆的转动便变成了柱塞的上下移动，这样，通过柱塞上的O形圈的密封作用，实现两个通路的开或断。

转换阀153串接在均衡风缸与电空制动屏均衡管中间，1#接均衡风缸，2#接制动屏均衡管。正常位时，两管沟通；空气位时，两管切断，同时沟通制动屏均衡管与大气的通路，使

其空气压力排大气，达到空气位使制动屏均衡风缸系统部件不发生作用的目的。

转换阀 154 串接在两个初制风缸（其容积分别是 0.36 L 和 0.2 L）中间，以便使在不同的制动管定压下达到满意的制动效果，1#接初制风缸Ⅰ，2#接初制风缸Ⅱ。货车位时两初制风缸沟通，客车位时两初制风缸切断。

五、机车无动力装置

机车无动力装置是机车无动力回送时，即在非电气化线路上被拖动时使用的装置。无动力装置由滤尘止回阀和截断塞门 155 组成。连接在机车上的制动管与总风缸支管之间。当开通截断塞门 155 时，制动管内的压力空气经滤尘止回阀充入总风缸内。此时的总风缸在机车制动装置中相当于车辆的副风缸。其结构如图 3-45 所示，包括阻流塞 1、止回阀 4、止回阀弹簧 3、止回阀座 5、滤尘网 7 及塞门芯 8 等。

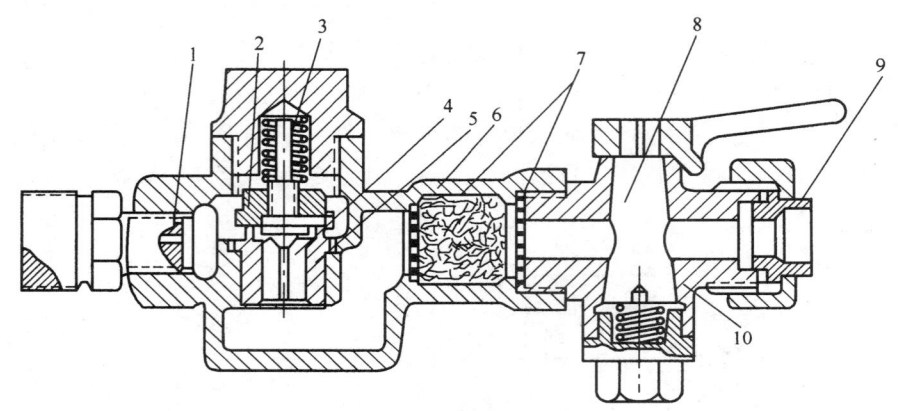

图 3-45　无动力装置结构

1—阻流塞；2—皮垫座；3—止回阀弹簧；4—止回阀；5—止回阀座；6—止回阀体；7—滤尘网；
8—截断塞门芯；9—管接头；10—截断塞门体

由制动管来的压力空气，经开放的塞门被滤尘网过滤，除去其中所含机械杂质，推开止回阀，再经阻流塞进入总风缸内以备制动时使用。止回阀是为防止制动管减压时，总风缸的压力空气向制动管逆流而设置的。止回阀上部有弹簧，其组装后的压力应调整为 140 kPa。所以，当制动管定压为 600 kPa 时，充入总风缸内的最大压力应为 460 kPa；当制动管定压为 500 kPa 时，充入总风缸内的最大压力应为 360 kPa。阻流塞是一个孔径为 3.2 mm 的缩堵。它是为防止本务机车向制动管充气，制动管的压力空气又向后部的无电回送机车总风缸充气时，因总风缸容量大，会使制动管压力突然下降发生自然制动而设计的。

当机车正常运用时，应关闭截断塞门 155，切断制动管经无动力装置向总风缸充风的气路。当机车无动力回送时，将截断塞门 155 的手柄旋转至开放位，制动管的压力空气经截断塞门、滤尘网，并压缩止回阀弹簧而打开止回阀口，向无动力机车总风缸充风。当制动管减压制动时，虽然无动力机车总风缸压力大于制动管压力，但由于止回阀的作用，使总风缸的压力空气不能向制动管逆流，保证了全列车制动的可靠性。

机车无动力回送时，除开放本装置塞门 155 外，还必须对制动机作相应处理：将两端电空制动控制器手把置于"重联位"并取下手把；将两端的空气制动阀手把取下；将通中继阀上的制动管塞门 115 关闭；将分配阀上的缓解塞门 156 开放；将分配阀上的安全阀调至 200 kPa；将总风缸间的塞门 112 关闭。

六、管道滤尘器

管道滤尘器是防止压力空气中的机械杂质进入制动机而影响各阀正常工作的装置。如图 3-46 所示，它由盖、垫、O 形圈、滤芯、体等组成。压缩空气从右侧进管道滤尘器，经滤芯过滤后，从左侧流出。DK-1 型电空制动机原采用两个管道滤尘器，一个安装在中继阀的总风管上，一个安装在分配阀的制动管上。各滤尘器的结构基本相同，只是在规格上和滤芯的材料上有所差别。

七、分水滤气器

分水滤气器的功用是过滤压力空气中的油分、水分和尘埃，保证压力空气的干燥、清洁。分水滤气器主要由体 12、旋风叶 1、旋风伞 9、滤杯 3、排水阀 5、过滤元件 2 等组成，如图 3-47 所示，其最大输入压力为 1 000 kPa，过滤精度为 50 μm。压缩空气由输入端进入，通过旋风叶 1 后，气流呈旋转状，绕滤杯急速运动，在旋风伞 9 的作用下，油水及大颗粒尘埃落下，气流再通过青铜粉末冶金烧结的过滤芯 2，将尘埃过滤，然后输出。析出的油水存留在滤杯 3 的下部，经过一段时间，可扳动排水阀 5 的放水柄 8 将其流出。

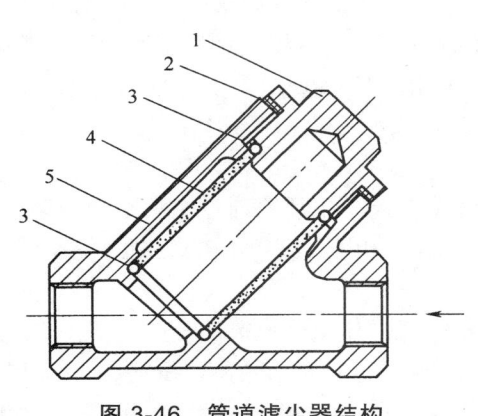

图 3-46 管道滤尘器结构

1—盖；2—垫；3—O 形圈；4—滤芯；5—体

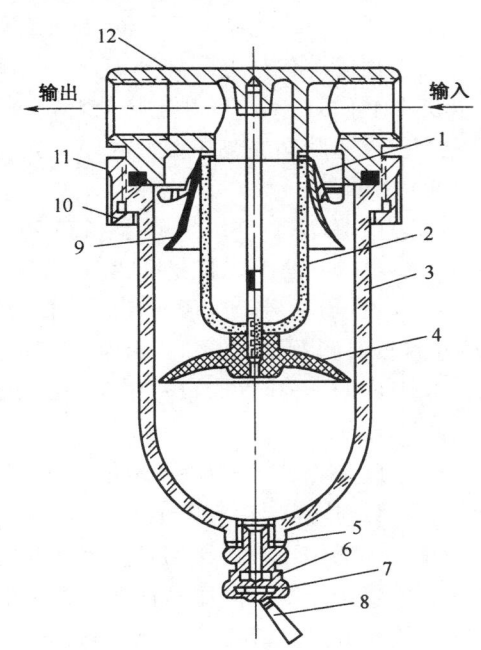

图 3-47 分水滤气器结构

1—旋风叶；2—过滤芯；3—滤杯；4—挡水板；5—排水阀；
6—密封垫； 7—放水龙头；8—放水柄；9—旋风伞；
10—螺母；11—O 形圈； 12—上体

第五节　SS₄改型机车 DK-1 型电空制动机的作用原理

需要注意的是，SS₄改型机车是双节车重联的电力机车，重联的两节机车完全相同，分析时只以一节车为例。其作用过程见附录五。

先分析电空位操纵时，空气制动阀手柄在运转位，电空制动控制器手柄在各位的作用。

一、空气制动阀手柄在运转位，电空制动控制器手柄在各位的作用

（一）运转位

（1）电路。

① 电空制动控制器→导线 803→中间继电器 455KA、452KA、451KA 的常闭联锁→导线 837→缓解电空阀 258YV、排 2 电空阀 256YV 得电。

② 电空制动控制器→导线 809→空气制动阀上的 3SA（2）→导线 818→中间继电器 455KA、452KA、451KA 的常闭联锁→导线 863→排 1 电空阀 254YV 得电。

③ 电空制动控制器→导线 813 有电。

④ 其余电空阀均失电。

（2）气路。

① 总风→塞门 157→调压阀 55→缓解电空阀 258YV 下阀口→转换阀 153→均衡风缸 56。

② 作用管（包括分配阀容积室）→排 1 电空阀 254YV 下阀口→大气。

③ 初制风缸 58→制动电空阀 257YV 上阀口→大气。

④ 总风遮断阀左侧压力空气→中立电空阀 253YV 上阀口→大气。

（3）中继阀。

① 总风遮断阀：中立电空阀 253YV 失电，开通总风向中继阀供气室的充风气路。

② 中继阀：处于缓解充风状态。随着均衡风缸压力升高，活塞膜板带动顶杆右移而顶开供气阀口，连通总风经总风遮断阀向制动管及活塞膜板右侧充风的气路，制动管压力升高；当活塞膜板右侧及制动管压力升高至与均衡风缸压力相等时，在供气阀弹簧作用下，关闭供气阀口，且不打开排气阀口，中继阀处于保压状态。

（4）分配阀。

① 主阀部：处于充风缓解状态。随着制动管压力升高，主活塞通过主活塞杆带动滑阀、节制阀下移，连通制动管向工作风缸充风的气路；同时，由于 156 塞门的关断（电空位下关断），故 156 塞门不开通作用管排大气的气路。

② 紧急增压阀：增压阀柱塞保持在下端，切断总风向作用管充风的气路。

③ 均衡部：随着排风 1 电空阀 254YV 得电，作用管向大气排风，容积室、均衡活塞下方压力下降，均衡活塞带动空心阀杆下移，打开排气阀口，连通机车制动缸及均衡活塞上侧向大气排风的气路，机车制动缸缓解。

可见，随着制动管压力升高，机车制动机实现缓解，同时，车辆制动机也实现缓解。由于我国车辆制动机通常采用一次缓解性能的分配阀或三通阀，故车辆制动机产生完全缓解。

（5）紧急阀：紧急阀处于充气位。随着制动管压力的升高，使活塞膜板及活塞杆保持在

上端，而不开启放风阀口，制动管压力空气经缩孔Ⅰ、Ⅱ向紧急室充风，直到紧急室压力与列车制动管定压相等，为紧急制动做好准备。

（6）压力开关：由于均衡风缸压力上升到定压，压力开关208、209的模板带动芯杆上移，压缩微动开关，这时导线807与827连通，导线822与800切断，导线808与800切断。

（7）重联阀：由于重联阀处于本机位，使得制动缸管与平均管相通。平均管内压力空气通过重联阀到达制动缸管，并随制动缸压力空气一起经分配阀排入大气。

（8）各压力表显示：总风缸为750～900 kPa；制动管为500或600 kPa；均衡风缸为500或600 kPa；机车制动缸为0 kPa。

综上所述，该操纵可实现全列车的缓解。因此，用于制动管正常充风及列车正常运行状态。实际运行中，禁止"偷风"操纵。所谓"偷风"是指列车制动保压时，人为地将电空制动控制器手柄由中立位短时间地移至运转位或缓解位，再移回中立位的操纵方法。因为车辆制动机通常为一次缓解型的，不具备阶段缓解性能，即当制动管充风时，不论是否充到定压，一次缓解型制动机均进行完全缓解，所以偷风操纵会使列车部分或全部车辆完全缓解而形成列车制动力不足，极易造成人为行车事故，故严禁偷风操纵。

（二）过充位

（1）电路。

① 电空制动控制器→导线803→中间继电器455KA、452KA、451KA的常闭联锁→导线837→缓解电空阀258YV、排2电空阀256YV得电。

② 电空制动控制器→导线805→过充电空阀252YV得电。

③ 电空制动控制器→导线813有电。

④ 其余电空阀均失电。

（2）气路。

① 总风→塞门157→调压阀55→缓解电空阀258YV下阀口→转换阀153→均衡风缸56。

② 初制风缸58→制动电空阀257YV上阀口→大气。

③ 总风→塞门157→过充电空阀252YV下阀口→过充风缸（同时经过充风缸57上排气缩孔缓慢排入大气）。

④ 总风遮断阀左侧压力空气→中立电空阀253YV上阀口→大气。

（3）中继阀。

① 总风遮断阀：中立电空阀253YV失电，开通总风向中继阀供气室的充风气路。

② 中继阀：由于均衡风缸和过充风缸压力的升高，过充柱塞右移使活塞膜板左侧增加了30～40 kPa的过充压力，在均衡风缸压力和过充柱塞的共同作用下，活塞膜板带动顶杆迅速右移而顶开供气阀口，并且其开度较大，连通总风向制动管及活塞膜板右侧迅速充风的气路，制动管压力迅速升高，并获得比定压高30～40 kPa的过充压力。当活塞膜板右侧及制动管的作用力升高至与活塞膜板左侧作用合力平衡时，在供气阀弹簧作用下，关闭供气阀口，且不打开排气阀口，中继阀处于保压状态。

（4）分配阀。

① 主阀部：随着制动管压力迅速升高，主活塞通过主活塞杆带动滑阀、节制阀迅速下移，连通制动管向工作风缸充风的气路；由于塞门156的关断，故塞门156不连通作用管排大气的气路。

② 紧急增压阀：增压阀柱塞保持在下端，切断总风向作用管充风的气路。

③ 均衡部：由于排风 1 电空阀 254YV 失电，作用管压力不变，所以，均衡部保持原有的位置。

此时，机车制动机保持原有状态，而车辆制动机则进行快速缓解。

（5）紧急阀：随着制动管压力迅速升高，使活塞膜板及活塞杆保持在上端而不开启放风阀口，制动管压力空气经缩孔Ⅰ、Ⅱ向紧急室充风，以备紧急制动时使用。

（6）压力开关：与运转位相同。

（7）重联阀：与运转位时相同，只是平均管也与制动缸一样保压。

（8）各压力表显示。

总风缸：750 ~ 900 kPa；制动管：高出定压 30 ~ 40 kPa；均衡风缸：500 或 600 kPa；制动缸：车辆快速缓解；机车仍制动保压，机车制动缸不缓解。

应当注意的是，当电空制动控制器由过充位移至运转位时，制动管会恢复定压，即产生 30 ~ 40 kPa 的减压量，但这一减压量不会使列车制动系统产生制动作用。这是因为，当电空制动控制器由过充位移至运转位时，均衡风缸压力仍保持定压，而过充风缸内原有的压力空气经过充风缸小孔 Φ0.5 mm 向大气缓慢排风，过充风缸压力缓慢降低，在中继阀的控制下，制动管的压力也缓慢降低，分配阀工作风缸的压力也缓慢降低，当制动管的压力缓慢降低到与均衡风缸压力相等时，制动管与工作风缸停止减压，并保持在定压，使全列车制动系统不产生制动作用。因此，当电空制动控制器由过充位移至运转位时，既能消除制动管的过充压力，又能避免列车制动系统产生制动。事实上，这一操作会使排风 1 电空阀 254YV 得电，作用管向大气排风，机车还要缓解。

（三）制动位

（1）电路。

① 电空制动控制器→导线 806→钮子开关 463QS→导线 835→中立电空阀 253YV 得电。

② 电空制动控制器→导线 808→压力开关 208 上的 208SA（当均衡风缸减压量大于 190 ~ 230 kPa，压力开关动作）→导线 800→制动电空阀 257YV 得电。

③ 电空制动控制器→导线 813 有电。

④ 其余电空阀均失电。

（2）气路。

① 缓解电空阀 258YV 失电，缓解电空阀的下阀口关闭，切断了均衡风缸的充风通路，上阀口打开，则有：

均衡风缸→转换阀 153→缓解电空阀 258YV 上阀口┐
　　　　　　　　　　→阀座缩孔 d3→制动电空阀 257YV 上阀口→大气。
　　　　　　　　　　→管接头缩孔 d4→初制风缸 58。

② 总风→塞门 157→中立电空阀 253YV 下阀口→中继阀总风遮断阀左侧。

③ 过充风缸→排 2 电空阀 256YV 上阀口→大气。

在此三条气路中，需注意的是制动电空阀 257YV 失电时间的长短，即电空制动控制器手柄在制动位停留时间的长短，决定了均衡风缸减压量的大小；均衡风缸的减压速度则由阀座上的缩孔 d3 决定。初制风缸 58 可以确保使均衡风缸有一个最小有效减压量 40 ~ 50 kPa，从而保证全列车制动机可靠动作。客/货转换阀 154 将设置在集成气路板内的初制风缸分隔为两部分，以适应不同的制动管定压（当牵引货车，定压为 500 kPa 时，客/货转换阀 154 置于货车位；当牵引客车，定压为 600 kPa 时，客/货转换阀 154 置于客车位）。压力开关 208 可使制动位操纵时，当均衡风缸达到最大减压量后自动停止减压，制动电空阀 257YV 自动得电，避免了不必要的过量减压量。

（3）中继阀。

① 总风遮断阀：中立电空阀 253YV 得电，切断总风充往中继阀供气室的气路。

② 中继阀：处于排风制动状态。随着均衡风缸压力的降低，活塞膜板带动顶杆左移并打开排气阀口，连通制动管及活塞膜板右侧向大气排风的气路，即制动管压力降低；当制动管及活塞膜板右侧压力降低到与均衡风缸压力平衡时，在排气阀弹簧作用下，关闭排气阀口，且不打开供气阀口，即停止制动管排风。

（4）分配阀。

① 主阀部：随着制动管压力降低，主活塞通过主活塞杆带动节制阀上移，连通制动管向局减室降压的气路，以实现局部减压作用；随着制动管压力进一步降低，主活塞通过主活塞杆带动节制阀、滑阀继续上移，连通工作风缸向作用管充风的气路，即作用管压力升高，而工作风缸压力降低；当工作风缸压力降低至与制动管压力平衡时，在自重及稳定弹簧作用下，主活塞通过主活塞杆带动节制阀下移，切断工作风缸向作用管充风的气路，即作用管停止充风。

② 紧急增压阀：增压阀柱塞仍保持在下端，切断总风向作用管充风的气路。

③ 均衡部：随着作用管压力升高，均衡活塞带动空心阀杆上移，顶开供气阀口，连通总风向机车制动缸及均衡活塞上侧充风的气路，即机车制动缸压力升高；当机车制动缸及均衡活塞上侧压力升高至与作用管压力平衡时，在供气阀弹簧作用下，均衡活塞和空心阀杆下移，关闭供气阀口，且不打开排气阀口，即停止机车制动缸的充风。

此时，机车制动机处于制动状态，车辆制动机也处于制动状态。

（5）紧急阀：紧急阀处于常用制动状态。随着制动管压力降低，使活塞膜板带动活塞杆下移，但不足以顶开放风阀口，紧急室经缩孔 I 向制动管逆流，直至紧急室压力与制动管压力平衡时为止；在安定弹簧作用下，活塞膜板带动活塞杆上移到上端。

（6）压力开关：由于均衡风缸压力下降，压力开关 209 膜板将带动芯杆下移离开微动开关，导线 807 与 827 切断，导线 822 与 800 连通。当均衡风缸压力继续下降，达到最大减压量时，压力开关 208 膜板也将带动芯杆下移离开微动开关，导线 808 与导线 800 连通。

（7）重联阀：重联阀处于本机位，使得制动缸管与平均管相通，制动缸升压时，平均管也将升压。

（8）各压力表显示：总风缸为 750～900 kPa；制动管一般减压 140 kPa 或 170 kPa；均衡风缸减压 140 kPa 或 170 kPa 的时间为 5～7 s；机车制动缸压力升至 340～380 kPa 时间为 6～8 s。

综上所述，该操纵可实现全列车的常用制动，并能自动控制制动管过量减压量（190～230 kPa）。因此，用于列车调速或停车。实际运行中，既可进行"一段制动法"操纵，又可进行"两段制动法"操纵。所谓一段制动法是指施行制动后不再进行缓解，根据列车减速情况追加减压，使列车停于预定地点的操纵方法。两段制动法则是指进站前施行制动，待列车速度降至所需要的速度时进行缓解，充风后再次施行制动，使列车停于预定地点的操纵方法。

制动位下,还可以进行"长波浪式制动"和"短波浪式制动"。所谓长波浪式制动是指减压量小、列车减速慢、制动距离长的制动操纵方法,其优点是列车在较长的距离内,基本保持匀速减速运行,且用风量小,使空气压缩机工作量小,缺点是闸瓦与轮箍摩擦时间长,易发热,因此在使用时,应注意制动距离不宜过长,以免闸瓦过热而使制动失效,或轮箍过热弛缓。另外,在起伏坡道的线路上,也可用空气制动阀调整机车的制动力。所谓短波浪式制动是指减压量大(一般在100 kPa以上)、列车减速快、制动距离短的制动操纵方法,其优点是闸瓦不易过热,缺点是制动频繁,空气压缩机工作量大,因此使用时,应掌握好缓解时机,防止因缓解过早使列车速度剧增,并且严防充风不足,错过下一次制动时机,造成超速或放飚事故。

(四)中立位

(1)电路。

① 电空制动控制器→导线806→钮子开关463QS→导线835→中立电空阀253YV得电。

② 电空制动控制器导线807→二极管262V→导线800→制动电空阀257YV得电。

在制动前中立位,即均衡风缸未减压时,压力开关209还将开通另一条电路,即:导线807→209SA→导线827→二极管263V→导线803→中间继电器455KA、452KA、451KA的常闭联锁→导线837→缓解电空阀258YV、排2电空阀256YV得电。

③ 电空制动控制器→导线813有电。

④ 其余电空阀均失电。

(2)气路。

① 总风→塞门157→中立电空阀253YV下阀口→中继阀总风遮断阀左侧。

② 制动前中立位:总风→塞门157→调压阀55→缓解电空阀258YV下阀口→转换阀153→均衡风缸56(继续保持充风,压力不变)。

③ 制动后的中立位:均衡风缸56→缓解电空阀258YV上阀口→制动电空阀257YV和初制风缸58。由于制动电空阀257YV得电,关闭均衡风缸排气口,均衡风缸不能继续减压而保压。

过充风缸→排2电空阀256YV上阀口→大气。

(3)中继阀:总风遮断阀口关闭,切断了列车制动管的风源。如果在制动前的中立位,由于均衡风缸压力没有下降,活塞膜板两侧压力平衡,列车制动管保压。在保压过程中,列车制动管压力由于泄漏而下降,尽管供风阀口将打开,但由于遮断阀已关闭,列车制动管的泄漏不能补充。如果在制动后的中立位,由于均衡风缸压力停止下降,当列车制动管压力下降接近均衡风缸压力时,膜板活塞处于平衡状态,排气阀在其弹簧作用下关闭了排气阀口,列车制动管压力将停止下降而保压。同样,在保压过程中,列车制动管的泄漏不能补充。过充风缸内的压力空气将经排2电空阀256YV排向大气,消除过充柱塞的作用,确保可靠制动。

如果钮子开关463QS处于补风位,电空制动控制器中立位时中立电空阀253YV不能得电,总风不能进入总风遮断阀左侧,遮断阀不会切断列车制动管的风源,列车制动管的泄漏可以得到补充。

(4)分配阀:由于列车制动管压力停止下降,分配阀处于制动保压位(制动后中立位)或充风缓解位(制动前中立位)。

制动前中立位，由于列车制动管没有减压，分配阀主阀部、增压阀、均衡部与运转位相同。泄漏引起的列车制动管压力下降速度很慢，也不会使分配阀部动作，工作风缸经充风通路与列车制动管沟通。

制动后中立位，由于列车制动管停止减压，在主阀部工作风缸向容积室充风后压力也下降到接近列车制动管压力时，在主活塞尾部原被压缩的稳定弹簧的反力及主活塞自重的作用下，主活塞仅带动节制阀下降，切断工作风缸与容积室的通路，工作风缸停止向容积室充风，容积室压力停止上升。同时，在均衡部，制动缸压力增大到与容积室压力接近时，在均衡阀、均衡活塞自重及均衡部弹簧的作用下，使均衡阀压紧空心阀杆并一起下移，关闭阀口，切断总风向制动缸的充风通路，制动缸压力停止上升。此时，增压阀仍处于下部关闭。

（5）紧急阀：由于列车制动管停止减压，紧急阀活塞膜板在弹簧反力作用下恢复充风位。制动前中立位同样处于充风位。

（6）压力开关：制动前中立位，压力开关208、209与运转位完全相同。制动后中立位，压力开关209由于均衡风缸压力已下降，膜板将带动芯杆下移离开微动开关209SA，导线807与827切断，导线822与800连通。如果均衡风缸减压量已超过最大减压量，压力开关208膜板也将下移离开微动开关208SA，导线808与800连通但无作用。

（7）重联阀：由于重联阀仍处于本机位，使得制动缸管与平均管相通。制动缸升压停止，平均管压力也将停止上升。

（8）各压力表显示：总风缸 750～900 kPa；制动管基本不变，泄漏量不大于 10 kPa/min；均衡风缸基本不变，每分钟泄漏量不大于 5 kPa；机车制动缸压力不变。

（五）紧急位

（1）电路。

① 电空制动控制器→导线 804→94YV 得电。同时通过重联插座使另一节机车的 94YV 也得电。

② 电空制动控制器→导线 812→两位置转换开关辅助联锁 107QPF 或 107QPBW→导线 810 或 820→251YV、241YV 或 250YV、240YV 得电。机车根据实际运行方向撒砂。

③ 电空制动控制器→导线 806→钮子开关 463QS→导线 835→中立电空阀 253YV 得电。

④ 电空制动控制器→┬→重联电空阀 259YV 得电。
　　　　　　　　　├→导线 821→二极管 260V→中立电空阀 253YV 得电。
　　　　　　　　　└→二极管 264V→导线 800→制动电空阀 257YV 得电。

其余电空阀均失电。

（2）气路。

① 总风→塞门 158→电动放风阀 94YV 下阀口→电动放风阀 94 模板下方。

② 总风→塞门 157→中立电空阀 253YV 下阀口→总风遮断阀阀套左侧。

③ 均衡风缸 56→转换阀 153→重联电空阀 259YV 下阀口→列车制动管→大气。

④ 过充风缸 57→排 2 电空阀 256YV 上阀口→大气。

（3）电动放风阀：随着膜板下侧压力的升高，膜板、铜碗推动芯杆上移，顶开放风阀口，连通制动管向大气放风的气路，即制动管压力迅速降低。

（4）紧急阀：随着制动管压力的迅速降低，活塞膜板带动活塞杆迅速下移而顶开放风阀口,连通制动管向大气放风的气路,即加速制动管放风;同时,联动微动开关 95SA 闭合电路 838-839。待 15 s 后,因紧急室压力空气经缩孔Ⅰ、Ⅲ排风使其压力与制动管压力趋于一致时,在安定弹簧作用下,关闭放风阀口,同时,联动微动开关 95SA 改变电路。

(5)中继阀:一方面因中立电空阀 253YV 得电使遮断阀口关闭,以切断制动管的供气风源;另一方面,由于重联电空阀 259YV 的得电使中继阀处于自锁状态,并且排风 2 电空阀 256YV 得电而排放过充风缸内的压力空气,使其失去对制动管压力变化的控制作用。

(6)分配阀:

① 主阀部:随着制动管压力迅速下降,主活塞通过主活塞杆带动节制阀、滑阀迅速上移至上端,连通工作风缸向作用管充风的气路,并且气路的开启程度较大,即作用管压力迅速升高。

② 紧急增压阀:随着制动管压力迅速下降及作用管压力迅速升高,增压阀柱塞迅速上移至上端,从而连通总风向作用管充风的气路,即作用管压力迅速升高,并且由低压安全阀将其压力限定在 450 kPa。

③ 均衡部:随着作用管压力迅速升高,均衡活塞带动空心阀杆迅速上移而顶开供气阀口,并且其开启程度较大,连通总风向机车制动缸及均衡活塞上侧充风的气路,即机车制动缸压力迅速升高;当机车制动缸压力及均衡活塞上侧压力迅速升高至与作用管压力(即 450 kPa)平衡时,在供气阀弹簧作用下,关闭供气阀口,且不打开排气阀口,停止机车制动缸的充风。

此时,机车制动机处于紧急制动状态,车辆制动机也处于紧急制动状态。

(7)压力开关:对电路无控制作用。

(8)重联阀:同前述一样,平均管压力也将迅速上升到 450 kPa。

(9)各压力表显示:总风缸 750~900 kPa;制动管压力 3 s 内降为 0 kPa;均衡风缸压力 3 s 内降为 0 kPa;机车制动缸压力 5 s 内升至 400 kPa,最高压力为 450 kPa。

综上所述,该操纵可实现全列车的紧急制动(又称非常制动),并伴随自动撒砂及切除牵引工况机车动力源,以确保列车的运行安全。因此,用于列车运行过程中当产生危及行车安全或人身安全的紧急情况。值得注意的是:紧急制动后,须 15 s 后再充风缓解。

(六)重联位

(1)电路。

① 电空制动控制器→
  →二极管 264V→导线 800→制动电空阀 257YV 得电。
  →导线 821→二极管 260V→中立电空阀 253YV 得电。
  →重联电空阀 259YV 得电。

② 其余电空阀与继电器、电动放风阀均失电。

(2)气路。

① 总风→塞门 157→中立电空阀 253YV 下阀口→总风遮断阀阀套左侧。

② 均衡风缸 56→转换阀 153→重联电空阀 259YV 中阀口→列车制动管。

③ 过充风缸→排 2 电空阀 256YV 上阀口→大气。

④ 缓解电空阀 258YV 失电,切断了均衡风缸充风通路。

⑤ 制动电空阀 257YV 得电,切断了均衡风缸排气口。

⑥ 排 1 电空阀 254YV 失电,切断了作用管(容积室)排风气路。

（3）中继阀：一方面因中立电空阀253YV的得电而使遮断阀口关闭，以切断制动管的供气风源；另一方面，由于重联电空阀259YV的得电使中继阀处于自锁状态，再加上排风2电空阀256YV得电而排放过充风缸内的压力空气，所以使中继阀失去对制动管压力变化的控制作用。

（4）分配阀：由于制动管压力不变，分配阀主阀部未动作，而均衡部则受本务机车对作用管的控制影响。电空制动控制器手柄从运转位直接放重联位，由于制动管没有减压，分配阀仍处于充风缓解位；反之，电空制动控制器手柄先放在制动位停留后以重联位，均衡风缸、制动管减压后保压，分配阀如制动后的中立位，处于制动保压位。

（5）紧急阀：因制动管压力不变，故使其保持原状态。

（6）压力开关：失去对电路的控制作用。

（7）重联阀：由于重联阀处于补机位，作用管与平均管连通，本务机车制动缸的压力将通过平均管传入重联机车的作用管，从而来控制重联机车的制动、缓解和保压。

（8）各压力表显示：总风缸 750～900 kPa；制动管受本务机车控制；均衡风缸受本务机车控制；机车制动缸受本务机车控制。

二、电空制动控制器手柄在运转位，空气制动阀手柄在各位的作用

该工况一般称为单独制动作用，即通过空气制动阀来单独操纵机车的制动、缓解与保压。当电空制动控制器手柄在运转位时，则有导线803得电，使车辆制动机保持缓解。

（1）制动位：可实现机车的单独制动。

① 空气制动阀：作用柱塞在其凸轮和弹簧作用下右移至右端，开通作用管充风的气路（总风→53→作用柱塞→转换柱塞→作用管）；同时，微动开关3SA2断开电路809-818，使排风1电空阀254YV失电，从而切断作用管向大气排风的气路。所以，作用管压力升高。

② 分配阀均衡部：随着作用管压力的升高，均衡活塞带动空心阀杆上移，并顶开供气阀口，连通总风向机车制动缸及均衡活塞上侧充风的气路，即机车制动缸压力升高。当机车制动缸及均衡活塞上侧压力升高至与作用管压力平衡时，在供气阀弹簧作用下，关闭供气阀口，停止机车制动缸的充风。

（2）中立位：实现机车的单独保压，包含用于机车单独制动前的准备及制动后的保压。

① 空气制动阀：作用柱塞在其凸轮和弹簧作用下处于中间位置，切断所有气路。同时，微动开关3SA2断开电路809-818，使排风1电空阀254YV失电，从而切断作用管向大气排风的气路。所以，作用管压力不变。

② 分配阀均衡部：由于作用管压力不变，使均衡部保持不动而维持原状态，所以，机车制动缸压力不变。

（3）缓解位：实现机车的单独缓解，并且其缓解速度较空气制动阀在运转位的缓解速度快。

① 空气制动阀：作用柱塞在其凸轮和弹簧作用下左移至左端，开通作用管向大气排风的气路（作用管→转换柱塞→作用柱塞→大气）；同时，微动开关3SA2闭合电路809-818，使排风1电空阀254YV得电，从而连通另一条作用管向大气排风的气路。所以，作用管压力降低。

② 分配阀均衡部：随着作用管压力降低，均衡活塞带动空心阀杆下移，打开排气阀口，连通机车制动缸及均衡活塞上侧向大气排风的气路，即机车制动缸压力降低，机车缓解。

（4）运转位：此位作用同前，在此不再叙述。

（5）下压手柄：可实现机车的单独缓解。当下压空气制动阀手柄时，推动转轴内的顶杆下移，从而顶开单缓阀口，连通作用管向大气排风的气路，即作用管压力降低。随着作用管压力降低，分配阀均衡活塞带动空心阀杆下移，打开排气阀口，连通机车制动缸及均衡活塞上侧向大气排风的气路，机车制动缸压力降低。当停止下压手柄时，机车制动缸及均衡活塞上侧压力降低至与作用管压力平衡时，均衡活塞带动空心阀杆上移，关闭排气阀口，且不打开供气阀口，停止机车制动缸的排风。

三、电空制动控制器手柄在制动位或制动后的中立位，空气制动阀手柄在缓解位或下压手柄的作用

该工况一般称为电空制动控制器制动，空气制动阀单独缓解作用，即在全列车制动系统制动时，由空气制动阀单独缓解机车制动。若电空制动控制器手柄在制动位或制动后的中立位，则使制动管获得一定的减压量，即全列车制动系统进行常用制动。

当空气制动阀手柄移至缓解位（或下压手柄）时，由作用柱塞（或单缓阀）连通作用管向大气排风的气路，则作用管压力降低，导致分配阀均衡部的均衡活塞带动空心阀杆下移而打开排气阀口，连通机车制动缸向大气排风的气路，即机车制动缸压力降低；当停止下压手柄时，若机车制动缸压力与作用管压力平衡，则关闭排气阀口，停止机车制动缸的排风。

可见，该操纵可实现保持车辆制动的同时单独缓解机车制动。但在操纵过程中，应避免"大劈叉制动"。所谓"大劈叉制动"，是指电空制动控制器减压的同时，将空气制动阀手柄移至缓解位（或下压手柄），这种车辆制动而机车不产生制动的操纵方法称为大劈叉制动，也叫"拉弓闸"。"大劈叉制动"使用不当时，极易损伤甚至拉断车钩，同时因机车不制动，会使列车制动力下降。

再来分析空气位操纵，电空制动控制器手柄一般放在在运转位，空气制动阀手柄在各位的作用。

为确保行车安全可靠，DK-1 型电空制动机特设置"空气位操纵"。空气位操纵只是作为 DK-1 型电空制动机电气线路部分故障后的一步应急补救操纵措施，以避免在区间造成"途停"而影响线路的正常通过。因此，空气位操纵时，只保证控制列车制动、缓解和保压的基本功能。空气位操纵时需进行如下基本转换：将电空转换扳钮扳至"空气位"；将操纵端下方调压阀 53 或 54 压力调整为定压；将转换阀 153 置于"空气位"。

由于微动开关 3SA1 已切断电源电路，所以，无论微动开关 3SA2 闭合电路 809-818 与否，均不能使排风 1 电空阀 254YV 得电。可见，在分析其工作过程中，不必考虑微动开关 3SA2 的工作状态，以简化分析过程。

（一）缓解位：可实现车辆缓解、机车保压

（1）空气制动阀：作用柱塞在其凸轮及弹簧作用下左移至左端，开通总风向均衡风缸充风的气路（总风→调压阀 53→作用柱塞→转换柱塞→均衡风缸），即均衡风缸压力升高。

（2）中继阀：
① 总风遮断阀：中立电空阀253YV失电，遮断阀左移而打开遮断阀口，使总风充入中继阀的供气室内。
② 中继阀：随着均衡风缸压力升高，活塞膜板带动顶杆右移而顶开供气阀口，连通总风向制动管及活塞膜板右侧充风的气路，即制动管压力升高；当活塞膜板右侧及制动管压力升高至与均衡风缸压力平衡时，在供气阀弹簧作用下，关闭供气阀口，且不打开排气阀口，即停止制动管充风。
（3）分配阀：
① 主阀部：随着制动管压力升高，主活塞通过主活塞杆带动滑阀、节制阀下移，连通制动管向工作风缸充风的气路；同时，尽管连通作用管通往156塞门的气路，但由于156塞门的关断（空气位下，156塞门关断），故156不开通作用管排大气的气路，即作用管压力不变。
② 紧急增压阀：增压阀柱塞保持在下端，切断总风向作用管充风的气路。
③ 均衡部：作用管压力不变，均衡部不动作，即机车制动缸压力不变。
此时，机车制动机处于保压状态，车辆制动机处于缓解状态。由于我国车辆制动机通常采用一次缓解性能的分配阀或三通阀，故车辆制动机产生完全缓解。
（4）紧急阀：随着制动管压力升高，使活塞膜板及活塞杆保持在上端，而不开启放风阀口，制动管压力空气经缩孔Ⅰ、Ⅱ向紧急室充风，以备紧急制动时使用。

（二）制动位

实现全列车的常用制动。因此，用于列车减速或停车。
（1）空气制动阀：作用柱塞在其凸轮及弹簧作用下右移至右端，开通均衡风缸向大气排风的气路（均衡风缸→转换柱塞→作用柱塞→大气），即均衡风缸压力降低。
（2）中继阀。
① 总风遮断阀：中立电空阀253YV失电，遮断阀左移而开启遮断阀口，连通总风通往中继阀供气室的气路。
② 中继阀：随着均衡风缸压力的降低，活塞膜板带动顶杆左移并打开排气阀口，连通制动管及活塞膜板右侧向大气排风的气路，即制动管压力降低；当制动管及活塞膜板右侧压力降低到与均衡风缸压力平衡时，在排气阀弹簧作用下，关闭排气阀口，且不打开供气阀口，即停止制动管排风。
（3）分配阀。
① 主阀部：随着制动管压力降低，主活塞通过主活塞杆带动节制阀上移，连通制动管向局减室降压的气路，以实现局部减压作用。随着制动管压力进一步降低，主活塞通过主活塞杆带动节制阀、滑阀继续上移，连通工作风缸向作用管充风的气路，即作用管压力升高，而工作风缸压力降低。当工作风缸压力降低至与制动管压力平衡时，在自重及稳定弹簧作用下，主活塞通过主活塞杆带动节制阀下移，切断工作风缸向作用管充风的气路，即作用管停止充风。
② 紧急增压阀：增压阀柱塞仍保持在下端，切断总风向作用管充风的气路。
③ 均衡部：随着作用管压力升高，均衡活塞带动空心阀杆上移，顶开供气阀口，连通总风向机车制动缸及均衡活塞上侧充风的气路，即机车制动缸压力升高。当机车制动缸及均衡

活塞上侧压力升高至与作用管压力平衡时，在供气阀弹簧作用下，均衡活塞和空心阀杆下移，关闭供气阀口，且不打开排气阀口，即停止机车制动缸的充风。

此时，机车制动机处于制动状态，车辆制动机也处于制动状态。

（4）紧急阀：随着制动管压力降低，使活塞膜板带动活塞杆下移，但不足以顶开放风阀口，紧急室经缩孔Ⅰ向制动管逆流；当紧急室压力降低至接近制动管压力时，在安定弹簧作用下，活塞膜板带动活塞杆上移到上端。

尽管空气制动阀手柄如果一直保持在制动位，可使均衡风缸和制动管减压到零，但在实际操纵中，不允许将空气制动阀手柄长时间停放制动位，以免引起制动管过量减压而延误缓解时机。

（三）中立位或运转位

对于空气制动阀，作用柱塞在其凸轮及弹簧作用下处于中间位置，切断所有气路。均衡风缸既不充风也不排风，即均衡风缸压力不变，导致中继阀、分配阀及车辆制动机、紧急阀均不动作而保持原状态。相应的，制动管、工作风缸、紧急室、作用管、机车制动缸压力均不变，即全列车制动系统呈保压状态。

（四）下压手柄

下压手柄可实现机车的单独缓解，下压手柄操纵通常在是空气制动阀中立位进行。

（1）空气制动阀：当下压空气制动阀手柄时，推动转轴内的顶杆下移，从而顶开单缓阀口，连通作用管向大气排风的气路，即作用管压力降低。

（2）分配阀均衡部：随着作用管压力降低，均衡活塞带动空心阀杆下移，打开排气阀口，连通机车制动缸及均衡活塞上侧向大气排风的气路，即机车制动缸压力降低。当停止下压手柄时，如果机车制动缸及均衡活塞上侧压力降低至与作用管压力平衡，则均衡活塞带动空心阀杆上移，关闭排气阀口，且不打开供气阀口，停止机车制动缸的排风。

第六节 DK-1型电空制动机的辅助功能及与其他系统的配合

本节以 SS_4 改型机车Ⅰ端操纵为例，分析 DK-1 型电空制动机与机车其他系统的配合作用。

一、紧急制动时自动切除动力

如图 3-48 所示，零位中间继电器 568KA 在司机控制器均处于"0"位时得电，其常闭联锁断开，导线 804 与 912 不通，紧急制动时不断主断路器。反之，则导线 804 与 912 连通，紧急制动时，导线 804 将经 568KA 到达导线 912，使主断路器分断。按压司机台上的 594SB 按钮时，由于导线 902 电源不经过 568KA 直接到达导线 912，所以各种条件下均分断主断路器。

二、列车分离保护（车长阀、121塞门制动）

DK-1 型电空制动机与列车分离的配合，用于防止列车分离（或

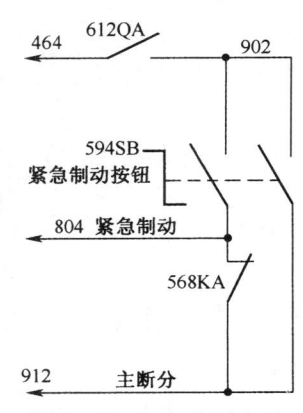

图 3-48 SS_4 改型自动切除动力原理图

制动管断裂）时造成再次断钩事故的发生。而与车长阀制动的配合则用于当车长阀制动时，DK-1 型电空制动机随之产生紧急制动，以保证列车首尾运行状态的一致性，防止断钩等事故的发生，提高行车的安全性。无论是制动管断裂、列车分离、车长阀制动，还是 121 塞门制动，都是直接开通制动管放风气路，从而使制动管压力迅速下降。

电空制动控制器手柄在过充位、运转位、中立位或制动位，则有导线 813 得电；当制动管断裂（或列车分离、车长阀制动，121 塞门制动）时，制动管迅速放风。

1. 紧急阀

由于制动管压力急剧下降，紧急阀处于紧急制动状态，紧急活塞带动活塞杆迅速下移而顶开其放风阀口，连通制动管的排风气路，加速制动管的排风，同时，联动微动开关 95SA 闭合电路 838-839，起到断钩保护作用。

2. 电　路

（1）电空制动控制器 1AC（运转、过充、中立、制动位）→导线 813→钮子开关 464QS→导线 838→95SA→导线 839→中间继电器 451KA 得电并自锁。

导线 560→中间继电器 451KA 常开联锁→导线 812→107QPF 或 107QPBW→导线 810 或 820→251YV、241YV 或 250YV、240YV 得电并撒砂。

导线 813→二极管 261V→导线 826→中间继电器 451KA 常开联锁→导线 804→94YV 得电。

导线 813→二极管 261V→导线 826→中间继电器 451KA 常开联锁→导线 821——

　　　　→重联电空阀 259YV 得电。
　　　　→二极管 260V→导线 835→中立电空阀 253YV 得电。
　　　　→二极管 264YV→导线 800→制动电空阀 257YV 得电。

中间继电器 451KA 常闭联锁使导线 861 与 837、导线 862 与 863 断开，电空制动控制器运转位得电的缓解电空阀 258YV、排 2 电空阀 256YV 和排 1 电空阀 254YV 失电。

（2）其余电空制动控制器运转位不得电的电空阀、中间继电器仍失电。

3. 气　路

（1）撒砂电空阀 251YV、241YV 或 250YV、240YV 得电，总风→251YV、241YV 或 250YV、240YV 下阀口→机车撒砂阀，机车撒砂。

（2）电动放风阀 94YV 得电，总风→94YV 下阀口→放风阀膜板下方，电动放风阀阀口开启，增加列车制动管排大气通路。

（3）中立电空阀 253YV 得电，总风→253YV 下阀口→总风遮断阀左侧，遮断阀关闭，切断列车制动管风源。

（4）重联电空阀 259YV 得电，均衡风缸→259YV 下阀口→列车制动管→大气，中断阀自锁无动作。

（5）制动电空阀 257YV 得电，其上阀口关闭均衡风缸排气口。

（6）排 2 电空阀 256YV 失电，过充风缸→256YV 上阀口→大气，过充风缸压力空气快排大气。

（7）缓解电空阀 258YV 失电，其下阀口关闭均衡风缸充风气路。

（8）排 1 电空阀 254YV 失电，其下阀口关闭作用管排气口，作用管保压。

4. 电动放风阀

随着铜碗及膜板下侧压力的升高，膜板、铜碗推动芯杆上移，顶开放风阀口，连通制动管向大气放风的气路，即制动管压力迅速降低。

5. 中继阀

中立电空阀 253YV 得电，使总风遮断阀口关闭，以切断制动管的供气风源；重联电空阀 259YV 得电，使中继阀处于自锁状态。

6. 分配阀

（1）主阀部：随着制动管压力迅速下降，主活塞通过主活塞杆带动节制阀、滑阀迅速上移至上端，连通工作风缸向容积室充风的气路，即容积室压力迅速升高。

（2）紧急增压阀：随着制动管压力迅速下降及容积室压力迅速升高，增压阀柱塞迅速上移至上端，从而连通总风向容积室充风的气路，即容积室压力迅速升高，并且由低压安全阀将其压力限定在 450 kPa。

（3）均衡部：随着容积室压力迅速升高，均衡活塞带动空心阀杆迅速上移而顶开供气阀口，连通总风向机车制动缸及均衡活塞上侧充风的气路，即机车制动缸压力迅速升高；当机车制动缸压力及均衡活塞上侧压力迅速升高至与容积室压力平衡时，在供气阀弹簧作用下，关闭供气阀口，且不打开排气阀口，停止机车制动缸的充风。

此时，机车制动机与车辆制动机均实现紧急制动。

7. 当列车分离、制动管断裂及车长阀、121 塞门制动时，DK-1 型电空制动机与之配合协调动作，产生紧急制动作用，并切除牵引工况机车的动力，以保证列车运行的安全。

8. 紧急制动后，若要继续运行，则须将电空制动控制器手柄先移至重联位，使断钩保护电路解锁，再移回运转位或过充位缓解列车。

三、与动力制动的配合

1. 动力制动前微量空气制动的投入与消除

又称电空联锁性能。当实施动力制动时，其制动力通过机车牵引电机电磁反转矩产生于机车动轮踏面与轨道之间。因此，动力制动的制动力集中在机车部分，即机车动轮对轨道产生较大的反作用力。为了改善列车在曲线下坡道运行施用动力制动时造成轨道横移的不良影响，在动力制动初始阶段，DK-1 型电空制动机自动产生 40~50 kPa 减压量的空气制动，并保持 25 s 左右后自动消除。

设电空制动控制器手柄在运转位或过充位，空气制动阀手柄在运转位，即机车处于牵引工况或惰行工况，则有导线 803、809（或 805）、813 得电，均衡风缸充有定压，制动管充有定压或过充压力，即全列车实现缓解或仅保持机车制动。

1）列车空气制动的自动产生

（1）电路。

当司机将司机控制器换向手柄置于"制动"位时，导线 405 得电。一方面经控制电路使励磁接触器闭合，完成动力制动的转换；同时使风速继电器 530KT 常开联锁闭合；另一方面经电空制动控制器使导线 836 得电。当司机操纵司机控制器调速手柄离开"0 位"移向"制动区"时，导线 415 得电，导线 415→530KT→导线 855→常开联锁 91KM 闭合→导线 856→466QS→导线 857→465QS→导线 841→电子时间继电器 454KT 得电并开始延时；同时，导线 841→中间继电器 453KA$_{9-10}$ 常闭联锁→中间继电器 452KA 得电，其常开联锁闭合、常闭联锁断开，排风 1 电空阀 254YV、缓解电空阀 258YV、排风 2 电空阀 256YV、制动电空阀 257YV 失电。当均衡风缸减压 20 kPa 时，压力开关 209 联动微动开关 209SA 连通导线 822-800，断开导线 827-807，使制动电空阀 257YV 得电。

（2）气路。

由于排风 1 电空阀 254YV、缓解电空阀 258YV 得电，制动电空阀 257YV 恢复失电，使全列车气路恢复到制动前的状态，此时全列车的空气制动消除，电阻制动仍然保持。

2）列车空气制动的自动消除

（1）电路。

延时 25 s 后，电子时间继电器 454KT 接通中间继电器 453KA 的供电电路，使中间继电器 453KA 得电，其常闭联锁断开、常开联锁闭合，中间继电器 452KA 失电复原，使排风 1 电空阀 254YV、排风 2 电空阀 256YV、缓解电空阀 258YV 得电，制动电空阀 257YV 恢复失电。

（2）气路。

① 排风 1 电空阀 254YV 得电，连通作用管经排风 1 电空阀 254YV 的排风气路，机车缓解。

② 缓解电空阀 258YV 得电，从而连通均衡风缸的充风气路并切断其排风气路，均衡风缸充风至定压。

③ 制动电空阀 257YV 恢复失电，排放初制风缸压力空气，为再次制动做准备。

（3）各阀的动作与电空制动控制器在"运转位"时相同。

综上所述，当司机操纵司机控制器进行动力制动时，DK-1 型电空制动机自动控制全列车制动系统产生 40～50 kPa 减压量所引起的空气制动，并且维持 25 s 后自动消除。

2. 动力制动不足时追加空气制动

SS$_4$ 改型机车上设有风压继电器 516KF，整定值为 150 kPa。其目的是用于动力制动和空气制动同时施用时，若机车制动缸压力超过 150 kPa，则自动切断动力制动的励磁电源，以避免因制动力过大而造成制动滑行。但是，实际运行中，根据动力制动的性能、特点和列车运行的需要，往往需同时实施动力制动和空气制动，以提高列车制动力，确保行车安全。为了解决这一问题，DK-1 型电空制动机设置了在动力制动的基础上追加空气制动的功能。下面，简要分析其工作过程。

中间继电器 453KA 维持得电，导线 415→530KT→导线 855→常开联锁 91KM 闭合→导线 856→466QS→导线 857→465QS→导线 841→270V→453KA$_{3-4}$→导线 862→451KA$_{15-16}$→排风 1 电空阀 254YV 得电，从而保持作用管排风气路的开通。当需要追加空气制动时，司机将电空制动控制器手柄移至制动位，缓解电空阀 258YV 和制动电空阀 257YV 同时失电，从而连通均衡风缸排风气路，致使制动管也产生减压量，因此车辆进行制动。而对机车而言，尽管制动管压力下降使分配阀主阀部连通工作风缸向作用管充风的气路，但因排风 1 电空阀 254YV 得电而保持了作用管的排风气路，所以，作用管的压力不可能达到 150 kPa，即机车制动缸压力不会达到 150 kPa 而维持风压继电器 516KF 不动作，从而实现了动力制动和空气制动的同时实施。这样，在动力制动工况下，补充车辆的空气制动，既简化操纵程序，又安全可靠。

另外，在动力制动工况下，遇有危及行车安全和人身安全的紧急情况时，仍可实施紧急制动。此时，由于作用管的充风较快，而使机车制动缸得到较大的充风，当制动缸压力上升至 150 kPa 时，风压继电器 516KF 动作，从而切除动力制动，以避免造成制动滑行。

3. 当司机操纵换向手柄移开"制动位"而停止动力制动时，405 失电，从而使 452KA、453KA、454KT 失电，相关电路复原，为下一次动力制动或空气制动做好准备。

四、空电联合制动

电力机车空气-电阻联合制动装置是以机车准恒速加馈电阻制动以及 DK-1 型机车电空制动机技术为基础，在机车进行常用制动时，用电制动替代空气制动，优先使用电制动的前提下，两种制动方式有机结合的一种新的制动技术。SS_4 改型机车空电联合制动的切换由制动屏柜内联合制动电器屏上空电联合转换开关 466QS 完成，该开关有三个位置："0 位"切除、"Ⅰ位"自动缓解空气制动、"Ⅱ位"手动缓解空气制动。列车运行在长大坡道上时，电空制动控制器手柄置于"运转位"，空气制动阀手柄置于"运转位"。若空电联合转换开关 466QS 在"Ⅰ位"，则司机只需转动司机控制器给定手轮，给定机车运行速度指令，空电联合制动装置将在机车电制动力已达最大且列车继续加速到超过给定速度 5 km/h 时，发出一级减压指令（制动管减压 50 kPa）；当速度继续上升到超过给定速度 15 km/h 时，发出二级减压指令（制动管追加减压 20 kPa，即减压 70 kPa）。为发挥电制动作用，空气制动投入后，电制动将维持最大。当列车速度低于给定速度 15 km/h 时，将自动缓解列车空气制动。若空电联合转换开关 466QS 在"Ⅱ位"，则列车空气制动的缓解只能靠司机将电空制动控制器手柄从运转位移置中立位，再移回运转位来完成。在空气制动缓解后，为延长列车充风时间，电制动还将维持最大制动力达 1 min。空电联合制动过程中，司机根据运行要求可以随时人工干预空气制动，对制动管追加减压或充风缓解。同时，运行中只要机车存在电制动力，机车制动缸压力将自动缓解。

当空电联合转换开关 466QS 处于"Ⅰ位"时，为确保行车安全，在通过分相无电区断电时，空电联合制动将锁定在断电时的状态，只有在合闸以及重新给定司机控制器，司机按动操纵台面上的解锁恢复按钮后，空电联合制动才能从锁定点开始恢复工作。空电联合制动的锁定和解锁可在司机操纵台空电联合显示灯上显示。此外，在机车加馈电阻制动故障后，空电联合制动装置将自动实行制动管减压。

空电联合制动发生作用时，原 DK-1 型电空制动机的电空联锁性能将被切除。只有空电联合转换开关处于"0"位时，电空联锁性能才起作用。

五、与列车运行速度监控装置的配合

当列车速度超过线路限速或冒进信号红灯时，监控发出紧急制动指令。使继电器 391KA

得电动作,其常开联锁闭合,则导线 813→464QS→导线 838→391KA 常开联锁(闭合)→导线 839→中间继电器 451KA 得电,其常闭联锁断开而常开联锁闭合,则有导线 813→$451KA_{5-6}$→导线 804 得电。此时产生两方面作用:一方面,若机车有级位,即机车处于牵引工况,零位继电器 558KA 联锁闭合,则导线 804 经闭合的零位继电器联锁 558KA,最终引起控制电路工作,使主断路器跳闸,切除机车牵引动力,保证机车由牵引工况转变为制动工况。另一方面,由导线 804 得电,使紧急电空阀 94YV 得电,总风向电动放风阀铜碗及膜板下方充风,列车产生紧急制动作用。列车安全运行监控记录装置自动停车功能引起紧急制动后,若要继续运行,则须扳动恢复自动停车信号电器屏上的恢复开关 464QS,使继电器 391KA 失电,待自停系统和制动系统恢复正常后方能重新发车。

六、补风转换作用

制动管的漏泄是不可避免的,其漏泄量的标准根据各国的具体情况而制订,我国目前的标准为漏泄不大于 20 kPa/min。在制动保压过程中,制动管的漏泄量若不能得到及时补充,则随保压时间的延续,制动管的实际减压量会随之增加,制动缸压力也随之增大。但我国目前的车辆制动机受其性能的限制,制动管不宜具有补风性能,因一旦制动管补风,有可能会使车辆制动机产生自然缓解现象,这是非常危险的。考虑到制动机性能将随铁路运输事业发展的需要而日臻完善,DK-1 型电空制动机增加了补风转换作用。补风转换作用由转换开关 463QS 控制实现。在不补风位时,转换开关 463QS 闭合电路,电空制动控制器制动位或中立位,电空制动控制器经转换开关 463QS 向中立电空阀 253YV 供电,从而使总风遮断阀口关闭,以切断制动管的补风风源。而在补风位时,转换开关 463QS 断开电路,这样,即使电空制动控制器在制动位或中立位,也不能使中立电空阀 253YV 得电。从而保证总风遮断阀口开启,使制动管具有补风风源,因而当制动管漏泄时也能得到补充。

七、检查制动管折角塞门开通状态

列车制动系统正常工作的基本前提是贯穿列车首尾的制动管处于开通状态。如果某一制动管折角塞门关断,那么自该折角塞门以后的所有制动机将失去控制,不可避免地造成列车制动力不足,从而危及行车安全。但由于我国铁路运输的特殊情况及其他种种原因,运行中关断制动管折角塞门的现象时有发生,由此而引起的事故是极为严重和可怕的。为避免此类事故的发生,SS_4 改型机车的 DK-1 型电空制动机设置了此项检查功能,下面分析其检查工作过程。

(1)将电空制动控制器手柄置于运转位,导线 803 得电,且全列车处于缓解状态。

(2)按下"检查充气 481SB"按钮,直到制动管压力超过定压 100 kPa 为止。当按下检查充气按钮时,导线 803→570QS1→481SB→检查电空阀 255YV 得电,连通总风向均衡风缸迅速充风的气路,即均衡风缸压力迅速升高,经中继阀动作,使制动管压力也迅速升高,直到制动管压力表指针指向超过定压 100 kPa 时为止。该作用过程中,由于制动管又细又长,且制动管压力表安装在机车的制动管支管上,所以,此时制动管压力表的读数只反映机车附近制动管的压力,而列车后部的制动管的压力比该值小得多。

(3)松开"检查充气 481SB"按钮并立即按下"检查消除 483SB"按钮,观察制动管压力表读数的变化。当松开检查充气按钮并按下检查消除按钮时,首先检查电空阀 255YV 失电,从而切断总风向均衡风缸充风的气路;其次导线 803→570QS1→483SB→821→重联电空阀 259YV 得电,从而连通均衡风缸与制动管之间的气路,并使中继阀处于自锁状态。此时,均衡风缸过充量随列车前部制动管的过充量向后衰减,即制动管压力表读数下降。可见,制动管压力衰减快且幅度大,则可确认制动管畅通;反之,则可怀疑制动管通路受阻。

在较短时间内,制动管恢复定压,则为制动管畅通,无关断现象;在一定时间内,制动管不能恢复定压,应引起警惕,可视为制动管不畅通,有折角塞门关断,须采取必要措施,并且制动管压力与定压差值越大,则关断处所离机车越近。

复习思考题

3-1 DK-1 型电空制动机的特点、组成及控制关系分别是什么?
3-2 DK-1 型电空制动机的性能有哪些?
3-3 简述 DK-1 型电空制动机各主要组成部分及机车上的安装位置。
3-4 简述双阀口式中继阀和总风遮断阀的作用。
3-5 试述双阀口式中继阀的工作原理。
3-6 为什么要设置均衡风缸?
3-7 为什么制动管过充压力的消除过程不会引起列车制动?
3-8 试述双阀口式中继阀"过充位"快速充风及过充压力消除的动作过程。
3-9 说明制动管压力随均衡风缸压力变化的关系。
3-10 分配阀的主阀部、均衡部和紧急增压阀的用途分别是什么?
3-11 试述主阀部的工作原理。
3-12 什么是局部减压作用?
3-13 试述均衡部的工作原理。
3-14 说明机车制动缸压力随作用管压力变化的关系。
3-15 试述紧急增压阀的工作原理。
3-16 空气制动阀的用途是什么?由哪些部件组成?
3-17 试述空气制动阀的工作通路。
3-18 电动放风阀的用途是什么?
3-19 试述电动放风阀的工作原理。
3-20 紧急阀的用途是什么?
3-21 试述紧急阀的工作原理。
3-22 紧急制动后 15 s 内,为什么不能进行缓解操纵?如何调整该时间参数?
3-23 电空制动控制器的用途是什么?
3-24 试述电空制动控制器手柄在各位置时的作用。
3-25 DK-1 型电空制动机中各电空阀的代号、功用及管路是如何连接的?
3-26 重联阀的用途是什么?试述重联阀的作用原理。
3-27 调压阀 53、54、55 的用途及整定值分别是什么?

3-28 压力开关 208、209、210 的用途及整定值分别是什么？如何改变压力开关的整定值？

3-29 转换阀 153、154 的用途分别是什么？

3-30 机车无动力装置的用途是什么？

3-31 分水滤气器、管道滤尘器的用途分别是什么？

3-32 试述 DK-1 型电空制动机电空位操纵时，各种操纵的综合作用。

3-33 初制动风缸设置的目的是什么？

3-34 什么叫"偷风"？什么叫"大劈叉"制动？有什么危害？

3-35 什么叫"一段制动法"和"二段制动法"？什么叫"长波浪式制动"和"短波浪式制动"？

3-36 试述 DK-1 型电空制动机空气位操纵时，各种操纵的综合作用。

3-37 试述电空位下，空气制动阀手柄在运转位，电空制动控制器手柄由过充位移至运转位时，制动管过充压力的消除和自然制动的避免是如何实现的？

3-38 试述 DK-1 制动机与监控装置配合的工作过程，并画出相关电路图。产生作用后应如何恢复？

3-39 试述 DK-1 制动机与列车分离、制动管断裂及车长阀制动配合的工作过程，并画出相关电路图。产生作用后应如何恢复？

3-40 试述 DK-1 制动机与电阻制动电空联锁配合的工作过程。

3-41 说明检查制动管折角塞门开通状态的操纵方法和判断方法是什么？试述其工作过程。

3-42 试述 SS_4 改型电力机车空电联合制动作用原理。

3-43 DK-1 型电空制动机电空位操作时，应做哪些准备工作？其注意事项有哪些？

第四章　DK-2型机车制动系统

第一节　概　述

一、DK-2型机车制动系统功能及组成简介

DK-2型机车制动系统采用微机模拟控制技术，能实现列车自动制动与机车单独制动、空气制动与电气制动的混合（空电联合制动）、断钩保护、列车充风流量检测、无动力回送、制动重联、列车速度监控配合等制动基本功能。具备单机自检、故障诊断、数据记录与存储等智能化、信息化功能，具备 MVB、CAN 等网络通信接口，适应现代机车制动系统信息化以及网络控制的发展要求。其机车制动系统主要由 DK-2 型机车制动机（包括司机室制动操作部件、制动柜）和基础制动装置两部分组成，其在机车上的布置见图 4-1。基础制动装置主要包括盘形制动器、铸铁制动盘、闸片。其中 JPXZ-1 型盘形制动器是不带停放制动的制动器，JPXZ-2 型盘形制动器是带停放制动的制动器，轮装制动盘为整体式铸铁制动盘。

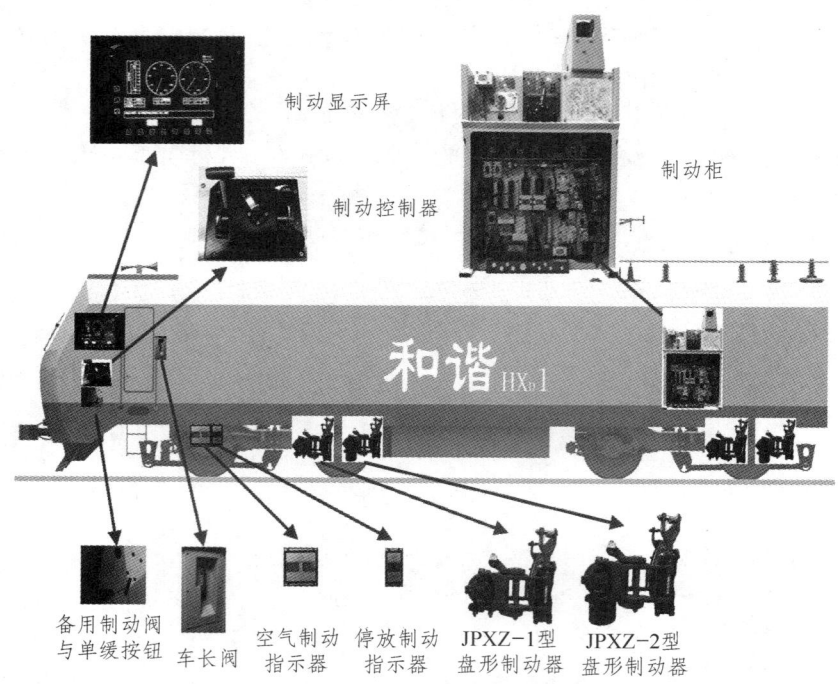

图 4-1　DK-2 型机车制动系统主要部件布置图

二、主要技术性能指标

DK-2 型机车制动系统主要技术性能指标如下：

（1）制动机在列车制动管定压 500 kPa 或 600 kPa 时均能正常工作。

（2）制动机具有制动稳定性：当列车制动管压力从定压以每分钟小于 40 kPa 的速度下降时，机车制动缸不起制动作用。

（3）制动机具有常用制动灵敏度：当列车制动管压力从定压以每秒钟下降 10~40 kPa 时，在列车制动管减压 35 kPa 前机车制动缸产生制动作用。

（4）制动机具有紧急制动灵敏度：当列车制动管减压速度大于每秒 80 kPa 时，机车制动机产生紧急制动。

（5）制动机在常用全制动后使用运转位充气缓解时，机车制动缸压力从常用全制动最高压力降至 40 kPa 的时间小于 7 s（定压 500 kPa）或 8.5 s（定压 600 kPa）。

（6）列车制动管最小减压量为 50±5 kPa，机车制动缸压力为 100±10 kPa。

（7）列车制动管减压 140±5 kPa（定压 500 kPa）或 170±5 kPa（定压 600 kPa）时，机车产生常用全制动最大压力。常用全制动最大压力为 360±15 kPa（定压 500 kPa）或 420±15 kPa（定压 600 kPa）。

（8）常用全制动时机车制动缸从零升至常用全制动实际最大压力（符合最大压力规定范围）的时间为 6~8 s（定压 500 kPa）或 7~9.5 s（定压 600 kPa）。

（9）施行列车制动管减压 100 kPa，机车制动缸压力为 240~270 kPa。

（10）机车均衡风缸从 500 kPa 降至 360 kPa 或从 600 kPa 降至 430 kPa 的时间为 5~7 s 或 6~8 s。

（11）施行紧急制动时，机车列车制动管压力从定压降至零的时间小于 3 s，机车制动缸压力从零升至 400 kPa 的时间不大于 5 s，机车制动缸最高压力限制在 440~460 kPa。

（12）机车大闸手把处于运转位，操纵小闸手把，全制动时机车制动缸最高压力为 300±10 kPa，机车制动缸压力从零升至 285 kPa 的时间为 2~4 s，运转位缓解时，机车制动缸压力从 300 kPa 降至 40 kPa 的时间为 3~5 s。

第二节 DK-2 型机车制动系统主要部件

一、DK-2 型机车制动机的组成

DK-2 型机车制动机主要由司机室制动操作部件和制动柜组成，主要组件有制动控制器、后备制动阀、制动显示屏等操纵显示部件，以及制动柜内的制动控制单元 BCU、分配阀、紧急阀、中继阀、重联阀、放风阀、电空阀、传感器等，制动机结构框图如图 4-2 所示。

（一）司机室制动操作显示部件

司机室安装了制动系统的各操作显示部件，包括制动控制器、制动显示屏、后备制动阀、单缓按钮、风压表、紧急制动按钮、停放制动施加/缓解按钮、车长阀，其在司机室的布置见图 4-3 和图 4-4。

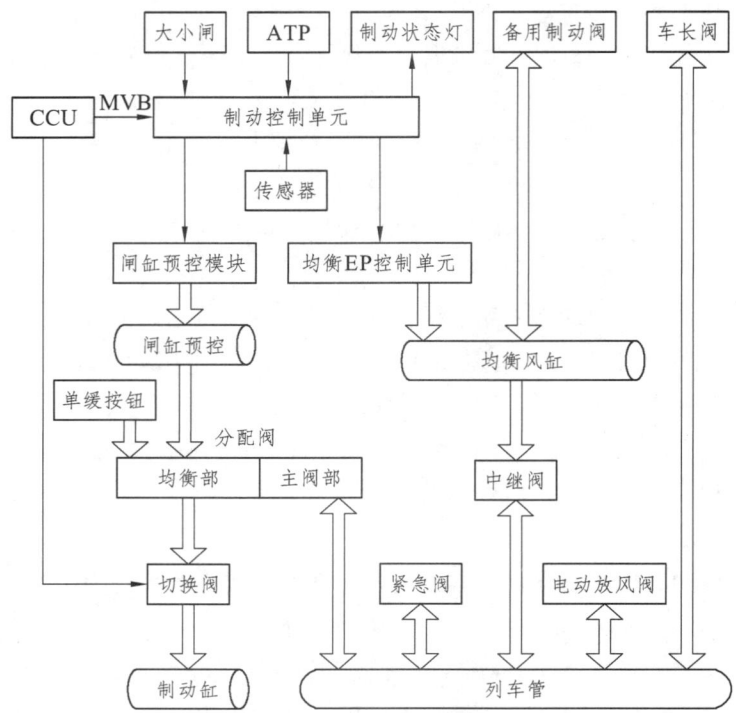

图 4-2 DK-2 型机车制动机结构框图

图 4-3 主司机操纵台

图 4-4 车长阀

1—后备制动阀；2—单缓按钮；3—制动控制器；4—制动显示屏；5—风压表；
6—停放制动施加/缓解按钮；7-紧急制动按钮

8—车长阀

1. 制动控制器

制动控制器是空气制动的主要操作部件，它的主要功能是：发送电信号指令到制动控制单元 BCU，为机车制动机提供自动制动和单独制动等指令，同时还具备紧急位机械排风功能，如图 4-5 所示。

图 4-5 制动控制器

制动控制器具有两个操作手柄,即自动制动控制手柄(以下简称大闸手柄)和单独制动控制手柄(以下简称小闸手柄)。

大闸手柄前推最前位为紧急位,往后拉依次为重联位、抑制位、全制动位、制动区、初制动位、运转位。大闸手柄在各位置的功能分别介绍如下。

运转位:列车制动管按定压进行充风控制,是列车制动进行缓解和充风的位置。

制动区:控制列车制动管压力降低,列车产生制动作用,制动区对列车制动管进行连续的压力下降控制,该值随手柄在这个区域的位置而变。

抑制位:该位置是制动机开机解锁和惩罚制动解锁的工作位置。

重联位:该位置应是机车制动机非操纵端以及无火回送、重联时大闸所放位置。

紧急位:大闸此位置设有列车制动管排风阀,能对机车制动机或列车制动机施行紧急制动,手柄置于该位置,列车制动管压力以紧急速度放风到 0。

小闸手柄前推最前位为全制动位,往后依次为制动区、运转位,侧压缓解位(将小闸向右侧旁推,自动复位)无论小闸在哪个位置都可投入。小闸手柄在各位置功能分别如下:

侧压缓解位:此位置用来单独缓解大闸产生的机车制动缸压力。

运转位:此位置为机车正常运行时所放位置,用来缓解小闸产生的机车制动缸压力。

制动区:机车单独制动压力随着手柄在这个区域的位置而变。

全制动位:机车最大单独制动,机车制动缸完全充风到 300 ± 10 kPa。

机车运行时,插入钥匙并逆时针转动处于"开"位,大闸手柄、小闸手柄可在各个位置间进行操作,从而控制机车的运行状态,这时钥匙被锁在"开"位;大闸手柄在重联位及小闸手柄在运转位时,钥匙可转到"关"位并可取出。

2. 制动显示屏

制动显示屏的主要功能是:实时显示 BCU 钮子开关状态信息;以风表和数值的形式显示总风压力、列车制动管压力、均衡风缸压力、前后制动缸压力;以流量计的形式动态显示列车制动管的充风流量;显示制动机操作的提示信息和故障信息;提供机车号、时间日期、软件版本号的显示及设置功能;提供单机自检、事件记录和传感器校准等诊断功能,如图 4-6 所示。

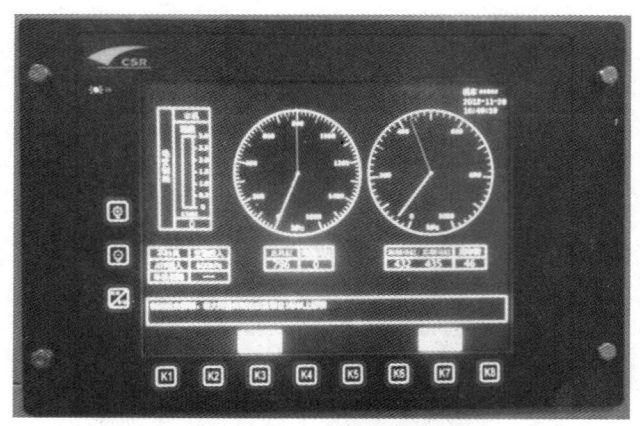

图 4-6 制动显示屏

显示屏界面主要由主界面、电空制动设置界面、维护界面、显示信息界面等组成，通过触发主界面和子界面按键可进入各级子界面，各级子界面均设有"返回"按键及"主界面"按键，通过触发"返回"按键可返回上一级界面，通过触发"主界面"按键可返回显示屏主界面。下面对 DK-2 制动机显示屏的主要操作使用作如下说明。

（1）欢迎界面：显示屏启动时即进入欢迎提示入口界面，当欢迎界面启动一段时间后自动关闭欢迎界面进入主界面。

（2）主界面：显示屏正常启动时进入主界面。主界面的主要功能是实现均衡风缸、总风缸、列车制动管、前制动缸、后制动缸等压力和流量参数的显示、制动机钮子开关状态信息、操作提示信息和故障提示信息显示及时间日期和机车编号信息显示。主界面上设置有"电空制动"按键和"显示信息"按键，可通过触发按键进入相应的子界面，如图 4-7 所示。

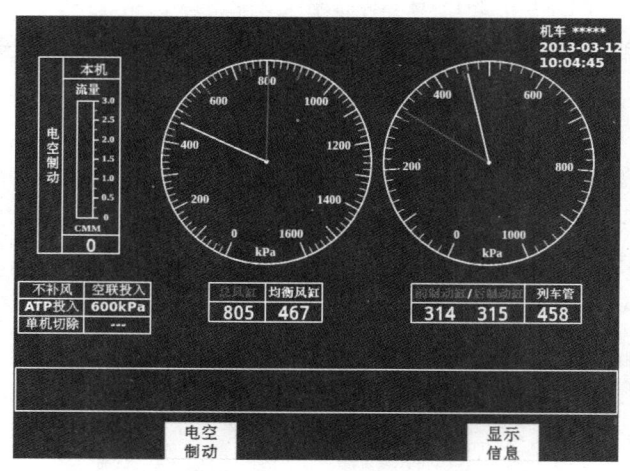

图 4-7 显示屏主界面

（3）电空制动设置界面：电空制动设置界面的主要功能是提示 BCU 面板钮子开关设置信息，界面上设有"确定"按键或"维护"按键和"主界面"按键。电空制动设置界面有两种方式触发：

① 通过主界面电空制动按钮进入该界面，如图 4-8 所示。

— 118 —

② 当 BCU 面板钮子开关状态发生变化时，显示屏自动跳转到该界面，而该界面只出现"确定"键，只有按下"确定"键才能进行其他操作。

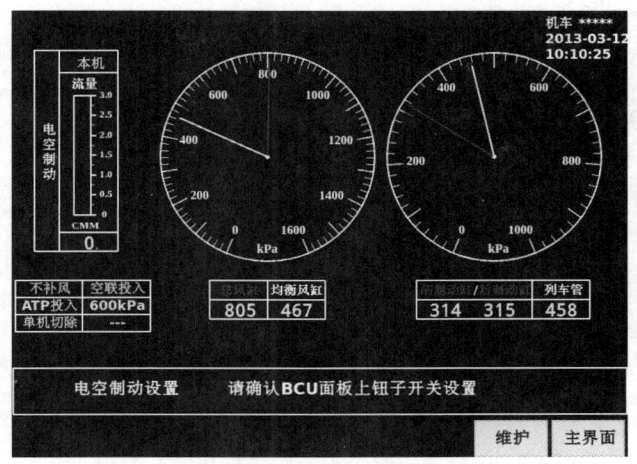

图 4-8 电空制动设置界面

（4）维护界面：在电空制动设置界面触发"维护"按键进入维护功能界面。维护界面的主要功能是显示维护菜单，说明各维护模块的功能，实现单机自检、事件记录、传感器校准功能子界面的连接功能。

（5）事件记录：按下维护界面的"事件记录"按键，进入事件记录界面。该界面显示机车事件/故障发生的日期和时间、事件/故障类型、事件/故障描述。事件记录可翻页查询，每页显示 20 条记录，也可以通过设置时间，显示固定时间以后的所有事件/故障。当按下"查询"键时，进入"查询条件设置"界面，通过左移、右移、递增、递减设置查询的时间，按下"确定"键，显示查询结果。

（6）显示信息设置：在主界面按下"显示信息"按键，进入显示信息界面，该界面作为机车编号、时间日期、语言、软件版本功能界面的入口界面。

（7）机车编号设置：按下显示信息界面的"机车编号"按键，进入机车编号设置界面。设置机车的编号，通过左移、右移、递增、递减按键设置，按下"确定"键，将设置的机车编号显示在主界面的右上方。

（8）时间日期设置：按下显示信息界面的"时间日期"按键，进入时间日期设置界面。设置时间日期，同样通过左移、右移、递增、递减按键设置，按下"确定"键，将设置的时间日期显示在主界面的右上角。

（9）软件版本号显示：按下"显示信息"界面的"软件版本"按键，进入软件版本界面。界面上可查看 BCU 和显示屏软件的版本号信息。

（10）亮度调节：制动显示屏支持屏幕亮度手动和自动调节，通过显示屏面板左侧的三个按键实现，即"+""-""A"键。当手动调节时，触发"+""-"按键；当自动调节时，触发"A"按键。

3. 后备制动阀与单缓按钮

后备制动作用是通过操作司机台面上的后备制动阀来实现的。后备制动阀有三个作用位置：制动位、中立位、缓解位，其对外接有总风调压阀管、均衡风缸管以及一个排大气缩孔。操纵后备制动阀，能实现均衡风缸充风缓解和排风减压制动，单缓按钮用于后备制动作用时单缓机车制动缸压力，如图4-9所示。

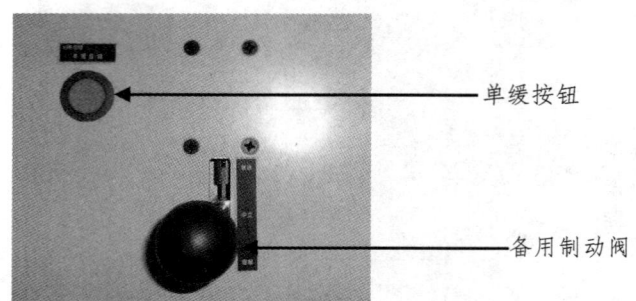

图4-9 后备制动阀与单缓按钮

4. 风压表

风压表的主要功能是实时显示总风压力、制动缸压力、列车制动管压力。

5. 紧急制动按钮

当出现紧急情况时，司机可按下紧急制动按钮，触发列车或机车紧急制动，该按钮需经旋转才能复位。

6. 停放制动施加/缓解按钮

停放制动的主要作用是当机车停车后防止机车意外溜放，停放制动采用弹簧蓄能制动来实现。当按下停放制动按钮（红色）时，该按钮发出红光，表明机车停放制动已施加；当按下停放缓解按钮（绿色）时，停放制动按钮红光熄灭，表明机车停放制动已经缓解。

7. 车长阀

当出现紧急情况时，司机快速拉下车长阀，使机车或列车紧急制动。

（二）制动柜

制动柜是制动系统的重要部分，它主要由骨架、主压缩机启停控制模块、停放制动控制模块、列车/均衡控制模块、制动缸控制模块、升弓控制模块、撒砂控制模块、制动控制单元BCU等部件组成。制动系统通过它来实现列车制动管、制动缸、停放制动的压力控制，同时还能为主压缩机的自动启停控制、撒砂控制提供辅助帮助，为受电弓、主断提供压缩空气等功能，制动柜的外形见图4-10、图4-11。另外制动柜上有两个排水球阀。

1. 骨　架

骨架的功能是支撑和固定制动柜上各部件和模块。

2. 主压缩机启停控制模块

主压缩机启停控制模块的主要功能是为主压缩机启停状态控制提供信号，如图4-12所示，该模块主要零部件见表4-1。

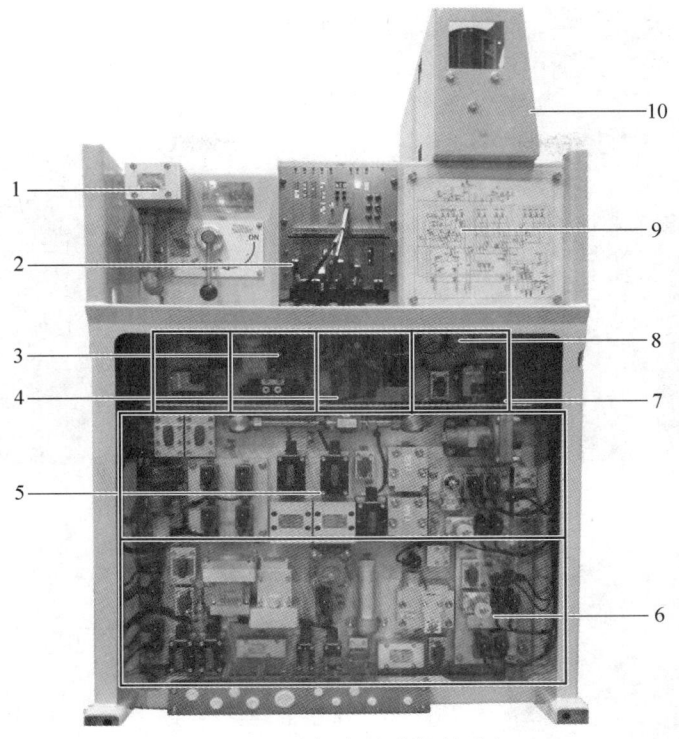

(a) DK-2 型机车制动机制动柜正面

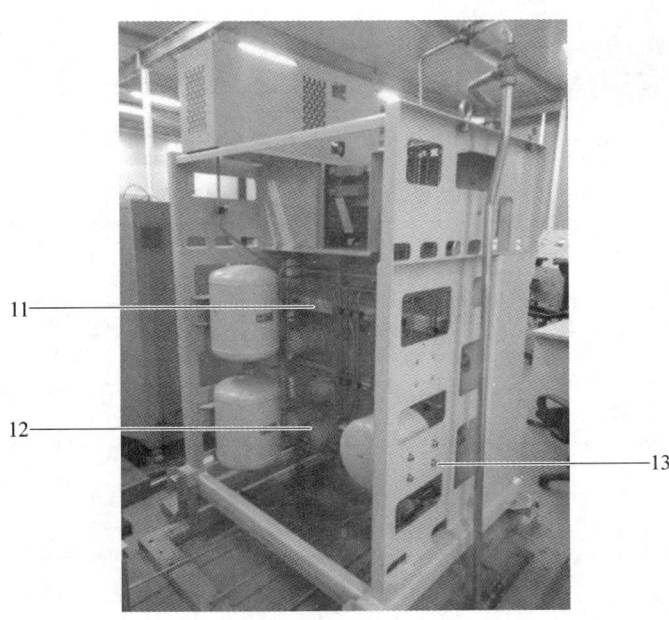

(b) DK-2 型机车制动机制动柜背面

图 4-10　DK-2 型机车制动机制动柜

1—骨架；2—安全联锁箱；3—主压缩机启停控制模块；4—停放制动控制模块；5—列车/均衡控制模块；6—制动缸控制模块；7—升弓控制模块；8—撒砂控制模块；9—制动控制单元 BCU；10—辅助压缩机；11—停放制动风缸；12—升弓风缸；13—工作风缸

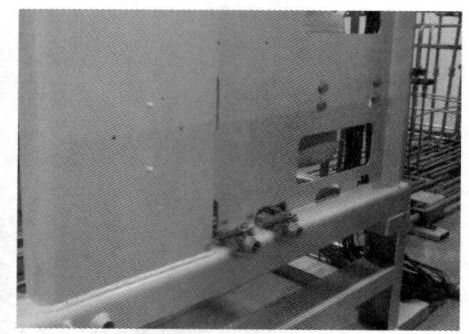

图 4-11　DK-2 制动柜侧面

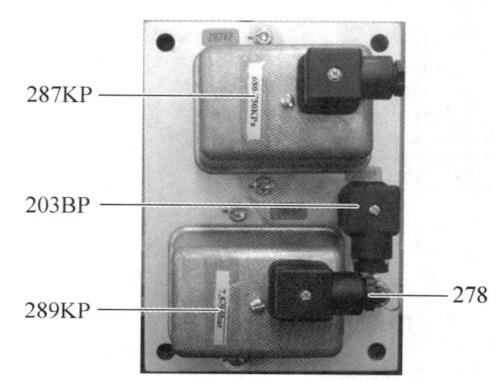
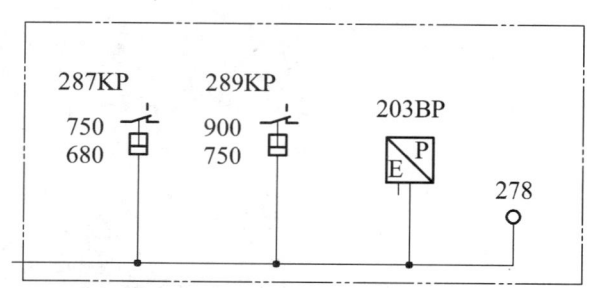

图 4-12　主压缩机启停控制模块和气路原理图

表 4-1　主压缩机启停模块上主要零部件介绍

代号	部件	功能
287KP	主压缩机压力控制器（整定值为 680 kPa）	当总风压力低于 680 kPa 时，输出高电平，两台压缩机同时工作
289KP	主压缩机压力控制器（整定值为 750 kPa）	当总风压力低于 750 kPa 时，输出高电平，一台压缩机工作；当总风压力高于 900 kPa 时输出低电平
203BP	总风压力传感器	采集总风压力值
278	总风联管压力检测口	用于检测总风联管压力

3. 停放制动控制模块

停放制动控制模块的主要功能是接受停放制动施加与缓解指令，实现停放制动缸排气与充气，同时可防止停放制动力和闸缸制动力叠加，如图 4-13 所示，该模块主要零部件见表 4-2。停放制动由停放制动调压阀、双脉冲电磁阀、停放制动压力开关、双向阀、停放制动塞门、压力测试接口等部件组成。根据停放制动缸所需缓解压力，停放制动调压阀整定值为

550 kPa，停放制动压力开关整定值为 480 kPa。当双脉冲电磁阀中停放施加电空阀得电时，停放制动缸的压缩空气通过双脉冲电磁阀排向大气，停放制动作用施加；当双脉冲电磁阀中停放缓解电空阀得电时，总风通过调压阀、双脉冲电磁阀向停放制动缸充风，停放制动作用缓解。双向阀的功能是取制动缸压力与停放制动缸压力两者之间的较大值，防止停放制动力与闸缸力同时施加，避免制动力叠加而造成制动力过大。

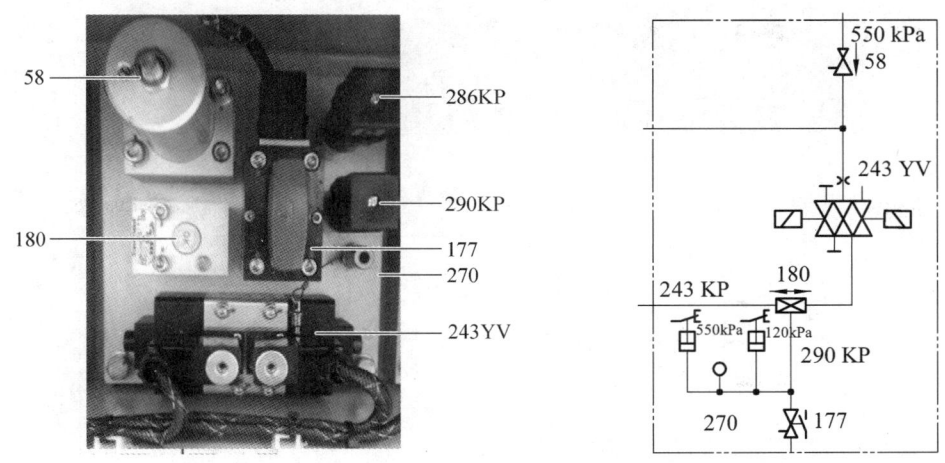

图 4-13　停放制动模块和气路原理图

表 4-2　停放制动模块上主要零部件介绍

代号	部件	功能
58	停放制动调压阀	调节进入停放制动模块的总风压力，整定压力值为 550 kPa
243YV	停放制动双脉冲电磁阀	控制停放缸的充风和排风，按压右侧按钮（红色）施加停放制动，按压左侧按钮（绿色）缓解停放制动
180	双向阀	输出闸缸压力和停放制动压力中较大者至停放缸，防止停放制动力和空气制动力叠加
286KP	停放制动压力开关	停放制动管压力达到 480 kPa 后，输出高电平，传输停放完全缓解信号给 CCU
290KP	停放制动压力开关	停放制动管压力降到 120 kPa 以下，输出高电平，传输停放施加信号给 CCU
177	停放制动塞门	控制停放制动管的通断，当塞门处于关闭位时会将停放缸压力空气排大气
270	停放制动管压力检测口	用于检测停放制动管压力

4. 列车/均衡控制模块

列车/均衡控制模块的主要功能是控制均衡风缸和列车制动管的压力。列车/均衡控制模块由中继阀、紧急阀、遮断阀、流量计、转换阀、调压阀、电空阀、传感器、塞门及气路板等部件组成，该模块中还包含两个小模块，即电空阀集成模块和均衡控制模块，如图 4-14 所示。

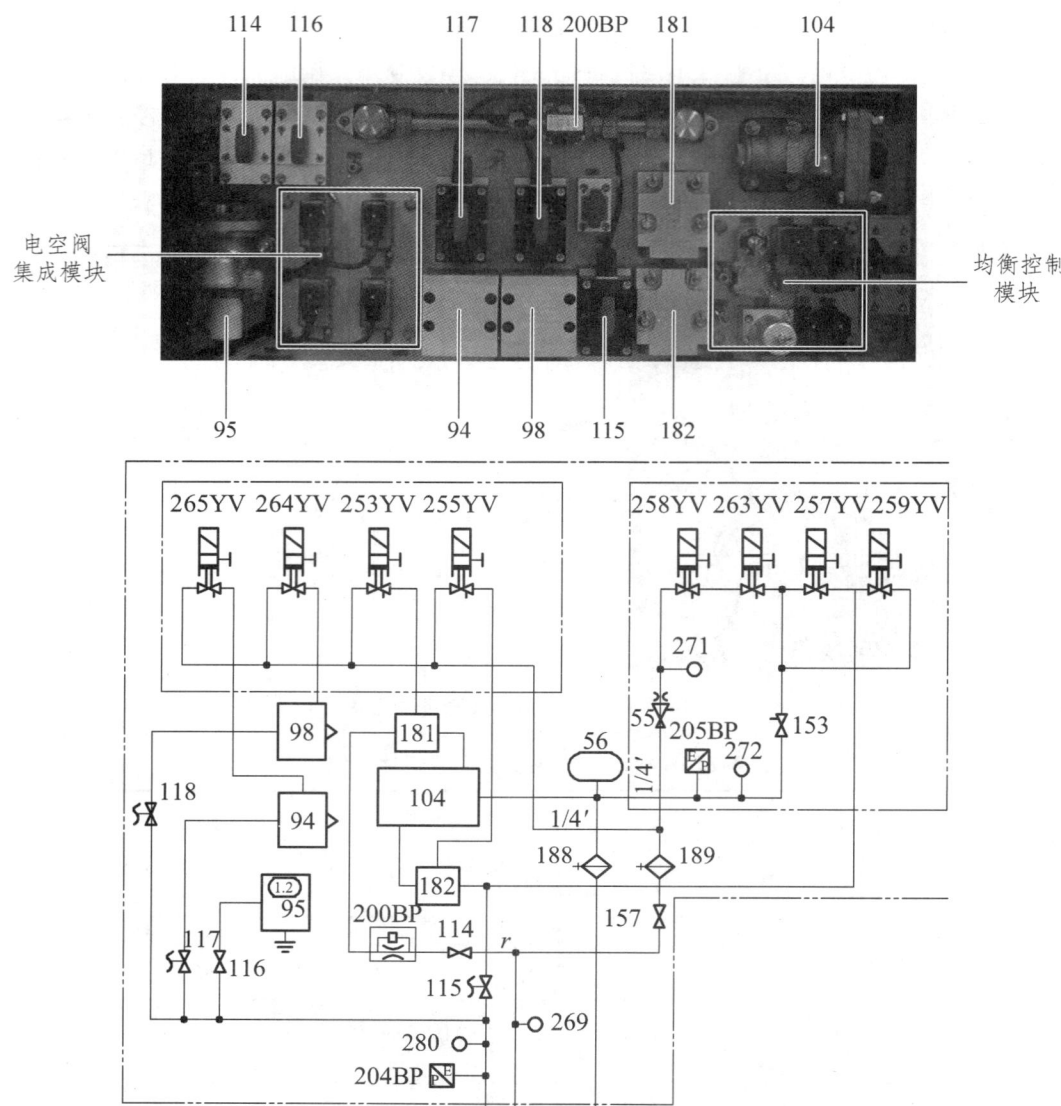

图 4-14 列车/均衡控制模块和气路原理图

1）列车制动管压力控制模块

列车制动管压力控制模块的主要功能是控制列车制动管的初充风和再充风、常用制动排风和紧急制动排风、列车制动管前后遮断等功能，列车制动管压力控制模块主要零部件见表 4-3。

列车制动管的充气与排气由中继阀根据均衡风缸压力控制，中继阀能保证列车制动管压力在均衡风缸压力 ±10 kPa 范围内。流量计用于检测列车制动管充风流量。总风遮断阀受中立电空阀控制，用来切断常用制动与紧急制动工况下的列车制动管补风通路。列车制动管遮断阀受遮断电空阀控制，用于制动机重联工况下切断中继阀与列车制动管的通路。

当大闸、ATP、列车分离保护作用等产生紧急电信号时，紧急制动电空阀得电，驱动电动放风阀直接将列车制动管压力排向大气，列车制动管压力迅速降为 0。

表 4-3 列车制动管压力控制模块上零部件介绍

代号	部件	功能
200BP	列车制动管充风流量计	监测列车制动管充风流量值
204BP	列车制动管压力传感器	采集列车制动管压力
116	紧急阀列车制动管塞门	控制进入紧急阀列车制动管的通断
95	紧急阀	在紧急制动时加快列车制动管的排风，提高紧急制动灵敏度和紧急制动波速，同时接通列车分离保护电路，使列车紧急制动作用更加可靠
253YV	中立电空阀	得电时控制总风遮断阀切断列车制动管补风
265YV	紧急电空阀	紧急制动时控制放风阀 94 的排风
264YV	紧急电空阀	紧急制动时控制放风阀 98 的排风
255YV	遮断电空阀	控制列车制动管遮断阀动作
94/98	放风阀	紧急制动时，开通列车制动管与大气通路，使列车制动管压力急剧下降，全列车产生紧急制动作用
117/118	放风阀 94/98 列车制动管塞门	控制放风阀 94/98 列车制动管的通断
181	总风遮断阀	控制总风向列车制动管充风的一道关口，一般情况下，该阀的动作与均衡风缸的减压动作同步，即均衡风缸减压，该阀关闭遮断阀口，以确保一次缓解型制动系统的制动作用可靠
104	中继阀	中继阀依据均衡风缸的压力变化来控制列车制动管的压力变化，从而完成列车的制动、保压和缓解
182	列车制动管遮断阀	用于制动系统重联工况下切断中继阀与列车制动管的通路
114	中继阀总风塞门	控制进入中继阀总风管的通断
115	中继阀列车制动管塞门	控制进入中继阀列车制动管的通断
157	电空制动总风塞门	控制进入均衡控制模块总风管的通断
189	滤尘器	过滤进入均衡控制模块总风管的压缩空气
56	均衡风缸	存储均衡压力空气
188	滤尘器	过滤进入均衡风缸的均衡管压缩空气
269	总风压力检测口	用于检测总风压力值
280	列车制动管压力检测口	用于检测列车制动管压力值

当紧急阀检测到列车分离时的列车制动管快速减压信号时，立刻通过电联锁向制动控制单元发出断钩信号，同时自动打开列车制动管排风阀口，加快列车制动管排风并锁定紧急制动信号约 15 s。

2）均衡压力控制模块

均衡压力控制模块的主要功能是对均衡风缸压力进行闭环控制、制动系统失电时使均衡风缸排风，如图 4-15 所示，均衡压力控制模块主要零部件见表 4-4。

 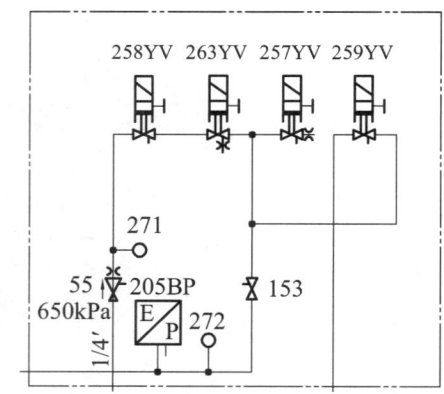

图 4-15 均衡压力控制模块和气路原理图

表 4-4 均衡压力控制模块上零部件介绍

代号	部件	功能
257YV	制动电空阀	控制均衡风缸的排风
258YV	缓解电空阀	控制均衡风缸的充风
263YV	保护电空阀	制动系统失电时排均衡风缸的风
259YV	重联电空阀	得电时沟通列车制动管和均衡管,使中继阀失去控制列车制动管压力的能力
55	均衡风缸调压阀	调节进入均衡模块的总风的压力值（整定值为 650 kPa）
271	压力检测口	用于检测经调压阀 55 调压后的总风压力值
153	电空转换阀	实现电空位和空气位的转换
272	压力检测口	用于检测均衡风缸压力值
205BP	压力传感器	采集均衡风缸压力值

采用高速电空阀、压力传感器以及 PWM 脉宽调制方式实现对压力精确控制的 EP 闭环模拟控制模式,均衡风缸升压、减压速度都符合 TB/T 2056 相关规定。

在 EP 闭环模拟控制模式下,制动控制单元接收大闸发出的均衡风缸目标值命令,比较目标值与压力传感器反馈的均衡风缸实时压力值,通过对进、排气高速电空阀的 PWM 控制,达到精确控制均衡风缸压力的目的。保护电空阀可以确保系统失电时均衡风缸的自动减压排风,实现失电常用制动。

5. 制动缸控制模块

制动缸控制模块的主要功能是根据系统指令输出制动缸压力,实现预控风缸闭环控制、电子分配阀和空气分配阀切换、机车单缓等功能,它还包含一个小模块即闸缸预控模块,如图 4-16 所示,制动缸控制模块主要零部件见表 4-5。

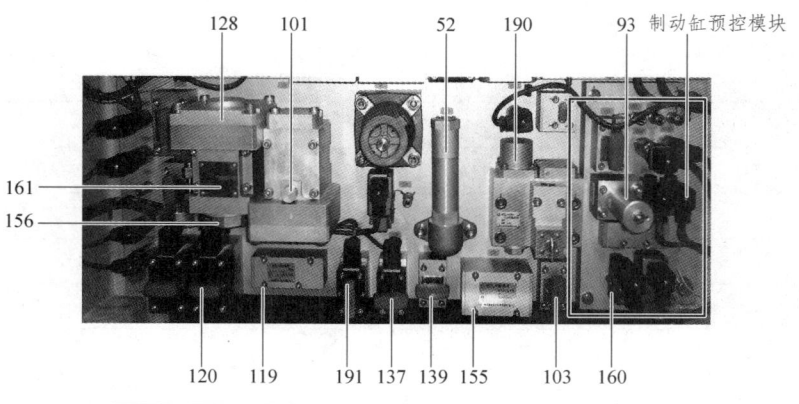

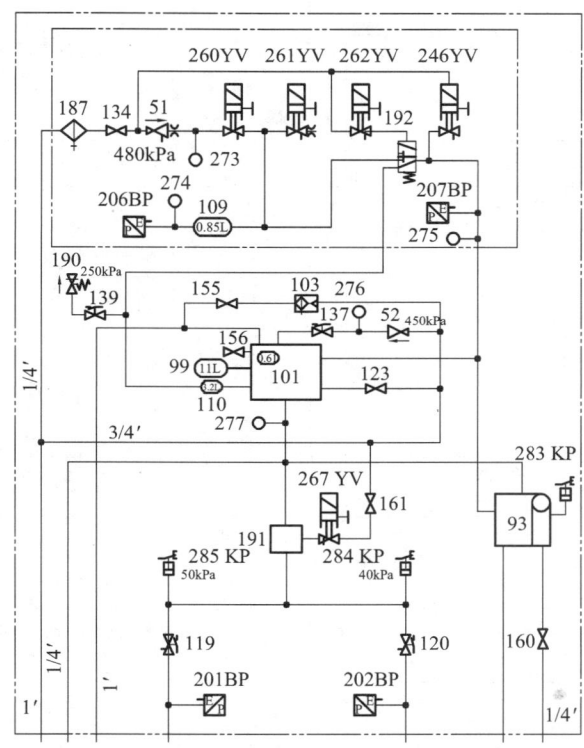

图 4-16 制动缸控制模块和气路原理图

表 4-5 制动缸控制模块上零部件介绍

代号	部件	功能
187	滤尘器	过滤进入闸缸预控模块总风管的压缩空气
134	单制总风塞门	控制进入闸缸预控模块的总风管通断
51	单制调压阀	调节进入闸缸预控模块的总风压力,整定压力值 480 kPa
260YV	单制电空阀	控制制动缸预控风缸的充风
261YV	单缓电空阀	控制制动缸预控风缸的排风
206BP	压力传感器	采集制动缸预控风缸压力值

- 127 -

续表 4-5

代号	部件	功能
274TP	压力检测口	用于检测预控风缸压力
262YV	切换电空阀	控制电子分配阀和空气分配阀的切换
192	切换阀	接受切换电空阀控制,切换电子分配阀和空气分配阀
275	作用管压力测试口	用于检测作用管压力值
246YV	强缓电空阀	紧急制动后单缓机车
207BP	作用管压力传感器	采集作用管压力值
101	分配阀	输出闸缸压力
156	分配阀缓解塞门	控制分配阀容积室排大气通路
103	无火滤尘止回阀	无火回送时过滤列车制动管到总风管去的风,并有止回作用
155	无火塞门	无火回送时需开通
139	无火安全阀塞门	无火回送时需开通
190	无火安全阀	控制无火回送时制动缸最高压力,整定值 250 kPa
52	紧急增压调压阀	紧急制动时控制最大闸缸压力在 450 kPa,整定值 450 kPa
276	紧急增压通路压力测试口	用于检测紧急增压调压阀调压后总风压力值
137	紧急增压塞门	控制紧急增压通路
123	分配阀总风供给塞门	控制分配阀总风通路
99	工作风缸	为向容积室充风存储风压
277	压力检测口	用于检测闸缸压力
191	制动缸切换阀	闸缸切换命令产生时使闸缸压力排大气
267YV	制动缸切换电空阀	得电时使总风进入切换阀,控制制动缸切换阀动作
161	制动缸切换阀总风塞门	控制切换阀总风通路
285KP	制动缸压力开关	制动缸压力达 90 kPa 时传输信号到 CCU 切除电制动
284KP	制动缸压力开关	制动缸压力达 40 kPa 时传输信号到 CCU 切除牵引
119	制动缸Ⅰ塞门	控制制动缸Ⅰ的通路,关闭此塞门,Ⅰ路制动缸压力空气排大气
120	制动缸Ⅱ塞门	控制制动缸Ⅱ的通路,关闭此塞门,Ⅱ路制动缸压力空气排大气
201BP	制动缸Ⅰ压力传感器	采集制动缸Ⅰ压力值
202BP	制动缸Ⅱ压力传感器	采集制动缸Ⅱ压力值
93	重联阀	保证重联机车的制动和缓解作用与本务机车协调一致
283KP	压力开关	判断重联阀的工作状态,给 BCU 信号
160	总风联管塞门	控制进入重联阀的总风通路

电子分配阀包括分配阀均衡部、切换电空阀、制动缸预控压力的 EP 闭环模拟控制部件（高速电空阀、压力传感器）。电子分配阀中的制动缸预控压力的 EP 闭环模拟控制方式与均衡风缸 EP 闭环模拟控制方式相同，制动控制单元接收大闸、小闸发出的指令，再根据列车制动管减压量计算出制动缸预控压力的目标值，比较目标值与制动缸预控压力传感器反馈的制动缸预控压力实时值，通过对进、排气高速电空阀的 PWM 控制，达到精确控制制动缸预控压力的目的。分配阀均衡部根据制动缸预控压力变化，实现制动缸的充气与排气。

空气分配阀为 109 型分配阀，当切换电空阀失电时，制动缸预控切换至空气分配阀的通路，由空气分配阀控制机车制动缸的充气与排气，空气分配阀根据列车制动管压力变化产生相应制动缓解作用，为电子分配阀常用制动时的热备冗余。

为确保紧急制动的可靠，机车紧急制动时，优先采用空气分配阀来控制制动缸压力，当发生紧急制动时，109 分配阀增压阀打开，实现对容积室的快速充气，控制制动缸压力快速上升至最高压力 450 kPa。为解决 109 分配阀紧急制动安全阀惯性故障，DK-2 型制动机对紧急制动限压从原理上进行了设计改进：正常情况下，关闭塞门 139 隔离安全阀，利用调压阀 52 来限制紧急制动时制动缸最高压力；只有在机车无火回送的情况下，才打开塞门 139，安全阀投入使用，用来限制无火回送机车制动缸压力不超过 250 kPa。

DK-2 型机车制动系统通过重联阀、平均管、列车制动管实现本机与制动与缓解的同步。当重联阀置于本机位时，机车制动缸与平均管沟通，平均管压力跟随制动缸压力变化而变化。当重联阀置于补机位时，机车平均管与作用管沟通，作用管压力跟随平均管压力变化而变化，从而实现本机通过平均管控制补机制动缸压力的功能。

此外，重联阀压力开关 283KP 可检测重联阀转换手柄处于本机位或补机位，并将检测到的压力信号传送给制动控制单元 BCU，BCU 将根据该信息实施不同的控制作用，并通过制动显示屏将重联阀位置信息反馈给司乘人员。

6. 升弓控制模块

升弓控制模块的主要功能是为受电弓和主断路器提供风源，实现升弓风源不同工况的转换，如图 4-17 所示，该模块主要零部件见表 4-6。

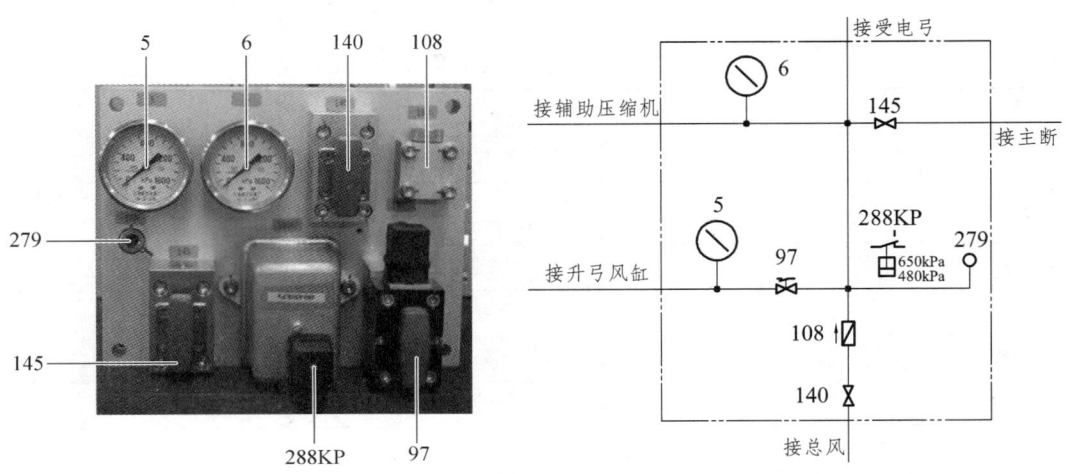

图 4-17 升弓控制模块和气路原理图

表 4-6 升弓控制模块上零部件介绍

代号	部件	功能
140	升弓模块总风控制塞门	控制升弓模块总风路通断
108	控制管路总风止回阀	防止控制管路总风逆流
97	升弓风缸塞门	控制升弓风缸总风路通断
288KP	辅助压缩机压力控制器	为辅助压缩机的启停控制提供压力信号
279	升弓风缸压力测试口	用于检测升弓风缸压力
145	主断总风塞门	控制主断供风通路的通断
5	升弓风缸压力表	显示升弓风缸的实时压力
6	辅助压缩机压力表	显示辅助压缩机出风口实时压力
102	升弓风缸	储存升弓压缩空气

7. 撒砂控制模块

撒砂控制模块的主要功能是接受撒砂控制指令，控制撒砂器撒砂作用，如图 4-18 所示，该模块主要零部件见表 4-7。

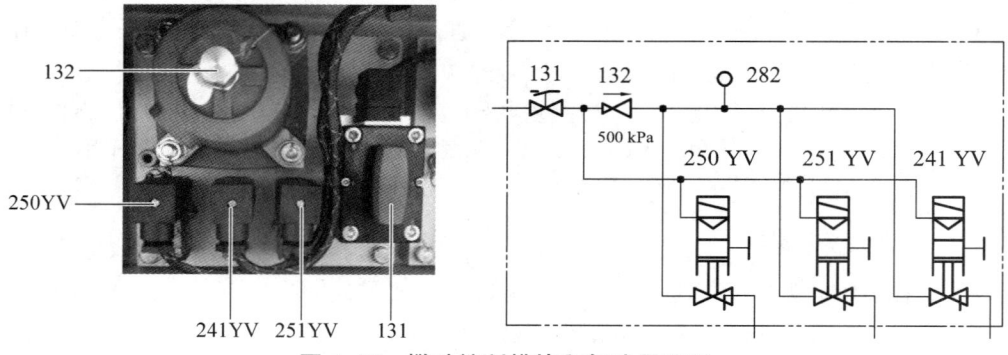

图 4-18 撒砂控制模块和气路原理图

表 4-7 撒砂控制模块上零部件介绍

代号	部件	功能
131	撒砂总风塞门	控制进入撒砂控制模块的总风管的通断
132	撒砂调压阀	调整进入撒砂控制模块的总风压力大小，整定值为 500 kPa
282	压力检测口	用于检测经调压阀后的总风压力值
241YV	常供风电空阀	用于干燥砂箱
250YV	撒砂电空阀	用于牵引向前撒砂
251YV	撒砂电空阀	用于牵引向后撒砂

8. 制动控制单元 BCU

制动控制单元 BCU 是制动机核心控制部件，用来实时、快速地处理制动机模拟量、网络通讯数据以及制动机信息化数据，实现机车制动机控制、状态监控及故障诊断、显示、报警、数据记录存储、网络通讯等功能。为了和 CCU 交换制动系统的信号，制动控制单元与 CCU 的接口通过 MVB 连接，部分制动信号由 CCU 进行控制（例如停放制动等），如图 4-19 所示。

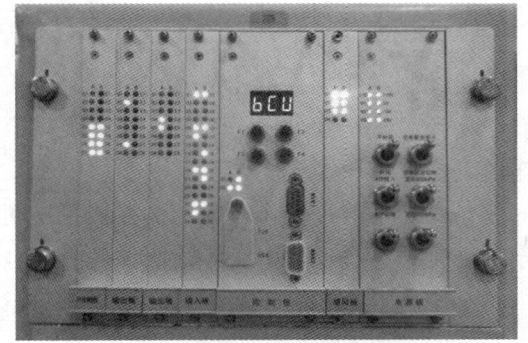

图 4-19　制动控制单元 BCU

制动控制单元 BCU 采用欧式 4U 标准结构框架，由 7 块 4U 标准插件组成：1 块 PWM 板、1 块输入板、2 块输出板、1 块控制板、1 块模拟板、1 块电源板。其插件通过其面板由带防脱的紧固件与机箱固定，母线板安装在机箱后部，母线板也与 BCU 后面的专用连接器相连，这些连接器用来实现与外部电路通讯。

PWM 板主要提供 24 V 的 PWM 调制信号，用于驱动高速电磁阀。每块 PWM 板共设置 4 路 PWM 输出信号，每路信号都设置了对应的信号输出指示灯。

输入板用于制动控制单元开关量信号的采集，每路开关量信号都经过了电阻网络降压、稳压管限幅、电容滤波、光电隔离后再经过施密特触发器输入给控制板。输入板电路可靠性很高，抗干扰能力强，能适应机车上的恶劣工作环境。每块输入板设计为 32 路，每路都有指示灯指示该点的工作状态。

输出板用于制动控制单元 BCU 开关量信号的输出，每路开关量信号都经过了光电隔离耦合器、滤波电路单元、过流保护电路单元后送至制动机的电空阀。每块输出板设计为 8 路，每路都有指示灯指示该点的工作状态。

模拟板主要用来采集传感器送来的 4～20 mA 的电流信号，信号经过整形、转换、限幅、滤波等处理后送到 A/D 芯片进行模数转换。模拟板包含 14 路 4～20 mA 电流信号输入通道和 2 路 0～10 V 电压信号输入通道。

电源板用于提供制动控制单元 BCU 工作的 DC5V 内部工作电源和 DC24V 外供电源（用于驱动传感器、高速电控开关阀等），具有过热和过流、过压、欠压保护功能，制动控制单元 BCU 输入电压为 DC110V。电源板上有 6 个钮子开关。制动显示屏上有对应的钮子开关信息栏状态显示。

注意：钮子开关的状态改变会引起机车惩罚制动（常用制动列车制动管最大减压量）；转换定压前，将大闸置紧急位后再转换钮子开关。

第三节　DK-2 型机车制动系统的综合作用

机车制动机的综合作用，习惯上是根据大闸和小闸各手柄位置的变换（该变换是由操纵列车/机车实际运行情况而决定）而确定的机车制动机各主要部件之间的相互关系和作用规律。DK-2 型机车制动机的综合作用按自动制动作用、单独制动作用和后备制动作用三方面重点予以介绍。

一、自动制动作用

自动制动作用，即 DK-2 型机车制动机处于电空位，非操纵端大闸置重联位，小闸置运转位，操纵端小闸处于运转位，操纵大闸手柄在各位置时的综合作用。该作用用于操纵全列车的制动、保压与缓解。

自动制动通过操作自动制动手柄在不同位置，控制均衡风缸压力，再通过中继阀控制列车制动管压力，通过电子分配阀控制制动缸压力。

（一）大闸运转位，小闸运转位

该位置是列车运用中，大闸手把常放位置，是向全列车初充风、再充风缓解列车制动以及列车正常运用所采用的位置。

1. 电　路

◆主要输入：

（1）导线 801（电源）→大闸 1AC→导线 803→BCU（输入板第 10 点灯亮）；

（2）导线 801（电源）→大闸 1AC→导线 807→BCU（输入板第 9 点灯亮）；

（3）导线 801（电源）→小闸 1AC→导线 814→BCU（输入板第 2 点灯亮）；

（4）导线 801（电源）→小闸 1AC→导线 815→BCU（输入板第 1 点灯亮）。

◆主要输出：

（1）保护电空阀 263YV 得电（BCU 输出板第 2 点灯亮）；

（2）转换电空阀 262YV 得电（BCU 输出板第 7 点灯亮）；

（3）缓解高速电空阀 258YV 得电（BCU PWM 板第 1 点灯亮，当均衡压力充至定压时灯灭）；

（4）单缓高速电空阀 261YV 得电（BCU PWM 板第 4 点灯亮，当制动缸压力缓解至 0 kPa 时灯灭）。

2. 气　路

（1）总风→塞门 157→调压阀 55（整定压力为 650 kPa）→缓解高速电空阀 258YV→保护电空阀 263YV→转换阀 153→均衡风缸（压力上升至列车制动管定压）。

（2）总风遮断阀 181 左侧压力空气→中立电空阀 253YV→大气。

（3）列车制动管遮断阀 182 左侧压力空气→遮断电空阀→大气。

（4）总风→塞门 134→转换电空阀 262YV→切换阀 192（沟通预控风缸和分配阀均衡部的通路）。

（5）分配阀均衡部压力空气→作用管→切换阀 192→预控风缸→单缓高速电空阀 261→大气。

（二）大闸初制动位，小闸运转位

将大闸置于该位置，使列车制动管产生一个最小减压量 45~55 kPa，闸缸压力上升到 90~110 kPa。

1. 电　路

◆主要输入：

（1）导线801（电源）→大闸1AC→导线807→BCU（输入板第9点灯亮）；

（2）导线801（电源）→大闸1AC→导线806→BCU（输入板第7点灯亮）；

（3）导线801（电源）→小闸1AC→导线814→BCU（输入板第2点灯亮）；

（4）导线801（电源）→小闸1AC→导线815→BCU（输入板第1点灯亮）。

◆主要输出：

（1）保护电空阀263YV得电（BCU输出板第2点灯亮）；

（2）转换电空阀262YV得电（BCU输出板第7点灯亮）；

（3）中立电空阀253YV得电（BCU输出板第4点灯亮）；

（4）制动高速电空阀257YV得电（BCU PWM板第2点灯亮，当列车制动管压力完成规定的减压量后灯灭）；

（5）单制高速电空阀260YV得电（BCU PWM板第3点灯亮，当制动缸压力充至规定的压力时灯灭）。

2. 气　路

（1）由于缓解高速电空阀258YV失电，其充风阀口关闭，切断了均衡风缸的充风通路。而此时制动高速电空阀257YV得电，使得：均衡风缸压力空气→转换阀153→制动高速电空阀257YV→大气。

（2）总风→塞门157→中立电空阀253YV→总风遮断阀181左侧，切断总风进入中继阀的通路。

（3）列车制动管遮断阀182左侧压力空气→遮断电空阀→大气。

（4）总风→塞门134→转换电空阀262YV→切换阀192（沟通预控风缸和分配阀均衡部的通路）。

（5）总风→塞门134→调压阀51（整定压力为480 kPa）→单制高速电空阀260YV→预控风缸→切换阀192→作用管→分配阀均衡部。

（三）大闸制动区（包含全制动），小闸运转位

该区间是操纵列车进行常用制动的主要区间，大闸手柄在制动区移动可控制列车制动管减压量的大小，由后往前减压量由小到大，全制动时列车制动管达最大减压量（定压600 kPa时，最大减压量为170 kPa；定压500 kPa时，最大减压量为140 kPa）。

1. 电　路

◆主要输入：

（1）导线801（电源）→大闸1AC→导线806→BCU（输入板第7点灯亮）；

（2）导线801（电源）→小闸1AC→导线814→BCU（输入板第2点灯亮）；

（3）导线801（电源）→小闸1AC→导线815→BCU（输入板第1点灯亮）。

◆主要输出：

（1）保护电空阀263YV得电（BCU输出板第2点灯亮）；

（2）转换电空阀262YV得电（BCU输出板第7点灯亮）；

（3）中立电空阀253YV得电（BCU输出板第4点灯亮）；

（4）制动高速电空阀257YV得电（BCU PWM板第2点灯亮，当列车制动管压力完成规定的减压量后灯灭）；

（5）单制高速电空阀260YV得电（BCU PWM板第3点灯亮，当制动缸压力充至规定的压力时灯灭）。

2. 气　路

（1）由于缓解高速电空阀258YV失电，其充风阀口关闭，切断了均衡风缸的充风通路。而此时制动高速电空阀257YV得电，使得：均衡风缸压力空气→转换阀153→制动高速电空阀257YV→大气。

（2）总风→塞门157→中立电空阀253YV→总风遮断阀181左侧，切断总风进入中继阀的通路。

（3）列车制动管遮断阀182左侧压力空气→遮断电空阀→大气。

（4）总风→塞门134→转换电空阀262YV→切换阀192（沟通预控风缸和分配阀均衡部的通路）。

（5）总风→塞门134→调压阀51（整定压力为480 kPa）→单制高速电空阀260YV→预控风缸→切换阀192→作用管→分配阀均衡部。

（四）大闸抑制位，小闸运转位

该位置是制动机开机解锁和惩罚制动解锁的工作位置，同时会使列车制动管产生最大常用制动减压量。

1. 电　路

◆主要输入：

（1）导线801（电源）→大闸1AC→导线805→BCU（输入板第6点灯亮）；

（2）导线801（电源）→小闸1AC→导线814→BCU（输入板第2点灯亮）；

（3）导线801（电源）→小闸1AC→导线815→BCU（输入板第1点灯亮）。

◆主要输出：

（1）保护电空阀263YV得电（BCU输出板第2点灯亮）；

（2）转换电空阀262YV得电（BCU输出板第7点灯亮）；

（3）中立电空阀253YV得电（BCU输出板第4点灯亮）；

（4）制动高速电空阀257YV得电（BCU PWM板第2点灯亮，当列车制动管压力完成规定的减压量后灯灭）；

（5）单制高速电空阀260YV得电（BCU PWM板第3点灯亮，当制动缸压力充至规定的压力时灯灭）。

2. 气　路

（1）由于缓解高速电空阀258YV失电，其充风阀口关闭，切断了均衡风缸的充风通路。而此时制动高速电空阀257YV得电，使得：均衡风缸压力空气→转换阀153→制动高速电空阀257YV→大气。

（2）总风→塞门 157→中立电空阀 253YV→总风遮断阀 181 左侧，切断总风进入中继阀的通路。

（3）列车制动管遮断阀 182 左侧压力空气→遮断电空阀→大气。

（4）总风→塞门 134→转换电空阀 262YV→切换阀 192（沟通预控风缸和分配阀均衡部的通路）。

（5）总风→塞门 134→调压阀 51（整定压力为 480 kPa）→单制高速电空阀 260YV→预控风缸→切换阀 192→作用管→分配阀均衡部。

（五）大闸重联位，小闸运转位

该位置是重联机车的运行位，也是换端操作时钥匙取出位及非操纵端使用的位置，同时重联位还具有制动机开机解锁功能。制动机正常运用时，若将操纵端大闸长时间置于重联位，均衡风缸会以常用减压速率减压至 0 kPa，列车制动管压力减为 35~85 kPa。在减压过程中，当列车制动管达常用制动最大减压量后，再将大闸置抑制位可保住列车制动管压力。当列车制动管压力减到 260 kPa 以下时，制动机视为紧急制动，制动缸压力上升到 450±10 kPa。

1. 电　路

◆ 主要输入：

（1）导线 801（电源）→大闸 1AC→导线 821→BCU（输入板第 5 点灯亮）；

（2）导线 801（电源）→小闸 1AC→导线 814→BCU（输入板第 2 点灯亮）；

（3）导线 801（电源）→小闸 1AC→导线 815→BCU（输入板第 1 点灯亮）；

◆ 主要输出：

（1）保护电空阀 263YV 得电（BCU 输出板第 2 点灯亮）；

（2）转换电空阀 262YV 得电（BCU 输出板第 7 点灯亮）；

（3）中立电空阀 253YV 得电（BCU 输出板第 4 点灯亮）；

（4）制动高速电空阀 257YV 得电（BCU PWM 板第 2 点灯亮，当列车制动管压力完成规定的减压量后灯灭）；

（5）单制高速电空阀 260YV 得电（BCU PWM 板第 3 点灯亮，当制动缸压力充至规定的压力时灯灭）；

（6）当机车处于补机模式或单机模式时，重联电空阀 259YV 得电（BCU 输出板第 6 点灯亮）；

（7）当机车处于补机模式或单机模式时，遮断电空阀 255YV 得电（BCU 输出板第 5 点灯亮，仅当机车处于补机模式或单机模式）。

2. 气　路

◆ 由于缓解高速电空阀 258YV 失电，其充风阀口关闭，切断了均衡风缸的充风通路。而此时制动高速电空阀 257YV 得电，使得：均衡风缸压力空气→转换阀 153→制动高速电空阀 257YV→大气。

◆ 总风→塞门 157→中立电空阀 253YV→总风遮断阀 181 左侧，切断总风进入中继阀的通路。

◆总风→塞门 134→转换电空阀 262YV→切换阀 192（沟通预控风缸和分配阀均衡部的通路）。

◆总风→塞门 134→调压阀 51（整定压力为 480 kPa）→单制高速电空阀 260YV→预控风缸→切换阀 192→作用管→分配阀均衡部。

◆补机模式或单机模式：列车制动管→重联电空阀 259YV→转换阀 153→均衡风缸。

◆补机模式或单机模式：总风→塞门 157→遮断电空阀 255YV→列车制动管遮断阀 182 左侧，切断列车制动管进入中继阀的通路。

（六）大闸紧急位，小闸运转位

该位置是列车运用中紧急停车所使用的位置。

1. 电　路

◆主要输入：

（1）导线 801（电源）→大闸 1AC→导线 804→BCU（输入板第 8 点灯亮）；

（2）导线 801（电源）→大闸 1AC→导线 806→BCU（输入板第 7 点灯亮）；

（3）导线 801（电源）→大闸 1AC→导线 821→BCU（输入板第 5 点灯亮）；

（4）导线 801（电源）→小闸 1AC→导线 814→BCU（输入板第 2 点灯亮）；

（5）导线 801（电源）→小闸 1AC→导线 815→BCU（输入板第 1 点灯亮）。

◆主要输出：

（1）保护电空阀 263YV 得电（BCU 输出板第 2 点灯亮）；

（2）中立电空阀 253YV 得电（BCU 输出板第 4 点灯亮）；

（3）重联电空阀 259YV 得电（BCU 输出板第 6 点灯亮）；

（4）紧急电空阀 264YV、265YV 得电（BCU 输出板第 1 点灯亮）；

（5）制动高速电空阀 257YV 得电（BCU PWM 板第 2 点灯亮，当列车制动管压力完成规定的减压量后灯灭）；

（6）单制高速电空阀 260YV 得电（BCU PWM 板第 3 点灯亮，当预控风缸压力充至规定的压力时灯灭）。

2. 气　路

（1）由于转换电空阀 262YV 失电，切断了预控风缸和分配阀均衡部的通路，同时使分配阀容积室和均衡部沟通，紧急制动时分配阀均衡部的压力空气来自容积室而非预控风缸。

（2）总风→塞门 157→紧急电空阀 264YV→板式放风阀 98 膜板下方（沟通列车制动管排大气通路）。

（3）总风→塞门 157→紧急电空阀 265YV→板式放风阀 94 膜板下方（沟通列车制动管排大气通路）。

（4）由于列车制动管压力急剧下降，紧急室压力来不及通过缩孔逆流到列车制动管，紧急鞲鞴失去平衡下移并压下夹心阀，开放列车制动管排风阀口，进一步加速列车制动管的排风，同时带动下部电联锁改变电路。

（5）总风→塞门 157→中立电空阀 253YV→总风遮断阀 181 左侧，切断总风进入中继阀的通路。

（6）均衡风缸压力空气→转换阀 153→制动高速电空阀 257YV→大气。

（7）均衡风缸→转换阀 153→重联电空阀 259YV→列车制动管（随列车制动管排入大气）。

（8）总风→塞门 134→调压阀 51（整定压力为 480 kPa）→单制高速电空阀 260YV→预控风缸。

注意：

（1）当 BCU 上空电联合钮子开关投入时，自动制动和电制动必须实现互锁，制动控制单元将通过 MVB 接口发送自动制动控制器的命令到机车主控制系统 CCU，此时 CCU 将判断是用空气制动还是用电制动来完成制动目标，当机车电制动投入时，制动缸压力将被缓解。

（2）如果电制动系统失效，电制动将被切除，自动制动与电制动互锁无效，根据大闸制动要求投入空气制动。

二、单独制动作用

单独制动作用，即 DK-2 型机车电空制动机处于电空位，非操纵端大闸重联位，小闸置运转位，操纵端大闸处于运转位，操纵小闸手把在各位置时的综合作用，它还包括大闸处于制动区或紧急位，小闸手把置于侧压缓解位时的综合作用。该作用用于单独操纵机车的制动、保压与缓解。单独制动以空气制动为基础来实现，由本务机车的司机专门操作，单独制动主要用于调车。

操作小闸仅会使机车产生单独制动而不会影响列车制动管压力。小闸手柄置于制动区时，将引起本务机车和被重联机车的制动；小闸手柄置于运转位时，将缓解本务机车和被重联机车。单独制动具有阶段缓解和阶段制动功能。

（一）大闸运转位，小闸初制动位

该位置是小闸在制动区的起始位置，小闸位于该位置时，机车制动缸不会产生压力。

1. 电　路

◆主要输入：

（1）导线 801（电源）→大闸 1AC→导线 803→BCU（输入板第 10 点灯亮）；

（2）导线 801（电源）→大闸 1AC→导线 807→BCU（输入板第 9 点灯亮）；

（3）导线 801（电源）→小闸 1AC→导线 813→BCU（输入板第 3 点灯亮）；

（4）导线 801（电源）→小闸 1AC→导线 815→BCU（输入板第 1 点灯亮）。

◆主要输出：和大闸运转位、小闸运转位一致。

2. 气　路

和大闸运转位、小闸运转位一致。

（二）大闸运转位，小闸制动区（包含全制动）

该区间是操纵机车进行单独制动的主要区间，小闸手柄在制动区移动可控制机车制动缸压力在 0～300 kPa 之间，全制动时机车制动缸压力达到最大 300 kPa，在此区间小闸能阶段缓解。

1. 电　路

◆主要输入：

（1）导线 801（电源）→大闸 1AC→导线 803→BCU（输入板第 10 点灯亮）；

（2）导线 801（电源）→大闸 1AC→导线 807→BCU（输入板第 9 点灯亮）；

（3）导线 801（电源）→小闸 1AC→导线 813→BCU（输入板第 3 点灯亮）。

◆主要输出：

（1）保护电空阀 263YV 得电（BCU 输出板第 2 点灯亮）；

（2）转换电空阀 262YV 得电（BCU 输出板第 7 点灯亮）；

（3）单制高速电空阀 260YV 得电（BCU PWM 板第 3 点灯亮，当制动缸压力充至规定的压力时灯灭）。

2. 气　路

◆总风→塞门 134→转换电空阀 262YV→切换阀 192（沟通预控风缸和分配阀均衡部的通路）。

◆总风→塞门 134→调压阀 51（整定压力为 480 kPa）→单制高速电空阀 260YV→预控风缸→切换阀 192→作用管→分配阀均衡部。

（三）小闸侧压缓解位

将小闸手柄置于侧压缓解位，可以实现单独缓解大闸产生的机车制动缸压力。常用制动的单独缓解不能被恢复，这就意味着机车制动缸缓解压力将不能随单独制动手柄返回而恢复；紧急制动后的单缓可以被恢复，即紧急制动后的制动缸压力被小闸侧压缓解后，随着小闸手柄复原，制动缸压力又升至 450 kPa。

1. 电　路

◆主要输入：

（1）导线 801（电源）→大闸 1AC→导线 803→BCU（输入板第 10 点灯亮）；

（2）导线 801（电源）→大闸 1AC→导线 807→BCU（输入板第 9 点灯亮）；

（3）导线 801（电源）→小闸 1AC→导线 810→BCU（输入板第 25 点灯亮）。

◆主要输出：

（1）保护电空阀 263YV 得电（BCU 输出板第 2 点灯亮）；

（2）转换电空阀 262YV 得电（BCU 输出板第 7 点灯亮）；

（3）单缓高速电空阀 261YV 得电（BCU PWM 板第 4 点灯亮，当制动缸压力缓解至相应的压力时灯灭）。

（4）紧急制动后的侧压缓解强缓电空阀 246YV 得电（BCU 输出板第 10 点灯亮）。

2. 气　路

◆常用制动侧压缓解：

（1）总风→塞门 134→转换电空阀 262YV→切换阀 192（沟通预控风缸和分配阀均衡部的通路）。

（2）分配阀均衡部压力空气→作用管→切换阀 192→预控风缸→单缓高速电空阀 261→大气。

◆紧急制动侧压缓解：

（1）总风→塞门 134→转换电空阀 262YV→切换阀 192（沟通预控风缸和分配阀均衡部的通路）。

（2）分配阀均衡部压力空气→作用管→切换阀 192→预控风缸→单缓高速电空阀 261→大气。

（3）分配阀均衡部压力空气→作用管→强缓电空阀 246YV→大气。

三、后备制动作用

为确保安全运行，特设置后备制动作用。后备制动作用只是作为电空位故障的一种应急补救操纵措施，以免在区间途停而影响线路的正常运行，它是一种纯空气的制动作用。正因为如此，在该位操纵时，不具备电空位操纵时那样齐全的功能，而只保证控制全列车的制动和缓解的基本功能。后备制动有 3 个操作位置：缓解位、中立位、制动位。后备制动作用气路原理图见图 4-20。

（一）缓解位

1. 作　用

将后备制动手柄往后拉，使后备制动阀处于缓解位，均衡风缸充气增压，全列车得到缓解。

2. 气　路

◆后备制动阀：由于手柄向后拉，带动后备制动阀内柱塞向后运动，使总风管压力空气→调压阀 53（调整压力为列车制动管定压）→后备制动阀→后备制动电联锁塞门 127→均衡管→均衡风缸。均衡风缸压力上升，直至列车制动管定压。

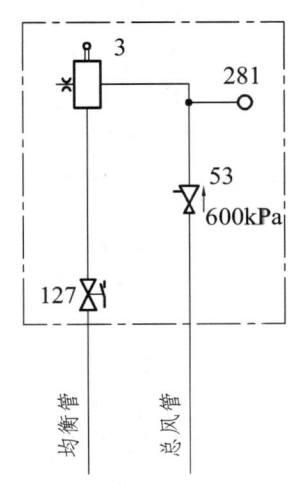

图 4-20　后备制动作用气路原理图

3—备用制动阀；53—备用制动调压阀；
127—备用制动塞门；281—压刀检测口

◆中继阀：由于均衡风缸压力上升，使中继阀处于充风缓解位，列车制动管压力也开始上升，直至列车制动管定压。

◆分配阀：由于列车制动管压力上升，主阀部呈充风缓解位，工作风缸充风。均衡部压力空气经容积室再经 156 塞门排向大气，机车制动缸缓解。

（二）中立位

1. 作　用

全列车制动前的准备及制动后的保压。此位置调压阀管与均衡风缸管，以及均衡风缸管与大气的通路均被切断，均衡风缸保压，但中继阀的总风遮断阀不关闭，即中继阀能对列车制动管补风，这点在使用操纵时应特别注意。

2. 气　路

◆后备制动阀：所有气路均不通。

◆中继阀、分配阀：中继阀和分配阀处于保压位。

（三）制动位

1. 作用

将后备制动手柄向前推，使后备制动阀处于制动位，后备制动手柄在该位置的停留时间控制着列车制动管的减压量。它与中立位配合使用可实现列车制动管常用阶段减压。该位置长时间停留，可使均衡压力减至零，这点在使用操纵时也应特别注意。

2. 气路

◆后备制动阀：由于手柄向前推，带动后备制动阀内柱塞向前运动，使均衡风缸压力空气→均衡管→后备制动电联锁塞门127→后备制动阀排大气缩孔→大气。

开放了均衡风缸与大气的通路，均衡风缸减压。

◆中继阀：由于均衡风缸压力下降，使双阀口中继阀呈制动位，列车制动管压力也随之下降，但总风遮断阀仍处开放状况。

◆分配阀：由于列车制动管压力下降，主阀部处制动位，工作风缸向容积室充风，容积室压力上升，均衡部处制动位，开放总风与制动缸通路，机车制动缸增压。

第四节　DK-2型机车制动系统运行模式设置

闭合电空制动电源约40 s，待制动机状态指示灯长亮后，将制动控制器自动制动手柄置于重联位或抑制位1 s，制动机将被激活。

一、内重联模式（作为主机牵引）

如果机车牵引客、货物列车或单机运行时，机车以内重联模式运行。操纵节制动显示屏上钮子开关信息栏显示：不补风、空联投入、ATP投入、定压500 kPa（600 kPa）、单机切除，同时显示屏流量表上方显示"本机"字样。

非操纵节制动显示屏上钮子开关信息栏的状态显示：不补风、空联投入、ATP投入、定压500 kPa（600 kPa）、单机切除，同时显示屏流量表上方显示"补机"字样。

设置：非操纵节大闸置重联位、小闸置运转位，并拔出制动控制器的钥匙；操纵节制动柜上的重联阀转换手柄置于"本机位"（若需转换位置，须先将转换手柄向里推，然后再转动180°到所需的位置后松开），分配阀缓解塞门156置于打开位（塞门手柄方向与地面垂直），转换阀153置于"正常位"，无火塞门155、无火安全阀塞门139处于关闭位，其他所有塞门都应开通，制动控制单元BCU数码管将显示"bCU"；非操纵节制动柜上的重联阀转换按钮置于"补机位"，转换阀153置于"正常位"，分配阀缓解塞门156置于关闭位（塞门手柄与地面平行），无火塞门155、无火安全阀塞门139处于关闭状态，其他所有塞门都应开通，制动控制单元BCU数码管将显示"bcu"；换端操作时注意重联阀转换按钮和分配阀缓解塞门156的转换。

二、重联、附挂机车模式（单机模式）

当机车以单机模式附挂运行时（和前部牵引机车只连接列车制动管），应将操纵节BCU

上单机模式投入/切除钮子开关打到"单机投入"位，操纵节大闸置重联位，小闸置运转位，其他设置和内重联模式一致。此时，仅小闸可以投入使用。操纵节制动显示屏上钮子开关信息栏显示：不补风、空联投入、ATP 投入、定压 500 kPa（600 kPa）、单机投入；同时显示屏流量表上方显示"单机"字样。非操纵节制动显示屏上钮子开关信息栏显示：不补风、空联投入、ATP 投入、定压 500 kPa（600 kPa）、单机切除；同时显示屏流量表上方显示"补机"字样。

三、外重联模式（作重联补机）

当机车以外重联模式运行（和前部机车连接列车制动管、平均管、总风联管），机车作重联补机时，需在两节机车上进行以下操作：制动柜重联阀上的转换按钮打到"补机位"，分配阀 156 塞门置于关闭位，大闸重联位，小闸置运转位，闸位锁定后将钥匙取出。制动显示屏上钮子开关信息栏显示：不补风、空联投入、ATP 投入、定压 500 kPa（600 kPa）、单机切除，同时显示屏流量表上方显示"补机"字样。

注意：如果重联补机的某节机车制动机处于空气位或处于电空位但无电空制动电源，还应将某节机车中继阀座下方的中继阀列车制动管塞门 115 关闭。

四、后备制动模式（纯空气制动）

后备制动操纵方式是作为"电空位"故障后的一种应急补救操纵措施，以免在区间途停而影响线路正常运行。在该位操纵时，不具备"电空位"操纵时齐全的功能，后备制动具有制动位、中立位、缓解位 3 个操作位置，只能保证全列车的制动、保压、缓解的基本功能。

（1）司机室设置：将大闸手柄重联位，小闸手柄置运转位；将操纵节司机室后备制动模块上的后备塞门打开，此时操纵节的制动机会自动断电。

（2）机械间内设置：将两节车上的制动机电源都断开（每节车上 = 28-F04、= 28-F06 开关打到向下位置）。其中 = 28-F04 为制动控制器的电源开关，= 28-F06 为 BCU 的电源开关；将操纵节制动柜上的转换阀 153 由"正常位"转到"空气位"；将非操纵节制动柜上的中继阀列车制动管塞门 115 置关闭位。

（3）试闸：调节后备制动调压阀，使其输出压力为列车制动管定压，操作后备制动控制手柄，对机车进行制动和缓解，按压后备制动单缓按钮，可以单缓机车。

五、操作中的注意事项

（1）自动制动控制器紧急制动后，机车速度为零时起制动机紧急状态锁定 60 s，制动显示屏倒计时结束后，手把移至紧急位再回运转位才能缓解全列车（或车辆）。

（2）自动制动控制器在运转位（或制动区）时，由于其他原因引起紧急制动作用后，机车速度为零时起制动机紧急状态锁定 60 s，制动显示屏倒计时结束，手把移至紧急位再回运转位才能缓解全列车（或车辆）。

（3）当制动机接收到惩罚制动指令时，制动机产生惩罚制动，制动控制单元会根据不同惩罚制动级别施加相应的列车制动管减压，同时制动显示屏提示相应的惩罚制动信息。如需解除惩罚制动，首先惩罚源必须消除，同时需要将自动制动手柄置抑制位 1 s 以上。

（4）当制动机状态指示灯不亮时，表示制动机处于无电状态或制动控制单元 BCU 正在启动；当制动机状态指示灯长亮时，表示制动控制单元 BCU 已启动完毕；当制动机状态指示灯慢闪时（约 4 s 闪烁 1 次），表示制动机存在不影响机车运行的故障（制动显示屏将在主界面显示故障的级别，通过制动显示屏的事件查询功能可以查询相应的故障信息），可维持机车运行到段后进行处理；当制动机状态指示灯快闪时（约 0.5 s 闪烁 1 次），表示制动机存在影响机车运行安全的故障（制动显示屏将在主界面显示故障的级别，通过制动显示屏的事件查询功能可以查询相应的故障信息），需立即进行停车与制动机故障处理。

（5）后备制动操作时注意：
① 操纵空气后备制动阀可对全列车进行制动、保压和缓解，单缓机车则要按单缓按钮。
② 应将自动制动控制器手把置重联位，单独制动控制器手把至运转位。
③ 需紧急制动时，可按压紧急按钮或者拉车长阀，并同时将后备制动阀手把移放制动位。
④ 因列车制动管具有补风作用，后备制动阀减压后放中立位保压时，要注意监视列车速度的变化，防止长时间保压时的车辆制动机自然缓解。
⑤ 因为空气位的制动机性能不齐全，不能长期使用，但可作为制动机电空位故障时的一种维持运行的补救操作措施，因此在操作时必须格外注意，做到正副司机密切协调，方能确保行车安全。

六、停放制动操作（库停后操作）

按压停放制动施加按钮，停放制动施加，停放指示器红色；断开制动机电源，制动机自动常用制动。

七、无火回送

1. 设置及检查方法

无火回送时，无火回送机车制动、缓解由牵引机车控制，无火回送操作步骤如下（以下操作均在两节车上完成）：

1）确认停放制动缓解并切除停放制动（确保机车不会溜逸）

① 关闭制动柜停放制动塞门 177，待单元制动器停放缸压力降为 0 kPa，观察停放指示器完全变红后，方可手动缓解停放制动（手拉停放制动缓解拉环），手缓解后应检查机车所有制动器闸片和制动盘是否已经分离，确认手动缓解成功。

② 若①中手动缓解不成功，需进行以下操作：打开停放制动塞门 177；将车端列车软管与其他机车车端列车软管相连，并打开车端列车制动管折角塞门与制动柜无火塞门 155；将列车制动管充风至定压；重复①中相关操作。

2）正确设置各塞门以及手柄

① 将大闸手柄置重联位、小闸手柄置运转位，将制动控制器钥匙转至"关"并取出钥匙。
② 关闭以下各塞门：中继阀列车制动管塞门 115、紧急增压塞门 137、第二总风缸隔离塞门 A10。

③ 打开以下各塞门：无火安全阀塞门139、无火塞门155、分配阀缓解塞门156。
④ 制动系统断电。

3）检查试验步骤及方法

① 联接牵引机车将无火机车列车制动管充至定压，闸缸压力应为 0 kPa，同时所有制动器闸片和制动盘应缓解分离。

② 操作牵引机车列车制动管减压、充风，无火机车制动、缓解作用正常；在常用全制动与紧急制动工况下，无火机车制动缸压力应限制在 250 ± 10 kPa。

③ 操作牵引机车列车制动管缓解并制动至少3次循环,观察无火机车制动缸压力能正常缓解与制动。

2. 故障及应急处理措施

（1）制动缸无法缓解：应检查各节机车相关塞门是否处于正确的位置。尤其需要重点检查分配阀缓解塞门156是否处于打开状态（塞门手柄垂直地）。

（2）制动缸不保压或不制动：应重点检查分配阀安全阀，看安全阀阀口是否松动漏风，如果松动，应紧固。

（3）停放制动不缓解：应按照上述正确操作步骤缓解停放制动并切除停放制动缸。

复习思考题

4-1 简述 DK-2 型机车制动机的功能及组成。
4-2 试述 DK-2 型机车制动机制动控制器各手柄的作用位置。
4-3 试述 DK-2 型机车制动机制动显示屏显示的信息有哪些。
4-4 试述 DK-2 型机车制动机备用制动阀的作用位置。
4-5 试述 DK-2 型机车制动机自动制动作用。
4-6 试述 DK-2 型机车制动机单独制动作用。
4-7 试述 DK-2 型机车制动机备用制动作用。
4-8 试述 DK-2 型机车制动机重联设置。
4-9 试述 DK-2 型机车制动机备用制动模式设置。
4-10 试述 DK-2 型机车制动机停放制动操作。
4-11 试述 DK-2 型机车制动机无火回送操作。

第五章 CCB-II型电空制动系统

第一节 概 述

一、概 述

为了适应铁路快速、重载的发展方向，2003年底，CCB-II型电空制动系统开始逐步引入我国，主要为大秦铁路开行2万吨重载组合列车。2004年原铁道部从美国的GE公司购进了机车无线同步操纵技术（LOCOTROL技术），同时引入了克诺尔（KNORR）公司的CCB-II型电空制动系统在SS_4改型机车上进行改造，2004年12月12日，成功开行了中国第一列2万吨（4×5 000吨）重载组合列车。CCB-II（Computer Controlled Brake）型电空制动系统的原创是德国产的KLR型制动机，后经美国加以改造，是目前世界上公认的最先进的机车制动机，尤其适用于牵引重载列车的机车使用。第二代微机控制制动机（CCB-II）是基于网络的微机控制电空制动机，它是按照美国铁路协会标准AAR(Association of American Railroads)以26-L制动机为基础，为满足干线客、货运机车的运用要求而设计的，可以满足我国既有机车车辆的配套使用。该制动机具有控制准确性高，反应迅速；安全性较高；部件集成化高，可进行部件的线路更换，维护简单；有自我诊断、故障显示及处理方法提示功能；系统内部通过LON网通讯，系统同机车间通过MVB网进行通讯等技术特点。

二、HXD_3型电力机车制动控制原则

（1）优先使用机车动力制动。

（2）通过自动制动阀或监控装置实施常用制动，经计算，机车施加同空气制动力相当的动力制动，列车施加空气制动。

（3）通过自动制动阀、车长阀或监控装置实施紧急制动，经计算，机车施加同空气紧急制动力相当的动力制动，列车施加空气紧急制动。

（4）通过紧急按钮实施紧急制动时，机车断开主断路器后施加空气制动，列车施加空气制动。该紧急按钮为非常情况（如机车起火，主断路器粘接等电器故障）设计。

（5）通过单独制动阀实施制动，机车施加空气制动。

（6）通过司控器可以施加动力制动，其最大值为480 kN。

（7）若司控器和自动制动阀同时实施动力制动，取其大值。

（8）若单独制动阀施加的空气制动大于90 kPa，机车将不再施加或切除动力制动；若单独制动阀减压使空气制动小于60 kPa，机车可以施加动力制动或恢复动力。

三、CCB-II型制动系统制动控制系统

1. CCB-II型制动系统制动控制系统主要部件

CCB-II型制动机是基于微处理器和LON网的电空制动控制系统，除了紧急制动作用由

机械阀触发，其他所有逻辑控制指令均由微处理器发出。CCB-Ⅱ制动机包括 5 个主要部件，LCDM（制动显示屏）、EPCU（电空控制单元）、X-IPM 微处理器、EBV（电子制动阀）、RIM/JCB（继电器接口模块），如图 5-1 所示。

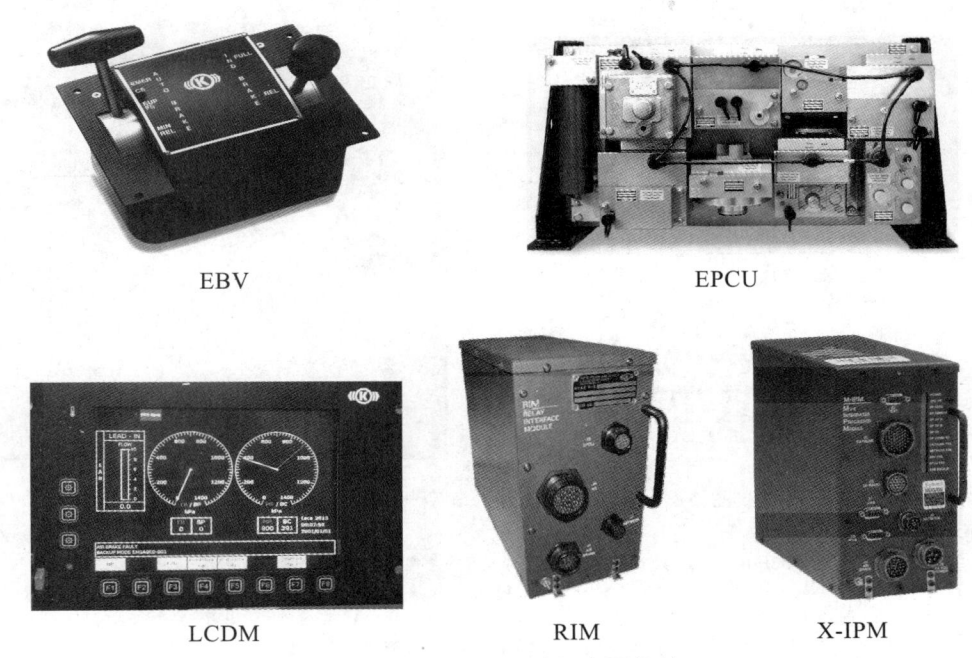

图 5-1　CCB-Ⅱ制动机主要部件

CCB-Ⅱ型制动系统的主要特点是采用模块化、电子化，利用计算机编程进行控制，EPCU 的 8 个在线可替换模块组成控制，其中 5 个在线可替换模块安装了控制程序，模块与模块间、模块与 M-IPM 之间通过 Lonworks 总线连接进行数据交换，CCB-Ⅱ型制动系统还能实现远程控制，即 Locotrol 控制功能。

2. 主要部件的布置

CCB-Ⅱ型制动系统由一个集成计算机 X-IPM，一个电空制动单元 EPCU，一个中间继电器接口单元 RIM，两台液晶显示屏 LCDM 以及两套电子制动阀 EBV。CCB-Ⅱ电空制动机系统的控制部分和辅助功能控制部分集成在空气制动柜中，空气制动柜置于机械间，HXD_3 型电力机车制动柜布置与 HXD_3B（C）型电力机车制动柜布置有所差异。HXD_3B 型电力机车制动柜布置如图 5-2 所示。

制动柜由以下部件组成：机架、停放制动风缸 251（A13）、塞门（排水）(A14)、塞门（A24）、测试口（A73）、控制单元（EPCU）(B20)、压力传感器（B28）、压力传感器（B30）、压力传感器（B32）、压力传感器（B34）、停放制动模块（B40）、处理模块 M-IPM（B46）、继电器接口模块（B47）、撒砂模块（F41）、PSW 模块（P50）、无人警惕模块（S10）、辅助压缩机模块（U43）、控制风缸（U76）、塞门（排水）(U88) 等装置与车辆一侧压缩空气系统之间通过管路建立气动连接。

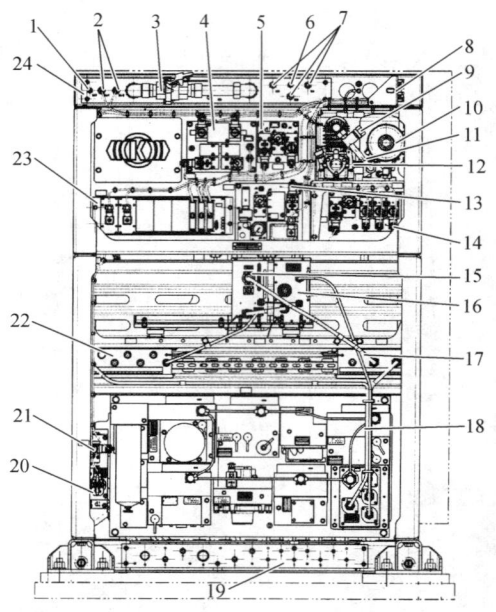

图 5-2 HXD₃ 型电力机车空气制动柜布置图

1—B09 测试口；2-B06/1，B06/2 压力传感器；3—A24 总风塞门；4—B40 弹簧停车模块；5—B50 踏面清扫模块；6—B29 测试 V1；7—B28/B30/B34 的压力传感器接口；8—电气接口；9—U81 安全阀；10—U83 干燥风缸；11—U84 压力开关；12—U80 辅助空压机；13—U43 升弓模块；14—F41 撒砂模块；15—B46 主机 IPM；16—B47 继电器模块 RIM；17—B49 电缆箱；18—B20 电空控制单元；19—空气接口；20—Z10.22 闸缸塞门；21—Z10.36 紧急电磁阀；22—B48 电源盒；23—G1 电子防滑器；24—空气接口

四、CCB-Ⅱ型制动系统主要部件控制关系

HXD₃B 型机车取消了制动显示屏 LCDM，将其功能全部集成在机车显示屏中。该方案在不降低制动功能的前提下，减少了制动部件，节约了制造成本，同时将牵引信息和制动信息集成在一个界面内，大大方便了司机对机车信息的观察，利于行车，其制动机系统主要部件的控制关系如下：

电子制动阀（EBV）⟶ 电空控制单元（EPCU）⟶ 基础制动装置

$\updownarrow$

继电器接口（RIM）⟷ 微处理器（X-IPM）⟷ 制动显示屏（LCDM）

$\updownarrow$

机车控制系统（TCMS）

第二节 CCB-Ⅱ型电空制动系统主要部件的构造及作用

一、电子制动阀（EBV）

1. 电子制动阀的构造及功用

电子制动阀 EBV（Electronic Brake Valve）是 CCB-Ⅱ型电空制动系统的人机接口，如图

5-3 所示。电子制动阀采用水平安装结构,设有自动制动手柄和单独制动手柄均采用推拉式操作方,并具有自保压特性。自动制动手柄位于左侧,单独制动手柄位于右侧,中间为手柄位置的指示标牌。司机通过自动制动阀和单独制动阀的操作手柄实施电气制动及空气制动。单独制动阀控制机车制动缸的压力,实现机车的制动、保压、缓解。在 EBV 内部有一个机械阀,当自动制动手柄置于紧急制动位时机械阀动作,保证机车车辆在任何状态下均能产生紧急制动作用。其组成各部如图 5-4 所示。司机通过电子制动阀直接给电空控制单元(EPCU)发送指令,并通知微处理器(IPM)进行逻辑控制。

图 5-3　电子制动阀(EBV)实物

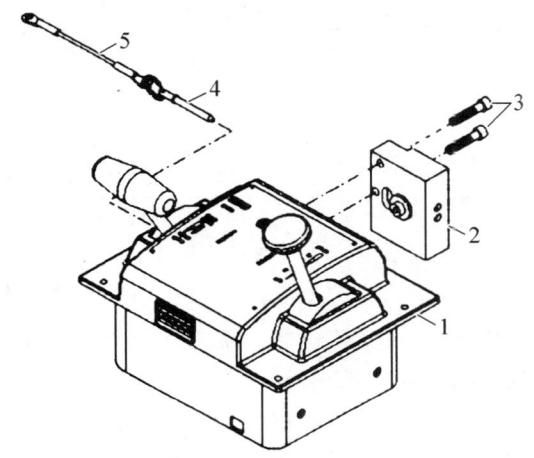

图 5-4　重要部件名称

1—EBV;2—放风阀;3—凹头螺栓;4—锁钉;5—系锁

2. 各手柄位置及作用

HXD$_3$B 型电力机车的每一个司机室均装有一个电子制动阀。当操纵端司机室的机车显示屏(LCDM)被激活,微处理器(IPM)将激活操纵端的电子制动阀,操作者可以用来进行制动控制;此时非操纵端司机室的电子制动阀未被激活,不能够送出制动指令。未被激活电子制动阀的自动制动手柄,需用销子将其锁定在"重联位"上,以免误动作触发紧急制动,单独制动手柄应放置在"运转位"。自动制动手柄含有"运转位"、"初制动"位、"全制动"位、"抑制"位、"重联"位和"紧急制动"位等操作位置。在"初制动"位和"全制动"位之间的是常用制动区。

运转位:向制动装置充风,并缓解列车制动。

初制动位:提供最小制动力,实现最小减压量(减压 40~60 kPa)。

制动区:手柄向前移动通过制动区,制动管减压量增大。

全制动位:提供全制动,制动管实现最大有效减压量(140 kPa 或 170 kPa)。

抑制位:如全制动位一样,提供全制动,以及抑制超速控制和安全控制(惩罚制动),也可以对惩罚制动复位。

重联位:设置机车空气制动系统,用于重联机车的拖车运行或列车编组中的无火机车运行。

紧急制动位:实施紧急制动,也用于惩罚(安全)制动和紧急制动后的复位。

单独制动手柄包含"运转位"和"全制动位"等操作位置。在"运转位"和"全制动位"

之间的是制动区域。通过侧压单独制动手柄可以实现机车的单独缓解功能。

运转位：自动制动手柄也处于"运转位"时，将单独制动手柄置"运转位"可缓解机车制动。

制动区：单独制动手柄置"制动区"，手柄向前移动时朝向机车前方通过制动区，机车空气制动力增加。

全制动位：单独制动手柄置"制动区"，实现机车空气全制动力，机车制动缸压力300 kPa。

单独缓解位：在任何位置侧压该手柄，可缓解机车制动。这个动作包括在重联机车中的任何机车上的制动。为了确保缓解完全，重联机车中每台机车的手柄应保持侧压不少于6 s。

二、制动显示屏（LCDM）

制动显示屏 LCDM（Locomotive Cab Display Module）位于司机室操纵台左侧，制动显示屏外观如图5-5所示。制动显示屏是CCB-Ⅱ制动机的主要显视和操作装置。它由10.4英寸液晶显示器、下方8个功能键和左侧3个亮度调节键组成。功能键用来实现操作菜单的选择及制动功能的选定。操作菜单可以用中文或英文来显示。

制动显示屏在机车正常操作时，实时显示均衡风缸、制动管、总风缸和制动缸的压力值，也实时显示制动管流量和空气制动模式的当前状况，其显示界面如图5-6所示。通过显示屏还可以实时显示制动机故障信息并将其记录。通过显示屏还可以对制动机进行如下操作：对制动机各模块进行自检，可以进行本机/补机、均衡风缸压力设定、制动管投入/切除、客车/货车、补风/不补风、风表值标定、故障查询等功能的选择和应用。

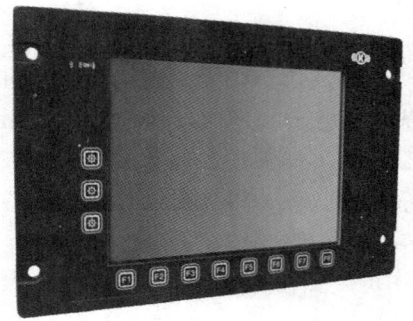

图5-5 制动显示屏外观

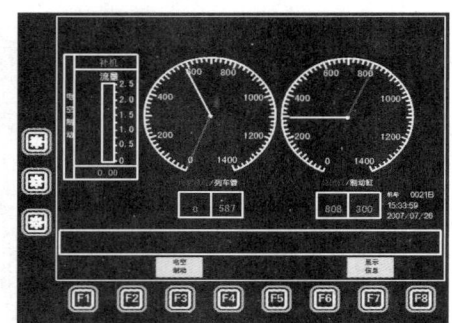

图5-6 制动显示屏界面

HXD₃B型电力机车每个司机室的操纵台上装有一个机车显示屏，取消了制动显示屏LCDM，将其功能全部集成在机车显示屏中。当通过钥匙开关两端机车显示屏同时得电时，均可显示机车制动的状态。当机车微机判断出操纵单后，将其信号送到制动系统微处理器（IPM），微处理器（IPM）根据此信号激活对应的操作端电子制动阀（EBV），使其具有控制机车车辆制动系统的功能。但非操作端的机车显示屏不可对制动状态进行修改。制动屏在机车正常操作时，实时显示均衡风缸、制动管、总风缸和制动缸的压力值，也实时显示制动管流量和空气制动模式的当前状况。机车显示屏主界面如图5-7所示，制动显示主界面如图5-8所示。

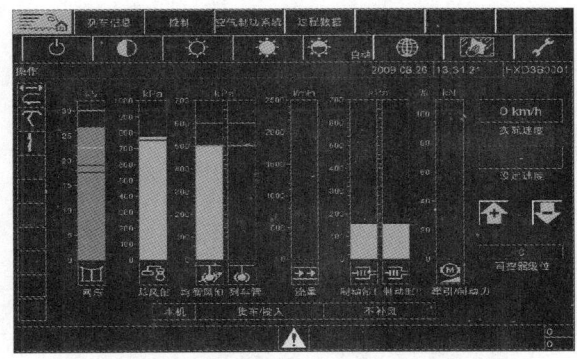 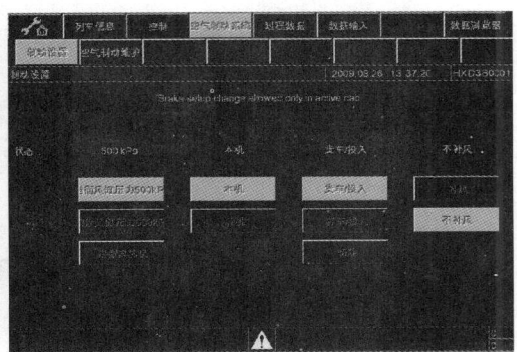

图 5-7　HXD$_3$B 型机车显示屏主界面　　　图 5-8　HXD$_3$B 型机车制动显示主界面

三、微处理器（IPM）

微处理器 IPM（Integrated Processor Module）是 CCB-Ⅱ型制动系统的中央处理器，如图 5-9 所示。它进行各制动功能的软件运算，并对各部分软件状态进行检测和维护。它处理所有与制动显示屏（LCDM）有关的接口任务，并通过 LON 网络传送制动命令给电空控制单元（EPCU）。

微处理器也通过继电器接口模块（RIM）与机车控制系统（TCMS）和安全装置（ATP）进行通讯。微处理器前端设有 13 个指示灯，用来提供制动系统状态的反馈信息。若制动系统处于正常状态，则微处理器顶端两个绿色的指示灯处于指示状态，而其他指示灯没有指示信息。各指示灯具体含义如下：

POWER——绿色 LED 表示 IPM 已加电。如果在 IPM 得电的情况下，指示灯熄灭，则很有可能是电源失效。

CPU OK——根据内部看门狗计时器，该绿色 LED 显示 IPM CPU 的状况良好，该 LED 表示 IPM 成功通过每 15 min 进行一次的自检。

DP LEAD——该绿色 LED 表示该机车处于动力分散本机机车模式。

图 5-9　微处理器（IPM）

DP REMOTE——该绿色 LED 表示该机车处于动力分散重联机车模式。

DP TX A——该黄色 LED 表示该机车电台 A 正在传输 DP 无线信息。

DP TX B——该黄色 LED 表示该机车电台 B 正在传输 DP 无线信息。

DP RX——该绿色 LED 表示该机车正接受 DP 无线信息。

DP COMM INT——该红色 LED 表示该机车 DP 无线通信故障。

DATALINK FA——该红色 LED 表示该机车 IPM 无法通过 Lon Work 网或 RS422 数据线与机车控制系统或 EPCU、LCDM 通信。

NETWORK FA——该红色 LED 表示 LOCOTROL EB 或 CCB-Ⅱ系统内部（IPM、EPCU、EBV）LON network 通信有问题。

EBV FAIL——该红色 LED 表示 CCB-Ⅱ系统 EBV 失效，可能是电子部分故障，或空气部分故障，或两者皆有。

EPCU FAIL——该红色 LED 表示 CCB-Ⅱ系统 EPCU 失效，可能是电子部分故障，或空气部分故障，或两者皆有。

EAB BACKUP——该红色 LED 表示 CCB-Ⅱ系统已工作于一项后备模式，比如第一主风缸传感器失效，系统工作于第二主风缸传感器。

前端七个电缆接口，其具体含义如下：

J1——数据传输装置，通过 RS422 数据线连接制动显示屏；

J2——测试接口，用于系统软件的更新及维护软件的下载；

J3——远程控制用电台连接接口（HXD3 机车无此功能）；

J4——连接继电器接口模块（RIM）；

J5——电源输入接口；

J6——网络接口，连接电空控制单元（EPCU）；

J7——远程控制接口（HXD3 机车无此功能）。

四、继电器接口模块（RIM）

继电器接口模块 RIM（Relay Interface Module）外观如图 5-10 所示，位于机车制动柜，是微处理器（IPM）与机车间进行通信的继电器接口。信号输入部分包括：由安全装置（ATP）产生的惩罚制动和紧急制动，A/B 端司机室操作激活信号，再生制动投入信号，MREP 压力开关工作状态信号，机车速度信号。信号输出部分包括：紧急制动信号，动力切除（PCS）信号，撒砂动作信号，再生制动切除信号，重联机车故障信号。

五、电空控制单元（EPCU）

电空控制单元 EPCU（Electro-Pneumatic Control Unit）由电空阀和空气阀组成，用于控制机车空气管路的压力。它是制动系统的执行部件，所有电空阀和空气阀集成到 8 个线路可更换模块（LRU），如图 5-11 所示。其中 5 个 LRU 是"智能的"，可以通过软件进行自检并通过 LON 网络和 EBV、IPM 进行通信，电空控制单元内主要部件采用冗余设计，机车运行过程中若发生故障，将自动转换到备用模式并报警将故障记录，此时机车仍可以维持运行。

图 5-10　继电器接口模块（RIM）

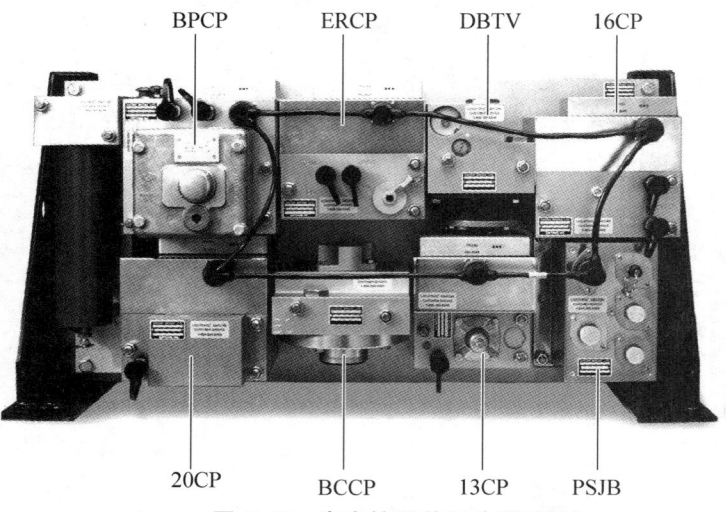

图 5-11　电空控制单元（EPCU）

（一）均衡风缸控制部分（ERCP）

均衡风缸控制模块 ERCP 接收来自电子制动阀（EBV）的自动制动手柄指令、微处理器（IPM）以及机车监控系统（ATP）的指令，来控制机车均衡风缸的压力。它的功能类似于 JZ-7 制动机中自动制动阀内调整阀，以及 DK-1 制动机中自动制动阀和缓解电磁阀、制动电磁阀联合的作用。但又有所不同，调整阀是纯机械结构，只响应自动制动阀手柄的动作，且均衡风缸的压力由凸轮的行程来决定；DK-1 虽然是通过电信号控制电磁阀实现均衡风缸的压力控制，但均衡风缸充风缓解时的最高压力是通过加装在总风管路上的减压阀来限制，均衡风缸排风制动时，其最小减压量通过制动电磁阀的缩口和初制风缸联合实现，增大减压量通过自动制动阀手柄长时间停留在制动位，即制动电磁阀长时间得电来实现，控制准确度、减压精度都不是很理想，且不能自动保压。本系统中的均衡风缸控制模块通过电子信号能够准确地控制均衡风缸的压力，且具有自保压功能，如果此模块发生了故障，会自动由其他模块（16CP）来代替其功能，DK-1 的电磁阀没有备份功能。无动力回送装置也集成在均衡风缸控制模块内部。

均衡风缸控制模块由外壳、管座、均衡风缸、REL 缓解电磁阀、APP 作用电磁阀、MVER 均衡模块电磁阀、MRT 总风压力传感器、ERT 均衡风缸压力传感器、TPER 均衡压力测试点、TPMR 总风测试点、过滤器等部分组成，其中无动力回送装置由 DE 无动力塞门、DER 压力调整阀、C2 充风节流孔、CV 单向止回阀等部分组成。各部连接示意图如图 5-12 所示。

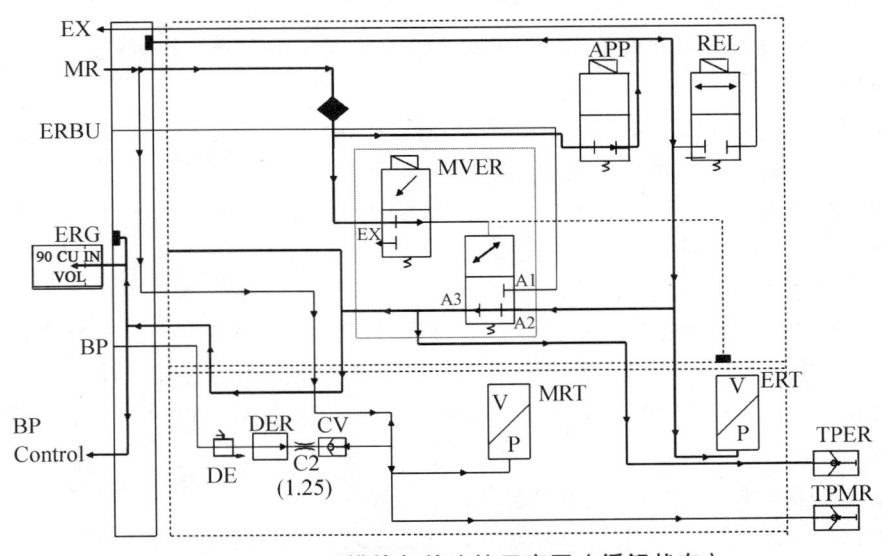

图 5-12 ERCP 模块部件连接示意图（缓解状态）

1. 管　座

管座亦为 ERCP 模块的安装座。管座上设有四根管子的连接孔，即制动管 BP、总风管 MR、制动管控制管 BP Control（类似 DK-1 中的均衡管，JZ-7 中的中均管）、均衡风缸备份管 ERBU。均衡风缸容积 90 立方英寸（约 1.47 L），直接连接在管座上。

2. 各部件简介

ERCP 的其他部件均集成在外壳内。

（1）REL 缓解电磁阀：得电——均衡风缸通大气，均衡风缸减压；失电——停止均衡风缸通大气，均衡风缸保压。

（2）APP 作用电磁阀：得电——总风通均衡风缸，均衡风缸增压；失电——停止总风通均衡风缸，均衡风缸保压。

ERCP 通过 REL、APP 电磁阀实现对均衡风缸压力的控制。在缓解后或制动后的保压状态，两个电磁阀均失电。若将自动制动阀手柄置重联位，REL 电磁阀得电，将均衡风缸风压排空到零。

（3）MVER 均衡模块电磁阀：得电——产生预控压力，允许机械阀接口 A2 通 A3，从而均衡风缸接受 REL、APP 电磁阀控制。失电——预控压力排大气，允许机械阀接口 A1 通 A3，从而使均衡风缸同 ERBU 管连通。

本电磁阀用来控制机械接口的连通状态，是 ERCP 模块的预控电磁阀。当制动机断电、机车设置为补机或 ERCP 模块故障处于备用模式下时，MVER 电磁阀失电；其他状态下均得电。

（4）MRT 总风压力传感器：产生与第二总风缸压力成比例的电压信号，并通过 IPM 转换，在制动显示屏上显示总风压力。如果此传感器故障，会自动由 BPCP 模块中的 MRT 压力传感器代替其功能。

（5）ERT 均衡风缸压力传感器：产生与均衡风缸压力成比例的电压信号，并通过 IPM 转换，在制动显示屏上显示均衡风缸压力。备用模式下，其均衡风缸压力由 16CP 模块中的 16T 压力传感器通过 IPM 转换，在制动显示屏上显示。

ERT 均衡风缸压力传感器同 REL、APP 电磁阀配合作用，实现均衡风缸压力的精确控制，和自动保压功能。

（6）TPER 均衡风缸压力测试点：此测试点直接和均衡风缸连接，通过与系统外部的压力表连接，能够检测出任何状态下均衡风缸的实际压力。

（7）TPMR 总风压力测试点：此测试点直接和第二总风缸连接，通过与系统外部的压力表连接，能够检测出第二总风缸的实际压力。

（8）DE 无动力塞门：此塞门在机车附挂时（无动力回送）使用，有投入和切除两个位置。投入——将制动管和第二总风缸连通，允许制动管给总风缸充风，机车附挂时使用此位置。切除——断开制动管和第二总风缸的通路，机车在正常运行时使用此位置。

（9）DER 压力调整阀：当无动力塞门在投入位时，限制制动管给总风缸充风的压力到 250 kPa 左右。

（10）C2 充风节流孔：当制动管给总风缸充风时，限制其压缩空气的流速，使得总风缸能够获得稳定的压缩空气，同时避免制动管压力下降太快而引起牵引机车紧急制动。

（11）CV 单向止回阀：防止机车在正常状态或无火回送状态时，总风缸压力空气向制动管逆流的现象发生。

（二）制动管控制模块 BPCP

BPCP 模块接收来自均衡风缸的压力，由内部 BP 作用阀响应其变化并使制动管快速产生与均衡风缸相同的压力，从而完成列车的制动、保压和缓解。它的作用相当于 JZ-7 或 DK-1 系统中中继阀的作用。

此外 BPCP 模块可以监测列车制动管的压力，并可接收自动制动阀、IPM 的指令。当发现制动管压力快速下降或接收到来自自动制动阀、IPM 的紧急制动指令时，BPCP 模块会加快制动管减压产生紧急制动。此作用相当于 JZ-7 分配阀中紧急部或 DK-1 中电动放风阀和紧急阀的作用。

BPCP 模块由外壳、管座、BP 作用阀、MV53 电磁阀、BPCO 机械阀、BPT 制动管压力传感器、MRT 总风压力传感器、FLT 制动管流量传感器、Cl 充风节流孔、TPBP 制动管压力测试点、EMV 紧急电磁阀（74 V）、MVEM 紧急电磁阀（24 V）、PVEM 气动紧急放风阀、C3 充风节流孔等部分组成。BPCP 模块部件连接示意图如图 5-13 所示。

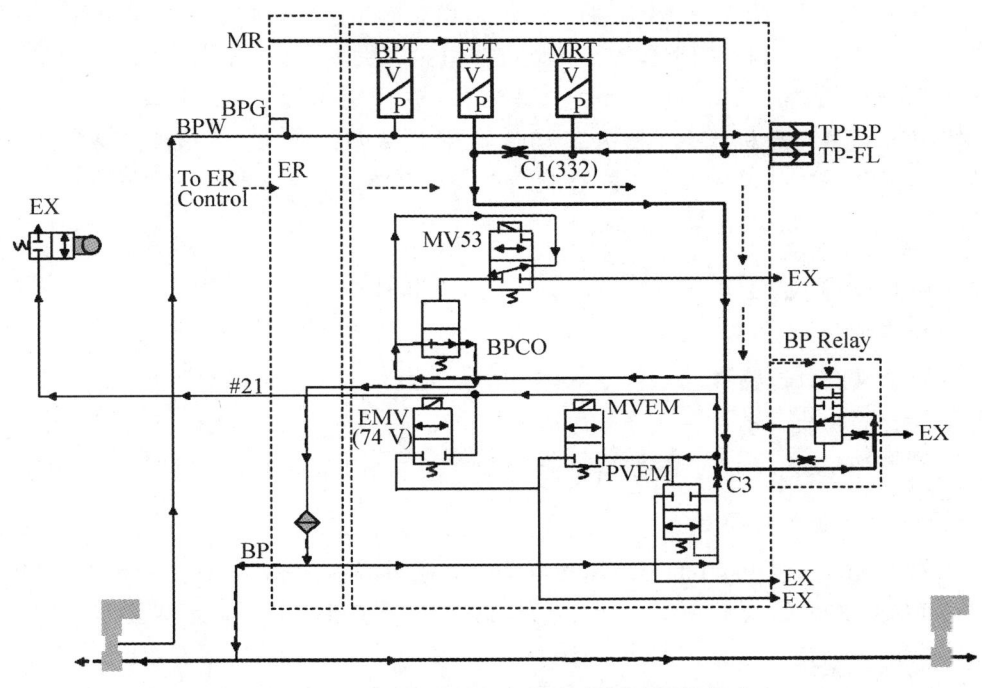

图 5-13　BPCP 模块部件连接示意图（缓解状态）

1．管　座

管座亦为 BPCP 模块的安装座。管座上设有五根管子的连接孔，即总风管 MR、制动管压力反馈管 BPVV、制动管控制管 ER（BP Control）、21 号管、制动管 BP。

2．各部件简介

1）BP 作用阀

BP 作用阀接受均衡风缸的控制压力，产生与之相等的制动管压力，实现对列车的制动、缓解控制功能。其排风管路（EX）的制动管排风速度受 1/4 英寸节流孔限制，使得制动时进行常用制动，而不会引起紧急制动。

此阀是 BPCP 模块的核心部件，属于机械阀。

2）MV53 电磁阀/BPCO 机械阀

MV53 电磁阀同 BPCO 机械阀共同作用，实现机车制动管投入/切除、补风/不补风、一次缓解/阶段缓解等功能。

MV53 电磁阀失电——允许由 BP 作用阀产生的制动管压力通过本电磁阀，进而控制 BPCO 机械阀使其开通。BPCO 开通后，由 BP 作用阀产生的制动管压缩空气通过 BPCO 机械阀，经过过滤后进入列车制动管。

MV53 电磁阀得电——由 BP 作用阀产生的制动管压力不能通过本电磁阀，并且本电磁阀控制 BPCO 机械阀的预控压力排向大气，从而使得 BPCO 机械阀通路关闭。机车（或列车）的制动管路和 BP 作用阀隔离。机车制动管处于保压状态，BP 作用阀虽仍受均衡风缸压力的控制，但它不再控制机车的制动管压力。

机车处于本机/补风/阶段缓解状态时，MV53 电磁阀处于常失电状态。机车处于本机/不补风状态时：① 当自动制动阀在运转位，MV53 电磁阀失电；② 当自动制动阀在制动区，制动管减压到均衡风缸控制压力后，微处理器使 MV53 电磁阀得电。如果运行时产生紧急制动作用或将机车设置为单机状态（操纵端/切除）、补机状态，则 MV53 电磁阀将常得电。

当制动管压力低于 90 kPa 时，BPCO 将自动关闭通路。

3）BPT 制动管压力传感器

该传感器产生与制动管压力成比例的电压信号，传送给微处理器 IPM，进行数据处理并通过制动显示屏显示压力值。

4）MRT 总风压力传感器

产生与第二总风缸压力成比例的电压信号，并传送给微处理器 IPM。如果 ERCP 模块上的总风压力传感器故障，本压力传感器将代替其功能，在显示屏显示总风压力。

5）FLT 制动管流量传感器

产生与经过充风节流孔 C1 的总风压力成比例的电压信号，并传送给微处理器 IPM。IPM 通过比较 MRT 和 FLT 的电压信号，计算出制动管的充风流速，并在显示屏显示。

6）C1 充风节流孔

其作用是限制总风给制动管的充风速度，避免长大列车充风太快，引起列车制动缓解不同步。

7）TPBP 制动管压力测试点

此测试点直接和制动管压力反馈管 BPVV 连接，通过与系统外部的压力表连接，能够检测出制动管的实际压力。

8）EMV 紧急电磁阀（74V）

此电磁阀由微处理器 IPM 直接控制，产生紧急作用。EMV 紧急电磁阀失电，21 号管不排风（正常操作模式）；EMV 紧急电磁阀得电，21 号管排风，产生紧急制动。

9）MVEM 紧急电磁阀（24V）

此电磁阀接收电子制动阀 EBV 的紧急制动指令，产生紧急作用。MEMV 紧急电磁阀失电，EBV 不在紧急制动位，21 号管不排风；MEMV 紧急电磁阀得电，EBV 在紧急制动位，21 号管排风，产生紧急制动。

10）PVEM 紧急放风阀

由于 21 号管排风，造成 PVEM 紧急放风阀动作，使得制动管内压缩空气以足够大的流速排向大气，保证紧急制动的发生。

（三） 16CP 控制模块

此模块用来产生制动缸的控制压力，其基本功能类似于 JZ-7 及 DK-1 制动机中分配阀的作用。

在本机状态时，通过对机车制动管的减压量、平均管的压力、机车单独缓解指令以及单独制动阀的控制指令，来产生制动缸的控制压力，即 16 号管压力。

在补机状态时，除了制动管压力降到 140 kPa 以下并且总风重联管压力开关动作以外，不再根据制动管的减压而产生制动缸的控制压力，重联机车的制动缸压力由平均管的压力来控制。

在本机模式下，16 号管增加的压力同制动管减少的压力的比例为 2.5∶1，并且 16 号管增加的压力最大不超过（450±15）kPa。

当接收到单独缓解命令或列车管压力增加 14 kPa 时，制动缸压力开始缓解。

当出现电源故障时，16CP 对制动缸的控制压力自动进行释放，然后通过 DBTV（本务状态）或者从 20CP 到制动缸中继阀的先导压力，对制动缸压力进行控制。

一旦制动管压力小于 140 kPa，16CP 内部的紧急限制阀（ELV）将增加制动缸先导压力到一个常规值 440 kPa，这样会产生一个最小 420 kPa 的制动缸压力。产生的制动缸压力在补机单元不能自动释放，只有当制动管的压力被充风到高于 140 kPa 时，补机单元中的制动缸压力才可随制动管压力增高进行缓解。

在 ER 控制单元故障情况下，16CP 与制动缸隔离，通过 3 个电磁阀的动作连接到均衡风缸（上电 ERBU，断电 MV16 和 MVER），这样 16CP 可以控制均衡风缸的压力。制动缸的控制压力则由 DBTV 控制。

在 20CP 故障情况下，16CP 可以根据单独制动手柄的位置产生制动缸控制压力。这种方式可以在本务机车上产生相应的制动缸压力，但是不能在本务机车上产生相应的平均管的压力。

16CP 控制模块由外壳、管座、REL 缓解电磁阀、APP 作用电磁阀、MV16 电磁阀、PVTV 三通阀、DCV2 变向阀、PVE 紧急压力阀、ELV 紧急限压阀、DCV1 变向阀、16T 压力传感器、BPT 制动管压力传感器、BCT 制动缸压力传感器、Cl 充风节流孔、TP16 作用管压力测试 FPBC 测试点、过滤器及作用风缸等部分组成。各部件的连接示意图如图 5-15 所示。

1. 管　座

管座亦为 16CP 模块的安装座。管座上设有七根管子的连接孔，即均衡风缸备用管 ERB（13）、总风管 MR、制动缸控制管 1 号管、通 DBTV 控制管号 16TV 管、制动管 BP、单独缓解管 13 号管、制动缸压力反馈管 BCCO。作用风缸（90 立方英寸）直接连接在管座上。

2. 各部件简介

16CP 的其他部件均集成在外壳内，图 5-14 中右侧虚线框表示外壳。

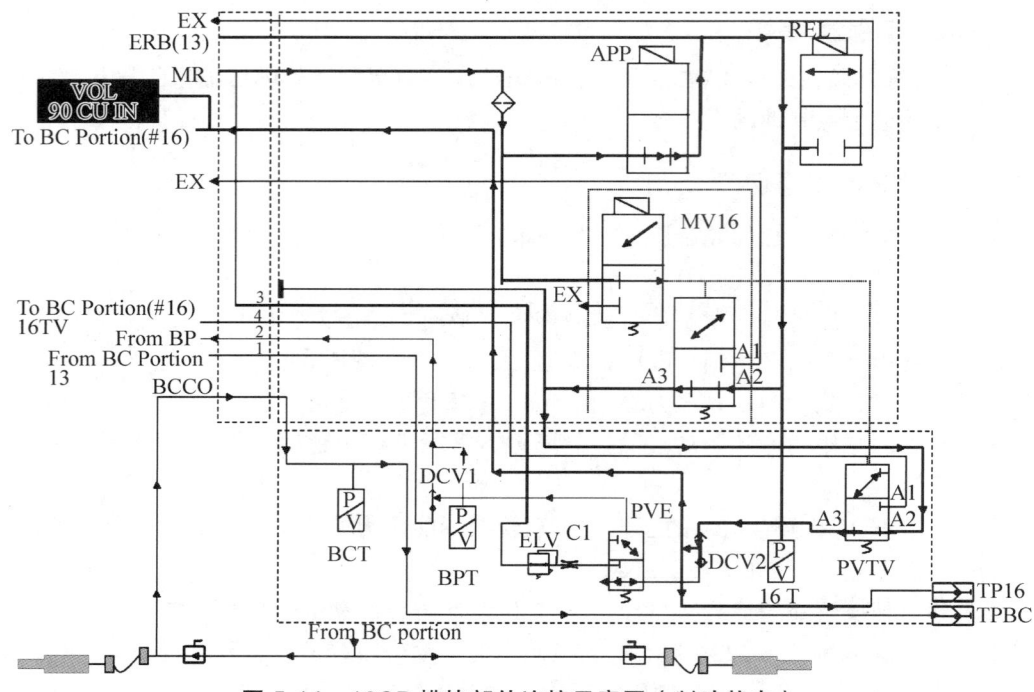

图 5-14 16CP 模块部件连接示意图（制动状态）

（1）REL 缓解电磁阀：得电——作用风缸通大气，作用风缸减压；失电——停止作用风缸通大气，作用风缸保压。

（2）APP 作用电磁阀：得电——总风通作用风缸，作用风缸增压；失电——停止总风通作用风缸，作用风缸保压。

16CP 通过 REL、APP 电磁阀实现对作用风缸压力的控制。在缓解后或制动后，两个电磁阀均失电，进行作用风缸保压。若将机车设置在补机位，REL 电磁阀得电，将作用风缸的压力空气排空。

（3）MV16 电磁阀：得电——产生控制压力，允许机械阀接口和 PVTV 三通阀接口的 A2 通 A3，从而作用风缸接收 REL、APP 电磁阀指令。失电——控制压力排大气，允许机械阀接口和 PVTV 三通阀接口 A1 通 A3，从而使作用风缸同 DBTV 连通，并受其控制。

本电磁阀用来控制其机械阀接口的连通，是 16CP 模块的预控电磁阀。

当制动系统断电、ERCP 模块故障处于备用模式、16CP 模块故障处于备用模式，MV16 电磁阀将失电，16CP 模块失去对作用风缸的控制能力，同时允许 DBTV 模块对作用风缸进行控制，即对制动缸压力进行控制；其他状态无论机车设置为本机/投入、本机/切除或补机，MV16 电磁阀均得电。

（4）PVTV 三通阀：此阀为机械阀，受 MV16 电磁阀控制，和 MV16 电磁阀配合作用，完成 16CP 对作用风缸的控制或 DBTV 对作用风缸的控制的选择或自动转换。在正常的工作状态下，作用风缸的压力控制应由 16CP 模块产生的 16 管压力来完成，但 DBTV 也适时根据制动管的压力变化产生作用风缸的控制压力 16TV，但此控制压力在 PVTV 三通阀处被堵截。

（5）DCV2 变向阀：DCV2 从 16/16TV 或 ELV 或 ELV 中选择最高压力，向作用风缸充风。

（6）PVE 紧急压力阀：当 BP 压力低于 140 kPa 时，PVE 动作，接通 ELV 和 DCV2，允许总风通过 ELV 直接进入作用风缸。

（7）ELV 紧急限压阀：将 MR 压力限制到 440 kPa，使通过 PVE 紧急压力阀控制的作用风缸压力不超过 440 kPa。

（8）DCV1 变向阀：DCV1 从制动管 BP 和单独缓解管 13 中选择最高压力，最高压力控制 PVE 紧急压力阀动作。

在紧急后自动制动单独缓解时，13 号管强制 PVE 动作，切断总风通往作用风缸的通路，可进行机车缓解。但当解除单缓命令后，PVE 恢复原态，作用风缸压力恢复到 440 kPa。

当使用单独手柄进行单独缓解时，建议将单独手柄置于制动区，以免单缓后机车突然缓解溜车。

（9）16T 压力传感器：产生与作用管压力成比例的电压信号，传送给微处理器 IPM，进行数据处理。16T 压力传感器同 REL、APP 电磁阀配合作用，实现作用风缸压力的精确控制和自动保压功能。

（10）BPT 制动管压力传感器：产生与制动管压力成比例的电压信号，传送给微处理器 IPM，进行数据处理。如果 BPCP 模块上的 BPT 压力传感器故障，本压力传感器将代替其功能，在显示屏显示制动管压力。

（11）BCT 制动缸压力传感器：产生与制动缸压力成比例的电压信号，传送给微处理器 IPM 进行数据处理，并在显示屏显示制动缸压力。

（12）TP16 作用管压力测试点：此测试点直接和作用风缸连接，通过与系统外部的压力表连接，能够检测出任何状态下作用风缸的实际压力。

（13）TPBC 制动缸压力测试点：此测试点直接和制动缸反馈管 BCCO 连接，通过与系统外部的压力表连接，能够检测出任何状态下制动缸的实际压力。

（四）20CP 控制模块

20CP 根据制动管减压量、单独缓解命令、本机/单机模式下单独制动手柄位置等信号，产生本务机和补机的制动缸、平均管压力；平均管控制压力为列车管减压量的 2.5 倍；当制动管压力增加 14 kPa 或者在单独缓解时，平均管压力缓解。

平均管压力直接根据单独制动手柄命令产生，从在运转位的 0 kPa，直到全制动时的 300 kPa，平均管可实现阶段变化；平均管压力取常用制动或单独制动命令中压力较高者。

20CP 在电源故障时进行管路保压作用；20CP 只在本务机车上有效，制动状态时故障，将保持制动缸原压力值。

当 20CP 故障时，16CP 会根据本务机单独制动命令产生制动缸压力，但不再产生平均管压力；20CP 在补机中不起作用，将保持在失电状态。

20CP 控制模块由外壳、管座、REL 缓解电磁阀、APP 作用电磁阀、MVLT 电磁阀、20R 阀、PVLT 阀、20TL 压力传感器、20TT 压力传感器、C1 充风节流孔、TP20 平均管压力测试点、过滤器及作用风缸等部分组成。各部件的连接示意图如图 5-15 所示。

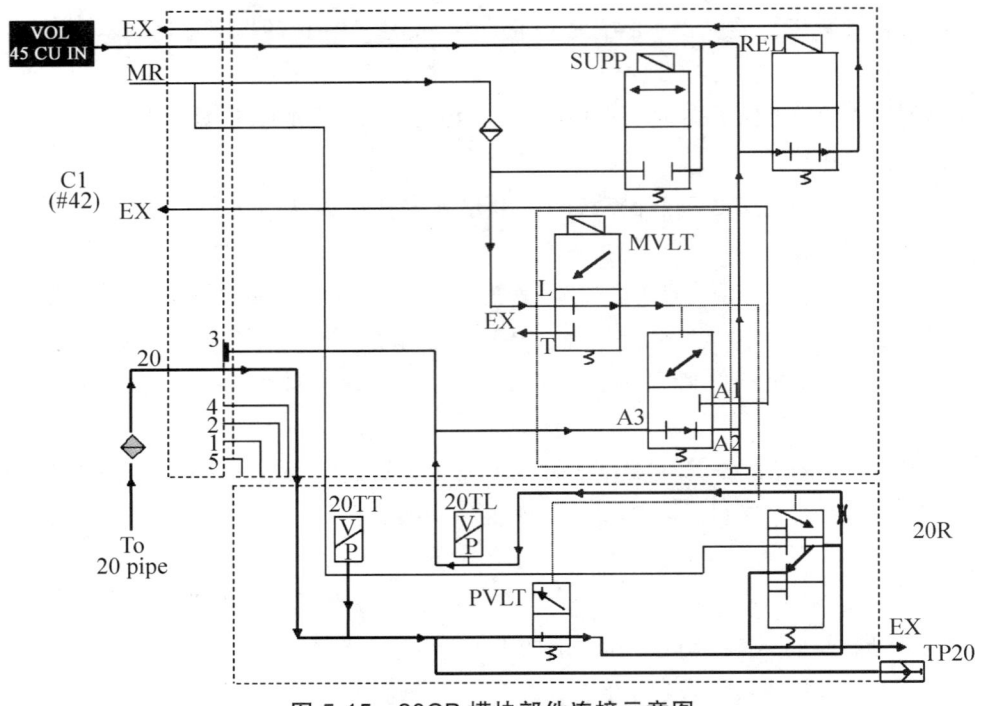

图 5-15 20CP 模块部件连接示意图

1. 管　座

管座亦为 20CP 模块的安装座。管座上设有两根管子的连接孔，即总风管 MR、平均管 20 号管。作用风缸（45 立方英寸）直接连接在管座上。

2. 各部件简介

（1）REl 缓解电磁阀：得电——作用风缸通大气，作用风缸减压，平均管排风；失电——停止作用风缸通大气，作用风缸保压，平均管停止排风。

（2）APP 作用电磁阀：得电——总风通作用风缸，作用风缸增压，平均管充风；失电——停止总风通作用风缸，作用风缸保压，平均管停止充风。

20CP 通过 REL、APP 电磁阀实现对作用风缸压力、平均管压力的控制。在缓解后或制动后，两个电磁阀均失电，作用风缸进行保压。若将机车设置在补机位，两个电磁阀均在失电状态。

（3）MVLT 电磁阀：得电——产生控制压力，允许机械阀接口的 A2 通 A3，同时开通 PVLT 阀，从而实现通过控制 REL、APP 电磁阀对平均管进行控制；失电——控制压力排大气，允许机械阀接口 A1 通 A3，同时关闭 PVLT 阀，从而使 20CP 失去对平均管的控制能力。

本电磁阀用来控制其机械阀的接口的连通和 PVLT 阀的通断，是 20CP 模块的预控电磁阀。当制动系统断电、20CP 模块故障、机车处于补机模式时，MVLT 电磁阀失电，PVLT 阀关闭，20CP 模块失去对平均管的控制能力，机车平均管管路呈自保压状态；机车设置为本机、单机模式，MVLT 电磁阀均得电。

（4）20R 阀：在 20CP 对平均管控制时，提供较大的充风、排风通道。

（5）PVLT 阀：和 MVLT 电磁阀配合使用，实现 20CP 模块对平均管的控制。此阀属两位两通阀，在关断后不能将机车平均管排空。

（6）20TL 压力传感器：机车在本机模式下，产生与平均管压力控制压力成比例的电压信号，传送给微处理器 IPM，进行数据处理。

20TL 压力传感器同 REL、APP 电磁阀配合作用，实现作用风缸压力的精确控制和自动保压功能。

（7）20TT 压力传感器：机车在补机模式下，产生与机车平均管压力成比例的电压信号，传送给微处理器 IPM 进行数据处理。

（8）TP20 平均管压力测试点：直接和 PVLT 阀前部的平均管相连，通过与系统外部的压力表连接，能够检测出任何状态下平均管的实际压力。

（五）13CP 控制模块

当单独制动手柄侧压时，13CP 控制 13 号管充风，对 DBTV 里的 BO 阀进行控制，排空 16TV 作用管的风压；同时制动系统控制 16CP 模块中的缓解电磁阀，排空作用风缸和 16 号作用管的压力，实现单缓机车制动缸压力（该压力由自动制动产生）。同时在 ER 备用情况下与 16CP 共同动作来实现均衡风缸的压力控制。它由外壳、管座、MVl3S 电磁阀和 ERBU 电磁阀等各部件组成，各部件的连接示意图如图 5-16 所示。

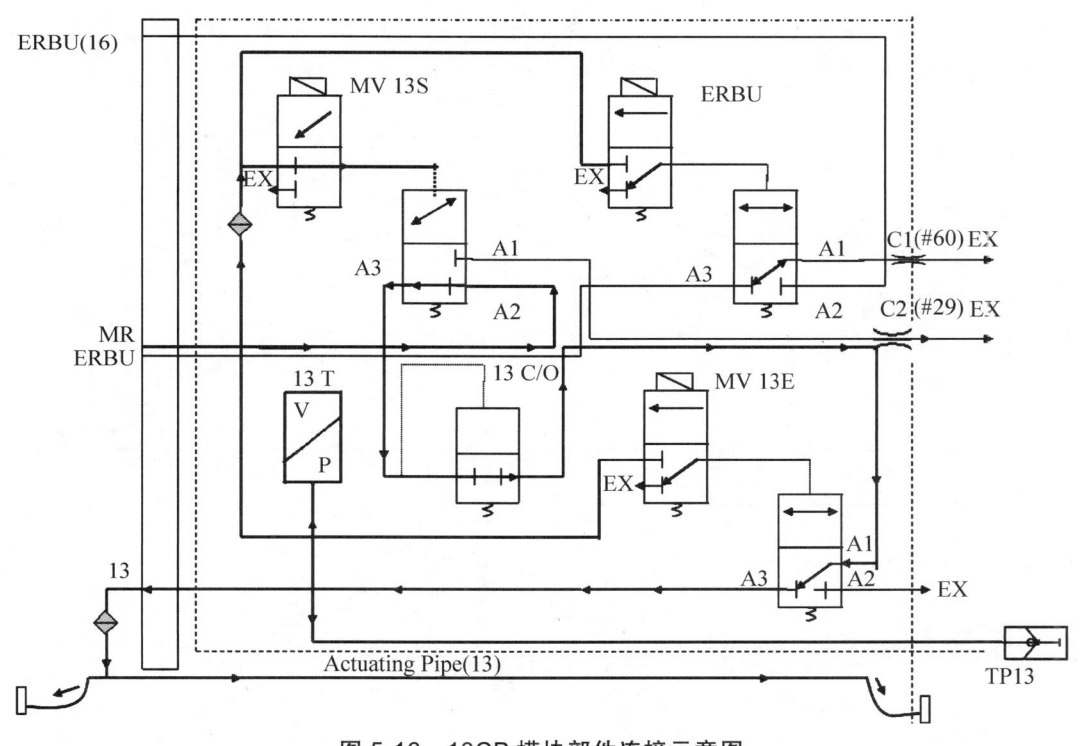

图 5-16 13CP 模块部件连接示意图

1. 管　座

管座亦为 13CP 模块的安装座。管座上设有三根管子的连接孔，即总风管 MR、通往 16CP 的 ERBU 管、通往 DBTV 的 13 号管。

2. 各部件简介

（1）MV13S 电磁阀：单独制动阀侧压，得电——总风缸给 13 号管充风，帮助 DBTV 内部实现机械的单缓功能；单独制动阀恢复，失电——停止总风缸给 13 号管充风。

（2）ERBU 电磁阀：和 16CP、ERCP 模块配合使用，当 ERCP 模块故障失效时，系统自动使 MVER 失电，MV16 失电，ERBU 得电。利用 16CP 模块中的 REL 缓解电磁阀、APP 作用电磁阀代替 ERCP 中 REL 缓解电磁阀、APP 作用电磁阀的作用，用 ERBU 电磁阀代替 16CP 模块中 MV16 电磁阀的功能，实现对均衡风缸的控制。

（六）制动缸控制模块 BCCP

制动缸控制模块 BCCP 的作用是响应 16CP 或平均管接收到制动缸控制压力，产生制动缸压力。

BCCP 属大通道的空气中继阀，它用总风缸作为供风风源、16 号管和平均管作为控制压力，对机车制动缸进行充风和排风控制。在失电情况下，BCCP 会使制动缸通过 PVPL 与平均管连接，产生平均管压力，这样补机就可以同本务机一样产生制动。PVPL 在均衡风缸后备管路压力大于 69 kPa 时开通。失电时，13CP 模块缩堵限制均衡风缸压力的释放，从而本务机的 PVPL 可以将其制动缸与平均管相连而产生平均管压力，用于产生补机制动缸压力；空电互锁电磁阀也位于 BCCP 模块的 16 号管路中。其由外壳、管座、BCCP 作用阀、DCV1 变向阀、PVPL 阀等部件组成。各部件的连接示意图如图 5-17 所示。

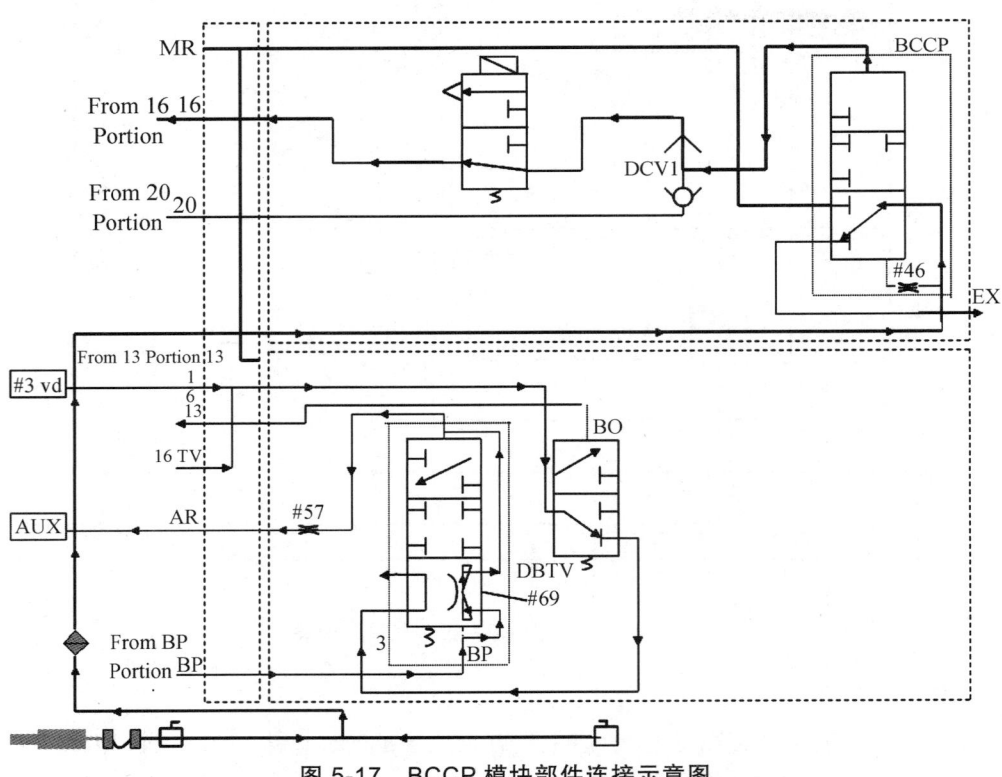

图 5-17　BCCP 模块部件连接示意图

1. 管　座

管座亦为 BCCP 模块的安装座。管座上设有五根管子的连接孔，即总风管 MR、通往 16CP 的 16 号管、通往 20CP 的 20 号管、通往 13CP 的 ERBU 管、通往制动缸的 BC 管。

2. 各部件简介

（1）BCCP 作用阀：BCCP 是大容量的空气中继阀。BCCP 按照 16 号管控制压力或平均管压力 1∶1 的比率产生制动缸压力。

（2）DCV1 变向阀：DCV1 在 16 号管和 20 号平均管中选择最高压力，导通此压力作为 BCCP（制动缸中继阀）的控制压力。

（3）PVPL 阀：PVPL 阀在 ERBU（均衡风缸备份）工作期间、ERCP 断电均衡风缸排风期间或机车设置为补机状态时连接制动缸和机车平均管，避免 20CP 不能工作时，本机机车不能产生平均的压力，从而导致补机没有制动缸控制压力。

（七）DBTV 控制模块

在 16CP 故障情况时，DBTV 三通阀为 16CP 提供了一个空气备份功能，来控制制动缸中继阀。DBTV 中的重要部件是始终工作的，但是由于制动系统的微机控制，它的作用是看不到的。制动管充风缓解时，DBTV 使制动管向 EPCU 上的辅助风缸充风。当制动管压力降低时，辅助风缸通过 DBTV 向 16TV 管充风。当产生全制动时，DBTV 会使辅助风缸与 16TV 管和 3 号风缸压力均衡而达到全制动。DBTV 由外壳、管座、DBTV 阀、BO 阀、缩堵、辅助风缸和 3 号风缸等部件组成，各部件的连接示意图如图 5-18 所示。

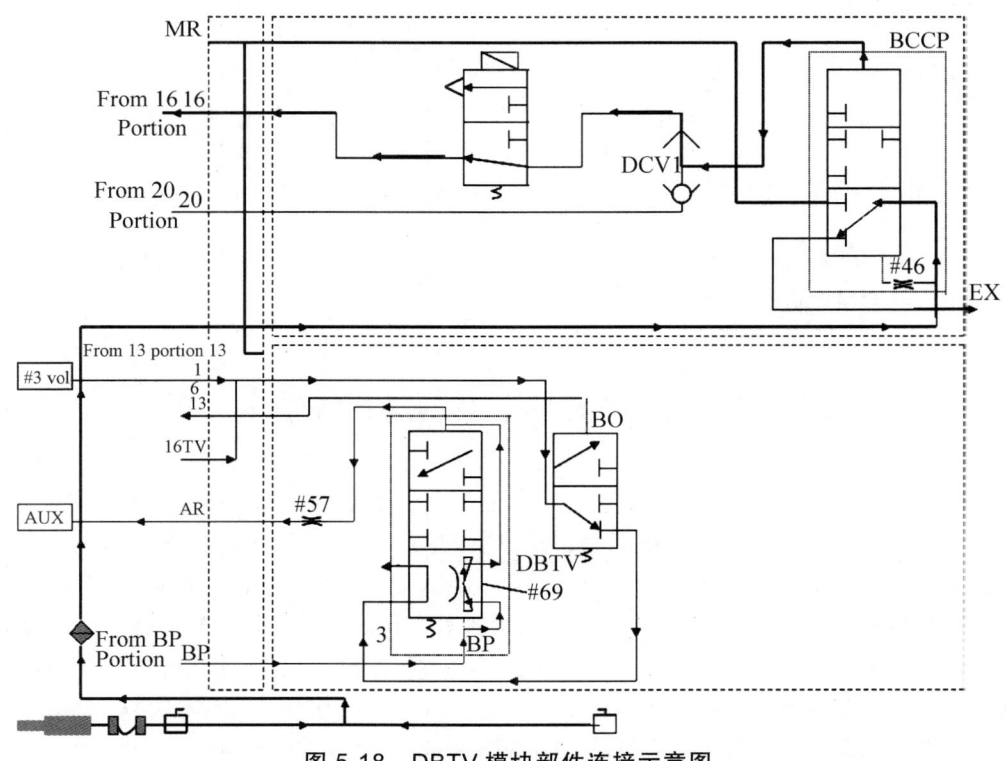

图 5-18　DBTV 模块部件连接示意图

1. 管　座

管座亦为 DBTV 模块的安装座。管座上设有三根管子的连接孔，即制动管 BP、通往 16CP 的 16TV 管、通往 13CP 的 13 号管。辅助风缸（435 立方英寸）和 3 号风缸（60 立力英寸）直接连接在管座上。

2. 各部件简介

（1）DBTV 阀：制动管压力增加——16TV 号管排风，制动缸缓解，制动管给辅助风缸充风；制动管压力降低——辅助风缸和 16TV 管接通，16TV 充风，制动缸作用；制动管压力不变——16TV 关闭，充风、排风作用停止。

由于 DBTV 阀为纯机械结构，为使每次产生的制动缸控制压力达到目标值，在列车缓解时，辅助风缸必须完全充满。

（2）BO 阀：BDTV 中 13 号管压力高于 140 kPa 时，将导致 16TV 排风，自动制动作用缓解。

（八）电源箱 PSJB

电源箱位于电空控制单元（EPCU）上，内置变压器，将电源箱（PJB）提供的 110 V 直流电源转换为 24 V 直流电源后提供给 CCB-Ⅱ系统，供电空控制单元、电子制动阀等部件使用。电源箱外部具有多个接插口，允许电空控制单元、电子制动阀、微处理器和继电器接口模块相互连接通信。

六、电源箱 PJB

电源箱（PJB）是一个变压器，它给电空控制单元（EPCU）和其他可能扩展的装置提供 110 V 直流电压，并将机车蓄电池的电压 110 V 直流转变成 66 V 直流供微处理器（IPM）使用。

七、电缆箱（CJB）

HXD_3 机车在制动柜中安装有电缆箱（CJB），为两端司机室的电子制动阀（EBV）和制动显示屏（LCDM）进行通信线转换。

第三节　CCB-Ⅱ型电空制动系统基本设置

HXD_3B 型机车制动显示屏集成在机车显示屏内，其功能同 HXD_3 型机车用制动显示屏（LCDM）相同。HXD_3B 型电力机车每个司机室的操纵台上装有一个机车显示屏。当通过钥匙开关两端机车显示屏同时得电，均可显示机车制动的状态。当机车微机判断出操纵单后，将其信号送到制动系统微处理器（IPM），微处理器（IPM）根据此信号激活对应的操作端电子制动阀（EBV），使其具有控制机车车辆制动系统的功能。但非操作端的机车显示屏不可对制动状态进行修改。制动屏在机车正常操作时，实时显示均衡风缸、制动管、总风缸和制动缸的压力值，也实时显示制动管流量和空气制动模式的当前状况，如图 5-19 所示。

图 5-19　制动屏在机车正常操作界面

通过显示屏还可以实时显示制动机故障信息，并将其记录。"空气制动系统"显示界面如图 5-20 所示，通过显示屏还可以对制动机进行如下操作：对制动机各模块进行自检，可以进行本机/补机、均衡风缸压力设定、制动管投入/切除、客车/货车、补风/不补风、风表值标定、故障查询等功能的选择和应用。

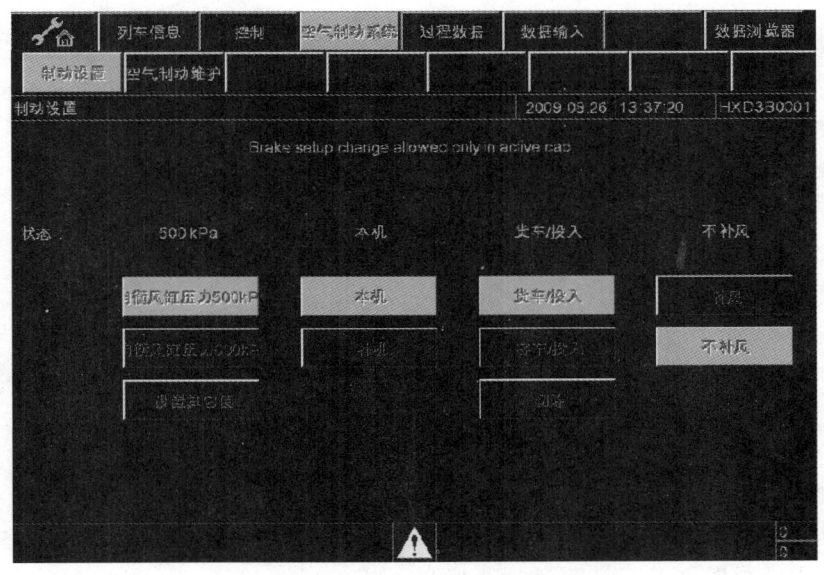

图 5-20　空气制动系统操作界面

1. 制动系统的设置

（1）自阀手柄置"缓解"位，单阀手柄置"全制动"位。

（2）换向手柄置"中立"位。

(3) TCMS 屏内"控制-隔离"中"动力制动"应投入，如图 5-21 所示。
(4) 缓解蓄能制动。
(5) TCMS 屏内制动屏设置应为：本机、货车/投入、不补风。列车管压力设定应适当。
(6) 系统严禁设置为"客车"和补风状态。
(7) 紧急制动或惩罚制动后，自阀手柄须在紧急位或抑制位分别停留 60 s 和 1 s 进行复位。

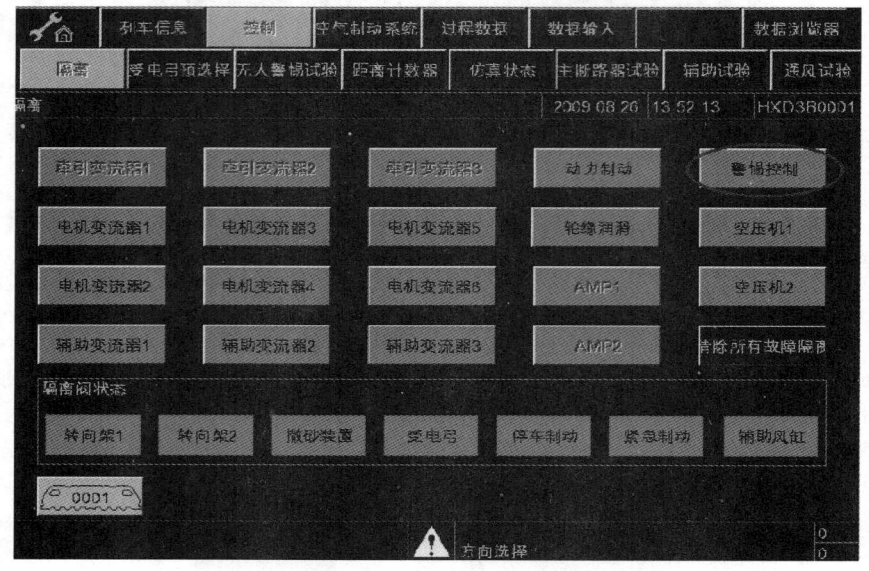

图 5-21 机车"控制-隔离"显示界面

2. 无火状态设置（连接在车辆后）
(1) 机车与本务机或车辆连挂好后，将自阀、单阀手柄置于"缓解"位。
(2) 实施停放制动（弹停模块"B40"上的截断塞门置于关闭位）。
(3) 手动缓解弹停制动（第 1、3、4、6 轮左右共 4 处），并晃动闸片确认缓解状态。
(4) 单阀"运转"位，自阀"重联"位（插好锁闭销）。
(5) 确保司控器在零位，换向手柄中立位，断开电钥匙。
(6) 在 EPCU 的 ERCP 上将无火回送塞门转到"投入"位。
(7) 控制风缸塞门置于关闭位。
(8) 制动系统断电，将电器控制柜上空气开关除 QA80、QA43、QA44（车内照明）外全部断开。
(9) 开放总风缸排水阀，总风排尽后关闭；关闭两个总风缸串联塞门 A10。
(10) 将前、后平均管塞门开放。
(11) 缓慢开通列车管塞门，防止紧急作用产生，总风缸被列车管充风（15~20 min）到 250 kPa（操纵台总风缸表不能显示）。

3. 无火状态设置（连接在机车后）
(1) 单阀手柄"运转"位，自阀手柄"重联"位（插好锁闭销）。
(2) 确保司控器在零位，换向手柄中立位，断开电钥匙。

(3)制动系统断电,将电器控制柜上空气开关除 QA80、QA43、QA44(车内照明)外全部断开。

(4)将总风缸管、列车管、均衡管分别与本务机车各管对应相连,开放截断塞门。

第四节 CCB-Ⅱ型制动系统控制关系与气路综合作用

一、CCB-Ⅱ型制动机气路控制关系

1. 控制列车

自动制动阀→ERCP→均衡风缸→BPCP→制动管压力→车辆制动机
　　　　　　　　　　　　↓
　　　　　　　　　　→16CP→作用管(16号管)→BCCP →机车制动缸

2. 控制机车

单独制动阀→20CP→BCCP→机车制动缸
　　　　　↓
　　　平均管→重联机车制动缸

二、CCB-Ⅱ型制动系统气路综合作用

机车制动机的综合作用习惯上是根据自动制动手柄和单独制动手柄各位置的变换(该变换是由操纵列车或机车实际运行情况而决定)而确定的机车制动机各主要部件之间的相互关系和作用规律。

CCB-Ⅱ型制动系统的综合作用,按自动制动作用、单独制动作用、空气备份状态以及无火回送状态等方面逐一介绍。为了较清楚地说明问题,每种状态均附有气路图。

1. 自动制动作用

1)本机–运转位

该位置是列车在运行过程中,单阀、自阀手柄均置运转位,是向全列车初充风、再充风缓解列车制动以及列车正常运行所采用的位置。初充风是指均衡风缸、制动管、制动缸压力均为 0 kPa 的初始状态充风,再充风是指减压制动后的缓解充风;初充风和再充风相比,再充风要进行作用管(16号管)压力和制动缸压力的缓解。当单阀、自阀手柄均置运转位时,手柄位置信号转为电信号传输到 M-IPM,M-IPM 通过 Lonworks 总线将命令传输至各模块,模块按预定的程序动作。ERCP 模块接收到自动制动手柄指令,给均衡风缸充风到设定值;BPCP 模块响应均衡风缸压力变化,制动管被充风到均衡风缸设定压力;16CP/DBTV 模块响应列车管压力变化,将作用管(16号管/16TV 管)压力排放;BCCP 模块响应作用管压力变化,机车制动缸排风缓解;同时车辆副风缸充风,车辆制动机缓解。 EPCU 各模块内部通路如图 5-22 运转位所示。

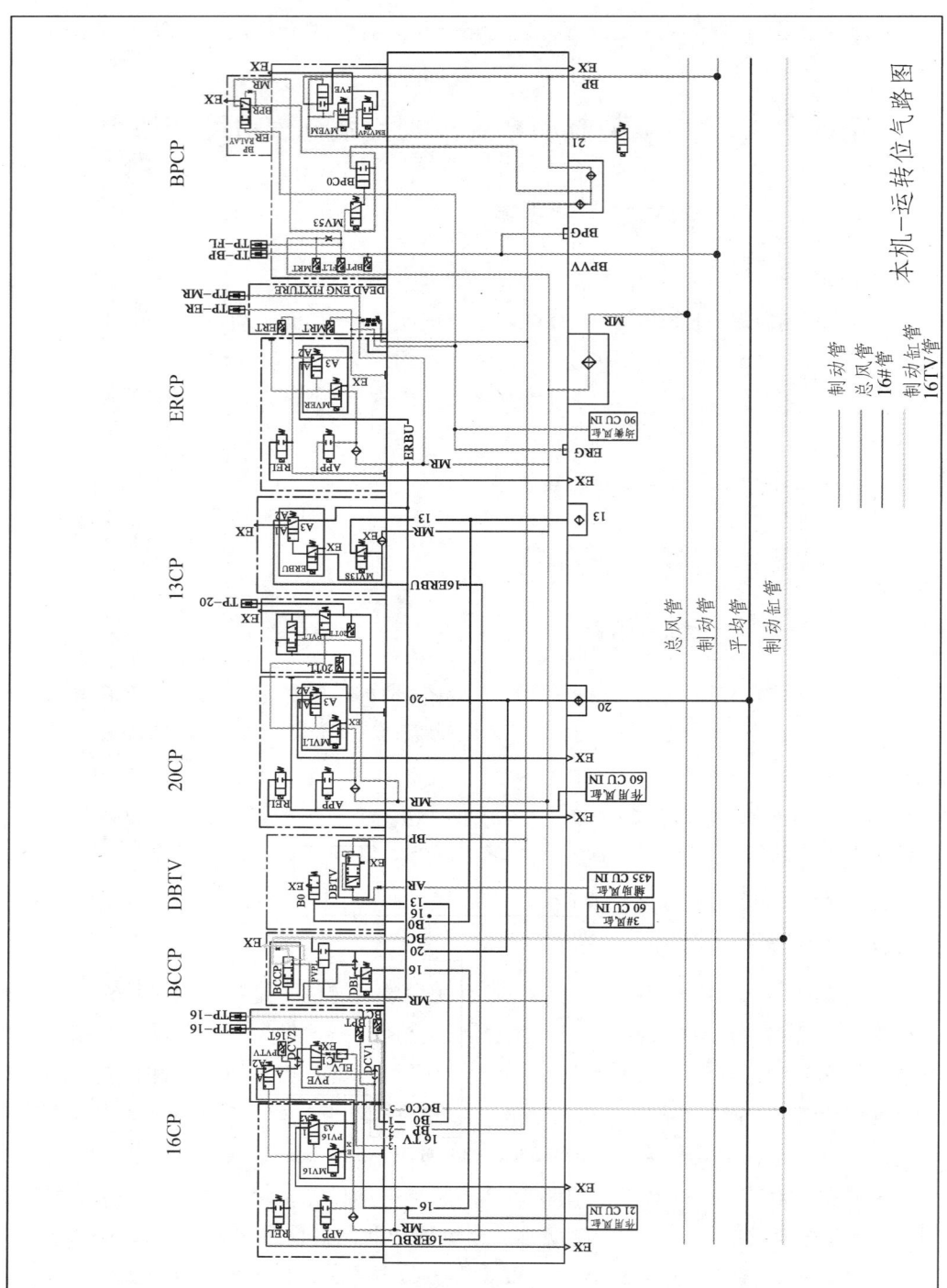

图 5-22 运转位气路图（本机）

2）本机-制动位

该位置是操纵列车常用制动，使列车正常缓慢停车或调整运行速度所使用的位置。包括"初制动"位和"全制动"位，两者之间是制动区。自动制动手柄在制动区的停留位置决定了均衡风缸的减压量，达到目标减压量后，均衡风缸自保压。机车在货车模式时，自动制动手柄在制动区可实现阶段减压作用，但只可实现一次缓解功能；机车在客车模式下，自动制动手柄在制动区可实现阶段减压和阶段缓解作用。根据自动制动手柄的位置给出减压量的电信号至 M-IPM，M-IPM 通过 Lonworks 总线传至 ERCP 确定减压量，通过均衡压力传感器 ERT 比较控制缓解电磁阀 REL 的得电时间来控制均衡风缸的减压量，均衡风缸减压到目标值；BPCP 模块响应均衡风缸压力变化，通过 BPCP 的中继阀控制列车管的减压，减压速度为常用减压速度，确保常用制动的安定性。然后控制列车管的减压量，同时车辆副风缸给车辆制动缸充风，车辆制动机制动。EBV 手柄位置信号通过 M-IPM 传至 16CP 控制 16 号管的压力（作用管），16 号管的压力通过 BCCP 模块控制制动缸增压，机车制动。制动管减压量与机车制动缸增压量之比略低于 1∶2.5。

关于常用制动限压，DK-1 制动机设置了 208 压力开关控制最大减压量，CCB-Ⅱ型制动机则通过软件控制，当制动缸压力达到全制动减压量所规定的制动缸压力以后的减压为无效减压。EPCU 各模块内部通路制动位气路图（本机）如图 5-23 所示。

3）紧急位

该位置是列车运行过程中紧急停车所使用的位置。紧急制动可分为多种条件触发。其中自阀手柄 EBV 至"紧急"位、拉紧急制动阀手柄 N68、按下操纵台紧急按钮、监控装置紧急制动及 IPM 等触发紧急均非由 CCB-Ⅱ 发出紧急制动。

自动制动手柄放置"紧急制动"位，先触发紧急制动阀 NB11，使制动管压力经 NB11 排向大气，制动管按紧急速率排风触发紧急排风阀 N97 排风，再触发 BPCP 中 PVEM 紧急放风阀加速列车管排风，保证紧急制动的灵敏性。如拉紧急制动阀手柄 N68 产生紧急制动，则先触发紧急排风阀 N97，其次是紧急制动阀 NB11，再触发 BPCP 中 PVEM 紧急放风阀加速列车管排风。列车管迅速减压到零，均衡风缸以常用制动速率减压到零，16CP 模块响应列车管减压变化，迅速给作用管（16 号管）充风到最大允许压力，BCCP 模块响应作用管压力增加，给机车制动缸充风产生紧急制动作用；同时车辆副风缸给车辆制动缸充风，车辆制动机制动。EPCU 各模块内部通路紧急位气路图如图 5-24 所示。

4）自动制动的单缓

该位置为列车实施制动后认为有必要单独降低机车制动力时使用的位置，需要通过单独制动手柄侧压来帮助实现此功能。单独制动手柄侧压，13CP 模块响应该指令，给 13 号管充风，控制 DBTV 模块中的 16TV 作用管减压；同时 16CP 模块和 20CP 模块也响应该指令，允许 16 号作用管和 20 号平均管进行减压；BCCP 模块响应由自动制动手柄动作产生的作用管压力的减少，允许机车制动缸排风缓解；车辆制动机仍制动。EPCU 各模块单缓位内部气路通路如图 5-25 所示。

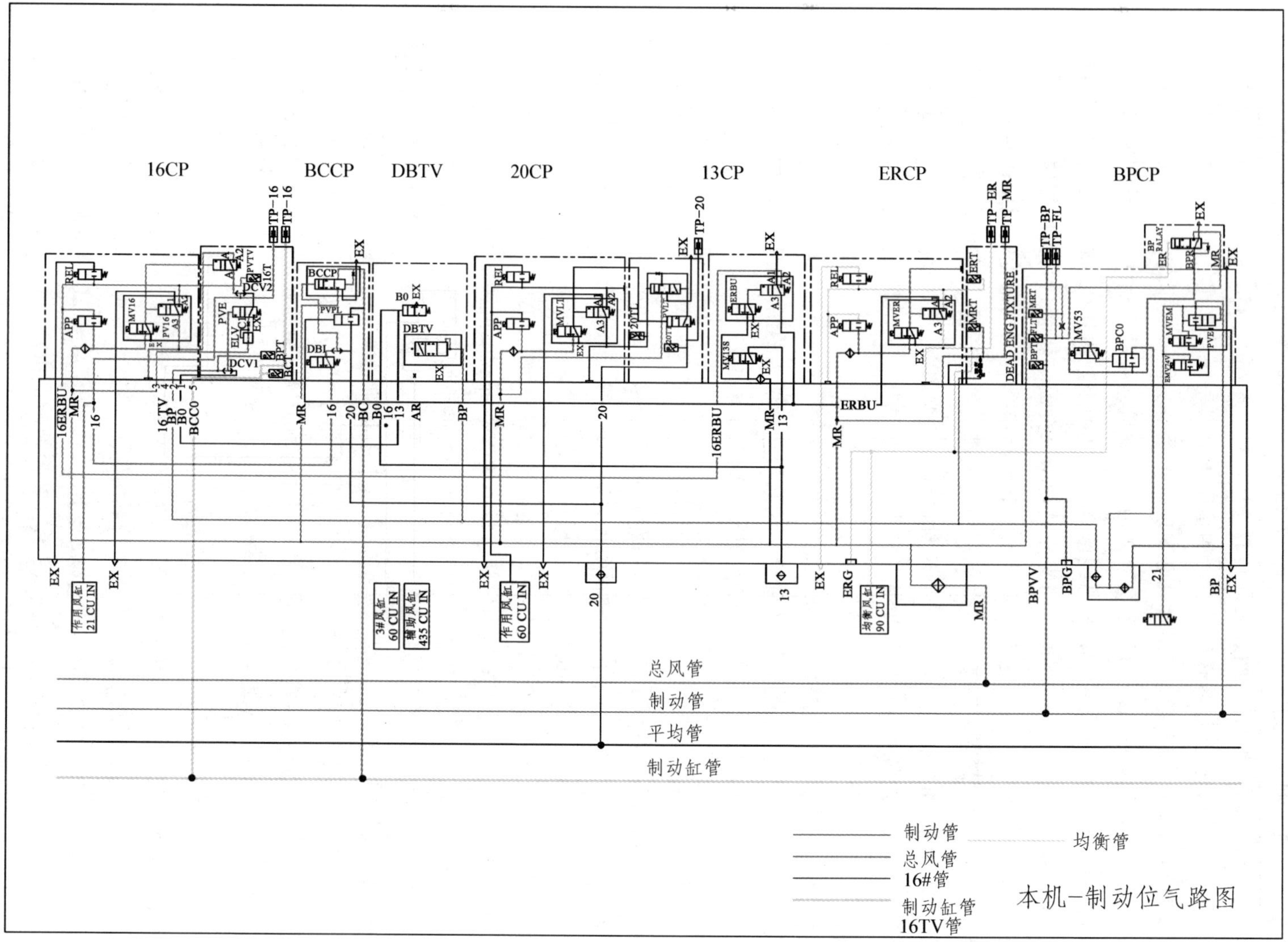

图 5-23 常用制动位气路图（本机）

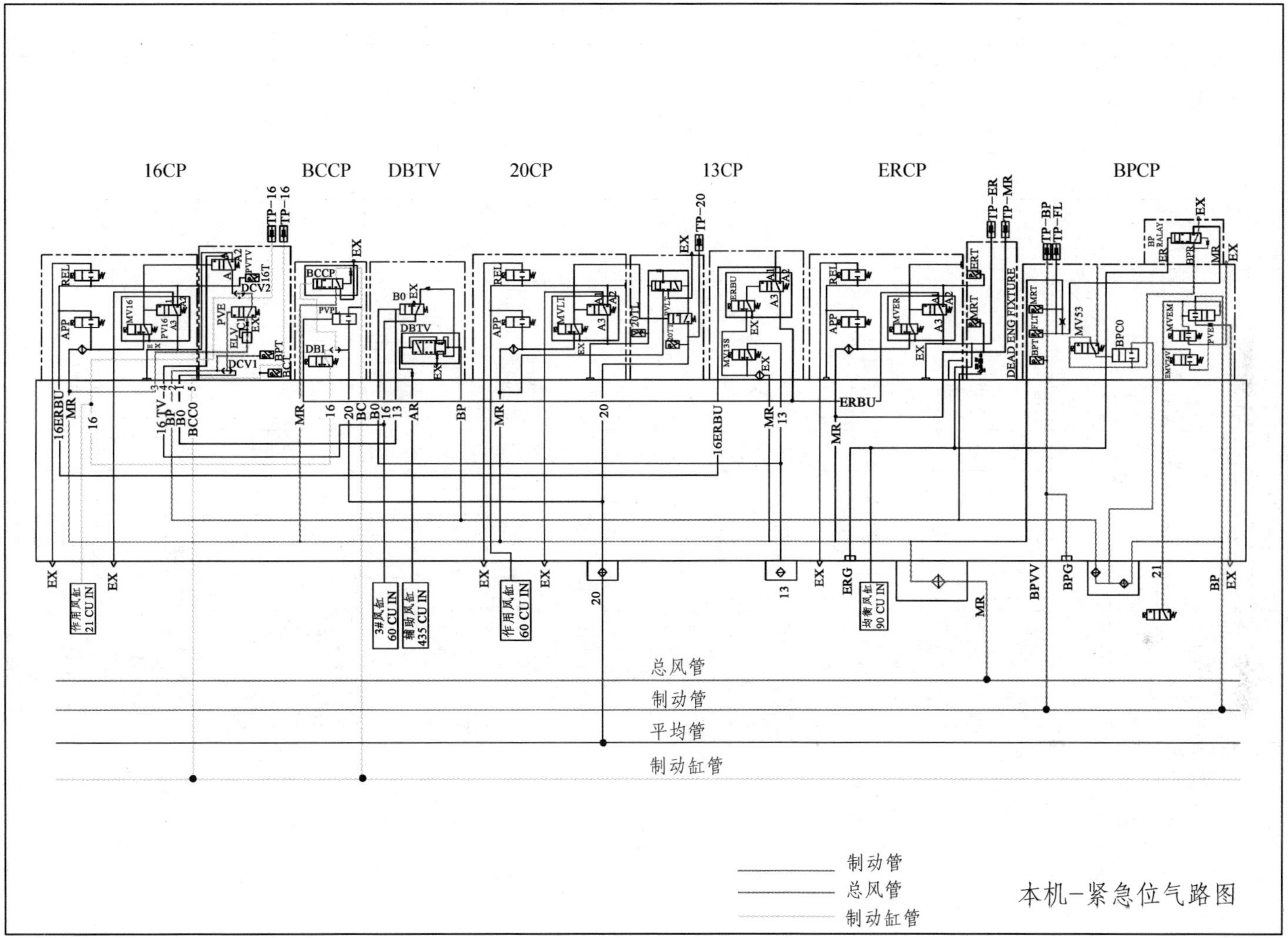

图 5-24 紧急制动位气路图（本机）

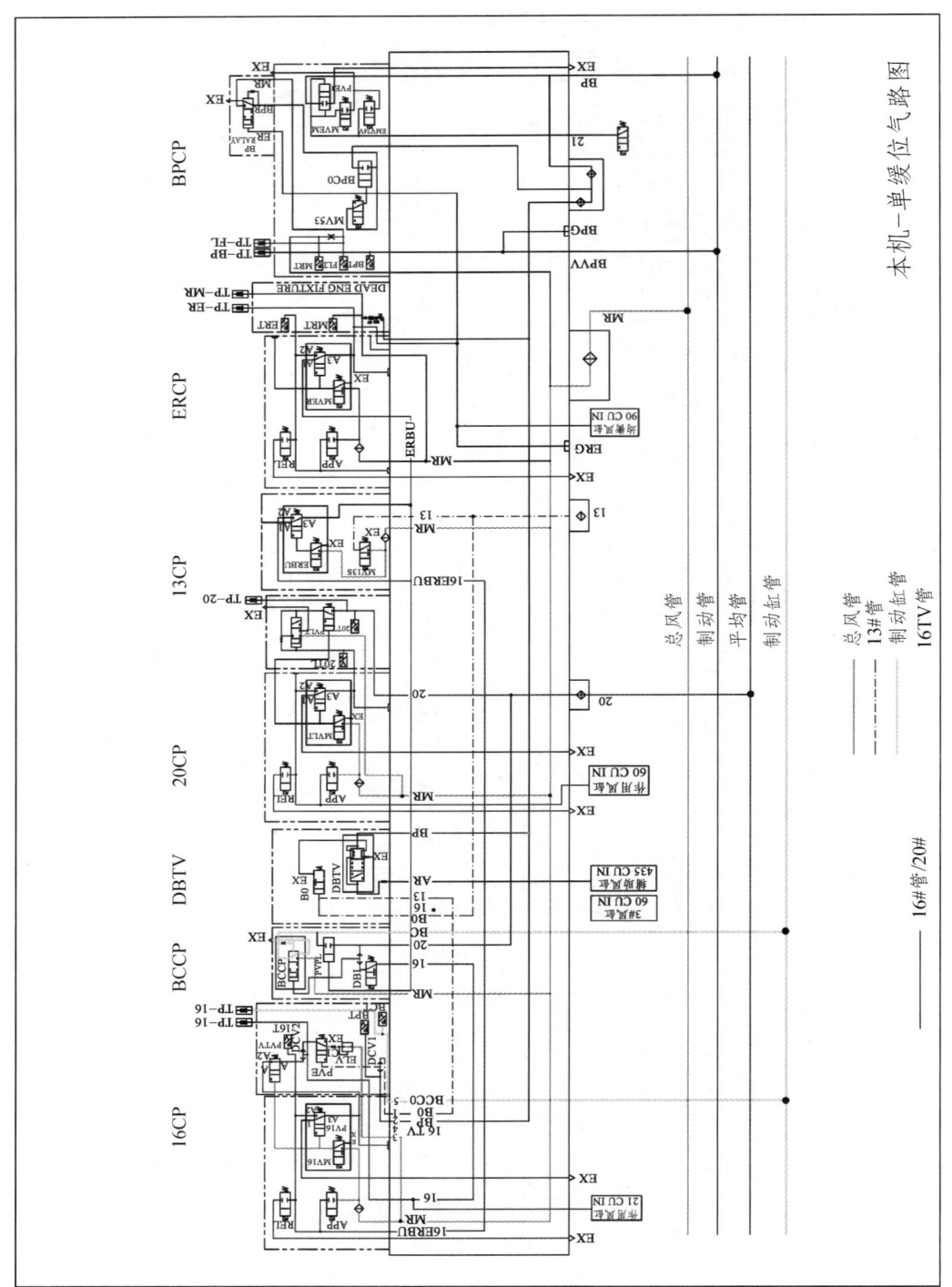

图 5-25 单缓位气路图（本机）

5）补机-运转位

补机（重联机车）自动制动手柄应用销子固定在"重联"位，单独制动手柄应放置在"运转"位。此位置为本机机车在"运转"位时，补机（重联机车）受机车间制动管软管、总风软管、平均软管压力控制而发生作用的位置，其缓解应和本机同步。本机制动管充风，平均管压力排空，制动作用缓解。补机（重联机车）接收制动管压力增高的变化，通过 DBTV 模块将 16TV 作用管风压排空，同时给补机副风缸充风；补机接收平均管压力排空的变化，通过 BCCP 将制动缸压力排空，补机缓解。EPCU 各模块补机-运转位时内部气路通路如图 5-26 所示。

6）补机-制动位

此位置为本机机车在制动位时，补机（重联机车）受机车间制动管软管、总风软管、平均软管压力控制而发生作用的位置，其制动应和本机同步。本机制动管减压，平均管、作用管增压，机车制动缸充风产生制动作用。补机接收制动管压力减少的变化，通过 DBTV 模块停止制动管给辅助风缸充风，并将辅助风缸的风压传送到 16TV 作用管；补机接收平均管压力增高的变化，通过 BCCP 给制动缸充风，补机制动。EPCU 各模块在补机-制动位时内部气路通路如图 5-27 所示。

2. 单独制动作用

单独制动作用操纵本机的单独制动手柄在运转位或制动区，观察本机及重联机车的各主要部件的相互作用关系。该作用用于单独操纵机车的制动、缓解。

1）本机-运转位

该位置为单独缓解机车用。20CP 模块缓解电磁阀得电，将 20 号管的压力排空；作用电磁阀失电，阻止总风给 20 号管充风；BCCP 模块响应 20 号管压力变化，机车制动缸排风缓解。EPCU 各模块在本机-运转位气路图（单独作用）内部通路如图 5-28 所示。

2）本机-制动位

该位置为单独制动机车但较运转位快。20CP 模块缓解电磁阀失电，作用电磁阀得电，总风给 20 号管充风，MVLT 得电允许 总风通过，控制 PVLT 开通，20 号管压力进入 BCCP 模块，制动缸充风，机车制动。EPCU 各模块在本机-制动位气路图（单独作用）内部通路如图 5-29 所示。

3）补机-制动、缓解位

重联机车自动制动手柄应用销子固定在重联位，单独制动手柄应放置在运转位。此位置为本机机车单独制动手柄在制动位时，重联机车受机车间制动管软管、总风软管、平均软管压力控制而发生作用的位置，其制动应和本机同步。EPCU 各模块补机-制动、缓解位气路内部通路如图 5-30 所示。

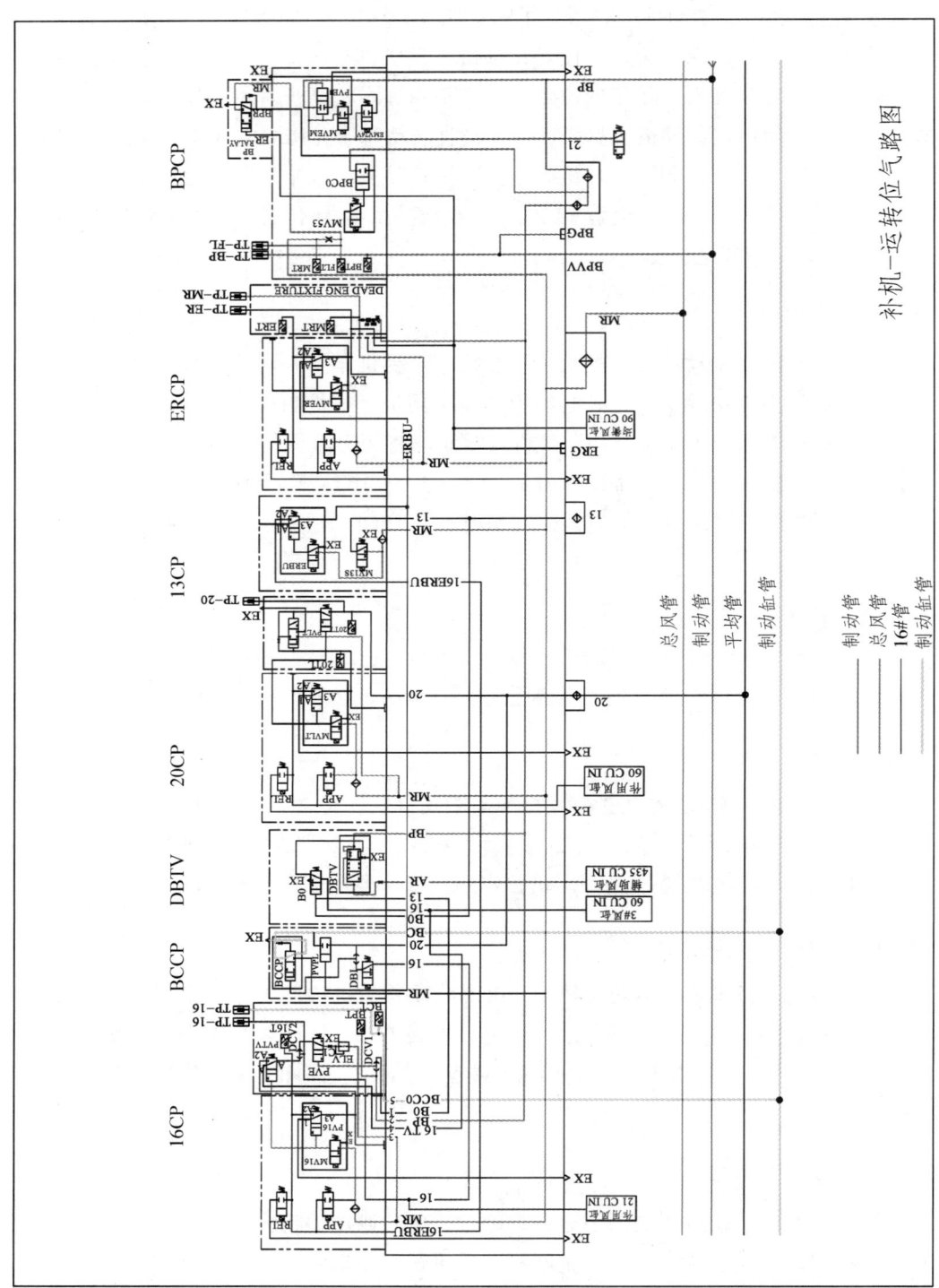

图 5-26 运转位气路图（补机）

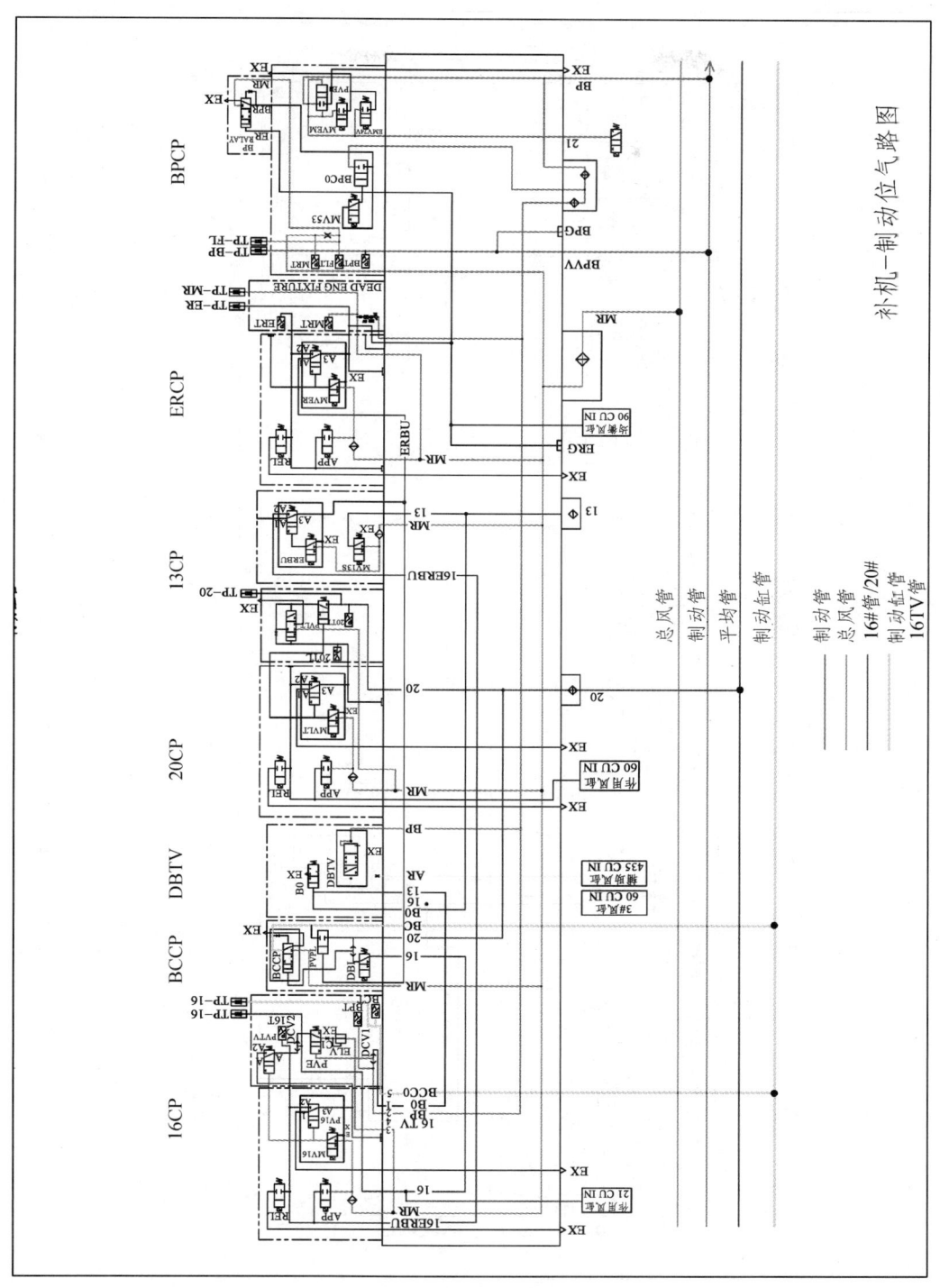

图 5-27 制动位气路图（补机）

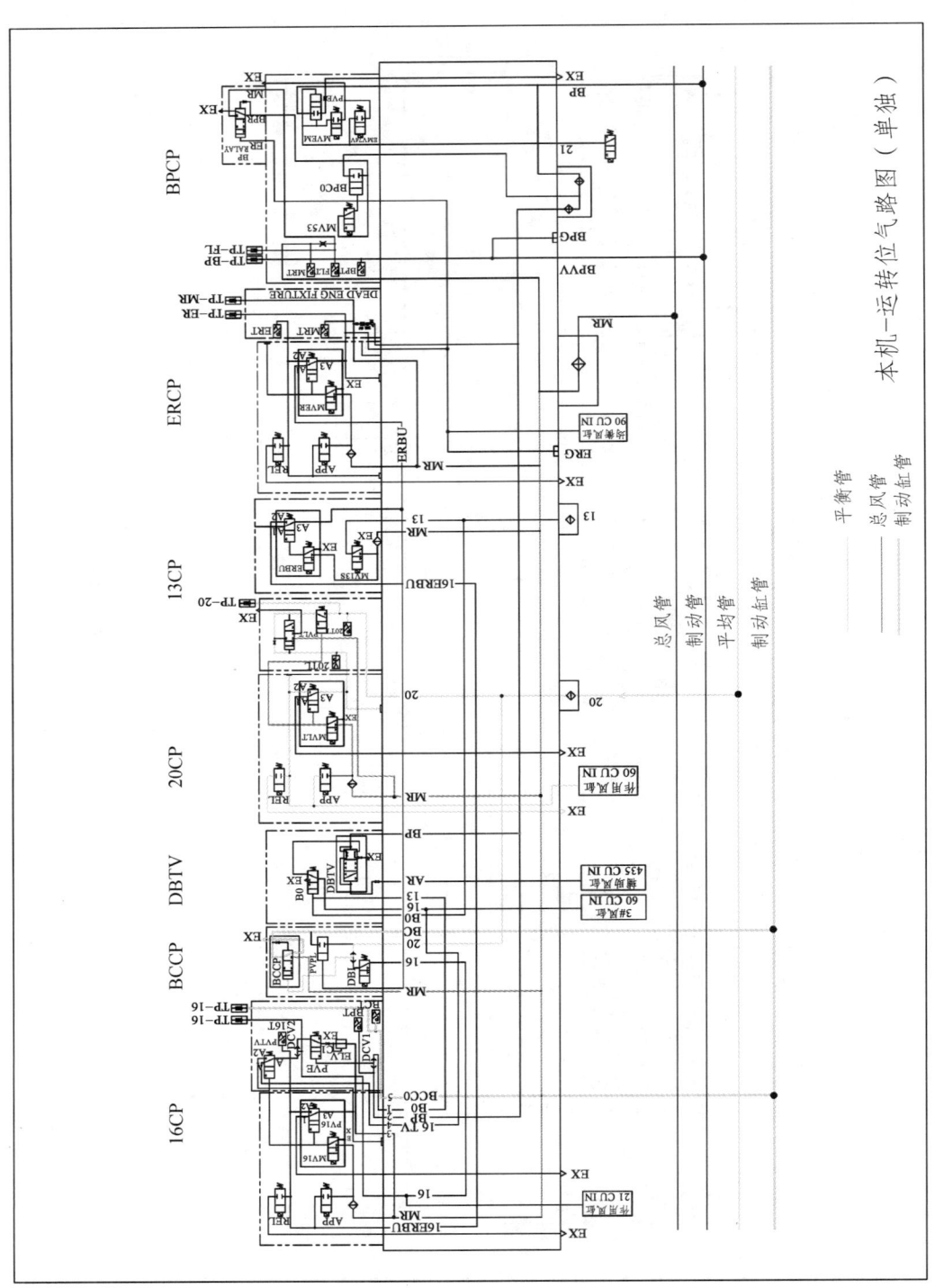

图 5-28　本机运转位气路图（单独）

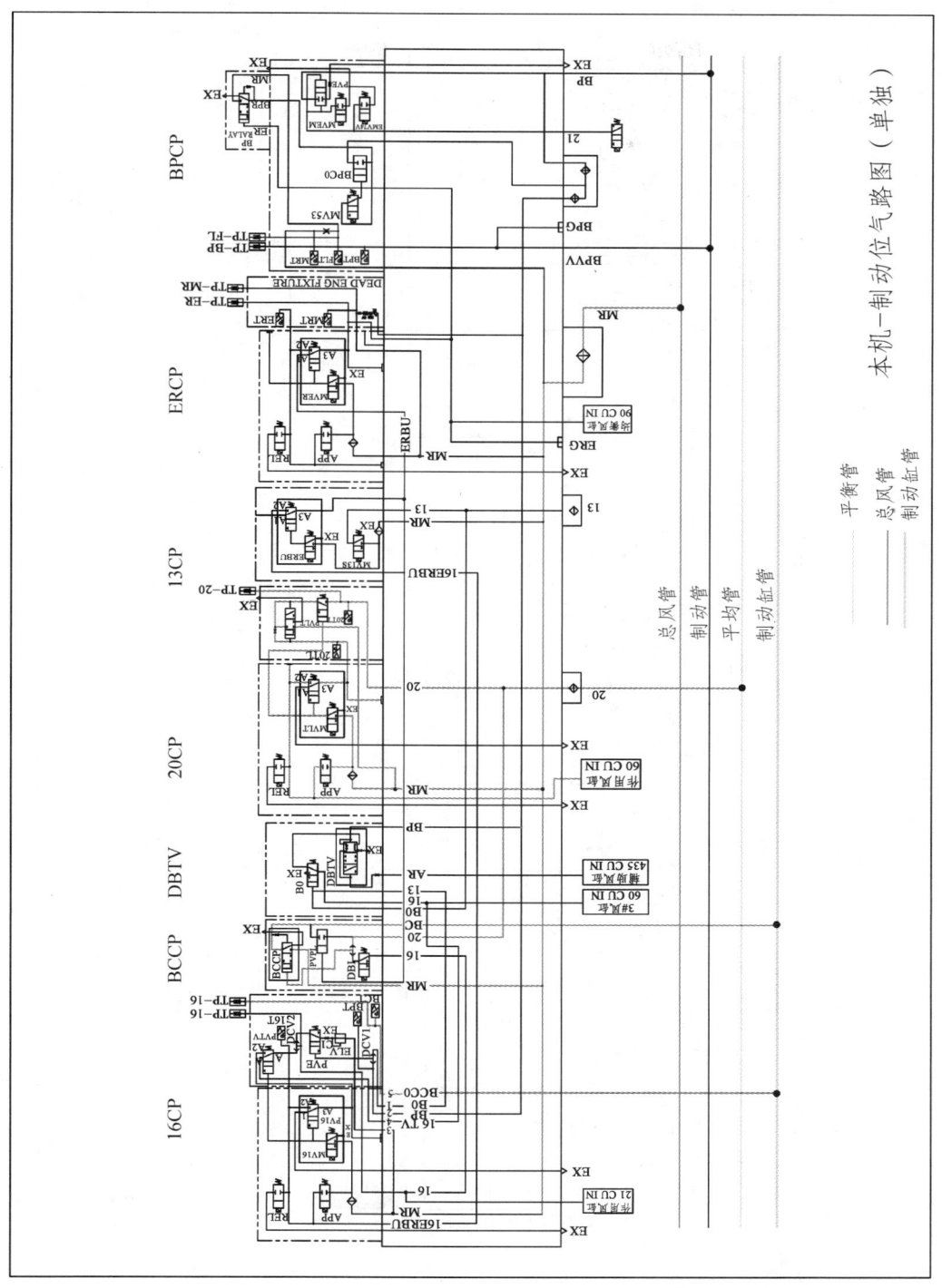

图 5-29 本机制动位气路图(单独)

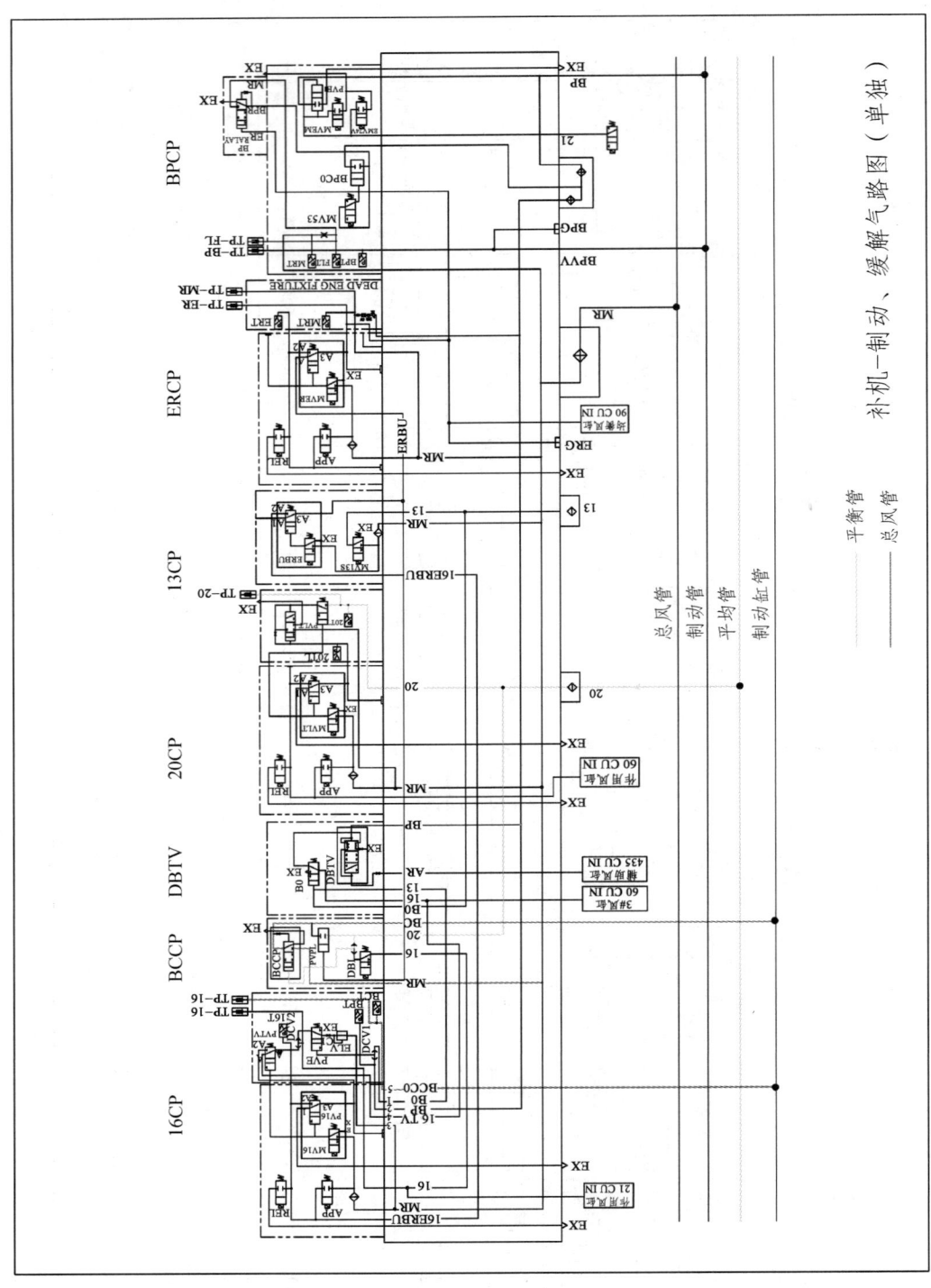

图 5-30 补机制动、缓解位气路图（单独）

3. 空气备份

当机车制动系统 EPCU 中 ERCP 或 16CP 模块故障时，制动系统自动转换到空气模式，使其仍可继续工作。

1）制动管充风，制动缓解

当制动管充风缓解时，DBTV 模块使作用管 16TV 压力排空，同时制动管给副风缸充风；16CP 模块中电磁阀断电，总风不能通过 16CP，从而使作用风缸及作用管 16 号管同 16TV 连通，并随 16TV 排空；BCCP 模块响应作用管压力变化，排空制动缸压力，机车缓解。EPCU 各模块内部通路空气备份状态-缓解位气路如图 5-31 所示。

2）制动管减压、机车制动

当制动管排风制动时，DBTV 模块使副风缸给作用管 16TV 充风，同时制动管停止给副风缸充风；16CP 模块中电磁阀断电，总风不能通过 16CP，从而使作用风缸及作用管 16 号管同 16TV 连同，并随 16TV 增压；BCCP 模块响应作用管压力变化，使制动缸充风，机车制动。EPCU 各模块内部空气备份状态-制动位通路如图 5-32 所示。

4. 无动力回送

机车无动力回送中，由于其空气压缩机无电停止使用，此时必须开放机车无动力装置。无动力装置由 DE 无动力塞门、DER 压力调整阀、C2 充风节流孔、CV 单向止回阀等部分组成，集成于 ERCP 模块中，连接在机车的制动管与总风管之间。当开通无动力塞门后，制动管内压力空气经 DE 无动力塞门、DER 压力调整阀、C2 充风节流孔、CV 单向止回阀，将调整后的空气压力充入总风缸。此时总风缸在机车制动机系统中相当于车辆的副风缸。无火回送的空气作用原理同空气备份相同，但总风缸压力较低（约为 220 kPa）。EPCU 各模块内部无火回送气路通路如图 5-33 所示。

第五节　系统主要部件的备份及故障检测方式

一、系统安全保护及主要部件的备份

1. 空气备份（16CP 失效）

空气备份模式是指系统采用纯机械三通阀（DBTV）来代替电子控制（16CP）产生制动缸管控制压力。其控制关系如下：

自动制动阀→EPCP→ BCCP→制动管压力→机车制动机
　　　　　　　　　　　↓
　　　　　　　　　DBTV→ BCCP→机车制动缸

2. ER 备用（ERCP 失效）

如果 ERCP 失效，它的功能由 16CP 和 13CP 实现。由软件控制自行进行切换，控制关系如下：

自动制动阀→16CP/13CP→BPCP→制动管压力→车辆制动机
　　　　　　　　　　　↓
　　　　　　　DBTV→BCCP→机车制动缸

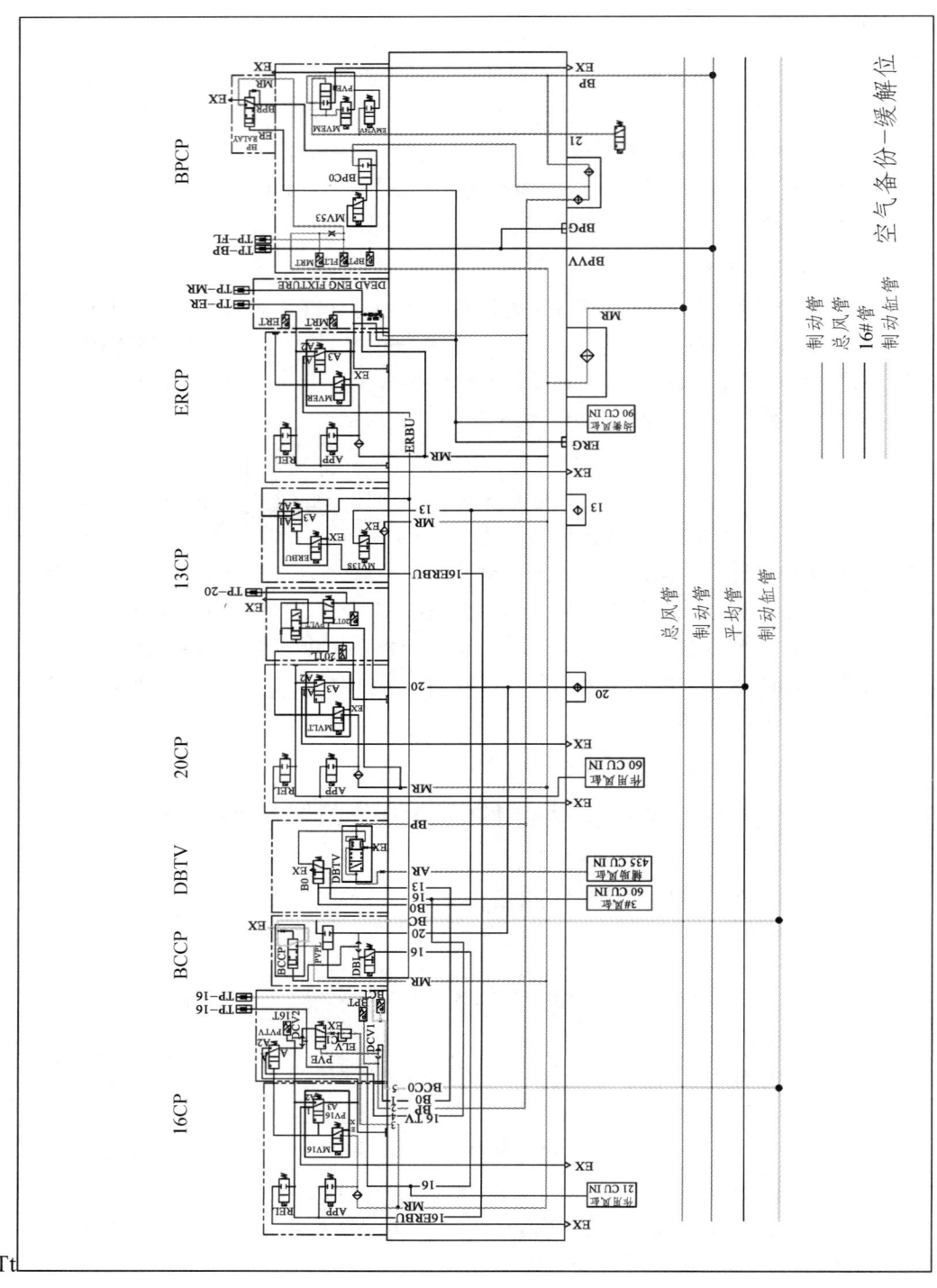

图 5-31 空气备份状态-缓解位气路图

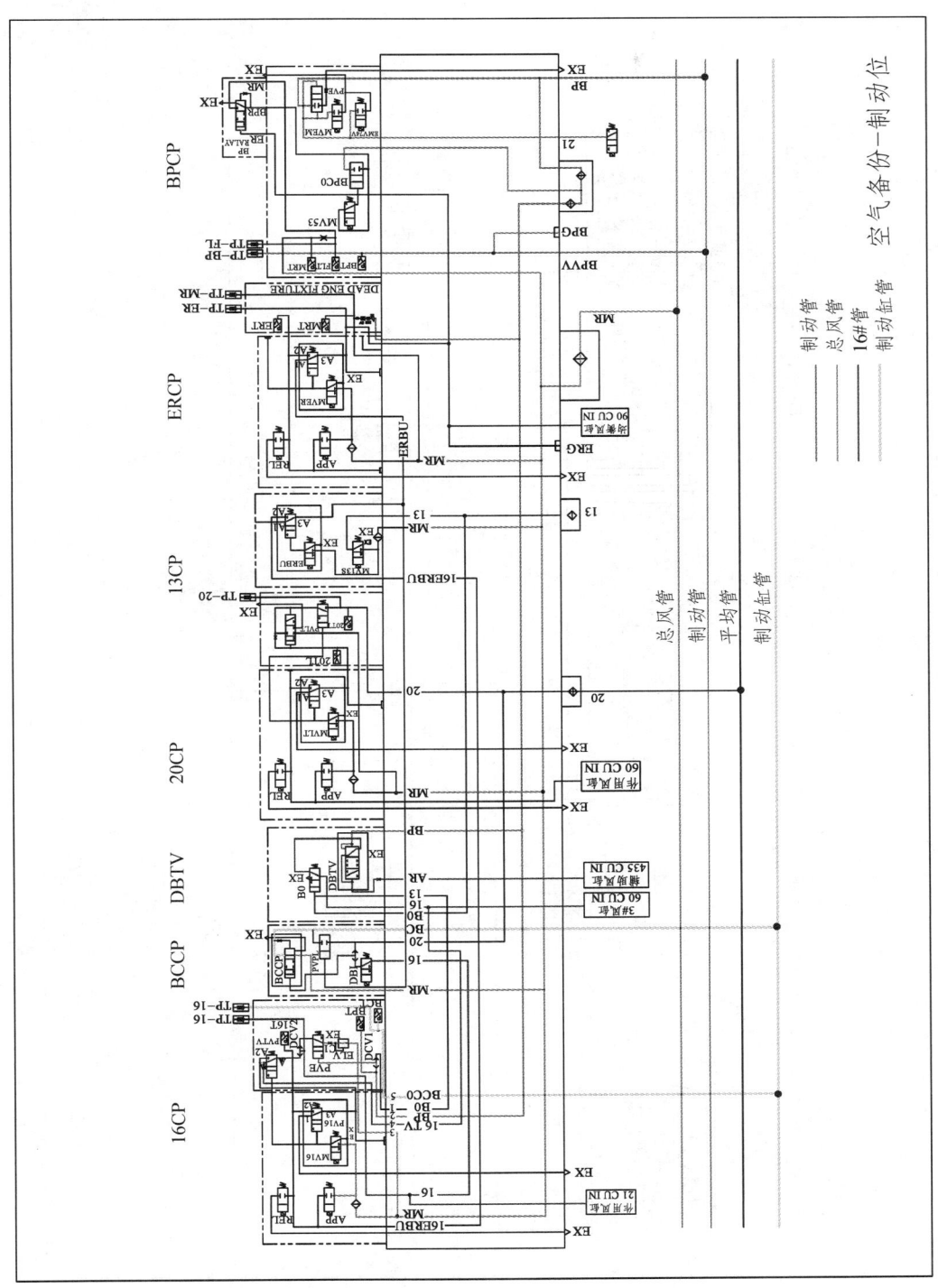

图 5-32 空气备份状态-制动位气路图

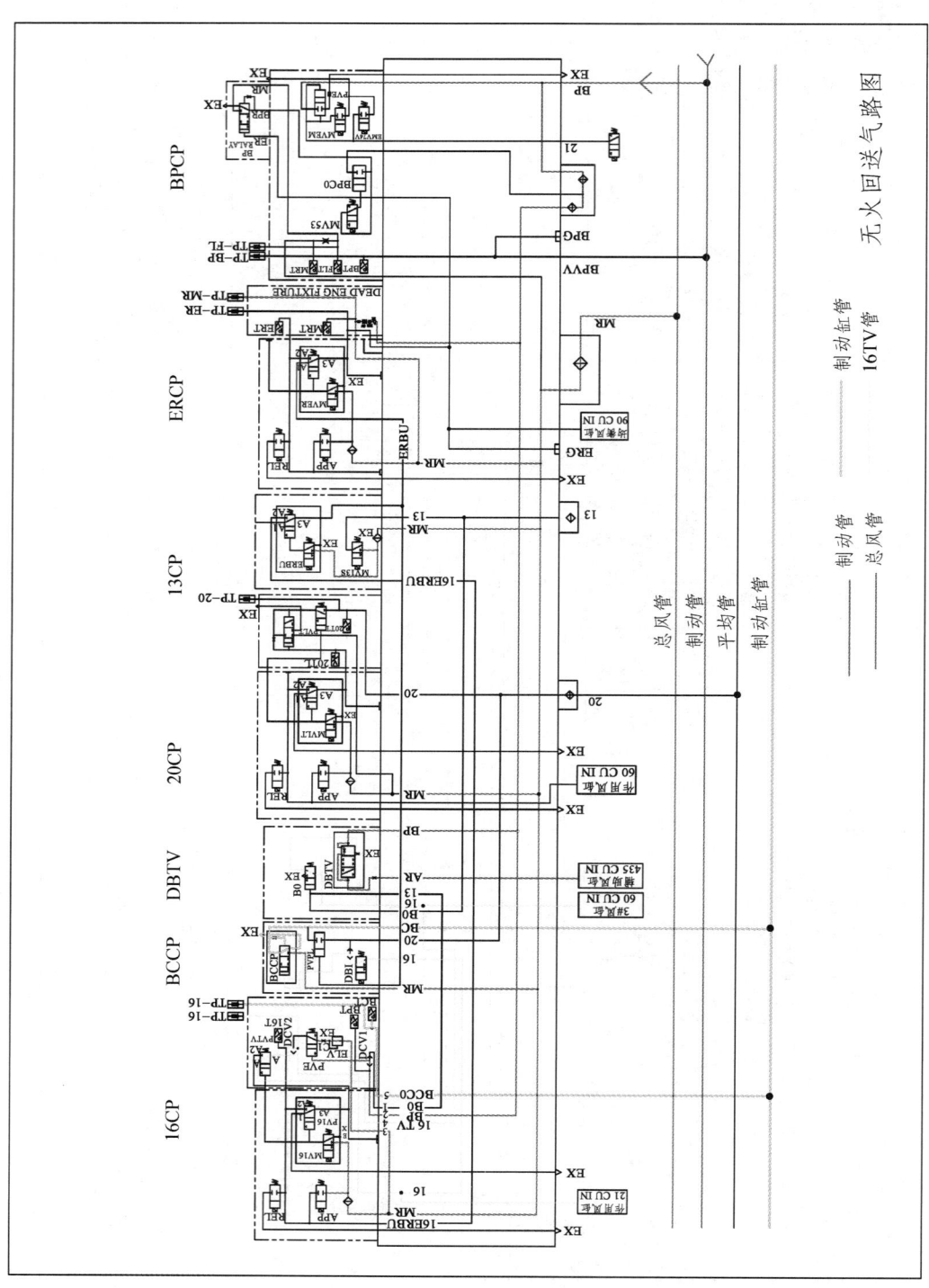

图 5-33 无火回送气路图

3. 单独制动备用（20CP 失效）

20CP 失效时，16CP 将响应单独制动手柄的指令，控制本机车制动缸的压力。对于重联车，将不存在平均管压力。控制关系如下：

单独制动阀→ 16CP → BCCP→ 机车制动缸

4. 紧急制动的触发方式

自动制动阀置紧急制动位；开放车长阀触发紧急制动；按下操纵台紧急按钮触发紧急制动；IPM 触发紧急制动；ATP 触发紧急制动；列车断钩分离触发紧急制动；机车警惕装置触发紧急制动。

5. 总风缸压力低保护

当总风缸压力低于 350 kPa 时，IPM 接收到 MREP 压力开关信号，使机车实施制动，不允许机车加载牵引。备份模式的显示：

"D&T" Back up Mode（备份模式）：aa，bb，cc，dd，ee，ff

Aa, bb, cc, dd, ee, ff 是当前备份模式的速记符号：

	"无"	无备份模式
aa	"BC" 或 "--"	BC 是否备份
bb	"ER" 或 "--"	ER 是否备份
cc	"20" 或 "--"	MVLT 关或开
dd	"BPT" 或 "---"	BP 传感器是否备份
ee	"MRT" 或 "---"	MR 传感器是否备份
ff	"ER0" 或 "---"	紧急 ER 压力是否到零

二、CCB-Ⅱ制动机的故障检测方式

（1）开机时，微处理器（IPM）进行自检。自检通过后对电子制动阀（EBV）、电空控制单元（EPCU）的各模块进行实时诊断，确认故障后，自动进入备用模式，并将 3 位故障代码的故障信息显示在制动显示屏（LCDM）上。

（2）通过制动显示屏（LCDM）上的按键可以手动对电子制动阀（EBV）、电空控制单元（EPCU）的各模块进行循环或单独自检，若发现故障，将 4 位故障代码的故障信息显示在制动显示屏（LCDM）上。

（3）微处理器（IPM）及电空控制单元（EPCU）均有串口与外接 PC 机通信，传送各种信息供更新程序、检测或检修之用。

第六节 控制与辅助管路系统

一、CCB-Ⅱ控制关系

1. 主要部件控制关系

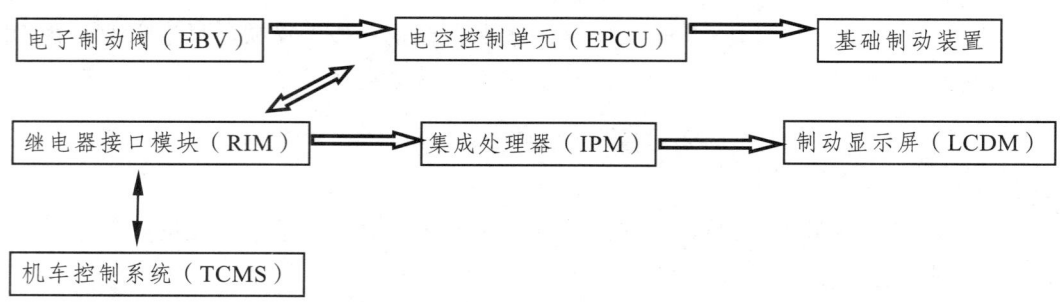

在以上各部件中，EBV、EPCU、RIM、IPM 之间通过 LON 网进行通信，IPM、LCDM 之间通过 RS422 数据线进行通信，TCMS、RIM 通过开关模拟量进行通信。

2. 气路控制关系

控制列车：

```
自动制动阀→EPCP→BCCP→制动管压力→车辆制动机
                    ↓
              16CP→BCCP→机车制动缸
```

控制机车：

```
单独制动阀→20CP→BCCP→机车制动缸
         ↓
    平均管压力→重联机车制动缸
```

二、辅助管路系统

1. 停放制动装置

司机可以通过位于操作台的旋转开关对停放制动进行控制。当旋至"制动位"时，脉冲电磁阀的作用电磁阀得电，于是停放制动缸制动；当旋到"缓解位"时，脉冲电磁阀的缓解电磁阀得电，于是停放制动缓解。同时设置了停放制动和空气制动的联锁，即当制动缸充风制动时，自动缓解停放制动缸。

停放制动装置的控制关系如下：

```
总风管→脉冲电磁阀→双向止回阀→减压阀→停放制动缸
                        ↑
                    制动缸压力
```

在发生供电故障的情况下，也可以使用脉冲电磁阀的手动装置对停放制动装置进行手动操作。在系统无风的情况下，可以使用停放制动单元的手动缓解装置（位于制动缸夹钳上）缓解停放制动。手动缓解后，不能再次实施停放制动。如果需要重新实施停放制动，必须使系统总风压力达到 550 kPa 以上，方可实施停放制动。

2. 踏面清扫装置

为了清扫车轮圆周表面的杂物及油污，增加机车与钢轨的黏着系数，每个车轮配有踏面清扫器来配合制动单元的动作。当制动缸压力高于 100 kPa 时，通过压力开关使清扫电磁阀得电，总风进入踏面清扫器风缸，踏面清扫器动作；当机车制动缸压力低于 50 kPa 时，踏面清扫解除。

3. 撒砂和鸣笛装置

机车设有 8 个砂箱和撒砂装置，每个走行部上设有 4 个砂箱，容积为 100 L/个，撒砂量可在 0.5~1 L/min 范围内调节。撒砂动作与司机脚踏开关、紧急制动、防空转、防滑行等功能配合使用，撒砂方向与机车实际运行方向一致。

机车两端均设有 2 个高音喇叭、1 个低音喇叭，由电空阀控制，电空阀由司机操纵台面板上的喇叭按钮、操纵台下的喇叭脚踏开关分别控制。

4. 空气防滑器

空气防滑器是防止车轮在滚动过程中轮轨之间纵向发生严重的相对滑动的装置。

复习思考题

5-1　HXD$_3$ 型大功率电力机车采用了哪种先进的机车用微机控制制动系统？
5-2　CCB-Ⅱ型电空制动机逻辑控制指令由哪些部件发出？
5-3　CCB-Ⅱ型电空制动机由哪些主要部件组成？叙述其控制关系。
5-4　电子制动阀的作用是什么？
5-5　制动显示屏的作用是什么？
5-6　微处理器的作用是什么？
5-7　继电器接口模块的作用是什么？
5-8　电空控制单元（EPCU）的作用是什么？
5-9　BPCP 模块的作用是什么？
5-10　13CP 控制模块的作用是什么？
5-11　16CP 控制模块的作用是什么？
5-12　20CP 控制模块的作用是什么？
5-13　制动缸控制模块（BCCP）的作用是什么？
5-14　DB 三通阀（DBTV）的作用是什么？
5-15　简述 HXD$_3$ 型机车电空制动机综合作用原理。
5-16　什么叫空气备用模式？有何作用？
5-17　紧急制动的触发方式包含哪些情况？
5-18　简述 CCB-Ⅱ型制动系统的故障检测方式。
5-19　简述 HXD$_3$ 型电力机车 CCB-Ⅱ型电空制动机操作规程。
5-20　什么叫重载列车？它是如何实现制动控制的？

第六章　法维莱 Eurotrol 型制动系统

第一节　组　成

HXD$_2$ 型机车制动系统是在 SAB WABCO 微机控制电空制动机基础上为满足中国铁路运营的要求开发出来的，是符合 UIC 标准的新一代机车制动系统。该系统在正常工况时，通过微机控制列车制动管和机车制动缸压力实现列车的制动控制；在出现严重故障时，将机车制动系统转换到备用制动进行列车制动控制。系统按其功能分为风源系统、控制系统管路、辅助系统管路、制动机系统。由于该 Eurotrol 制动系统为法维莱公司技术，所以将 HXD$_2$ 型机车采用的制动系统称为法维莱 Eurotrol 制动系统。

HXD$_2$ 型机车制动系统具有以下功能：复合制动功能，以确保空气制动和电制动的协调配合，电制动优先，能充分利用强大的再生制动力，无冲动且减少了闸片的磨耗，节约电能，降低了机车的检修维护和运用成本；紧急制动时，只有空气制动作用；阶段制动、阶段缓解和一次缓解选择功能；还具有紧急制动、无动力回送、备用制动、重联控制、断钩保护等功能。

HXD$_2$ 型机车制动系统，具有以下特点：

在正常情况下车辆制动采用常用制动模式，无论载重大小，都能够安全、快速、有效地停车。如果需要，使用电制动时，可通过空气制动进行补偿。司机制动阀（Eurotrol）只控制空气制动，包括列车制动管减压及缓解、快速缓解、过充及其消除。

在紧急工况下采用紧急制动模式，确保无论载重大小都能获得该系统所能提供的最大减速度。紧急制动的特征是列车制动管快速排空，可由自动制动控制器（直接推到底）、紧急按钮或其他的紧急装置所触发（例如行车安全系统、无线重联控制系统）。

需要注意的是自动制动控制器和紧急按钮都是直接（机械地）在列车制动管上打开一个快速排气口，并通过微动开关反馈给 BCU（制动控制单元），应用上述装置触发了紧急制动。通过触发紧急制动，使列车制动管达到 0Pa 的目标值，强制进行制动。紧急制动也可通过机车的逻辑控制实现，其基本前提是紧急制动必须确保其最大停车距离的要求。实际上，所有的安全装置均能触发紧急制动。

停放制动模式确保车辆在超载与最大坡度的情况下能够停车（停放）。

为方便安装与维修，制动机采用阀类与电器部件集中安装的方式，主要部件集中在制动柜上，法维莱 Eurotrol 制动机制动控制柜的各主要部件组成及名称如图 6-1 所示。制动机主要包括司机制动控制器、制动显示屏、司机制动阀、作用阀模块、BCU（制动控制单元）、备用制动模块、直通制动模块、停放制动模块、隔离模块、流量计、分配阀、转向架中继阀等部件。

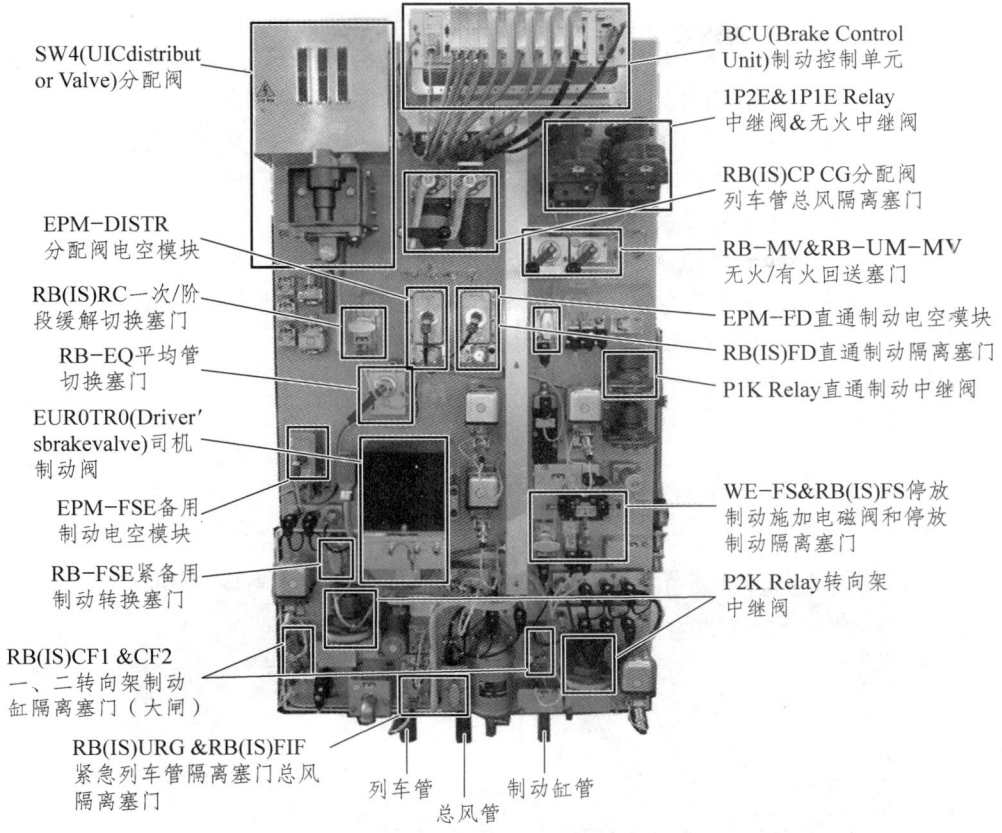

图 6-1 法维莱 Eurotrol 制动机的组成

第二节 法维莱 Eurotrol 制动机司机制动控制器和制动显示屏

一、法维莱 Eurotrol 制动机司机制动控制器

司机制动控制器包括自动制动控制器和直通制动控制器，是一个集成在一起的制动操纵装置，左侧是自动控制部分，俗称大闸，右侧是直通制动控制部分，俗称小闸。自动制动控制器（大闸）是基于位置控制的，从前往后依次存在 6 个制动位置：

运转位：在运转位时列车制动管缓解至定压。

初制动位：列车制动管减压 50 kPa 实施初制动。

全制动位：列车制动管减压至 360 kPa（定压 500 kPa）或者 430 kPa（定压 600 kPa），实施最大常用全制动。

图 6-2 司机制动控制器外观

抑制位：抑制位有两种用途：消除惩罚制动、紧急制动，即当惩罚制动清除后需要缓解时将大闸推至抑制位停留 1 s 然后缓解，当紧急制动之后需要缓解时将大闸推至抑制位停留 1 s 然后可以缓解；当启用备用制动时，需要将大闸推至抑制位并停留 60 s 以激活备用制动。

重联位：大闸推至重联位，可以以常用减压速率将列车制动管排空，此时可以通过显示屏或者操作制动控制柜切换制动模式。

紧急制动位：大闸推到紧急制动位产生紧急制动，同时将列车制动管通大气。

直通制动控制器（小闸）存在三个位置：运转位，小闸安全缓解；全制动位，小闸输出最大制动 300 kPa；单缓位，小闸侧压可以缓解大闸制动。

二、法维莱 Eurotrol 制动机制动显示屏

法维莱 Eurotrol 制动机制动显示屏功能：实时显示与制动相关的压力及流量信息，压力包括均衡风缸、列车制动管、总风及制动缸的压力；可以进行制动机模式切换。

图 6-3 制动显示屏

选择客/货车模式（阶段/一次缓解模式）：司机室激活后，在紧急制动状态下按压 F3【空气制动】进入下一级菜单，然后按压 F6 选择【货车位/客车位】，可以在其上方看到新设置的状态，确认后按压 F1【确定】即完成客/货车模式选择设置。

切换定压：司机室激活后，在紧急制动状态下按压 F3【空气制动】进入下一级菜单，然后继续选择 F3【更多】进入下一级操作界面，然后按压 F3【500 kPa/600 kPa】选择需要的定压模式，此时可以在状态栏里看到新设置的状态，确认之后按 F1【确定】即完成更改设置。

中立及补风/不补风切换：司机室激活后，按 F3【空气制动】进入下一级菜单，然后继续选择 F3【更多】进入下一级操作界面，然后按压 F7 选择需要的模式，此时可以在状态栏里看到新设置的状态，确认之后按 F1【确定】即完成更改设置。

可以通过显示器查看相应的信息，在激活端司机室后按 F7【显示屏信息】可以查看相应信息，如 F6 查看软件版本，F3 设置机车号，F5 设置语言，进入维护界面可以查看制动机故障历史记录。

第三节 法维莱 Eurotrol 制动机司机制动阀和作用阀模块

一、司机制动阀

司机制动阀从 BCU（制动控制单元）接收输入信号，然后调整 BP（列车制动管）压力信号，进而控制机车的缓解及制动。其主要包括减压阀、缓解阀、中立阀、中继阀、压力传感器、快速缓解阀等部件。司机制动阀外形如图 6-4 所示。其工作原理为通过缓解电磁阀 VE（DG）和制动电磁阀 VE（SG）控制先导压力 RE，进而控制中继阀 Q（P）CG 的开闭而达到对列车制动管压力的控制，通过列车制动管压力的变化，最终发出对机车实行制动和缓解的操作指令。其气动原理如图 6-5 所示。

图 6-4 司机制动阀外观

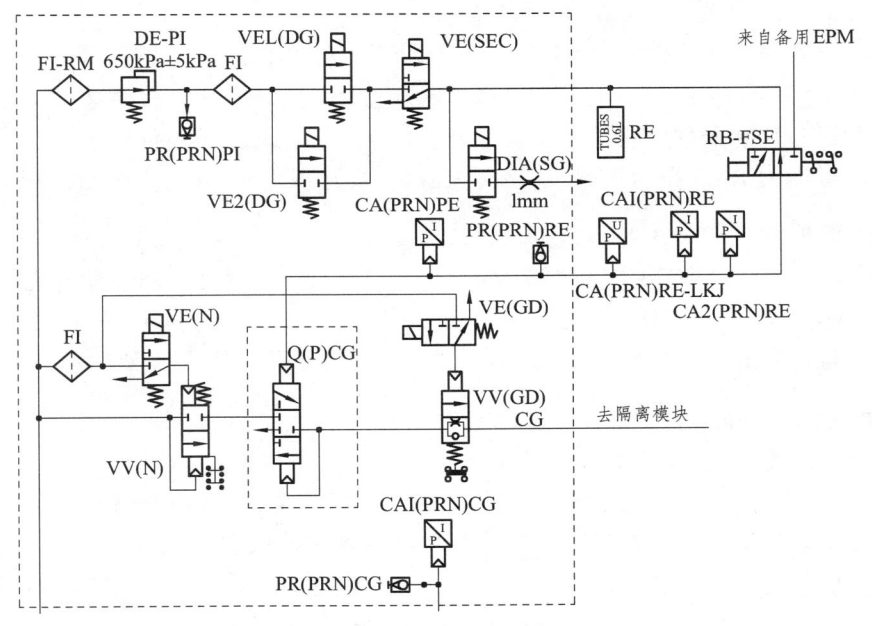

图 6-5 司机制动阀气动原理图

1. 减压阀 DE-PI

司机制动阀通过 MP（总风管，法文中为 CP，图片中 CPF 为总风管，经过总风过滤阀后为 CPF）与风源相连。其中附加的过滤器后装有减压阀 DE-PI，它将压力降至 0.65 ± 0.005 MPa 的范围内，以避免比过充还要高的压力作用于中继阀。

2. 缓解阀和制动阀

电磁阀 VE1（DG）、VE2（DG）、VE（SEC）和 VE（SG），用于控制先导室（均衡风缸）压力，它们均受 BCU 控制。

电磁阀 VE（SEC）常用制动和缓解时得电，使其他电磁阀能够顺利控制先导室（均衡风缸）的压力变化。当紧急制动或者电源发生故障时，该电磁阀将失电，从而使先导压力 RE 始终排向大气，并且 RE（先导室均衡风缸）不可能再充气。

当 VE（SG）故障时，电磁阀 VE（SEC）也可作为冗余。

VE1（DG）和 VE（SG）电磁阀确保对先导压力 RE 的控制：VE1（DG）电磁阀得电，先导压力 RE 增加（制动后缓解）；VE1（SG）电磁阀得电，先导压力 RE 降低（制动）。当 VE1（DG）电磁阀发生故障时，VE2（DG）电磁阀作为冗余。

3. VV（N）中立阀

VV（N）中立阀集成于司机制动阀，它被电磁阀 VE（N）控制，用以切断向司机制动阀中继阀 Q（P）CG 的供风源。该指令由司机控制中立开关控制。VV（N）中立阀的状态通过 BCU 和司机室指示灯进行监控。

4. 中继阀 Q（P）CG

通过中继阀 Q（P）CG 向 BP（列车制动管）供风与先导压力 RE 压力相同，但中继阀可起到流量放大的作用。

5. 压力传感器 CA（PRN）RE 和 CA（PRN）CG

对应于 0～1000 kPa 压力范围，压力传感器输出 4～20 mA 的电流信号。BCU（制动控制单元）读取压力传感器的电信号。BCU（制动控制单元）通过压力传感器 CA（PRN）RE 读取并调节先导压力 RE。压力传感器 CA（PRN）CG 用以监控 BP（列车制动管）压力。

6. 快速缓解阀 VV（GD）

电磁阀 VE（GD）控制快速缓解阀 VV（GD），压缩空气通过自动绕过节流孔，快速给 BP（列车制动管）充气。BCU（制动控制单元）读取连接于快速缓解阀 VV（GD）的一微动开关的信息，进而诊断其位置状态。Eurotrol 主要分为以下几种工作情况：

1）紧急制动

VE（SEC）失电，RE 快速通大气，均衡风缸压力为零。通过 Q（P）CG 中继阀，使 CG（制动管）压力也为零。实际上紧急制动时制动管压力都是在 Eurotrol 外部快速通大气，此时将均衡缸缸压力快速通大气也是对 Q（P）CG 中继阀的一种保护。

2）缓　解

VE（SEC）得电，VE1（DG）得电，CPF（总风管）压缩空气经 FI-RM 过滤，再通过 DE-PI 限压后向 RE（均衡风缸）0.6 L 充风，根据 CA（PRN）RE 压力传感器返回的信号，决定 VE1（DG）得电时间的长短，当 RE 被充风到规定压力值时，BCU 发出指令使 VE1（DG）失电，使均衡风缸得到规定的压力而保压。Q（P）CG 中继阀根据均衡风缸的压力值，通过下述两种情况使制动管得到与均衡风缸相等的压力。

（1）正常充风缓解：VE（GD）失电，VV（GD）不动作，总风缸通过充风节流孔向制动管充风。

（2）快速充风缓解：VE（GD）得电，VV（GD）动作，总风缸通过比较大的孔径直接快速向制动管充风。

3）制　动

VE（SEC）得电，VE（SG）得电，RE（均衡风缸经过 DIA（SG）排向大气，根据 CA（PRN）RE 压力传感器返回的信号，决定 VE（SG）得电时间的长短，当 RE 被充风到规定压力值时，BCU 发出指令使 VE（SG）失电，使均衡风缸得到规定的压力而保压。在均衡风缸减压后保压时，根据制动机处于补风还是不补风状态，有如下两种方式：

（1）补风：VE（N）失电，VV（N）开通总风管向 Q（P）CG 中继阀的通路，使制动管有供风源，这样在制动管泄漏时，因为均衡风缸压力不变，可随时通过 Q（P）CG 中继阀向制动管充风，使制动管动态保压。

（2）不补风：当制动机要求制动后不补风时，BCU 使 VE（N）得电，VV（N）动作关闭总风管向 Q（P）CG 中继阀的通路，使制动管失去供风源，此时制动管泄漏时，就不能再被充风。

4）保　压

由上述 2）、3）可知，当 VE（SEC）得电、VE1（DG）、VE（SG）失电时，均衡风缸既不通总风缸，也不通大气，均衡风缸压力保持不变。在缓解状态下，VE（N）不会得电，制动管始终保持与均衡风缸压力相等。在制动后保压时，根据制动机的要求，如 3）（1）、（2）的分析，当制动机补风时，制动管的泄漏可以得到补充，制动管仍然是始终保持与均衡风缸压力相等。当制动机不补风时，制动管的泄漏不能得到补充，制动管不能保持与均衡风缸压力相等（如果制动管没有发生泄漏，则制动管与均衡风缸的压力仍然相等）。

二、作用阀模块

作用阀模块由一个安全装置先导控制的电磁阀 VE-URG1、BCU 控制的 VE-URG2、一个紧急压力开关 MA-URG1、一个中继阀 Q（ECH）URG 和一个塞门 RB（IS）Q（ECH）URG 组成，用于紧急制动时快速排出 BP 压缩空气。RB（IS）Q（ECH）URG 塞门在故障情况下将模块隔离。作用阀模块的原理如图 6-6 所示。

图中，CP 为总风缸管，CG 为列车制动管，原因为在法文中与英文中对总风缸和列车制动管的标注不一样，本书取 HXD₂C 原图中的标注。作用原理如下：当 BCU 控制作紧急制动时，电磁阀 VE-URG2 得电，CP 压缩空气到达中继阀 Q（ECH）URG 控制压力处，使其动作，将 CG（列车制动管）过来的压缩空气经动作的中继阀 Q（ECH）URG 迅速排出；当 BCU 控制没有作紧急制动时，电磁阀 VE-URG2 失电，此时如果安全装置先导控制电磁阀 VE-URG1 得电，则 CP（总风管）先经 VE-URG1 电磁阀，再经失电的 VE-URG2 电磁阀到达中继阀 Q（ECH）URG 控制压力处，使其动作，将 CG（列车制动管）过来的压缩空气经动作的中继阀 Q（ECH）URG 迅速排出；如果正常常用制动与缓解情况下，电磁阀 VE-URG1、VE-URG2 均失电，中继阀 Q（ECH）URG 无控制压力，不动作，列车制动管压力在此不变化。

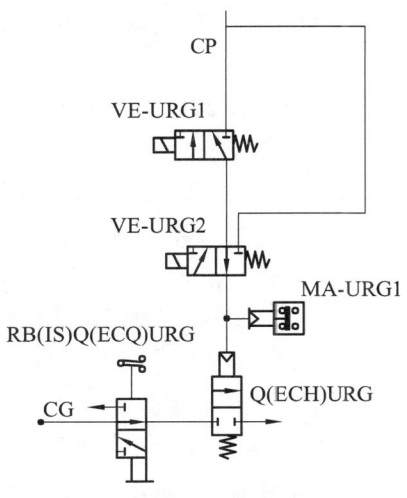

图 6-6　作用阀模块结构原理图

第四节 法维莱 Eurotrol 制动机 EMP 模块和分配阀

一、EPM 模块

EPM 设计用于将从 BCU 接收的数字压力值转换为相应的气动压力，实现相应气动压力的数字化闭环控制。EPM 由 BCU 控制，其外形如图 6-7 所示。

EPM 包括三个模块，即备用制动 EPM、直接制动 EPM、转向架制动 EPM。

（一）备用制动 EPM（见图 6-8）

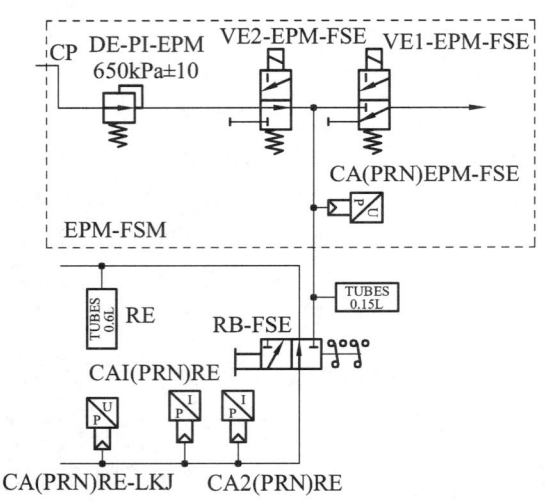

图 6-7 EPM 外观图　　　　　图 6-8 备用制动 EPM 原理结构图

1. 备用制动 EPM 的组成

① 减压阀 DE-PI-EPM：它将压力降至 650 ± 10 kPa 的范围内，以防止过高的均衡风缸压力。

② 电磁阀 VE1 – EPM-FSE，VE2-EPM-FSE：这两个电磁阀用于控制先导室（均衡风缸）压力，它们均受 BCU 控制。

③ 备用制动转换阀 RB-FSE：备用制动转换阀有两个工作位置，正常位时将司机制动阀 Eurotrol 的输出送到中继阀 Q（P）CG，备用位时将备用制动 EPM 的输出送到中继阀 Q（P）CG。

④ CA（PRN）EPM-FSE、CA（PRN）RE-LKJ、CA1（PRN）RE、CA2（PRN）RE 压力传感器：BCU（制动控制单元）通过压力传感器 CA1（PRN）RE、CA2（PRN）RE 读取并调节先导压力 RE；LKJ 监控装置通过压力传感器 CA（PRN）RE-LKJ 获得 RE（均衡风缸）压力值；CA（PRN）EPM-FSE 将备用制动 EPM 中的压缩空气压力传送至 BCU。

2. 备用制动 EPM 的作用原理

当制动系统发生重要故障（BCU 或 Eurotrol 故障）时，制动系统的控制就转为备用制动模式，备用制动模块（EPM）作为冗余控制 RE（均衡风缸）。

1）缓　解

VE1-EPM-FSE 常失电，VE2-EPM-FSE 得电，CP（总风缸）压缩空气经过减压阀 DE-PI-EPM 减压为 650 kPa，经 VE2-EPM-FSE 得电打开的通路，再经备用制动转换阀 RB-FSE 进入中继阀 Q（P）CG，作为中继阀 Q（P）CG 的控制压力，当通过 CA（PRN）EPM-FSE、CA1（PRN）RE、CA2（PRN）RE 压力传感器检测到 RE 均衡风缸压力达到控制要求时，使 VE2–EPM-FSE 失电，RE 均衡风缸压力值保持在规定值。

2）制　动

VE2-EPM-FSE 常失电，VE1-EPM-FSE 得电，中继阀 Q（P）CG 的控制压力（均衡风缸）压缩空气经过备用制动转换阀 RB-FSE，再经 VE1-EPM-FSE 得电打开的通路排向大气，当通过 CA（PRN）EPM-FSE、CA1（PRN）RE、CA2（PRN）RE 压力传感器检测到 RE 均衡风缸压力达到控制要求时，使 VE1-EPM-FSE 失电，均衡风缸通向大气的通路被切断，RE 均衡风缸压力值保持在规定值。

（二）直通制动 EPM（见图 6-9）

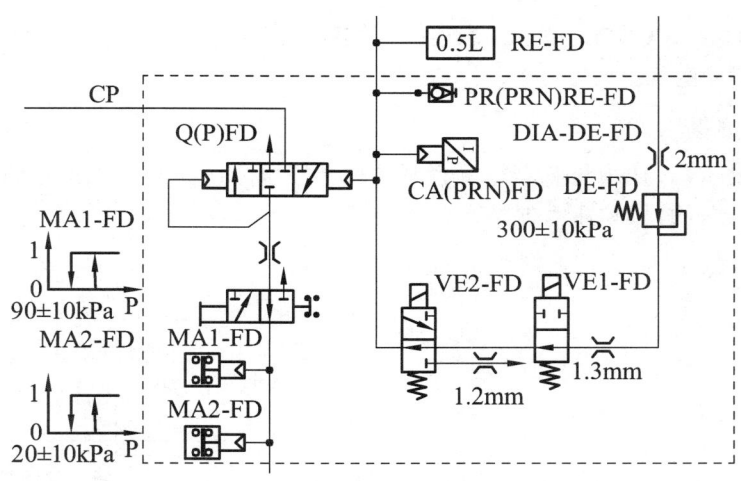

图 6-9　直通制动 EPM 原理结构图

1. 直通制动 EPM 的组成

① 减压阀 DE-FD：减压阀 DE-FD 将 CP（总风缸）来的压缩空气减压为 300 kPa，确保直通制动时最高制动缸压力为 300 kPa。

② 电磁阀 VE1-FD，VE2-FD：这两个电磁阀用于控制制动缸先导压力（作用管）压力。它们的得失、电均受直通制动控制器控制。

③ 直通制动中继阀 Q（P）FD：直通制动中继阀 Q（P）FD 为大流量中继阀，通过它将电磁阀 VE1-FD、VE2-FD 所控制的制动缸先导压力（作用管）转换为制动缸压力。

④ CA（PRN）FD 压力传感器：BCU（制动控制单元）通过压力传感器 CA（PRN）FD 读取并调节制动缸先导压力。

⑤ MA1-FD、MA2-FD：MA1-FD 为制动缸先导压力上升时的压力开关，动作值为 90±10 kPa。MA2-FD 为制动缸先导压力下降时的压力开关，动作值为 20±10 kPa。

⑥ 直通制动隔离塞门 RB（IS）FD：通过直通制动隔离塞门 RB（IS）FD 打到隔离位，隔离直通制动 EPM 的输出。

2. 直通制动 EPM 作用原理

当机车单独驾驶或调车时，通过直通制动 EPM 直接实现向转向架制动缸供风。直通制动电磁阀由直通制动控制器直接控制，它的输出可由塞门 RB（IS）FD 塞门进行隔离。

1）制 动

VE1-FD 失电，VE2-FD 失电，CP（总风缸）压缩空气经过减压阀 DE-FD 减压为 300 kPa，经 VE1-FD 和 VE2-FD 因为失电而打开的通路，再经塞门 RB（IS）FD 进入直通制动中继阀 Q（P）FD 的控制室，作为中继阀 Q（P）FD 的控制压力。

2）制动后保压

当 CA(PRN)FD 压力传感器检测到制动缸预控压力达到要求时，使 VE1-FD 得电，VE2-FD 保持失电，制动缸预控压力保持在要求值。

3）缓 解

VE2-FD 得电，VE1-FD 得电，制动缸预控压力经过 VE2-FD 得电而打开的通路排向大气，实现直通制动的缓解。

4）缓解后的保压

当 CA（PRN）FD 压力传感器检测到制动缸预控压力达到要求时，使 VE1-FD 保持得电，VE2-FD 失电，制动缸预控压力保持在要求值。

（三）转向架制动 EPM

转向架制动就是制动缸预控压力的控制，即通常情况下所说的作用管压力控制。转向架制动由 EPM 模块或者分配阀控制，EPM 模块是数字化闭环控制；分配阀控制为模拟直接控制，其作用原理类似于自动空气制动机中三通阀的工作原理。通常情况下 VE-Q（P）FR 阀得电，转向架 EPM 的输出与制动缸预控压力（作用管）相通，制动缸的预控压力由 EPM 控制。当 EMP 或 BCU 故障或者机车无火回送模式时，VE-Q（P）FR 阀失电，SW4 分配阀输出与制动缸预控压力（作用管）相通，实现由分配阀控制制动缸预控压力（作用管）。

转向架制动 EPM 的原理结构图如图 6-10 所示，实现制动缸预控压力的数字化闭环控制。具体结构作用原理与备用制动 EPM

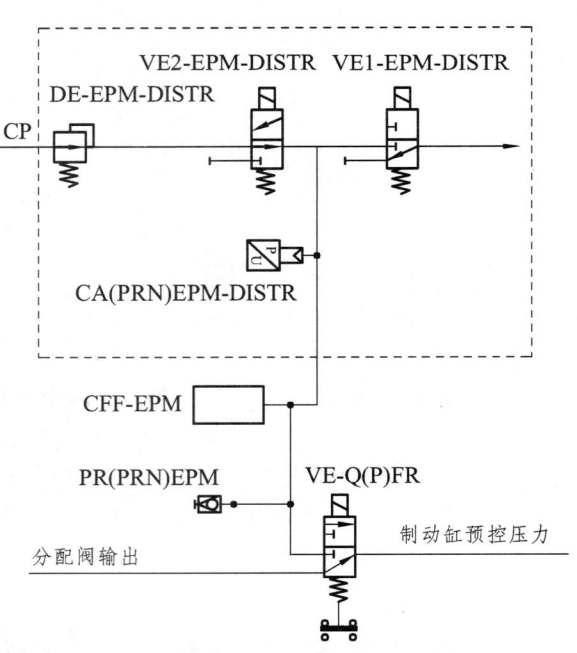

图 6-10 转向架 EPM 模块原理结构图

作用原理类似。通过压力传感器 CA（PRN）EPM-DISTR 传送回来的压力值来判断与 BCU 的要求是否符合，进而控制 VE2-EPM-DISTR 与 VE1-EPM-DISTR 电磁阀的得电与失电。

1）缓　解

当 VE2-EPMP-DISTR 得电时，VE1-EPM-DISTR 也得电时，则 CFF-EPM（作用风缸）内的压缩空气直接通大气，最终使制动缸预控压力通大气，机车缓解。

2）制　动

当 VE2-EPMP-DISTR 失电时，VE1-EPM-DISTR 也失电，则 CP（总风缸）的压缩空气通过 DF-EPMPDISTR 减压后向 CFF-EPM（作用风缸）充气，最终使制动缸预控压力被充气，机车制动。

3）保　压

当 VE2-EPMP-DISTR 得电时，VE1-EPM-DISTR 失电，则 CFF-EPM（作用风缸）内的压缩空气既不通大气也不通总风缸，压力保持不变。

二、分配阀

每节机车使用一套分配阀，该分配阀符合 UIC 标准的自动空气制动装置要求，并且必须对副风缸和停放制动气路里的空气进行分配。

分配阀包括 SW4 分配阀、辅助风缸及隔离设备、分配阀一次缓解模块。

1. SW4 分配阀

SW4 分配阀符合 UIC540 标准。该分配阀通过 RB（IS）CP 塞门可将总风管和分配阀隔离，并受 FI-RB（IS）CP 过滤器的保护。该分配阀通过 RB（IS）CG 塞门可将制动管和分配阀隔离，并受 FI-RB（IS）CG 过滤器的保护。

分配阀的作用模式控制杆（G 或 M = 货车位，P 或 V = 客车位）连接到一个微动开关，其触点能向控制系统发送信息。分配阀处于两种不同的模式时，机车制动缸充、排气时间对比表如表 6-1 所示。

表 6-1　客/货位制动缸充、排气时间对比

参　数	种　类	
	货车模式	客车模式
制动缸充气时间（0～95%）	（24±4 s）	（7±1 s）
制动缸排气时间（最大～40 kPa）	（45 s，…，60 s）	（7±1 s）

2. 辅助风缸及隔离设备

通过总风管经由 FI-RB（IS）CP 过滤和 RB（IS）CP 塞门由总风为辅助风缸提供气源。

3. 分配阀一次缓解模块

分配阀缓解有两种模式：阶段缓解和一次缓解。一次缓解模块的气动原理如图 6-11 所示。通过隔离塞门 RB（IS）RC，向 BCU 提供以下两种模式：

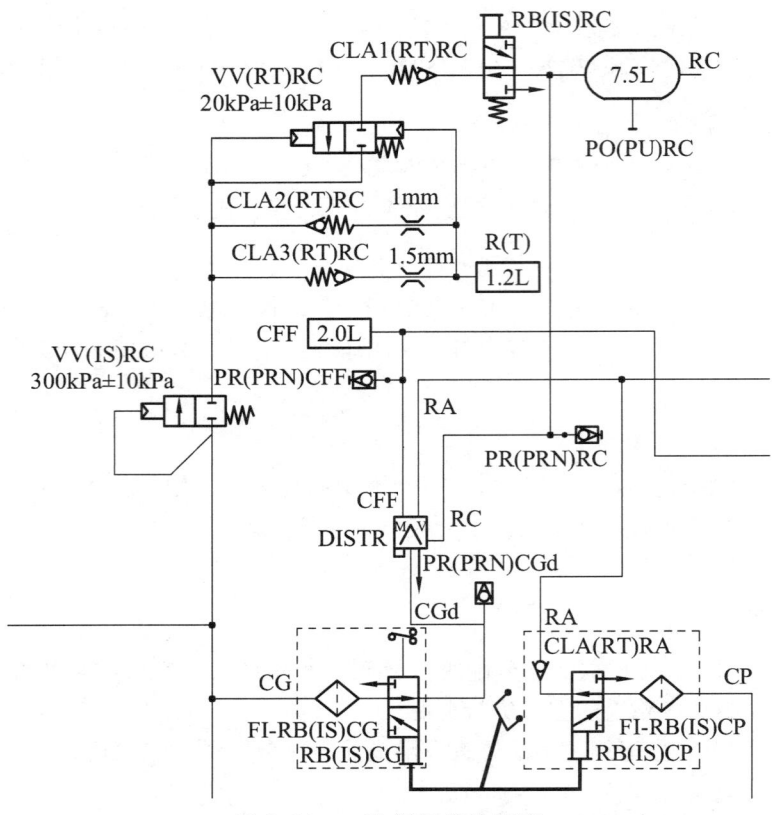

图 6-11 一次缓解模块原理

阶段缓解＝开关打开（塞门隔离）；一次缓解＝开关闭合（塞门导通）。通过将制动控制器置于快速缓解（GD）位（一次缓解期间，BCU 不读取快速缓解位信号），以大流量实施一次缓解。一次缓解仅出现在列车制动管处于制动状态、压力超过 300 kPa 时，VV（IS）RC 气动阀确保该项功能。当 VV（RT）RC 气动阀检测到列车制动管和 R（T）风缸的压差超过 20 kPa 时，RC 控制风缸开始通过 VV（RT）RC 阀将其内部的压缩空气排入列车制动管。在这种方式下，分配阀能更快速地缓解。当列车制动管和 R（T）风缸的压差低于 20 kPa 时，VV（RT）RC 气动阀自动关闭。当制动缸完全缓解后，列车制动管开始向控制风缸充气。

第五节　法维莱 Eurotrol 制动机中继阀和停放制动模块

一、中继阀

在 HXD$_2$ 型机车法维莱 Eurotrol 制动机系统中多处采用了新型中继阀，其中主要为 P1K 及 1P1E 型两种中继阀。

（一）P1K 型中继阀

P1K 型中继阀具有大流量输出压缩空气的性能，输出压缩空气压力按照自低流量控制单元由小到大的先导压力进行变化，与先导压力的变化呈线性关系。P1K型中继阀输出压力与先导压力之间的比例为1∶1。在直通制动EPM中的中继阀Q（P）FD即为P1K型中继阀。

P1K型中继阀的结构如图6-12所示，主要组成如下：阀杆（13）带2个大O形圈（2），将阀腔隔离为供气和输出2个腔室，与阀体（1）、橡胶模板（8）和下阀盖组件（9）、（10）共同组成供气室1、输出腔室3、反作用腔室9、先导腔室8和排气孔5，腔室3和9根据输出压力变量要求，有不同孔径的扼流圈（5）连接，所有接合面由相应O形圈密封。腔室1由主风缸和辅助风缸提供压缩空气。P1K型中继阀的作用原理图如图6-13所示。

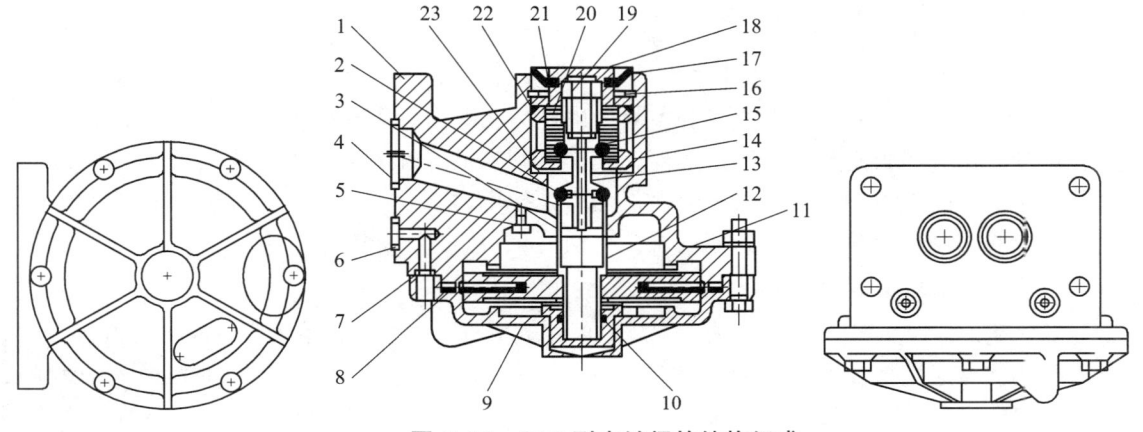

图6-12　P1K型中继阀的结构组成

1—阀体；2、3、4、6、7、20、22、23—O形圈；5—扼流圈；8—橡胶膜板；9—下阀盖；10—支撑环；
11—铭牌；12—活塞杆；13—阀杆；14—阀座；15、19—弹簧；16—卡簧；
17—防尘垫；18—封盖；21—浮动盖

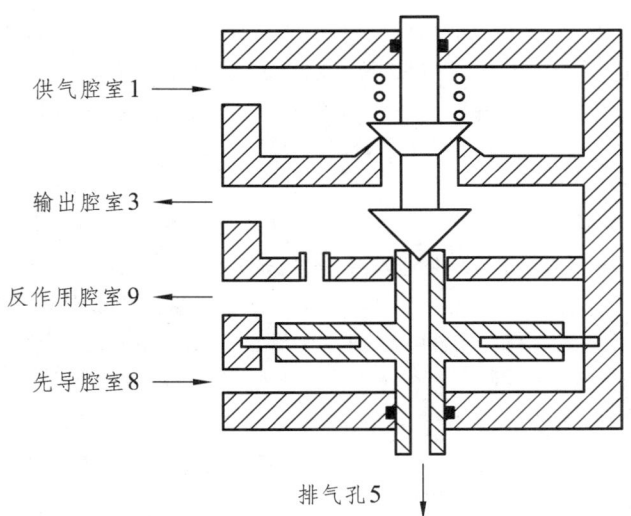

图6-13　P1K型中继阀的作用原理示意图

1. 初始压力控制

先导腔室8里的压力为零（大气压力），在小弹簧（19）的作用力下，阀杆（13）悬挂在进气口座上，阀杆上方大O形圈紧靠供气阀口，供气腔室1与输出腔室3隔离，此时中继阀关闭。在重力的作用下，活塞杆（12）与橡胶模板（8）到达较低位，阀杆（13）下方大 O 形圈与活塞杆（12）上部阀口分离，输出腔室 3 通大气，实现初始压力控制。

2. 充气压力控制

实现充气压力控制时，控制单元的压缩空气到达先导腔室 8，在压力作用下，活塞杆橡胶膜板带动活塞杆向上移动，阀杆下方大 O 形圈紧靠活塞杆上方阀口将排气阀关闭，并推动阀杆（13）上升。阀杆上方大 O 形圈脱离阀座阀口，打开进气阀，主风缸和辅助风缸压力空气经由供气腔室 1 及阀门进入到输出腔室 3，并经由扼流圈（5）输出腔室 3 里的空气进入到反作用腔室 9，反作用于橡胶膜板（8），向下推动活塞杆（12）。

3. 输出压力与先导压力控制

反作用腔室 9 中的压力与先导腔室 8 中的压力相等时，活塞杆下降，阀杆上方大 O 形圈紧靠阀口，将供气腔室与输出腔室隔离，在排气阀未被打开的情况下，关闭供气阀。如果输出腔室 3 中的压力由于输出气路漏泄而下降，先导压力就会占优势，并且推动活塞杆上升，使阀口打开，输出腔室 3 会重新充气直至均衡为止。

4. 大流量压力控制

反作用腔室 9 与输出管路连通时，造成单元顺流充气损失。如果输出管路的充气容量大，压缩空气就会通过扼流圈（5）由输出腔室 3 向反作用腔室 9 流动。在压差的作用下，反作用腔室 9 中的空气压力会比先导腔室 8 中的压力低。压差推动活塞杆开始上升，阀杆上方大 O 形圈脱离阀口，供气阀被完全打开，直到反作用压力与相关输出管路达到规定的控制压力值为止。此时 P1K 型中继阀实现大流量压力控制。

5. 排气压力控制

当先导控制腔室 8 中的压力下降时，反作用腔室 9 中的压力就会推动活塞杆向下移动，阀杆上方大 O 形圈仍紧靠阀口，供气腔室与输出腔室仍保持隔离状态，而阀杆下方大 O 形圈脱离排气阀口，打开排气孔，输出腔室 3 中的压力空气从空心杆排出，直至均衡为止。

（二）1P1E 型中继阀

1P1E 型中继阀根据供气管路的控制压力，能为制动装置提供合适的载荷压力。一般情况下机车空气分配阀的输出压力与踏面制动器所需的压力较难适应，使用 1 个 1P1E 型中继阀即可将压力调整到规定值。转向架中继阀 Q（P）-FR1 即为 1P1E 型中继阀。

1P1E 型中继阀由气动中继阀和机械调整装置两部分组成，结构组成如图 6-14 所示。

1P1E 型中继阀中气动中继阀结构如下：2 个销子、校准喷嘴（26）和滤尘网（49）安装在阀体（1）上。活塞头（52）固定在副活塞杆（20）上。橡胶膜板（14）紧靠活塞头，在弹簧（4）的作用下能反向弹跳。组件封装在上主体和阀盖（27）中，由 2 个 O 形圈（11）和橡胶膜板（14）实现密封。

用来平衡主活塞（19）的空心杆由活塞隔板（18）固定在阀体（1）中。2 个活塞杆均安装限位销（21），并使用增减垫片（22）的数量调整与平衡杆（46）的安装位置。浮动盖（5）压紧弹簧（12），从而将阀座（2）压紧在阀体内，并使用 O 形圈（23）密封在底部位置。阀杆 7（7）带 2 个大 O 形圈（3）用来控制进气腔室和输出腔室的沟通或隔离，可借助弹簧（8）返回。所有接合面由相应 O 形圈密封。

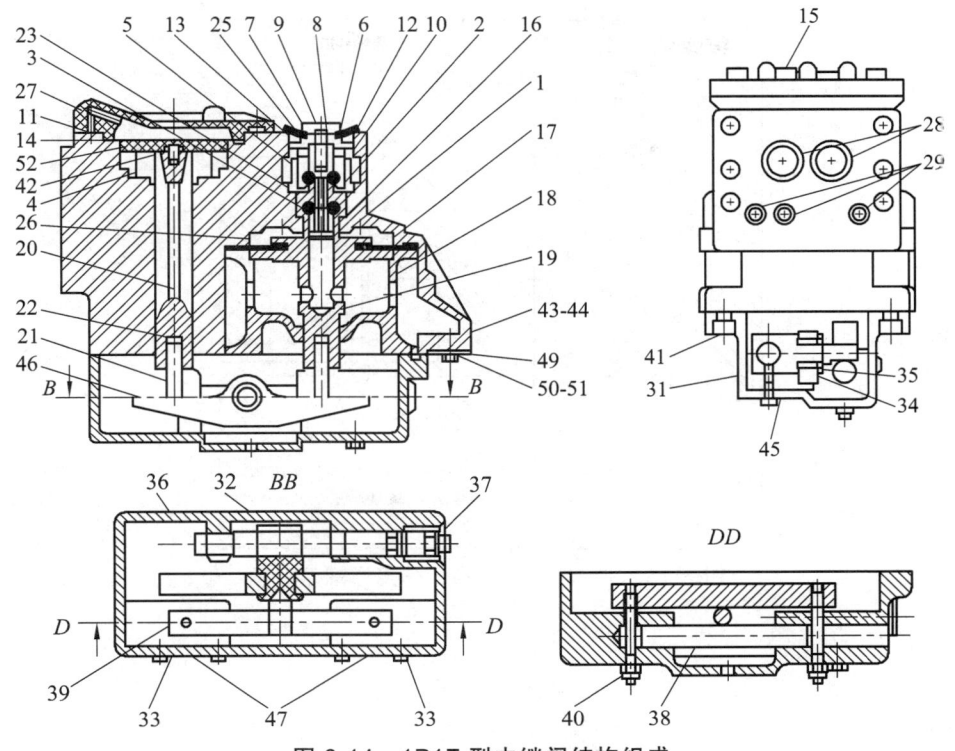

图 6-14　1P1E 型中继阀结构组成

1—上阀体；2—阀座；3、6、10、11、16、23、28、29—O 形圈；4、8、12—弹簧；5—浮动盖；7—阀杆；
9—封盖；13—卡簧；14—橡胶模板；15—螺栓；17—橡胶模板；18—活塞隔板；19—主活塞杆；
20—副活塞杆；21—限位销；22、34、50—垫片；25—防尘垫；26—校准喷嘴；27—阀盖；
31—下阀体；32—支撑轴；33—螺栓；35—轴向止挡；36—调整螺杆；37—防尘垫；
38—导杆；39—限位挡条；40—螺母；41—螺栓；42—定位销；43—铭牌；
44—销子；45—导向螺钉；46—平衡杆；47—大铭牌；
49—滤尘网；51—螺栓；52—活塞头

1P1E 型中继阀机械调整装置由调整螺杆（36）、防尘垫（37）及导杆（38）等组成。调整螺杆的平移由导向螺钉（45）完成。

支撑轴（32）支撑平衡杆（46）和滚针轴承，用轴向止挡（35）和垫片（34）固定。需要调整输出压力时，旋转调整螺杆（36）完成轴的平移，而活塞杆不移动，实现平衡杆（46）上力矩的变化，从而实现输出压力的调整。调整完毕后，将调整螺杆用限位挡条（39）固定，并用 2 个双头螺栓紧固。

1P1E 型中继阀作用过程可分为初始压力控制及先导压力过程控制，作用原理如图 6-15 所示。

1. 初始压力控制

通过机车分配阀控制，先导腔室压力为零（大气压力）。在弹簧（4）的作用下，活塞头（52）上升到上部限制止挡。没有任何作用力作用在平衡杆（46）上，因此也没有力被传递到主活塞杆（19）上。主活塞杆由于重力作用，下降到下部限制止挡，阀杆（7）下部大 O 形圈不再紧靠主活塞杆上部阀口，输出腔室与排气孔沟通，踏面制动器气缸与大气沟通。辅助风缸向供气腔室提供的压力空气，不能通过弹簧（8）启动阀杆，供气腔室与输出腔室隔离。

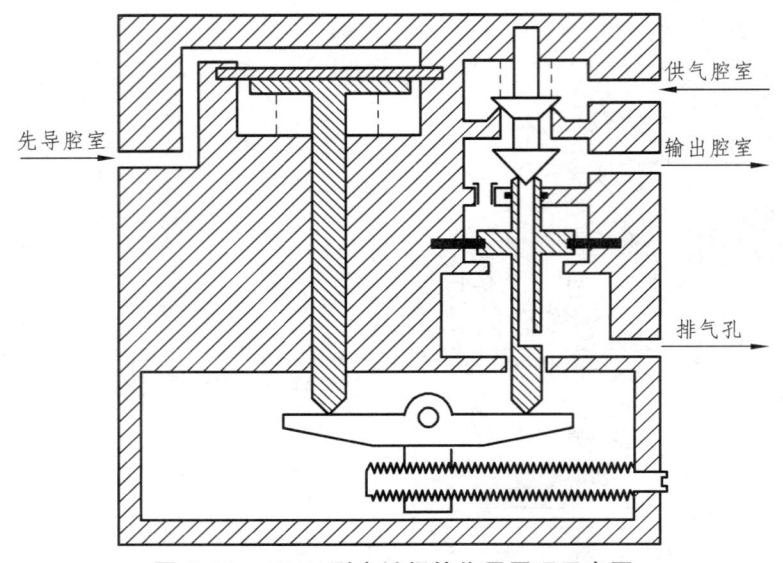

图 6-15 1P1E 型中继阀的作用原理示意图

2. 先导压力过程控制

根据列车制动管里形成的压力下降情况，机车空气分配阀使 1P1E 型中继阀先导腔室里活塞头（52）上方形成先导压力。先导压力作用在活塞头（52）上，推动副活塞杆下移，使活塞头的下部压紧弹簧（4），推动平衡杆沿轴向旋转，使主活塞杆向上移动。主活塞杆上部阀口紧靠阀杆下方的大 O 形圈，将排气孔关闭。然后，阀杆（7）升起，阀杆上方大 O 形圈与阀座脱离，供气腔室里来自辅助风缸的压缩空气进入到输出腔室，对踏面制动器进行制动控制。

来自输出腔室的空气通过校准喷嘴（26）也进入到位于 2 个腔室之间的反馈腔室，并向下作用于主活塞杆的平衡活塞，直至使平衡杆回复至平衡。踏面制动器的压力调整根据来自列车制动管形成的合适压力设定，当列车制动管压力上升时，即可实施缓解。

转向架中继阀模块主要为两台转向架的基础制动装置的制动缸供风。

Q（P）1、2 转向架中继阀将预控压力转换成与之相等的制动缸压力。VE1-Q（P-COM）F、VE2-Q（P-COM）F 电磁阀由 MPU（TCU）控制，得电时排空 Q（P）1、2 转向架中继阀的先导压力，最终使机车缓解，从而实现空电联合制动时优先电制动、自动缓解机车空气制动的功能。这两个阀还可以执行 Bail off 功能，以实现小闸缓解大闸。RB（IS）CF1、2 制动缸隔离塞门打至隔离位时，隔离相应的第一或第二转向架的制动缸。VV1、VV2 双向止回阀将 Q（P）1、2 转向架中继阀的输出压力与直接制动输出压力值在这两个止回阀进行比较后取大值输出。VV-FS1、VV-FS2 双向止回阀之 VV-FS2 将两个转向架制动缸压力的较大值进行输出；VV-FS1 将停放制动模块的输出与 VV-FS2 的输出进行比较后取大输出到停放制动缸，确保停放制动装置不会受到停放制动与制动缸两个力。

正常情况下 VE1-Q（P-COM）F、VE2-Q（P-COM）F 电磁阀失电，制动缸预控压力进入 Q（P）1、2 先导压力室，Q（P）1、2 中继阀以先导压力室压力为标准，1∶1 输出制动缸压力，风源来自辅助风缸 RA。Q（P）1、2 中继阀输出的制动缸压力经过制动缸隔离塞门输出后，与直通制动模块输出的制动缸压力进行比较后取大输出到相应转向架制动缸。

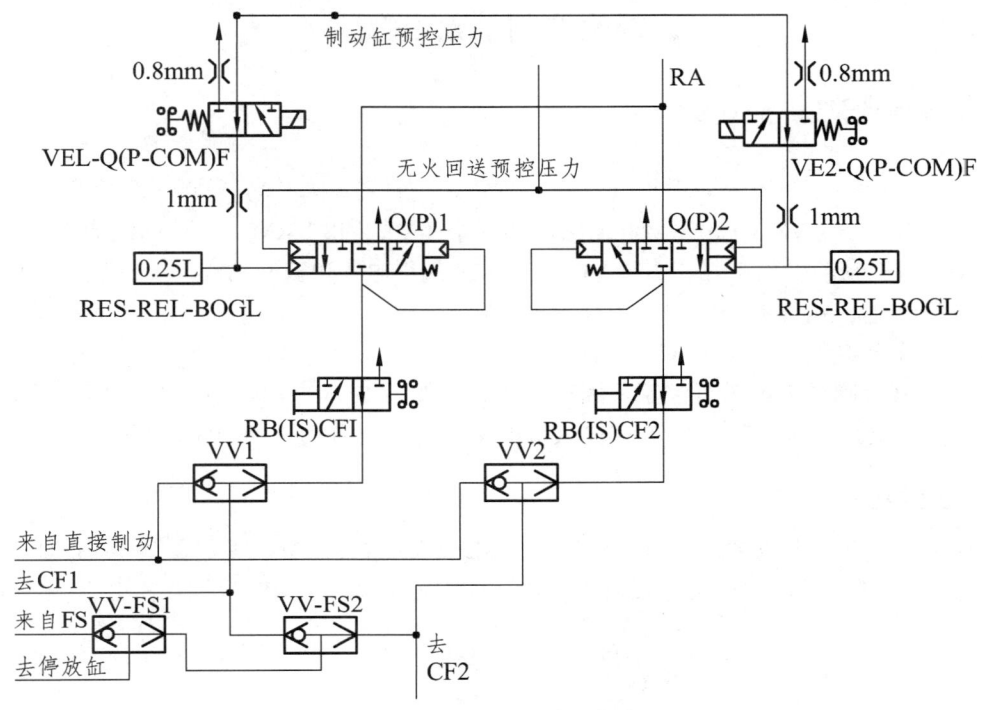

图 6-16 转向架控制模块

二、停放制动模块（见图 6-17）

停放制动为弹簧施加/压力释放式，由双稳态阀 VE-FS 控制。此阀可以由来自司机室的电气信号驱动，或者通过对阀本身的手动操作驱动。

主要有停放制动减压阀 DE-FS、手动或电控施加停放制动的双稳态阀 VE-FS、停放制动隔离开关 RB（IS）FS、停放制动压力开关 MA-FS1、2 和双向止回阀 VV-FS1。当施加停放制动时，停放制动气缸内的压力为 0 kPa。不能同时施加停放制动和常用制动：如果停放制动气缸内的压力为 0 kPa，而常用制动被施加，则停放制动气缸将通过双止回阀被充注至与常用制动相同的压力，与停放部分相关的制动力由此被减小，以避免损坏制动气缸的卡钳。每一转向架的停放制动回路由压力开关 MA-FS1/2 进行检查。从机车外面可通过停放制动指示器查看停放制动器状况。如果停放制动故障，可通过塞门 RB（IS）FS 隔离。

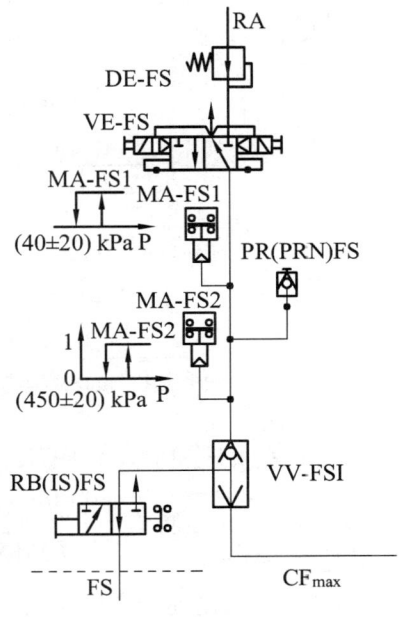

图 6-17 停放制动模块原理图

第六节　法维莱 Eurotrol 制动机隔离模块、流量计和制动控制单元 BCU

一、隔离模块、流量计

（一）隔离模块（见图 6-18）

该模块由一个（VV(IS)RM）电磁阀和一个（VV(IS)RM）气动阀组成，用于将司机制动阀和列车制动管隔离开。如果 VE(IS)RM 阀得电，司机制动阀和 BP 隔离；如果 VE(IS)RM 阀失电，司机制动阀和列车制动管不隔离。该模块由 BCU 控制。微动开关把气动阀的状态发送给 BCU，当司机制动阀隔离时，司机控制台上的指示灯亮。Z(IS)RM 开关对 VE(IS)RM 阀得失电进行控制。隔离模块原理如图 6-18 所示。当 RB-UM-FV 打到无火回送或者重联位时，将 VE(IS)RM 输入端的压力排空，自动将列车制动管隔离。

（二）流量计

司机制动阀有一个流量计，用于测量列车制动管的空气流量。该流量值由 BCU 读取并发给 Locotrol。流量计由文氏管止回阀 I–DB 和差压传感器 CA(PRN)DEB 组成，如图 6-19 所示。

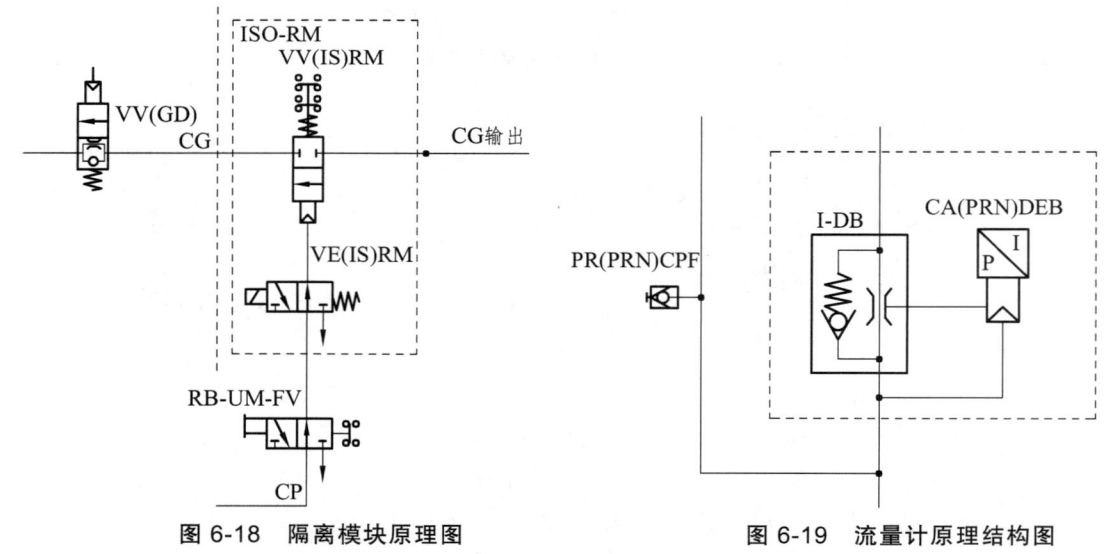

图 6-18　隔离模块原理图　　　　图 6-19　流量计原理结构图

二、制动控制单元 BCU

BCU（制动控制单元）对司机制动阀进行控制。BCU（制动控制单元）通过 FIP 总线连接到列车计算机，通过 RS422 连接到 Locotrol。BCU 根据自动制动控制器的指令或来自 Locotrol 系统的制动指令计算先导室压力 RE，然后通过控制阀闭环控制得到需求的先导室压力 RE。

（一）BCU 硬件描述

BCU 是一个被称作 Gemini Ⅱ 的通用软硬件平台，可成为整列车或单台车的控制装置。该系统设计成最优化的功能配置，本身具有安全防护措施和自诊断功能。通过以下措施实现上述目标：在单个插件式单元中，分配所有的系统资源（比如 RAM，ROM，E^2PROM 存储器，看门狗功能）；CPU 不同功能的插件单元（如数字部分、模拟输入输出）使用隔离电源；电气隔离不同功能的设备；使用能与所有电池电压制式（24 V，48 V，76 V，110 V）相连的"宽范围"数字接口，而不需要任何的适配器插件；使用复合和表贴的生产制造技术，保证质量和可靠性的增长；通过快速总线将各插件单元连接起来；为每一外部接口增加滤波设施，以使外部电磁干扰的影响最小化，提高信噪比；提供具备软件支持的在线检查措施的硬件部分，生成正确的操作状态信息。

（二）BCU 软件描述

下面描述如何根据机车制动控制器的制动指令来操纵列车制动管。

1. 预备阶段

当 BCU 通电而驾驶室没有激活时，所有电磁阀都不得电。由于 VE（SEC）阀通大气，使先导室压力 RE 为 0 kPa。只有当下列所有条件被确认时，司机制动阀的操纵才能启动：

（1）司机室运行（CAB1 或 CAB2）= 1；
（2）无紧急制动需要；
（3）非中立需要；
（4）UM 模式非禁止；
（5）VE（SEC）阀工作正常；
（6）总风压力：如果列车制动管定压为 500 kPa，则高于 600 kPa；如果列车制动管定压为 600 kPa，则高于 700 kPa；
（7）BCU 将先导室压力 RE 调整到：使用阶段缓解则为 300 ± 5 kPa；使用一次缓解则为 0 kPa ± 5 kPa。

在上述条件下，操纵制动控制器来控制列车制动管。如果上述其中一个条件没有得到确认，则压力保持为零，不可能控制列车制动管。只能激活一个司机室，一旦同时激活两个司机室，则显示相应的故障代码。一旦司机室被锁闭，RE 压力被设定为 0 kPa，BP 自动排气。

2. 先导室控制

通过 BCU 驱动司机制动阀的电磁阀来控制先导室。先导室压力按照闭环控制，如图 6-20 所示为 BCU 闭环控制示意图。

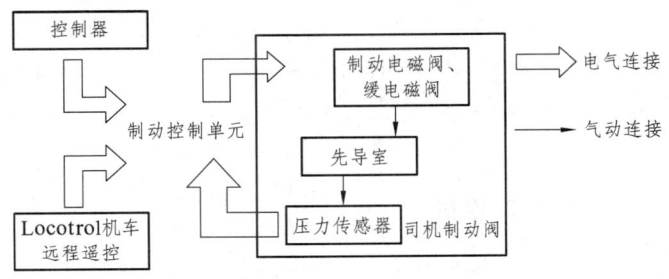

图 6-20　BCU 闭环控制示意图

司机制动阀先导室压力应稳定在定压，这是通过 BCU 根据 C（M/V）转换杆的位置来控制的；根据所选定的压力，先导气路的压力应等于 500 ± 5 kPa 或者 600 ± 5 kPa。BCU 接收到制动指令，通过司机制动阀的电控阀将其转换成气动压力。压力传感器 CA（PRN）RE 读取先导压力，以模拟量信号的形式发送给 BCU。BCU 根据该信号，使制动和缓解阀得电或失电。

1）阶段缓解模式

① 初制动。

初始压降，通过自动制动控制器的一个 70 ms 制动脉冲来体现。只有从缓解状态（列车制动管再充气）开始才能实现。用时间和压力大小（BP = 25 L 储气缸）来表示，这个过程的主要特征是：在 $T \leq 2$ s 的时间内，$\Delta P = 50 \pm 5$ kPa。为满足上述参数，通过 VE（SG）和 VE（SEC）阀的作用来实现初始压降。

② 制动。

在初始制动后，可以利用由自动制动控制器产生的 $T > 70$ ms 的制动脉冲来实现 $\Delta P = 5$ kPa 的制动级。连续操纵制动控制器向 BCU 发送制动信号，使 VE（SG）阀得电，RE 先导压力按照制动控制器的作用时间成比例排大气，中继阀排出列车制动管的压力。当达到期望压力值时，制动控制器就缓解，BCU 使 VE（SG）失电，停止排先导压力。在常用全制动时，在 $T = 6 \pm 1$ s 内压力从定压（500 kPa）下降，$\Delta P = 140$ kPa。如果列车制动管定压为 600 kPa：在常用全制动时，在 $T = 7 \pm 1$ s 内压力从定压（600 kPa）下降，$\Delta P = 170$ kPa。在常用全制动时，通过在不到 10 s 内将相当于列车制动管容积的 400 L 风缸内的压力排至 120 kPa，来确定司机制动阀 Eurotrol 的排气能力。持续操纵制动控制器，使 RE 先导压力完全排空。当制动控制器回到运转位时，BCU 将自动设定 RE 压力为 300 kPa。

③ 来自 BP 的指令。

如果 BP 压力 5 s 内下降大于 150 kPa，并且不是由 RE 先导压力下降引起的，则 RE 先导压力应降低 80 kPa。当制动管压力下降消失且没有缓解需求时，RE 压力不应增加。在中立和隔离模式下此功能应有效。

④ 来自 LKJ-2000 系统的指令。

通过驱动 VE-URG 作用阀或 RE 减压要求的制动作用，LKJ-2000 安全装置能实施紧急制动。当 BCU 从 LKJ-2000 系统接收到制动指令时，RE 先导压力下降 110 kPa。LKJ-2000 制动指令持续 6 s 而压降跟随 DBV 压力下降斜率。制动命令被重复执行直到到达最大的制动压力（300 kPa）。

⑤ 缓解。

通过制动控制器来获得增压的最小脉冲时间是 70 ms。从 300 kPa 到自动恢复到定压的压力范围内，可以实现 $\Delta P = 10$ kPa 的缓解级。持续操纵制动控制器向 BCU 发送缓解信号，使 VE1（DG）阀得电，将来自减压阀 DE-PI 的压缩空气，按照制动控制器的作用时间成比例地充入 RE 先导压力气路，中继阀再次将总风充至列车制动管。当达到期望压力值时，制动控制器就缓解，BCU 使 VE1（DG）失电，停止给先导压力充气。全缓解时，对于相当于容积 25 L 的列车制动管的压力形成时间是：从定压 150 kPa 到定压 10 kPa 为 5 ± 1 s；从定压 10 kPa 到定压 0 kPa 至少 5 s。在一个相当于 BP 容积的 400 L 风缸内，从比定压低 150 kPa 充至比定压低 10 kPa，BP 的再充气时间小于 20 s。在全缓解之前的上一个缓解级，再充气压力限制在比定压低 25 kPa。因此不能达到比定压低 25 kPa 到定压这个范围的值，一次缓解的需要值高于定压 25 kPa，就会被 BCU 转换成为升至定压的全缓解。定压是 500 kPa 时，若 MP 压力低于 600_{-20}^{+0} kPa，则不能进行制动缓解操作；定压是 600 kPa 时，若 MP 压力低于 700_{-20}^{+0} kPa，则不能进行制动缓解操作。

⑥ 制动或缓解后的保压。

当自动制动控制器置于缓解位时，BCU 从压力传感器 CA（PRN）RE 获得先导压力值 RE，同时控制制动及缓解阀 VE（SG）和 VE1（DG），以将先导压力维持在同一值。

⑦ 快速缓解。

只有在司机要求（通过将自动制动控制器置于快速缓解位置）并且 RE 先导压力处于常用制动和再充气压力之间时，才由 BCU 实施快速缓解。只有 MP 压力高于 600 kPa 或 700 kPa，快速缓解指令才能被接受。根据定压不同，如果 MP 压力降至 550 kPa 或 650 kPa 以下，快速缓解指令将被终止，继续以小流量进行缓解。快速缓解可以使相当于 BP 容积的 400 L 风缸，在 $T<10$ s 时间内，从（定压 − 150 kPa）充到（定压 − 10 kPa）。在确认指令之后，指令作用期间和 BP 容积无关，在 VE（GD）阀带电 $60±2$ s，RE 先导压力开始达到定压 Preg，60 s 之后 VE（GD）阀失电。快速缓解需求应长于 150 ms，如果短于 150 ms，将被拒绝。如果快速缓解需求持续 60 s 以上，会被 BCU 自动清除。VV（GD）阀上的微动开关触点使得 BCU 可诊断该阀的功能。假如两个状态之间有差异，将产生一个故障代码。假如有常用制动或紧急制动要求，中立或隔离要求和来自 BP 的制动需要指令，VE（GD）阀失电，相应的过程中断。

⑧ 过充及其消除过程。

一旦接收到司机的请求（操纵台上专门的按钮），BCU 将被启动过充过程。只有当完全缓解且无中立需要或重联时，这一请求才被接受。在过充过程中，先导容积室的压力以 2 kPa/s 的斜率增加（15～25 s 内 $\Delta P = 40 ± 5$ kPa，根据选定的压力，最大可达到 540 kPa 或 640 kPa）。操纵台上的指示灯在整个过充过程中保持打开（过充请求激活）。过充期间，VE（GD）阀保持失电状态。如果在制动没有完全被缓解时（RE 压力<再充气压力）发出过充请求，过充不会被启动，制动也不会被缓解。由司机再次按动过充按钮，过充过程被中断，从而启动过充消除，指示灯关闭。过充的消除遵循 UIC541-03 所给出的时间参数，在 60 s 和 75 s 内 ΔP 为 15 kPa（由 540 kPa 到 500 kPa 或从 640 kPa 到 600 kPa 的总消除时间在 160～200 s 范围内）。如果在过充过程期间出现一个制动请求或紧急制动请求，过充将停止，并且信号灯关闭。所降低的压力与选定的定压（500 kPa 或 600 kPa）有关（例如初始制动时，BP 从最大压力 540 kPa 降到 450 kPa 而不是 490 kPa）。由于事实上没有过充的记忆，下一次全缓解 BP 压力仍升至定压。当制动完全被缓解并且如果过充命令被禁止，工作台上的过充信号灯开始闪烁，直到司机将工作台上的过充按钮按下。如果过充指令仍然存在，当制动全缓解时，自动重新开始过充。如果在过充消除过程中出现一个隔离请求，则消除过程立刻终止，压力值被设定为 500 kPa 或 600 kPa，并且过充指示灯关闭。如果在过充消除过程中出现一个中立请求，则过充立刻终止且压力值保持在当前值。当中立指令消除时，中继阀使 BP 压力恢复到适当值，随着漏泄而降低，并从当前值重新开始过充消除。

⑨ 中立状态。

该功能用于完成列车制动管的密封性试验以及在紧急制动期间避免不适当地向列车制动

管再充气。BCU 接收到电磁阀 VE（N）的状态（由机车控制单元控制）。当该阀得电（VE（N）信号等于1）时，任何缓解都会被禁止，但仍然可以制动。当再次将中立请求设置为零时，RE 压力保持达到的值。两个微动开关监控 VV（N）中立阀。第一个触点阀控制司机室的一个指示灯，而第二个阀允许 BCU 诊断该功能（阀的状态和反馈信号之间的不一致）。一旦中立阀失效，将会显示专门的故障代码。

⑩ 紧急制动。

操纵司机室的紧急制动设备（按钮）之后，制动管通过一个 Φ25 的大孔迅速排向大气，另外，通过使 VE（SEC）阀失电，排出 RE 先导压力，从而使得列车制动管排大气。同时，中立阀 VE（N）得电，防止列车制动管再充气。通过在 $T \leqslant 4 \text{ s}$ 时间内，使相当于列车制动管容积的 400 L 风缸排气后压力降低 $\Delta P \geqslant 150 \text{ kPa}$，来测定每个独立的执行装置的排气能力。在小于 3 s 时间内，使压力从定压 Preg 排至 0 kPa，来测定 25 L 风缸的排气能力。当紧急制动需要被取消后，中立位失去作用，RE 先导压力增至 300 kPa（达到常用制动后的压力）。安全装置也能产生紧急制动。安全装置系统通过控制电路来控制先导阀 VE-URG1，以便使 BP 通过 Q（ECH）URG 阀迅速排气。

⑪ 总风压力过低。

如果定压是 500 kPa，总风风压 $\leqslant 600 \text{ kPa}$ 时，快速缓解期间，总风管压力低于 550 kPa，则 VE（GD）阀失电，继续以小流量进行缓解；若总风管的压力高于 600 kPa，则 VE（GD）阀再次得电，并维持阀的作用时间，重新开始大流量的快速缓解；若总风管的压力低于 500 kPa，则 BCU 通过使 RE 先导阀降低 $50 \pm 10 \text{ kPa}$ 来产生制动作用。如果定压是 600 kPa，总风风压 $\leqslant 700 \text{ kPa}$ 时，快速缓解期间，若总风管压力低于 650 kPa，则 VE（GD）阀失电，继续以小流量进行缓解；若总风管压力高于 700 kPa，则 VE（GD）阀再次得电，并维持阀的作用时间，重新开始大流量的快速缓解；若总风管的压力低于 600 kPa，则 BCU 通过使 RE 先导阀降低 $50 \pm 10 \text{ kPa}$ 来产生制动作用。

2）一次缓解模式

① 初始压降。

初始压降，通过自动制动控制器的一个 70 ms 制动脉冲来体现。只有从缓解状态（列车制动管再充气）开始才能实现。初始降压用时间和压力大小（BP = 25 L 储气缸）来表示，这个过程的主要特征是：在 $T \leqslant 2 \text{ s}$ 的时间内，$\Delta P = 50 \pm 5 \text{ kPa}$。为满足上述参数，通过 VE（SG）和 VE（SEC）阀的作用来实现初始压降。

② 制动作用。

在初始制动之后，可以利用由自动制动控制器产生的 $T > 70 \text{ ms}$ 的制动脉冲来实现 $\Delta P = 5 \text{ kPa}$ 的制动级。连续操纵制动控制器向 BCU 发送制动信号，使 VE（SG）阀得电，RE 先导压力按照制动控制器的作用时间成比例排大气，中继阀排出列车制动管的压力。当达到期望压力值时，制动控制器就缓解，BCU 使 VE（SG）失电，停止排先导压力。在常用全制动时，在 $T = 6 \pm 1 \text{ s}$ 内，压力从定压（500 kPa）下降，$\Delta P = 140 \text{ kPa}$。如果列车制动管定压为 600 kPa：在常用全制动时，在 $T = 7 \pm 1 \text{ s}$ 内，压力从定压（600 kPa）下降，$\Delta P = 170 \text{ kPa}$。在常用全制动时，通过在不到 10 s 内，将相当于列车制动管容积的 400 L 风缸内的压力排至 120 kPa，来确定司机制动阀 Eurotrol 的排气能力。持续操纵制动控制器，使 RE 先导压力完全排空。当制动控制器回到运转位时，BCU 将自动设定 RE 压力为 3 000 kPa。

③ 来自 BP 的制动指令。

如果 BP 压力 5 s 内下降≥150 kPa，并且不是由 RE 先导压力下降引起的，则 RE 先导压力应降至 0 kPa。当引起制动管压力下降的原因消失且没有制动缓解需求时，RE 压力不应增加。

④ 来自 LKJ-2000 系统的指令。

通过驱动 VE-URG1 作用阀或 RE 减压要求的制动作用，LKJ-2000 安全装置能实施紧急制动。当 BCU 从 LKJ-2000 系统接收到制动指令时，RE 先导压力下降 110 kPa。LKJ-2000 制动指令持续 6 s 而压降跟随 Eurotrol 压力下降斜率。制动命令被重复执行直到到达最大的制动压力（300 kPa）。

⑤ 制动后缓解。

如果 RB（IS）RC 塞门打开，则一次缓解被激活。通过将自动制动控制器置于快速缓解位 60 s（在一次缓解模式下，BCU 不读取快速缓解位信号），以大流量完成一次缓解。制动控制器向 BCU 发送快速缓解信号，使 VE（GD）阀得电 60±2 s，RE 先导压力达到定压。当该模式激活缓解时，在相同容积的风缸上，按下列方法检查：定压为 500 kPa 时，从 0 kPa 升至 480 kPa 的时间少于 9 s；定压为 600 kPa 时，从 0 kPa 升至 580 kPa 的时间少于 11 s；定压为 500 kPa 时，若 MP 压力低于 600 kPa，则不能进行制动缓解操作；定压为 600 kPa 时，若 MP 压力低于 700 kPa，则不能进行制动缓解操作。

⑥ 制动或缓解后的保压。

当自动制动控制器置于缓解位时，BCU 从压力传感器 CA（PRN）RE 获得先导压力值 RE，同时控制制动及缓解阀 VE（SG）和 VE1（DG），以将先导压力维持在同一值。

⑦ 过充及其消除过程。

一旦接收到司机的请求（操纵台上专门的按钮），BCU 将启动过充过程。只有当完全缓解且无中立需求或重联时，这一请求才被接受。在过充过程中，先导容积室的压力以 2 kPa/s 的斜率增加（15~25 s 内 $\Delta P = 40±5$ kPa，根据选定的压力，最大可达到 540 kPa 或 640 kPa）。操纵台上的指示灯在整个过充过程中保持打开（过充请求激活）。过充期间，VE（GD）阀保持失电状态。如果在制动没有完全被缓解时（RE 压力<再充气压力）发出过充请求，过充不会被启动，制动也不会被缓解。由司机再次按动过充按钮，过充过程被中断，从而启动过充消除，指示灯关闭。过充的消除遵循 UIC541-03 所给出的时间参数，在 60 s 和 75 s 内 ΔP 为 15 kPa（由 540 kPa 到 500 kPa 或从 640 kPa 到 600 kPa 的总消除时间在 160~200 s 范围内）。如果在过充过程期间出现一个制动请求或紧急制动请示，过充将停止，并且信号灯关闭。所降低的压力与选定的定压（500 kPa 或 600 kPa）有关（例如初始制动时，BP 从最大压力 540 kPa 降到 450 kPa 而不是 490 kPa）。由于事实上没有过充的记忆，下一次全缓解 BP 压力仍升至定压。当制动完全被缓解并且如果过充命令被禁止，工作台上的过充信号灯开始闪烁，直到司机将工作台上的过充按钮按下。如果过充指令仍然存在，当制动全缓解时，自动重新开始过充。如果在过充消除过程中出现一个隔离请求，则消除过程立刻终止，压力值被设定为 500 kPa 或 600 kPa，并且过充指示灯关闭。如果在过充消除过程中出现一个中立请求，则过充立刻终止且压力值保持在当前值。当中立指令消除时，中继阀使 BP 压力恢复到适当值，随着漏泄而降低，并从当前值重新开始过充消除。

⑧ 中立位。

该功能用于完成列车制动管的密封性试验以及在紧急制动期间避免不适当地向列车制动管再充气。BCU 接收到电磁阀 VE（N）的状态（由机车控制单元控制）。当该阀得电（VE（N）信号等于1）时，任何缓解都会被禁止，但仍然可以制动。当再次将中立请求设置为零时，RE 压力保持达到的值。两个微动开关监控 VV（N）中立阀。第一个触点阀控制司机室的一个指示灯，而第二个阀允许 BCU 诊断该功能（阀的状态和反馈信号之间的不一致）。一旦中立阀失效，将会显示专门的故障代码。

⑨ 紧急制动。

操纵司机室的紧急制动设备（按钮）这后，制动管通过一个Φ25的大孔迅速排向大气，另外，通过使 VE（SEC）阀失电，排出 RE 先导压力，从而使得列车制动管排大气。同时，中立阀 VE（N）得电，防止列车制动管再充气。通过 $T \leq 4 \mathrm{~s}$ 时间内，使相当于列车制动管容积的 400 L 风缸排气后压力降低 $\Delta P \geq 150 \mathrm{~kPa}$，来测定每个独立的执行装置的排气能力。在小于 3 s 时间内，使压力从定压 Preg 排至 0 kPa，来测定 25 L 风缸的排气能力。当紧急制动需要被取消后，中立位失去作用，RE 先导压力增至 300 kPa（达到常用制动后的压力）。安全装置也能产生紧急制动。安全装置系统通过控制电路徕控制先导阀 VE-URG1，以便使 BP 通过 Q（ECH）URG 阀排气。

⑩ MP（总风）压力过低。

如果定压是 500 kPa，总风风压≤600 kPa 时，快速缓解期间，总风管压力低于 550 kPa，则 VE（GD）阀失电，继续以小流量进行缓解；若总风管压力高于 600 kPa，则 VE（GD）阀再次得电，并维持阀的作用时间，重新开始大流量的快速缓解；若总风管压力低于 500 kPa，则 BCU 通过使 RE 先导阀降低 50 ± 10 kPa 来产生制动作用。如果定压是 600 kPa，总风风压≤700 kPa 时，快速缓解期间，若总风管压力低于 650 kPa，则 VE（GD）阀失电，继续以小流量进行缓解；若总风管压力高于 700 kPa，则 VE（GD）阀再次得电，并维持阀的作用时间，重新开始大流量的快速缓解；若总风管压力低于 600 kPa，则 BCU 通过使 RE 先导阀降低 50 ± 10 kPa 来产生制动作用。

3. 列车制动管隔离

司机操纵选择开关 Z（IS）RM，请求重联模式。该信号被传送至 BCU，BCU 使 VE（IS）RM 阀得电。隔离时，所有的制动请求都被执行，BCU 使 VE（IS）RM 阀失电来施加制动，然后再次将司机制动阀隔离，无法实现缓解。两个位置开关监控隔离阀 VE（IS）RM。第一个带触点的阀控制司机室的一个指示灯，而第二个允许 BCU 诊断该功能（阀的状态和反馈信号之间的不一致）。一旦隔离阀出现故障，将会显示专门的故障代码。

4. 分布式车组中的机车

在分布式车组中，在运行方向上每一台机车第一单元的司机制动阀处于运用状态。BCU 通过 RS422 与 Locotrol 系统通信；BCU 通过 FIP 网络与车辆控制计算机通信。当无线电通信失效且产生制动作用时，差压传感器能识别出止回阀上不断增加的压降，流量计将压降信息传送给 BCU，BCU 将该信息送给 Locotrol，Locotrol 命令 BCU 操纵 VE（IS）RM 来隔离 DBV。

5. CPU 显示管理

CPU 显示允许用户进入 CPU 内部信息区，例如软件版本和故障代码，从而执行特殊操作，如重置故障和压力传感器的设置。此功能只有 BCU 在调试状态下才能运行。正常状态下显示信息为 9999（无故障发生）或 89××（一个或多个故障出现），×× 指明故障类型（83 = 重大故障；84 = 次要故障；87 = 一般故障）。CPU 显示按钮如图 6-21 所示。CPU 的用户接口编码成 4 个数字显示和 2 级处理，如下：P1，P2，P3 和 P4。进入调试状态的通道是使用 P3；通过按这个按钮，屏幕显示 Cxyy，xyy 指明 BCU 的软件版本（x = 版本，y = 升级版本）。按钮的另一个动作是使系统返回正常功能模式。在调试状态，按下 P1，显示的数字是 0001，这个数字可以通过使用 P1 和 P2 来修改。

图 6-21　CPU 按钮

第七节　法维莱 Eurotrol 制动机综合作用分析

制动系统综合作用大致可分为自动制动、直通制动、停放制动、无火回送、故障处理、Locotrol 控制的集成式制动。

1. 自动制动

列车制动管（BP）压力是用来控制机车及列车制动指令的。自动制动控制器的电气部件发出必要的信号，通过 BCU（制动控制单元）来控制司机制动阀。BCU 接收到来自制动控制器接触器的控制信号，根据相关时间改变先导室的压力。控制原理如图 6-22 所示。

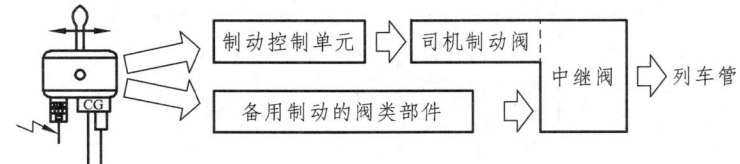

图 6-22　BCU 控制原理图

通过司机制动阀利用来自 MP（总风管）的压缩空气对列车制动管（BP）压力进行调节。这些装置主要包括自动制动控制器、司机自动制动阀、电子控制单元 BCU。根据分配阀的位置，BP 压力可设定在 500 kPa 或 600 kPa。根据货车位/客车位的转换位置，BCU 设定司机制动阀中继阀先导室达到的定压。列车制动管压力可以通过分配阀的 M/V 位转换杆位置进行选择。综合作用过程见附图（法维莱 Eurotrol 制动机原理图）。

2. 直通制动

直通制动是一种直接向转向架制动缸供风的制动方式。主要用于机车单独驾驶时（如调车时）使用。其气动原理如图 6-9 所示。由于有 VV1/1 双向止回阀，直通和自动制动装置不会相互干扰。两者信号按照取大原则进行制动。在远程重联机车上，直通制动装置由 BCU 根据 Locotrol 系统的要求进行控制。

3. 停放制动

弹簧停放制动的施加和缓解由副风缸压力控制。机车停车时，通过列车制动管排气来实施自动空气制动。制动缸内的压力在分配阀的控制下由副风缸供风。经过长时间停放后，副风缸的压力也会因为泄漏而降低。此情况下弹簧制动逐步起作用以保证制动作用。一旦副风缸内的压力以低于 250 kPa/min 的速度降到 300 kPa 以下，停放制动便开始起作用；如果停放制动装置充气通路中的压降速度高于 100 kPa/s，则停放制动不会起作用。此外，通过 RB（IS）FS1/2 隔离塞门或 RB（PU）RA1/2 副风缸上的排水阀来排空停放制动装置，会使停放制动装置失去作用。

4. 无火回送

切除驱动电源时，机车可作为单一的货车进行无火回送。回送时 RB-MV 塞门必须人工关闭，且下列作用自动隔离：司机制动阀（通过排空 RB-MV 阀的先导压力）、紧急排风、直通制动。

5. Locotrol 控制的集成式制动

在长大列车中，几辆机车可以连挂起来，并且都由头台本务机车根据牵引力和制动力以及其他各种指令进行控制。这些功能可以通过接口到车组控制系统来实现。车组控制的作用原理如图 6-23 所示。Locotrol 系统安装在所有机车上（头台及遥控机车）。几个 Locotrol 单元均采用无线通信，它们通过一个同步 RS422 总线接口，以便与机车控制和 BCU 进行数据交换。Locotrol 系统经由 RS422 串行通信通道与 BCU 通信，该通信通道是一个点对点的通信通道。如果其中一个单元出现故障，作为冗余，A 单元和 B 单元的 Locotrol 系统将连接到 A 单元和 B 单元的 BCU 系统，作为操纵目标，在某一时刻，只有一台 Locotrol 系统或一台 BCU 被激活。在故障情况下，故障部件会设置成非激活状态，而其他单元激活。

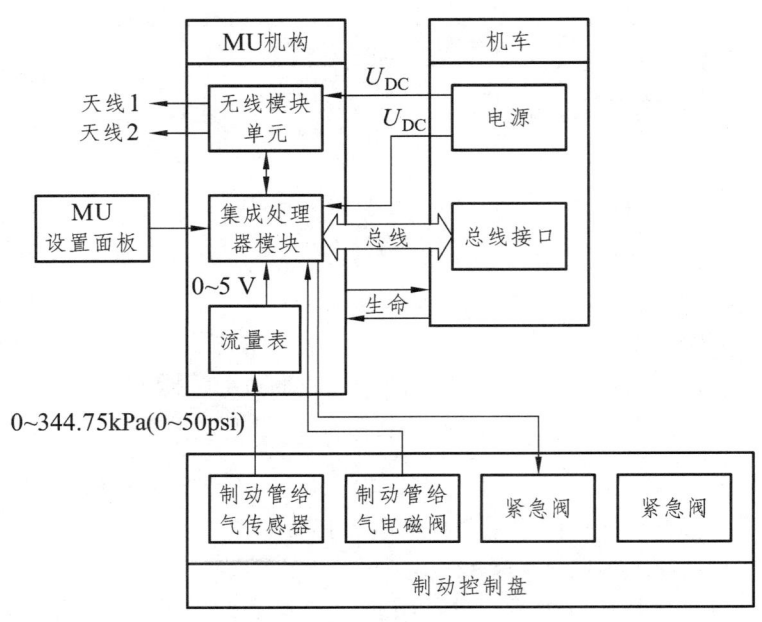

图 6-23　车组控制作用原理

复习思考题

6-1　简述法维莱 Eurotrol 型制动机的组成。

6-2　简述法维莱 Eurotrol 型制动机司机制动控制器的组成。

6-3　试述法维莱 Eurotrol 型制动机自动制动控制器的功能。

6-4　试述法维莱 Eurotrol 型制动机直通制动控制器的功能。

6-5　试述法维莱 Eurotrol 型制动机制动显示屏显示的内容。

6-6　试述法维莱 Eurotrol 型制动机司机制动阀的组成及各部件作用。

6-7　试述法维莱 Eurotrol 型制动机制动阀的作用原理。

6-8　试述法维莱 Eurotrol 型制动机作用阀的工作原理。

6-9　试述法维莱 Eurotrol 型制动机 EPM 模块的组成。

6-10　试述法维莱 Eurotrol 型制动机备用制动、直通制动和转向架制动模块 EPM 的组成和工作原理。

6-11　试述法维莱 Eurotrol 型制动机分配阀一次缓解模块的组成和工作原理。

6-12　试述法维莱 Eurotrol 型制动机分配阀客/货位制动缸充、排风时间对比。

6-13　试述法维莱 Eurotrol 型制动机 P1K 型中继阀的组成和工作原理。

6-14　试述法维莱 Eurotrol 型制动机 1P1E 型中继阀的组成和工作原理。

6-15　试述法维莱 Eurotrol 型制动机转向架中继阀模块的组成和工作原理。

6-16　试述法维莱 Eurotrol 型制动机 BCU 的作用和控制原理。

第七章 基础制动与停车制动装置

SS 系列和 HXD 系列机车的制动装置包括：机车制动机（系统）、停车制动装置（较早的韶山型机车采用传统的手制动机作为停车制动装置）和基础制动装置。基础制动装置是机车制动装置的重要组成部分，是产生制动作用的部分，对机车安全运行起重要保障作用，其具体作用是：传递制动缸活塞杆的推力（也叫制动原力）至闸瓦；将此力增大适当的倍数；保证各闸瓦（闸片）有较一致的制动力；与手制动机或停车制动装置配合产生停车制动作用。

SS 系列机车基础制动装置均采用独立箱式单元制动器，它是以制动器箱体为基础，将制动缸、制动传动机构和闸瓦间隙调整装置安装于箱体内部，闸瓦装置安装于箱体外部的一种基础制动装置，因而又称为单元制动器。单元制动器吊装在转向架构架的制动器安装座上，用螺栓连接，此外还采用了其他的稳定措施，采用"闸瓦踏面制动"方式。按闸瓦的配置，有单侧制动和双侧制动两种。单侧制动的基础制动装置只在车轮一侧配置闸瓦，简称单闸瓦式，也称为单侧制动，如图 7-1 所示。双侧制动即在车轮两侧均装有闸瓦的制动方式，简称双闸瓦式，也称为双侧制动，如图 7-2 所示。单侧闸瓦式基础制动装置有构造简单、自重较轻、成本较低、制造方便、便于检查和修理等优点。这种制动装置在制动时，车轮只受一侧的闸瓦压力作用，使轴箱单侧受力，易造成轴瓦偏磨，引起热量过大而出现热轴现象。此外，由于制动力受到闸瓦面积和闸瓦承受压力的限制，制动力的提高也受到限制。若闸瓦单位面积承受的压力过大，闸瓦摩擦系数下降，影响制动效果，容易造成闸瓦熔化，这不仅会加剧闸瓦的磨耗，而且还会磨耗闸瓦托，使制动力衰减，影响行车安全。SS_4 改、SS_9 等型机车采用单侧制动。双侧制动装置由于在车轮的两侧都安装有闸瓦，所以闸瓦的摩擦面积比单侧闸瓦式增加一倍，闸瓦单位面积承受的压力较小，这不但能提高闸瓦的摩擦系数，而且散热面积大，可降低闸瓦与车轮踏面的温度，延长车轮的使用寿命，减少闸瓦的磨耗量，并可得到较大的制动力（尺寸相同的制动缸与相同闸瓦压力的情况下）。同时，由于每轴的车轮两侧都有闸瓦，制动时两侧的闸瓦同时压紧车轮，可以克服单闸瓦式车轮一侧受力而引起的各种弊病。SS_7 型机车采用双侧制动。SS_1、SS_3 等型机车采用每个转向架 2 双侧/1 单侧制动。

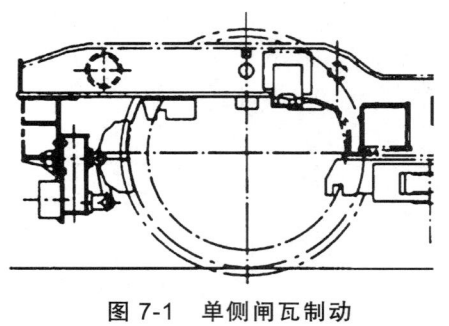

图 7-1 单侧闸瓦制动

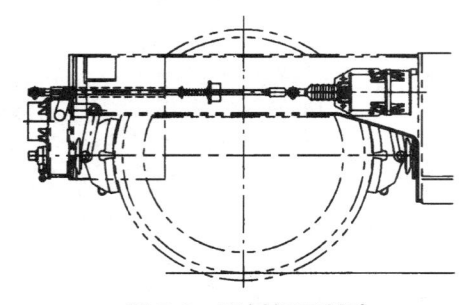

图 7-2 双侧闸瓦制动

HXD_2 型机车基础制动装置采用单侧踏面制动单元。HXD_1、HXD_3 系列交流机车基础制动装置采用轮盘式盘形制动方式。盘形制动（摩擦式圆盘制动）是在车轮辐板侧面装上制动盘，一般为铸铁圆盘，用制动夹钳使合成材料制成的两个闸片紧压制动盘侧面，通过摩擦产生制动力，把列车动能转变成热能，消散于大气，如图 7-3 所示。轮盘制动和踏面制动同属于摩擦制动方式。

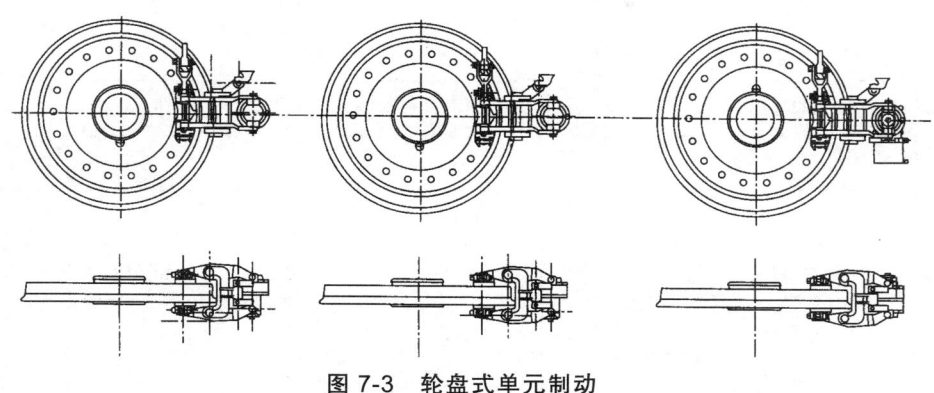

图 7-3 轮盘式单元制动

当机车停在较大坡道或较长时间停留在轨道上时，应对机车进行制动，以免机车发生溜车引起事故。停车制动装置弹簧止轮器是通过调节螺杆和杠杆将蓄能制动器所产生的制动力传递到单缸制动器闸瓦上，以实现停放制动。

第一节 SS₄改型机车基础制动装置与停车制动装置

一、概 述

如图 7-4 所示的 SS₄ 改型机车的基础制动装置采用单侧制动式（也称单侧闸瓦式），即只在车轮的一侧设有闸瓦。单侧闸瓦式基础制动装置的构造较为简单，适用于速度不高、吨位不大的车辆和有其他制动形式的机车。但这种制动装置在制动时使轴箱单侧受力，轴瓦容易偏磨；而且闸瓦单位面积上的压力较大，闸瓦磨耗量大，制动效果较差。

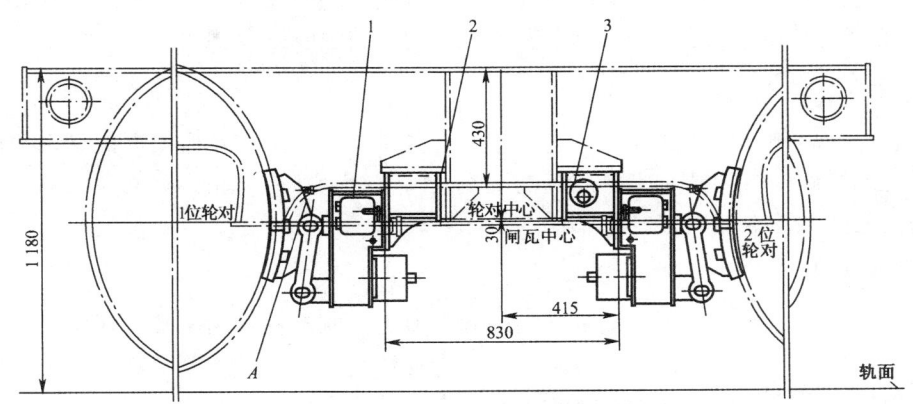

图 7-4 SS₄改型机车基础制动装置

1—制动器；2—安装座（一）；3—安装座（二）

- 211 -

SS 系列机车的基础制动装置均采用独立箱式单元制动器，又称为单缸制动器。SS 系列各型机车所使用的单缸制动器主要参数如表 7-1 所示。

表 7-1 SS 系列机车制动器的主要参数

制动器技术参数	SS_3B	SS_4 改	SS_7E	SS_8	SS_9
制动缸直径（mm）	178	178	177.8	203	190
缓解弹簧反力（N）	347	347		307	
制动倍率	2.85	2.85	4.47	3.5	4
传动效率	0.95	0.85	0.85	0.85	0.85
闸瓦压力（紧制）（N）	32650	25560	21850	46600	43000
每台转向架制动缸数	6	4	12	4	6
闸瓦间隙（mm）	6～9	6～9	4～8	6～9	5～8
闸瓦材料	高摩合成	高摩合成	中磷铸铁	粉末冶金	粉末冶金

注：制动缸直径 203 mm 相当于 8 英寸，178 mm 相当于 7 英寸。

SS 系列各型机车基础制动装置的结构原理基本相同，只是 SS_7、SS_9 型机车的闸瓦自动调整器与其他车型不同。下面以 SS_4 改型机车单元制动器为例，介绍其构造和作用原理。

二、SS_4 改型机车单元制动器

（一）构　造

SS_4 改型机车单元制动器的结构如图 7-5 所示，它主要由箱体、制动缸、制动杠杆、闸瓦间隙调整器和闸瓦装置等组成。

1. 箱　体

箱体 2 为钢板电焊结构，将制动单元各部件分别安装于箱体内外。箱体内安装制动杠杆 14 和闸瓦间隙自动调整器；箱体外安装制动缸 11、闸瓦托 20 及闸瓦 22。

2. 制动缸

制动缸为产生制动原力的部分，它采用活塞式结构，其上安装有制动缸管，为压力空气进出制动缸的管路。缸内装有带橡皮碗的活塞及活塞杆，活塞与箱体之间装有圆锥缓解弹簧 15，活塞杆的一端连在制动杠杆的下端。

3. 制动杠杆

制动杠杆用于传递、放大制动缸产生的制动原力。制动杠杆为两片，用销子吊装在箱体内上方的支点座上。杠杆中部孔吊装闸瓦间隙自动调整器。在外片制动杠杆的上端侧面焊装一个关节肘销，吊装棘钩。在外片制动杠杆上卡着的条簧将棘钩紧压在闸瓦间隙自动调整器的棘轮齿槽内，此条簧为"⌐"形。

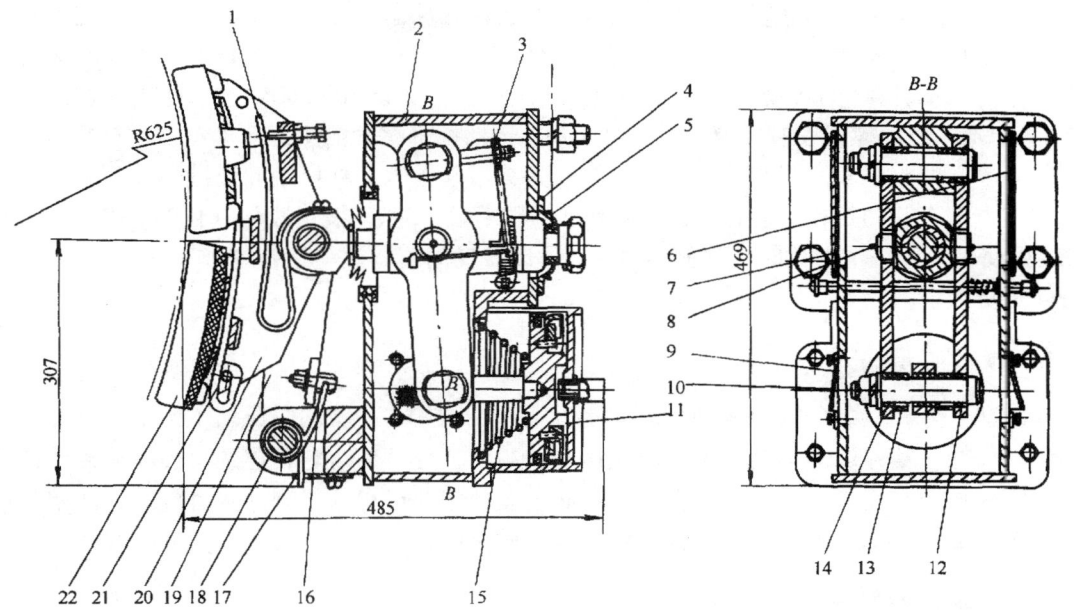

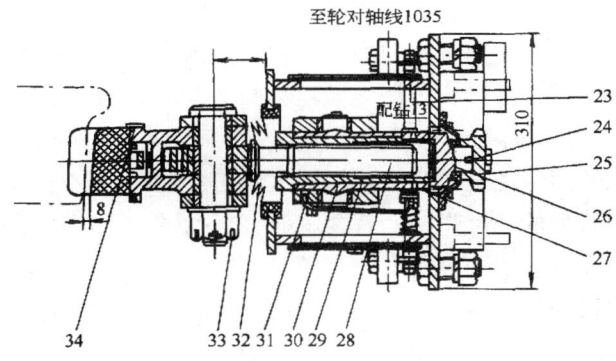

图 7-5　SS₄ 改型机车单元制动器

1—闸瓦定位弹簧；2—箱体；3—棘钩；4—压环；5—密封套；6—门组装（左）；7—门组装（右）；8—油杯；9—护罩；10—滤尘网；11—制动缸；12—杠杆；13—隔套；14—杠杆；15—圆锥弹簧；16—扭簧卡；17—扭簧止板；18—扭转弹簧；19—闸瓦托杆；20—闸瓦托；21—闸瓦签；22—闸瓦；23—脱钩杆；24—开口销；25—手轮；26—螺盖；27—棘轮；28—传动螺杆；29—传动螺母；30—滑套；31—条簧；32—密封罩；33—螺母；34—闸瓦签圆销

4. 闸瓦装置

闸瓦装置是基础制动装置中的最后一部分，它主要由闸瓦 22、闸瓦托 20、闸瓦托杆 19 等组成。闸瓦托杆下端以销装在箱体下方的支点座上，上端安装闸瓦与托，并与传动螺杆 28 相连。闸瓦托上装两块闸瓦，以闸瓦签 21 串定。

5. 闸瓦间隙自动调整器

闸瓦间隙自动调整器为使闸瓦与车轮踏面保持一定间隙而设。SS 系列机车除 SS₇、SS₉ 型外，均采用单向自动式闸瓦间隙调整器，即自动减小过大的闸瓦间隙，而增大闸瓦间隙则需人工调整。它吊装在制动杠杆上部，两端伸出箱体孔部分设密封装置，防止灰尘进入箱体内。伸出箱体一端是调整手轮，一端是传动螺杆，连在闸瓦托与闸瓦托杆上。闸瓦间隙自动调整器由传动螺杆 28 与传动螺母 29（左旋螺纹结合）、滑套 30、棘轮 27、棘钩 3 及调整手轮 25 等组成。传动螺母套装在滑套中，可转动，传动螺母尾部露出滑套部分有右旋螺纹，其上拧装棘轮与调整手轮。滑套上有两耳轴销，是为吊装在制动杠杆之间而设。

箱体上部有脱钩机构，主要由脱钩杠杆 23 及棘钩 3 组成。撬起脱钩杠杆的长臂，压迫脱钩销，可使棘钩绕关节肘销转动离开棘轮齿槽，以便反向旋转调整手轮使闸瓦离开车轮踏面，进行闸瓦更换。

（二）工作原理

如图 7-6 所示，当制动缸充气时，活塞带动活塞杆左移（活塞同时压缩了圆锥缓解弹簧），推动制动杠杆下端并以上螺销为支点向左摆动，制动杠杆带动与它相连的滑套，使传动螺母与传动螺杆推动闸瓦托，使闸瓦压在车轮踏面上实现制动作用。当制动缸排气时，活塞和活塞杆在缓解弹簧的推动下，使上述各传动零件作反方向运动，闸瓦即离开踏面而缓解。

（三）闸瓦间隙的自动调整

在运行过程中，由于闸瓦磨耗等原因，闸瓦与车轮踏面之间的间隙越来越大。为了消除增大的间隙，保证制动力的正常发挥，在基础制动装置中设置了闸瓦间隙自动调整器。当闸瓦间隙过大时，闸瓦间隙调整器将自动减小过大的闸瓦间隙。当施行制动，制动杠杆绕上轴销摆动时，通过焊在制动杠杆上端的关节肘销使棘钩也随之摆动相同角度。棘钩在水平方向移动时，其钩尖不会落到棘轮齿槽外边，棘钩向下移动量之大小与杠杆摆角有关，摆角越大，向下移动量也越大。杠杆的摆角随闸瓦的间隙而变。当闸瓦间隙大于正常值时，杠杆的摆动幅度将使钩尖下移的距离等于或大于棘轮齿的一个齿距。待缓解时，棘钩随杠杆回摆上移，同时钩住新达到位置的一个棘轮齿，使棘轮转动一个角度，与棘轮紧固在一起的传动螺母随着转动。传动螺母的转动使具有左旋螺纹的传动螺杆作直线移动而外伸，由此即可达到调整闸瓦间隙的目的。设计时，使传动螺母转动一圈，传动螺杆外伸 6 mm。SS_1、SS_3 和 SS_4 改型机车的棘轮齿数为 30 个，因此其单齿调整量分别为 $6/27 = 0.22$ mm。

（四）闸瓦间隙的人工调整

在需要手动调整闸瓦间隙或更换闸瓦时，可拧动手轮。右旋为调小闸瓦间隙，不需脱钩手续；而左旋为调大闸瓦间隙，必须拉动（或推动）设置在箱体上的脱钩杠杆，使棘钩离开棘轮后方能转动手轮。

更换闸瓦或落车时，应先使闸瓦退到最大间隙位置。待更换闸瓦或落车后，顺时针方向转动手轮，使闸瓦紧贴车轮踏面，然后再向相反方向旋动手轮一周，此时，闸瓦间隙即为要求的正常间隙 6 mm。

为了使闸瓦上、下端与车轮踏面之间保持均匀的间隙，可通过调整闸瓦定位装置的调整螺栓来实现。在调整好闸瓦间隙后，一定要将调整螺栓上的锁紧螺母锁紧，以防机车运行过程中因调整螺栓松动，而导致闸瓦上、下端间隙不均。

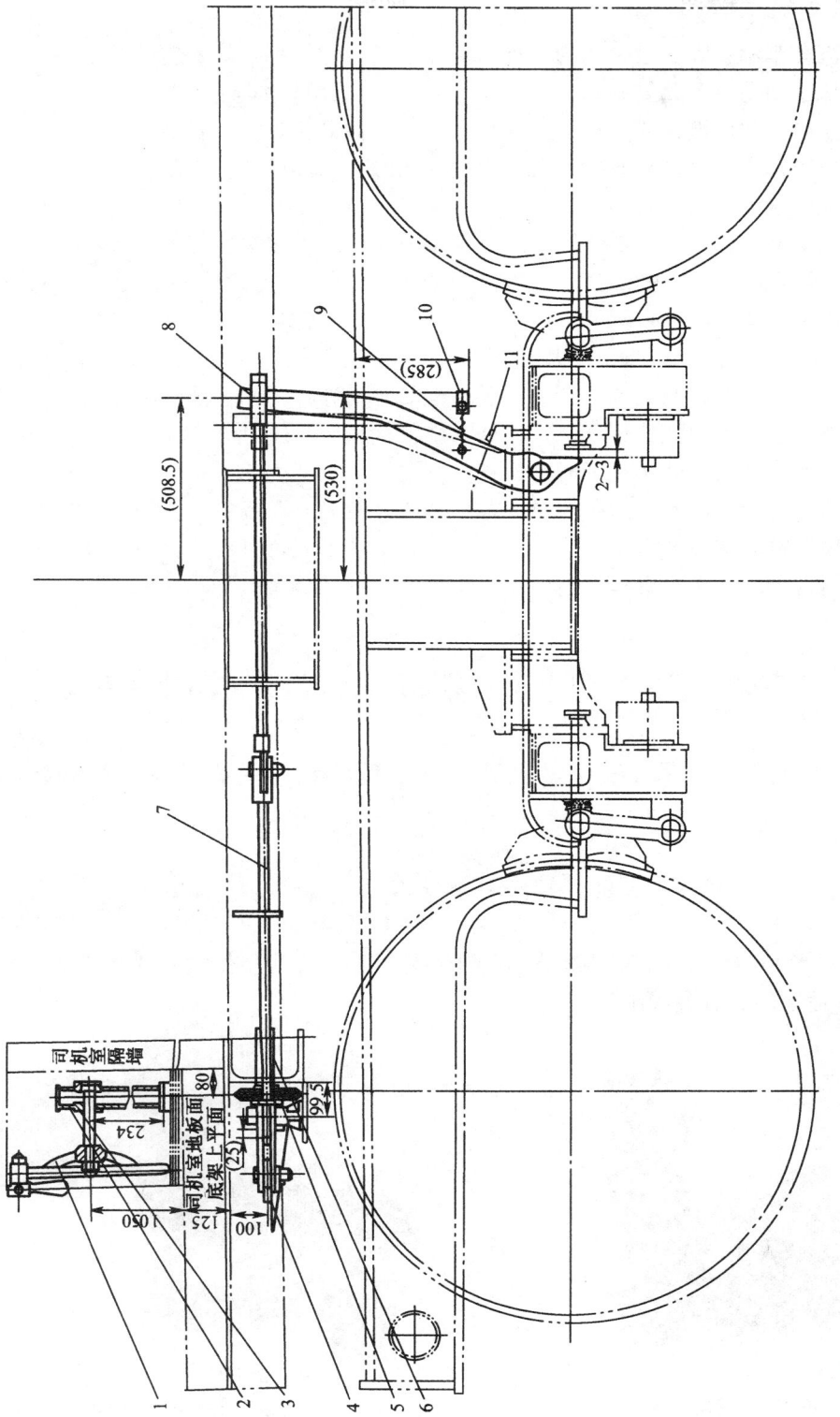

图 7-6 SS$_4$ 改型机车手制动机

1—手轮；2—链轮箱；3—滚子链；4—横杠杆；5—大链轮装置；6—丝杆组成；7—拉杆组成；8—竖杠杆；9—拉伸弹簧；10—拉簧支板；11—定位板

三、停车制动装置

现在我国的机车车辆,除了极个别的特种车辆无法安装外,都必须安装停车制动装置。停车制动装置包括手制动机和蓄能制动器(弹簧止轮器),其用途如下:

(1)调车作业时,用以调速或停车,提高调车效率,保证调车作业安全。

(2)在运行途中,当空气制动机发生故障失去作用时,用以代替空气制动机,继续慢行到前方站,以免停留途中,妨碍运输。

(3)当车列或车辆停在有坡道的线路上时,用以防止其发生溜车引起事故。

SS_9型机车的停车制动装置采用蓄能制动器,而此前的SS系列机车均采用手制动机。SS_4改型机车手制动机的结构如图7-6所示。当摇动设置在司机室后墙上的手制动手轮1时,带动小链轮、链条3、大链轮5、丝杆6、横杠杆4、拉杆7至竖杠杆8,竖杠杆上端左移,下端右移作用于第二位轮对上的制动器手轮上,手轮推动传动螺杆,螺杆推动闸瓦托使闸瓦制动。主要技术条件如下:为保证拉杆环与竖杠杆对中,在组装时应对大链轮端面与丝杆端部调整为约18 mm,并注意在焊装各托板时,丝杆、横杠杆、拉杆处于水平位置。各部件组装完毕后应对下列项目进行检查:转动手轮时,各部件应灵活无卡滞现象;拉杆环应对中竖杠杆;手制动竖杠杆与制动器手轮之间间隙应在2~3 mm之内;各部件摩擦面应注润滑剂。当手制动手轮作用力为500 N时,机车手制动率为27%。

第二节 HXD_1、HXD_2型机车基础制动装置与停车制动装置

一、HXD_1型机车(配备DK-2型制动系统)基础制动装置与停车制动装置

(一)结 构

HXD_1型机车基础制动装置主要包括JPXZ-1和JPXZ-2型盘形制动器、铸铁制动盘、闸片、制动指示器,如图7-7~图7-11所示。其中JPXZ-1型盘形制动器是不带停放制动的制动器,JPXZ-2型盘形制动器是带停放制动的制动器,轮装制动盘为整体式铸铁制动盘,闸片为符合UIC541-3标准的有机合成闸片。

图7-7 JPXZ-1型盘形制动器

图7-8 JPXZ-2型盘形制动器图

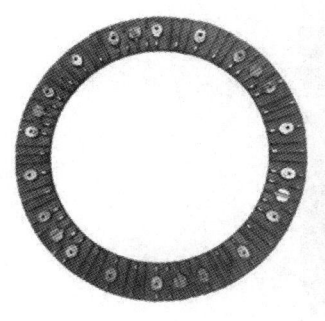 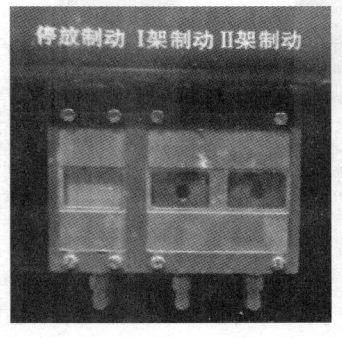 

图 7-9　TJLP01 型制动盘　　图 7-10　制动指示器（状态 1）　　图 7-11　制动指示器（状态 2）

JPXZ-1 型盘形制动器由单元制动缸、间隙调整机构、丝杆复位机构、夹钳机构四大部分组成。JPXZ-2 型盘形制动器在 JPXZ-1 型盘形制动器的基本结构上，增加了弹簧停放制动部分，提供行车制动力与停放制动力。TJLP01 型制动盘安装在车轮辐板两侧，采用合金铸铁铸造而成。机车两侧安装了显示空气制动和停放制动的指示器，如图 7-10、图 7-11 所示。

（二）闸片间隙调整

闸片间隙（双边 2~4 mm）在出厂时已经设定并调整好，正常情况下安装后不需要重新设定，可用 3 mm 塞尺检测闸片间隙，如图 7-12 所示。JPXZ-1 和 JPXZ-2 型制动器具有闸片间隙自动调整功能，能根据闸片磨耗量自动补偿间隙，以保证闸片和轮盘间隙在正常范围。如有特殊情况需人为调整闸片间隙（如更换闸片），需用口径 27 mm 的扳手旋转制动器螺盖，顺时针旋转会使闸片间隙变大，逆时针旋转会使闸片间隙变小，如图 7-13 所示。

图 7-12　测量闸片间隙　　　　　　　　图 7-13　闸片间隙调整

（三）更换闸片

JPXZ-1 和 JPXZ-2 型制动器更换闸片时，需先将闸片间隙调大，然后将闸片托体下部的弯销向外撬动，使闸片挡板打开，闸片就能取出。闸片换装完毕后应将闸片挡板向里推，使弯销复原，将螺盖逆时针旋转一圈，再进行制动、缓解操作，循环数次直至闸片间隙复原，完成闸片的更换工作，如图 7-14 所示。

图 7-14 闸片更换（用螺丝刀向外撬动弯销）

（四）手拉缓解

机车在停放时要移动而又无司机操纵或机车无风时，需对停放制动施行手动缓解，只要拉动手动缓解拉环，听到风缸的机械撞击声后松开即可缓解停放制动，如图 7-15 所示。

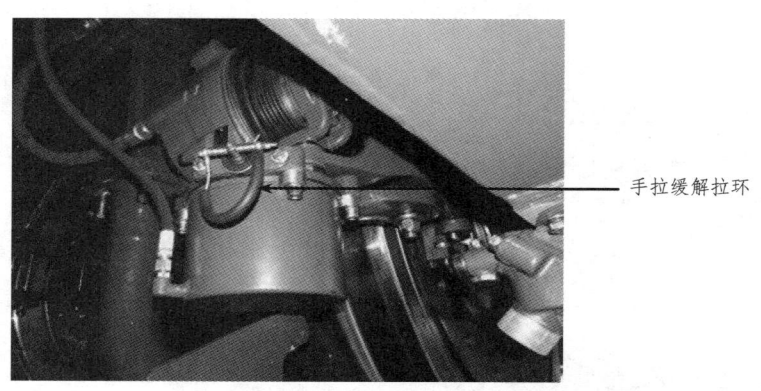

图 7-15 JPXZ-2 型盘形制动器手拉缓解部分

二、HXD_1 型机车（配备 CCB-Ⅱ型制动系统）基础制动装置与停车制动装置

（一）主要参数

紧急制动距离
  轴重为 23 t 时　　　≤800 m
  轴重为 25 t 时　　　≤900 m
制动率　　　　　　　40.5%
制动空走时间　　　　≤6 s
停车制动　　　　　　30‰坡道能制停，制动率 16%，滑移安全系数 1.4
制动盘尺寸　　　　　740 mm × 1 090 mm，厚度 24 mm，制动盘最大不平衡量 16 g·m
制动倍率　　　　　　2.41
闸片厚度　　　　　　24 mm

（二）结　构

轮装制动盘的结构及安装方式如图 7-16 所示，轮装制动盘采用铸钢整体结构，在制动盘

靠轮辐一侧实际有散热筋。每两个轮盘为一组，用 18 个 M12 螺栓、膨胀套及防松螺母和 6 个定位键安装在车轮轮辐两侧，每个螺栓的预紧力矩为 60 N·m，在 18 个 M12 螺栓达到预紧力矩后，两个制动盘的摩擦面基本上呈平行状态，其端面轴向跳动量不大于 0.5 mm。单元制动器由单元制动缸和夹钳机构组成，其安装如图 7-17 所示。

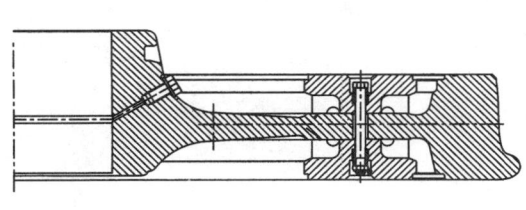
图 7-16 轮盘结构

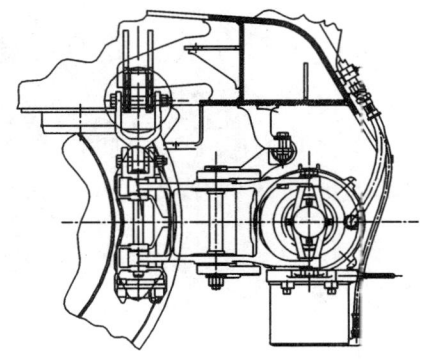
图 7-17 单元制动器安装结构

HXD_1 型机车每轮对有两套轮盘制动装置，其中一个带有蓄能制动装置。

三、HXD_2 型机车基础制动装置与停车制动装置

HXD_2 型机车基础制动装置采用单侧踏面制动单元，制动单元用螺栓紧固在构架侧梁上。每转向架设有 4 套单元制动器，其中 2 套为带停放制动的踏面制动单元，分别安装在轮对齿轮侧的 2 个车轮处，如图 7-18 所示。

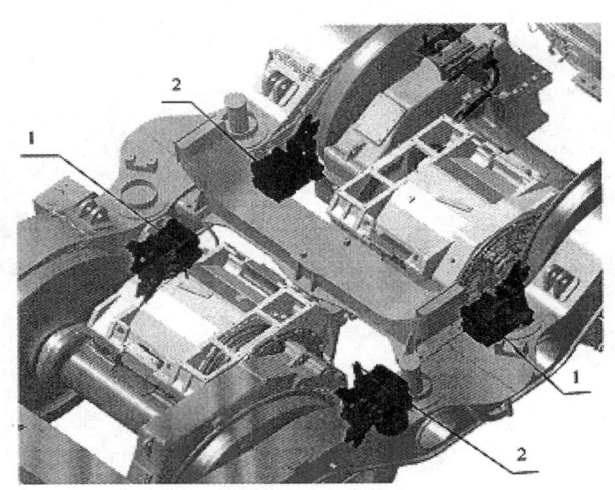
图 7-18 踏面制动单元的安装
1—不带停放制动的踏面制动单元；2—带停放制动的踏面制动单元

踏面制动单元设计有单向间隙自动调整器。闸瓦间隙自动调整装置是一单独作用的机构，它不受制动力产生的弹性变形的影响，能够对闸瓦和车轮间的间隙进行自动调整，当轮瓦磨损后，它能保证轮瓦间隙在非制动状态始终为 8 mm。每个制动器安装有两块闸瓦，闸瓦采

用合成闸瓦。该基础制动装置可以实现机车在平直道上 120 km/h 速度下，轴重 25 t 机车紧急制动距离≤1 080 m 的要求；在无风和所有设备工作时，停放制动可以保证机车在 30‰坡道上安全停放。

第三节 HXD$_3$系列交流机车基础制动装置与停车制动装置

HXD$_3$系列交流机车基础制动装置采用轮盘式盘形制动方式，下面以 HXD$_3$B 型机车为例介绍，该型机车采用 KNORR 三点吊挂式制动轮盘式单元制动器，其结构和基本工作原理如下。

一、结　构

HXD$_3$B 型机车基础制动采用轮盘制动，每个车轮安装一套独立的制动单元，制动单元采用 KNORR 三点吊挂式制动轮盘式单元，无踏面清扫装置，闸瓦采用合成闸瓦。每个转向架有两个带弹簧停车制动的制动单元，分别布置在每个转向架的一轴和三轴右侧，以满足在 30‰坡道停车的要求，制动单元型号为 C112130，制动倍率 3.23，其余制动单元型号为 C115054，制动倍率 2。

轮盘制动装置由单元制动缸（常用单元制动缸如图 7-19 所示，带停放单元制动缸如图 7-20 所示）、制动盘、闸片及夹钳组成。

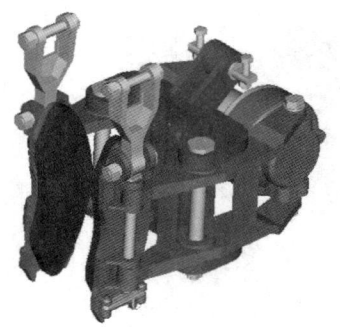
图 7-19　盘式制动单元

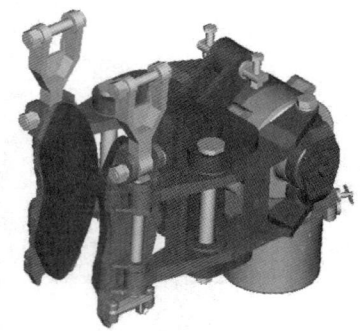
图 7-20　带停放盘式制动单元

制动单元是由制动缸作用部与闸片间隙调整器组成的一个独立的制动单元结构。闸片间隙调整器可以在闸片和制动盘磨耗过大后使盘片间隙得到自动的调整，使间隙始终保持在正常的数值范围内。带停放制动单元是由制动单元作用部与弹簧停放作用部组成的一个独立制动单元。当用于正常的制动时，弹簧停放缸得到压缩空气，弹簧停放缸缓解，然后缸内一直保持 420～450 kPa 的压力空气。其常用制动缸作用与不带停放制动单元制动缸相同。如图 7-21、图 7-22 所示，盘式单元制动器主要包括：制动气缸（1），带或不带弹簧执行器（1.2），制动闸板（2），制动垫支架（2.4）和（2.5），带各自的快速锁定闸门。制动盘有一个三点固定装簧把在车辆转向架内；弹簧执行器具有紧急释放齿轮（N），以便在紧急情况下机械地释放停下闸（即在不发动车辆的情况下牵引车辆）；三点固定包括固定的支架（L）(拉杆的一部分（2.6））、两个用螺栓（2.15）连到闸片支架（2.4）和（2.5）上的拌钩（2.16）。固定的支架（L）是一个有弹力的弹簧冲击，用螺栓连在转向架上。插脚连接和弹力支架使得制动盘能够调节轮子的轴向运动；制动闸板（2）是一个预先装配好了的组件，它包括两个由拉杆（2.6）连接在一起的钢性转矩制动杠杆（2.3），安装在杠杆端部的是成对的闸片支架（2.4）和（2.5），制动杠杆相对的两头为带动制动气缸（1）的枢轴螺栓（13）配有攻螺纹。

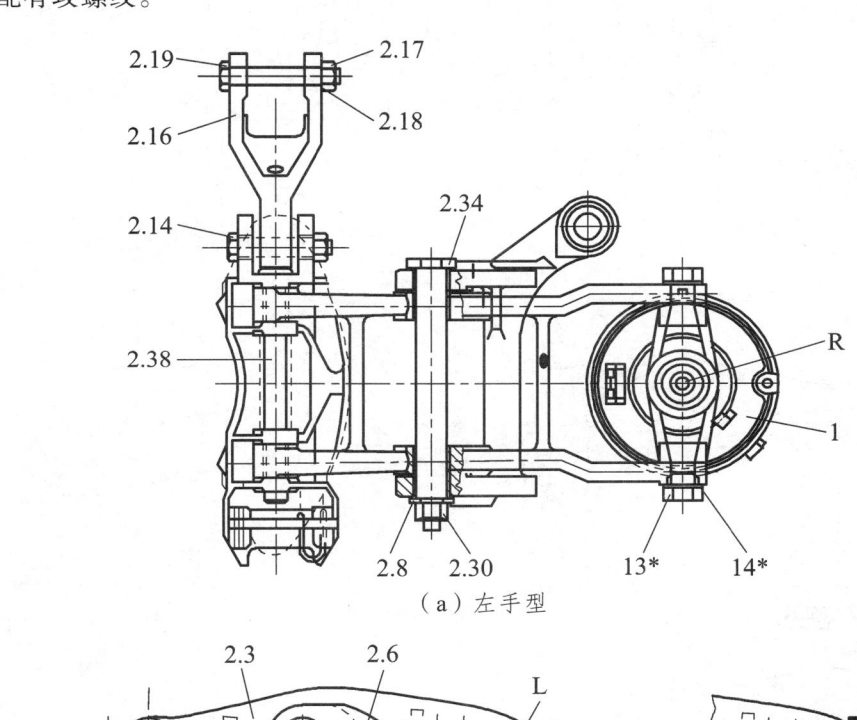

（a）左手型

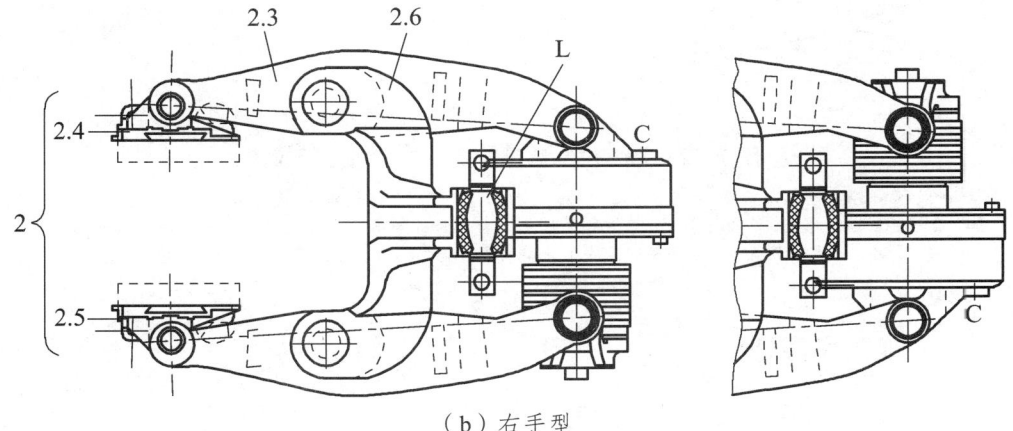

（b）右手型

图 7-21　盘形单元制动器主要部件

1—制动缸；2—制动夹钳；2.3—制动杠杆；2.4、2.5—闸片托；2.6—拉杆；2.8、2.18—垫圈；
2.14、2.19、2.34—螺栓；2.16—挂钩；2.17、2.30—六角螺母；2.38—插脚；
13—枢轴螺栓；14—锁定环；R—制动缸上的重新设置螺母；
L—固定支架；C—压缩空气入口，用于制动缸

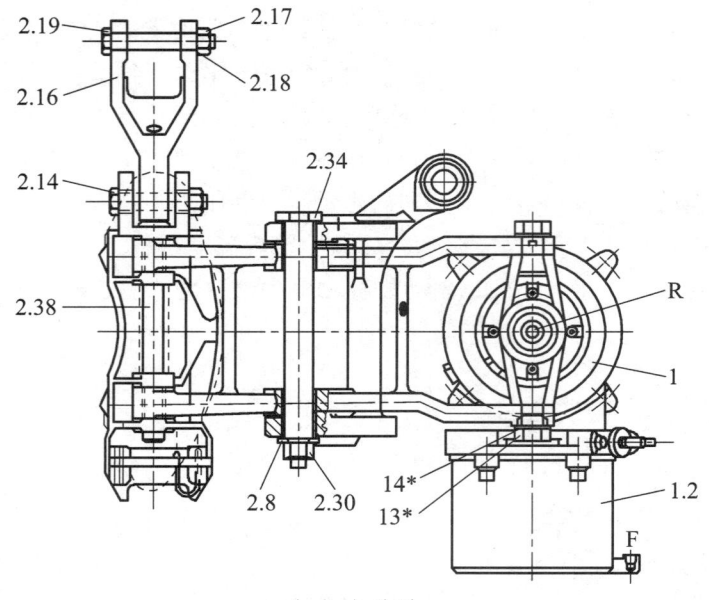

(a)左手型

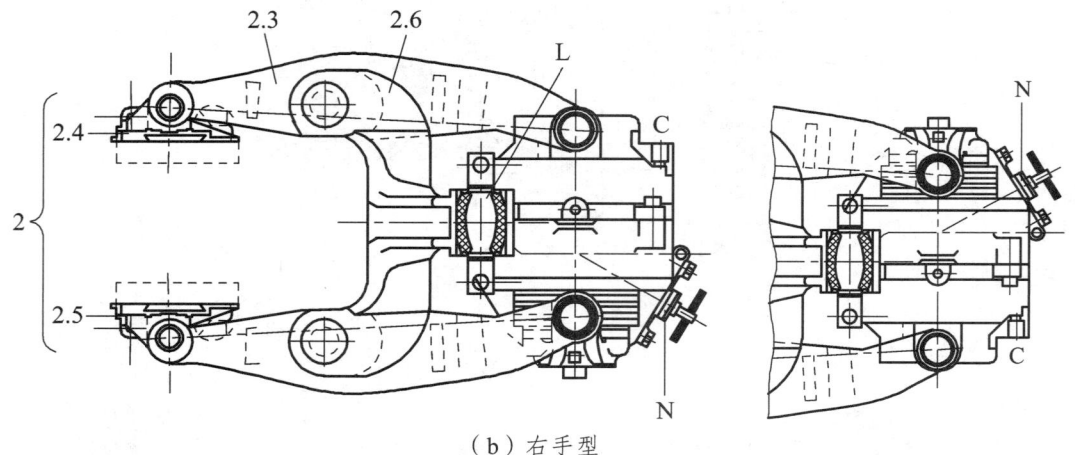

(b)右手型

图 7-22 带停放制动盘形单元制动器主要部件

1—制动缸；1.2—停放制动缸；2—制动夹钳；2.3—制动杠杆；2.4、2.5—闸片托；2.6—拉杆；2.8、2.18—垫圈；
2.14、2.19、2.34—螺栓；2.16—挂钩；2.17、2.30—六角螺母；2.38—插脚；13—枢轴螺栓；14—锁定环；
R—制动缸上的重新设置螺母；L—固定支架；N—手动缓解机构；C—压缩空气入口，用于制动缸；
F—压缩空气入口，用于停放制动缸

二、基本工作原理

（一）单元制动器的基本工作原理

进行制动时，制动气缸（1）被充气，同时闸瓦（闸片支架和闸片）被推到制动盘上。随着闸片的推动，制动力逐渐增加。排空制动气缸（1），释放常用闸。制动气缸中的返回弹簧将闸板杠杆推至释放位置。排空弹簧执行器（1.2），使用停车制动装置。执行器弹簧的力将闸瓦推到制动盘上。充满弹簧执行器（释放压力），释放停车制动装置。执行器的弹簧拉紧时，制动杠杆（2.3）达到释放位置。没有释放压力时，停车闸可以通过机械的紧急释放齿轮（N）于动释放（例，在不制动车辆的情况下拖车）。

（二）HXD₃B 型机车停放制动控制关系（如图 7-23 所示）

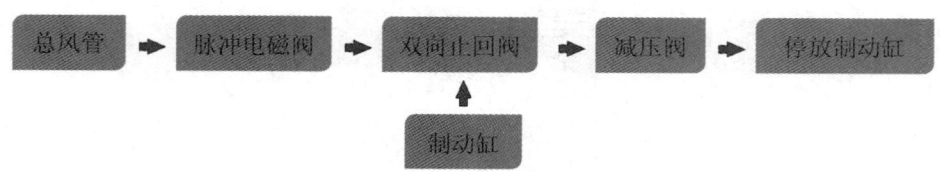

图 7-23　HXD₃B 型机车停放制动控制关系

司机通过旋转开关可以对停放制动进行控制。当旋到制动位时，脉冲电磁阀的作用电磁阀得电，于是停放制动缸制动；当旋到缓解位时，脉冲电磁阀的缓解电磁阀得电，于是停放制动缓解。同时设置了停放制动和空气制动的联锁，即当制动缸充风制动时，自动缓解停放制动缸。在发生供电故障的情况下，可以使用脉冲电磁阀的手动装置进行操作。在系统无风的情况下，可以使用停放制动单元的手动缓解装置（在机车走行部上）缓解停放制动。手动缓解后，不能再次实施停放制动。如果需要重新实施停放制动，必须使系统总风压力达到 550 kPa 以上方可。

（三）制动盘

制动盘材料采用高强度合金铸铁。结构为带散热筋的环状结构。通过均布的 6 个 ϕ25 圆键和 18 个 M12 的 10.9 级高强度螺栓、全金属锁紧螺母安装在机车车轮辐板上。车轮制动盘的尺寸设计，通常是使摩擦表面与轮子轮辋的外表面齐平，保证了制动盘能够与所有标准闸片和制动单元结合使用，如图 7-24 所示。制动盘抗热温度不小于 400 ℃；闸片为合成材料，它采用标准的燕尾插装式安装在闸片托上。制动盘与闸片的平均摩擦系数为 0.35。

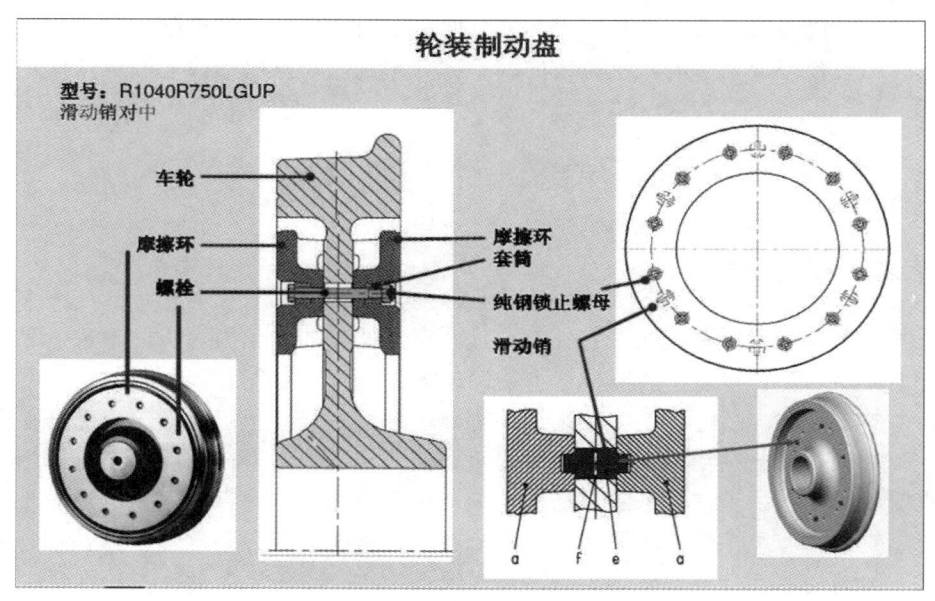

— 223 —

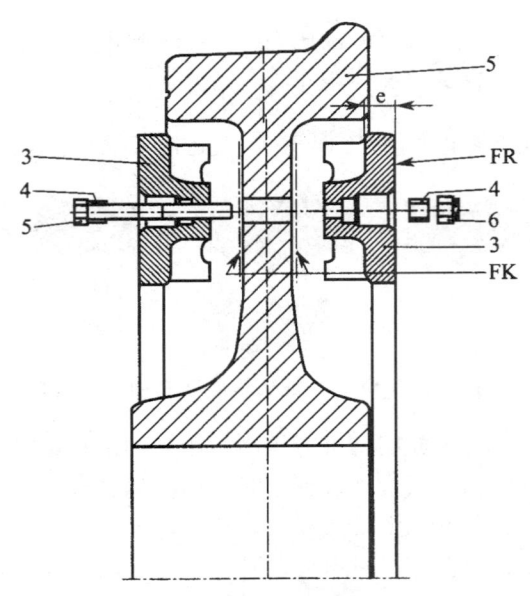

图 7-24 轮装制动盘的安装

3—摩擦盘（外侧，内侧）；4—膨胀管套；5—六角螺栓；6—螺母；e—摩擦环厚度；
FK—接触表面（涂有 Molykote D 321 R）；FR—摩擦表面

车轮制动盘是环形的铸件，并且带有放射状的冷却筋。根据车轮制动盘的不同用途，它们被制成灰铸铁、球墨铸铁、铸钢或者铝制的。HXD_3 型机车制动盘材料采用高强度合金铸铁。车轮制动盘是制动组件的一部分，它通过摩擦方式将动能转化成热能。

车轮制动盘由两个摩擦盘组成，根据它们与车轮的相对位置确定是在内还是在外。在这个结构中，其中一个制动盘在安装面设有冷却筋。冷却筋具有散热功能和支承作用。制动盘的厚度、冷却筋的数量以及形状，都是为了在制动时使制动盘的温度能保持在正常范围内。结构设计上要尽可能地减小部件的重量。用螺栓和圆销将制动盘固定在轮心上，以传递制动力矩，螺栓的紧固力应保证制动盘因受热膨胀时也不会产生位移和松弛。定位销是圆柱形的元件，它的两端被磨成扁平的。定位销的扁平部分插到制动盘的槽内起到定位作用。

第四节 防 滑 器

一、概 述

轮轨间纵向滑动有两种情况：一种是牵引状态下发生的，轮周牵引力超过了黏着限制，车轮飞快地转动而车速很慢、甚至根本不动，这叫"空转"或"打飞轮"；另一种情况是制动状态下发生的，制动力超过了黏着限制，车轮转速急剧下降甚至停转而车速降得很慢，这叫"滑行"或"抱死轮"。制动系统中的防滑器主要是防止车轮"滑行"的。防滑器用在高速机车车辆或重载机车上，其作用是防止在车轮滚动过程中轮轨之间纵向发生严重的相对滑动，以免造成车轮踏面严重擦伤。轮轨间纵向滑动有两种情况：一种是空转，另一种是滑行。车轮在钢轨上滚动的黏着状态，实际上是一种"滚动中有微量滑动"的状态。在制动力小于黏着力时，这种微量滑动不但不会导致机车车辆滑行，相反地，据研究它还可以起清除轮轨接触处污垢和改善轮轨接触表面状态的作用。但是，当制动力大于黏着力时，轮轨接触面的纵向相对滑动就会急剧增大，在过渡阶段纵向滑动由小变大，最后导致车轮被抱死而完全滑行。在这过程中，闸瓦摩擦力随车轮转速的急剧降低、摩擦系数的急剧增大而急剧增大，制动力则与其背道而驰，反而随轮轨间的纵向相对滑动的急剧增大而急剧减小。防滑器的作用就是要在这短暂的过渡阶段内检测出车轮即将发生滑行的危险，并及时动作，快速排出制动缸中的压力空气而不排空，使制动力迅速降至小于黏着力，以防止车轮滑行、恢复轮轨间的黏着状态；而且在车轮黏着恢复以后，还要使防滑器立刻由发生作用状态回到停止作用状态，制动缸及时再充风，尽量恢复较大的制动力。

防滑器有机械式防滑器、电子式防滑器和微机控制的防滑器等。机械式防滑器的工作原理是把回转体的惯性转换成位移，打开阀门或接通电路，使角减速度（此种防滑器的判断根据是车轮的角减速度）骤低的轮对缓解。电子式防滑器可以有多种判据，又具有较高的灵敏度和较快的作用速度，还能进行必要的监督和轮径补偿。但是分离电子元件的零点漂移不易清除。微机控制的防滑器可以对制动、即将滑行、缓解、再黏着的全过程进行动态检测与控制，信息采用脉冲处理，既简单又可靠，无零点漂移，无需调节和补偿，更重要的是微处理器的处理速度极快，既可以提高检测速度，又可以利用软件随时提供有关信息。

二、GV12-ESRA 型空气制动防滑系统

HXD_1 型机车装有空气制动防滑系统，每节机车配备有一套空气防滑系统，该装置能防止空气制动期间车轮的滑行，避免对车轮踏面造成损坏。电制动时的车轮防滑保护自机车控制系统负责。空气防滑系统由微机防滑保护单元（图 7-25）、速度传感器、防滑阀（图 7-26）等组成。

图 7-25 微机防滑保护单元

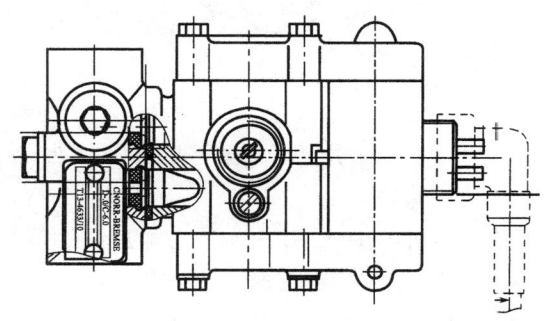

图 7-26 防滑阀

防滑保护装置在所有车轴上独立工作。每根车轴有自己的速度传感器和防滑阀。防滑保护装置有一个继电器输出，它作为一个接口将故障信息传送到司机室显示屏 LCDM。这个继电器在牵引和拖车模式下都有电。另外，在空气备用模式中也有另一个继电器输出，用来向 CCU 传送相同的信息。每个轮对上都装有一个速度传感器和一个测速齿轮来监测轮对的速度。测速齿轮安装在轮对上，通过一定数量的齿在固定时间间隔内经过速度传感器来显示旋转的速度。速度传感器安装在车轴的轴承盖上。为了防止机车在黏着状态不佳的时候打滑，制动缸的压力由防滑阀来控制。防滑阀型号为 GV12-ESRA，符合 UIC541-05 来标准。防滑

阀装有两个线圈，可控制制动缸排气和充气，用于排放和补充制动缸压力。在没有通电的情况下，防滑阀处于打开的位置，让来自制动缸管的空气自由通过至制动缸。倘若排风电磁阀和作用电磁阀同时通电，供给制动缸的空气被隔离，制动缸保压。控制电磁阀的排气和进气决定下列运行情况：制动气缸压力升高；制动气缸压力保持；制动气缸压力降低。在调试首台机车时，通过调节集成在防滑阀中的阻气门横截面，来优化制动缸压力释放和补风的时间。

三、MGS2 型防滑器

（一）MGS2 型防滑器的构造

HXD$_3$ 型机车采用 MGS2 型防滑器，它属于微处理器控制的防滑器，由防滑处理器 ESRA、防滑排风阀 GV12-ESRA、速度传感器及感应齿轮等组成。MGS2 型防滑器的感应齿轮安装在车轴端部，齿轮有 80 齿。齿轮组装后齿顶距速度传感器顶部须保留 0.4~1.4 mm 间隙，如图 7-27 所示。

防滑处理器 ESRA 是防滑控制的处理装置，由外壳、电源板、主板、通信板、控制钮、信息窗等部分组成，如图 7-28 所示。

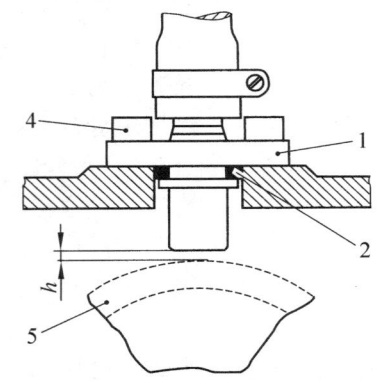

图 7-27　传感器安装示意图

1—速度传感器；2—密封圈；4—紧固螺栓；
5—感应齿轮；h—安装间隙（0.4~1.4 mm）

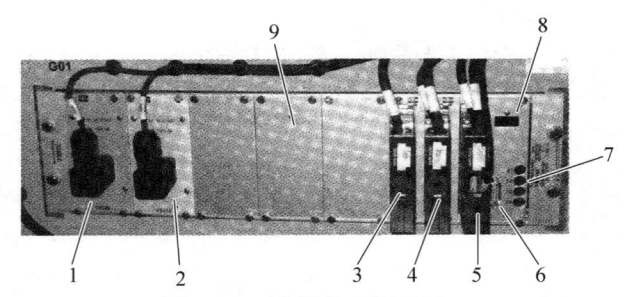

图 7-28　防滑处理器 ESRA

1、2—电源控制板；3—通信板 EB01B；4—主板 MB03B；5—主板 MB04B；
6—通信接口；7—操作按钮；8—信息窗口；9—外壳

防滑排风阀 GV12-ESRA 是防滑控制的执行装置。每辆机车上装有 6 个防滑排风阀，分别独立控制每根车轴上的制动缸的压力。防滑阀的控制电压为 DC24V。防滑阀主要由两个动作膜板、一个双阀电磁阀和一个阀座组成。阀座上有缩堵 dC（未安装）和 dD（5 mm），两个阀座（VD，VC）由两个膜板开关（C，D）控制。D 膜板控制 D 室至 C 室通道的通断，C 膜板控制 C 室和大气通道的通断。双阀电磁阀由两个 2 位 3 通电磁阀（VM1 排气，VM2 进气）组成。具体结构如图 7-29 所示。

工作原理如下：防滑器未投入时，电磁阀 VM1 和 VM2 失电，VC 关闭，VD 开启。C 和 D 之间通道开放。防滑器投入（BC 缓解）时，电磁阀 VM1 和 VM2 得电。压力 D 通过电磁阀 VM2 到达控制室 SD，膜板 D 动作，阀座 VD 关闭，切断 D 室通路。控制室 SC 压力通过 VM1 排空，膜板 C 动作，阀座 VC 开启，C 室压力通过阀座 VC 排至大气。防滑器投入（BC 保压）：电磁阀 VM1 失电，电磁阀 VM2 得电。压力 D 通过电磁阀 VM2 到达控制室 SD，膜板 D 动作，阀座 VD 关闭，切断 D 室通路。控制室 SC 压力保持，阀座 VC 仍关闭，C 室压力处于保压状态。工作原理见图 7-30 所示。

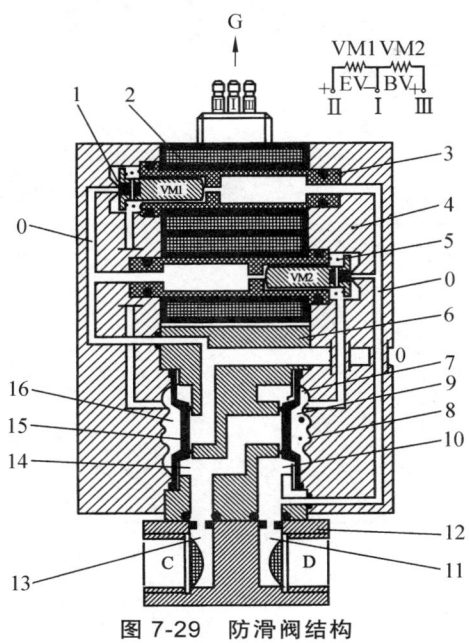

图 7-29　防滑阀结构

1—外阀座；2—内阀座；3—对阀座；4—侧板；5、8—弹簧；6—壳体；7—膜板 D；9—控制室 SD；10—阀座；11—缩孔 dD；12—阀支架；13—缩孔 dC；14—阀座 VC；15—膜板 C；16—控制室 SC；C—通制动缸；D—通作用阀；G—电接口

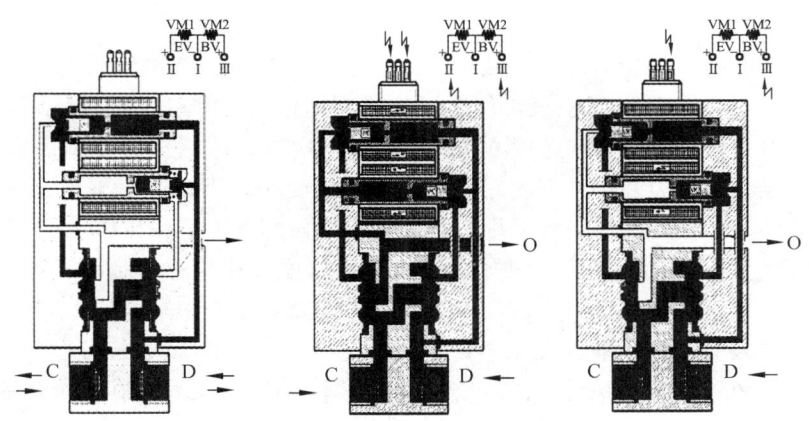

图 7-30　防滑阀工作原理

（二）MGS2 型防滑器的作用原理及功能

1. 作用原理

速度传感器的脉冲信号传输到防滑处理器 ESRA，防滑处理器 ESRA 对本车或本转向架的速度信号进行处理，当数据判断达到有关标准时，防滑处理器发出防滑控制指令，操纵防滑排风阀 GV12-ESRA，控制相应的制动缸进行阶段排风或一次排风，从而达到防止轮对滑行并根据轮轨黏着系数调节制动力的目的。减速度判据是与其他轮对无关的单独判据标准，

图 7-31 表示以减速度为判据时防滑器的循环工作原理。图中分别表示出制动时列车速度、一个轮对线速度、轮对减速度及制动缸压强的控制变化关系。

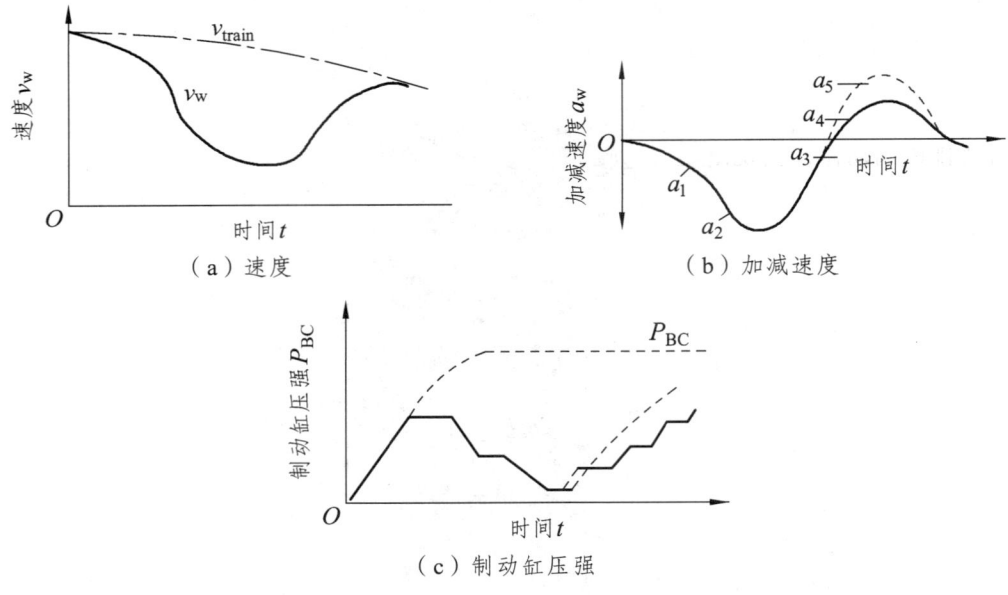

图 7-31　防滑器工作曲线图

制动时，当轮间黏着较差时，轮对发生连滚带滑的运行状态。此时该轮对产生一个大于正常值的减速度 a，致使该轮对的速度 v_m 低于列车速度 v_{train}，当该减速度继续增加到第一个判据 a_1 时，主机使防滑排风阀动作，使制动缸停止充风即保压（如果在制动充风过程中）。若轮轨间黏着状态差，该轮对减速度将会继续增加，其速度也将继续降低。当该轮对减速度达到第二个判据 a_2 时，防滑器主机再使防滑排风阀动作，使该轮对的制动缸阶段排风。如果遇到极差的黏着条件时，轮对减速度 a 很大，超过一次排风的判据标准时，可实现一次排风。由于制动缸排风，制动力减小，该轮对的减速度逐渐变小。当减速度小到 a_3 时，轮对即将开始恢复正常转动，此时主机将使防滑排风阀施行制动缸保压（不在排风）。该轮对速度渐渐增加，当轮对加速度 $a>a_4$ 时，制动缸开始阶段再充风以恢复该轮对的制动力。倘若轮轨间的黏着变得很好，加速度很大，即 $a>a_5$ 时，主机控制实现制动缸一次再充风，如图 7-31 中虚线所示。这就是以减速度为标准的控制原理。

当遇到待定的轮轨黏着条件，6 条轮对减速度小于或等于 a_1，制动缸呈充风保压状态，但它们既达不到 a_2 的标准，又达不到速度差判据 Δv_2 的标准，即 6 条轮对同时以相近的减速度微量滑动。这种状态持续太久，终将会使 6 条轮对发生滑行。为了避免发生这种特殊情况，防滑器制定了专门的判据标准，一旦发生这种情况，经过一定时间，将使各制动缸排风，让轮对恢复正常的运行状态。一旦各轮对恢复正常的转动，主机立即控制防滑排风阀，使各制动缸再充风，发挥出相应的制动力。

2. 速度差判据的控制原理

黏着蠕滑理论的实验表明，轮对速度 v 与列车速度 v_{train} 存在一定的速度差（$\Delta v = v_{train} - v$），此速度差与列车速度的百分比（$\eta = \Delta v/v_{train} \times 100\%$），称为该轮对此时的滑移率。当滑移率在

5%~15%之间时,轮轨可获得最佳黏着。为了按照速度差标准控制防滑器,微处理器按以下步骤工作:

① 速度比较:由于无法得到制动时列车的真实速度,为此要对机车 6 条轮对的速度分别进行计算、比较,选出最高者作为列车速度,称之为参照速度 v_r。当 6 条轴同时滑行时,则按照列车制动模式曲线计算列车参照速度值。

② 将各轮对的真实速度 v 与 v_r 进行比较,当 $v_r - v \geq \Delta v_1$ 时(第一个速度差判据),主机控制防滑排风阀动作,实现制动时的充风保压(如果这时正在充风)。

③ 如果黏着条件差,该轮对可能继续减速,当 $v_r - v \geq \Delta v_2$ 时(第二个速度差判据),主机控制防滑排风阀动作,使制动缸实现阶段排风。减速的轮对将逐渐恢复其转动速度。

④ 如果黏着条件继续恶化,该轮对可能继续减速,当 $v_r - v \geq \Delta v_4$ 时(第四个速度差判据),主机控制防滑排风阀动作,使制动缸迅速排风,快速减小制动力,使轮对恢复转动。

⑤ 逐渐恢复转动的轮对,当 $v_r - v \leq \Delta v_3$ 时(第三个速度差判据),主机控制防滑排风阀动作,使制动缸实现阶段再充风,以恢复该轮对的制动力。

这就是用速度差判据控制,使其滑移率在最佳黏着范围内的防滑过程原理。

3. 功　能

功能如下:制动时能有效防止轮对因滑行造成的踏面擦伤;能根据轮轨间的黏着变化调节制动缸压力,从而有效利用轮轨黏着,缩短制动距离;具有轮径自动修正功能;具有防滑排风阀自动切换与相邻轴速度部件互补的功能;具有监视、故障存储和显示及诊断功能。

第五节　制动倍率、传动效率和制动率

一、制动倍率

制动时,为了得到足够的制动力,就必须有一定的闸瓦压力。闸瓦压力源于制动缸活塞产生的制动原力(副风缸的压力空气进入制动缸推动制动缸活塞,这时活塞所发挥的推力叫做制动原力)。制动原力的大小与制动缸直径、制动缸内空气压力成正比。

如果想实现提高制动原力,增大制动缸闸瓦压力乃至产生足够的制动力的目的,就必须增大制动缸直径和制动缸空气压力。但是,由于制动机工作过程中不可能产生很大的制动缸压力,并且制动缸的形状、大小受到诸如安装尺寸、经济成本等因素的限制,所以实际工作中,是靠制动传动装置将制动原力放大一定倍数后传递到闸瓦装置,形成闸瓦压力的。即它利用基础制动装置的杠杆原理扩大适当的倍数,并平均地传到各块闸瓦上,紧压车轮发生制动作用。扩大的这个倍数,即全车总闸瓦压力与作用于制动缸活塞上的制动原力之比,叫做制动倍率。如使用手制动机时,则制动倍率为全车总闸瓦压力与作用于手制动轮上的手力之比。

因此,

$$r_b = \frac{\sum K_{理}}{F}$$

式中　r_b——制动倍率;

$\sum K$——全车总闸瓦压力（理论值），kN；

F——制动缸活塞总压力或拧手轮手压力，kN。

制动倍率的标准范围，一般客、货车以 7~9 倍为宜（旧型客车为 12，安装 K2 型三通阀的载重 50 t（折合 500 kN）货车，因制动力过小，已经改造为 10 倍）。我国现有主要类型的城市轨道车辆的制动倍率为 5 倍左右。

制动倍率是基础制动装置的重要特性，它的数值与制动缸活塞行程及闸瓦与车轮间的间隙大小有关，所以制动倍率的数值对制动效果及运用维修工作有着直接的影响。制动倍率过大，就意味着车辆的制动能力过多的依赖杠杆的扩大作用，当闸瓦有少量磨耗时，就将导致活塞行程的显著变化，不仅直接影响制动效果，还会增加调整活塞行程的工作量；如果制动倍率过小，为了保证必要的制动力，就需要增加副风缸的容积和制动缸的直径。所以，制动倍率既不能过大，也不可过小，应在一个适当的范围内。

HXD_1B/C 型六轴转向架机车制动倍率为 2.66，闸片与制动盘单侧间隙为 $S = 1.69~2.48$；HXD_3 型六轴转向架功率 7 200 kW 机车制动倍率为 3.23（1、6 轴）和 2（2、3、4、5 轴），闸片与制动盘单侧间隙 S 为：单元缸（缸径 254 mm）$S = 1.75~2.0$；复合缸（缸径 203 mm）$S = 1.4~2.05$。

二、传动效率

1. 制动传动效率

制动机在发生制动作用时，由于制动缸活塞与缸壁之间的摩擦力、缓解弹簧的反拨力、传动装置与连接部分的机械摩擦阻力、各销套与销孔的间隙等原因造成力在传递中的损失，从而使实际发生的闸瓦压力值小于从理论上通过杠杆原理计算出的闸瓦压力值。实际发生作用的闸瓦压力值与理论计算出的闸瓦压力值的比值，称为基础制动装置的传动效率，一般以 η 来表示。则其关系式为：

$$\eta = \frac{\sum K_{实}}{\sum K} \times 100\%$$

式中 $\sum K_{实}$——全车闸瓦作用于车轮踏面上的实际压力；

$\sum K$——按理论计算出来的全车总闸瓦压力。

基础制动装置的传动效率 η 表征着制动原力的有效利用率。同一般机械设备一样，我们希望 η 值越大越好。制动传动效率 η 的大小，与杠杆的构造形式、关节连接的多少、制动缸直径、特别是日常保养的好坏，有着直接的关系。静止状态与运转状态的制动传动效率有所不同，即运转状态时的传动效率要比静止状态时的传动效率大。通常，制动传动效率值是由实验获得的。

制动机的传动效率一般在 85%~90% 之间，手制动机由于人力小，摩擦力大，其效率较低，一般为 20%~35%。HXD_3 型机车基础制动装置传动效率（紧急制动时）：当扣除缓解弹簧力时大于 0.95，含缓解弹簧力时大于 0.85。

2. 闸瓦压力的计算

制动时，闸瓦压紧在车轮踏面上的力，叫闸瓦压力。它的大小随制动缸压力、制动缸活塞直径、制动倍率和制动传动效率的大小而定。一个制动缸产生的实际闸瓦压力为：

$$\sum K_{实} = 制动缸活塞推力 \times 制动倍率 \times 制动传动效率$$

$$\sum K_{实} = \sum K \eta$$

$$\sum K = F \gamma_b$$

$$\sum K_{实} = F \gamma_b \eta$$

若要计算出机车实际闸瓦总压力，则还要乘上制动缸的总数 m，即：

$$\sum K = m \sum K_{实} = m p_z \gamma_b \eta \frac{3.14 d^2}{4} \text{（kN）}$$

式中　p_z——制动缸压力（kPa）；
　　　d——制动缸活塞直径（m）；
　　　γ_b——制动倍率；
　　　η——传动效率。

则每块闸瓦压力：

$$K = p_z \gamma_b \eta \frac{3.14 d^2}{4} \text{（kN）}$$

式中　K——每块闸瓦压力（kN）。

3. 换算闸瓦压力

为了简化制动力的计算，可采用换算摩擦系数 φ_h 的方法进行列车制动力的计算。而采用换算摩擦系数运算时所使用的闸瓦压力，叫换算闸瓦压力，并以 K_h 表示之。为了使每块闸瓦用换算闸瓦压力计算的结果和用实算闸瓦压力计算的结果相等，就应使：

$$K_h \cdot \varphi_h = K \cdot \varphi_k$$

则：

$$K_h = \frac{K \cdot \varphi_k}{\varphi_h}$$

式中　φ_k——闸瓦与车轮之间摩擦系数。

三、制动率

制动率就是车辆或列车的单位重量所具有的闸瓦压力，它能确切地表示车辆或列车制动能力的大小。制动率按其研究对象的不同，可分为轴制动率、车辆制动率和列车制动率三种。

1. 轴制动率和车辆制动率

1）轴制动率

作用在一根制动轴上的全部闸瓦压力与该轴载荷的比值，叫做轴制动率。则：

$$\delta_z = \frac{K_z}{Q_z} \times 100\%$$

式中　δ_z——轴制动率；
　　　K_z——一根轴上的总闸瓦压力（kN）；
　　　Q_z——轴载荷（kN）。

2）车辆制动率

作用于一辆车上的总闸瓦压力与该车的总重之比值，叫做车辆制动率。则

$$\delta = \frac{\sum K}{q} \times 100\%$$

式中　δ——车辆制动率；
　　　$\sum K$——一辆车的总闸瓦压力（kN）；
　　　q——一辆车的总重量（kN）。

车辆制动率的大小，一般由车辆自重决定，设计时，要求在不超过黏着系数与摩擦系数的比值的范围内尽量提高，并且还要考虑采用的制动缸直径、制动缸压力和制动倍率。一般自重较大的车辆采用直径较大的制动缸，自重较小的采用直径较小的制动缸；制动缸压力由制动机决定；制动倍率由基础制动装置决定。目前我国车辆设计中一般车辆制动率不超过90%。

2. 列车制动率

全列车的总闸瓦压力与列车总重力的比值，叫做列车制动率。它又分列车实算制动率和列车换算制动率。全列车的总实算闸瓦压力与列车总重力的比值，叫做列车实算制动率；全列车的换算闸瓦压力与列车总重力的比值，叫做列车换算制动率。

全列车制动率为

$$\delta_{hQ} = \frac{\sum K_h}{Q} \times 100\%$$

式中　$\sum K_h$——全列车的总换算闸瓦压力；
　　　Q——全列车的总重量；
　　　δ_{hQ}——全列车的换算制动率。

HXD$_3$型机车空气制动率（紧急制动时）为23.34%，停放制动率为18%（能保证机车在30‰坡道上安全停放）。

第六节　制动力分析

从能量的观点来看，"制动"的实质就是将列车动能转变成别的能量或转移；从作用力的观点来看，"制动"就是让制动装置产生与列车运行方向相反的外力（制动力），使列车产生较大的减速度而尽快减速或停车。

一、制动力的概念

制动力是指作用在运动物体上，与物体运动方向相反的外力。目前，我国轨道机车车辆

上使用最广泛的制动方式是闸瓦摩擦制动，它通过闸瓦紧压在制动盘上产生闸瓦压力 K，从而引起闸瓦作用于车轮的摩擦力。但是闸瓦与车轮之间的摩擦力对整个车辆来说是外力，它不能制止车辆自身的运动，那么闸瓦制动时，制止车辆运动的外力究竟是哪一个呢？它是怎样产生的呢？根据黏着理论，制动时的制动力是由闸瓦与车轮的摩擦力力矩通过车轮压在钢轨上的法向力在轮轨接触点上产生的钢轨对车轮的静摩擦力所引起的。这个钢轨对车轮的水平反作用力 B 对于车轮及整个车辆来说就是一种外力，其方向与列车运行方向相反，起着阻止列车运动的作用。下面以单闸瓦式的四轴车为例，在车轮不滑行的正常情况下，进行力学分析。先取轮对为自由体，其受力情况如图 7-32 所示。

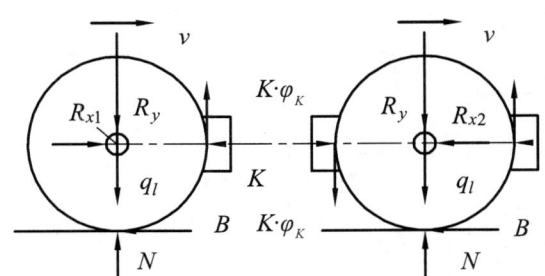

（a）闸瓦在车轮前面（按运行方向）　（b）闸瓦在车轮后面

图 7-32　单侧制动时轮对受力

图中，q_l 为轮对重量；R_y 为轴颈受到的垂直载荷，设同一台车各个轴颈受到的垂直载荷均相同；R_{x1}、R_{x2} 为轴承对轴颈的纵向水平反作用力；N 为钢轨给轮对的垂直反作用力；K 为闸瓦压力；φ_k 为闸瓦与车轮间的摩擦系数；B 为钢轨给轮对的纵向水平反作用力；v 为列车运行速度。

根据牛顿第二定律 $F = ma$，当闸瓦在车辆运动方向的车轮前面时，得式：

$$B + K - R_{X1} = \frac{q_l}{g} \times a$$

当闸瓦在车辆运行方向的车轮后面时，得式：

$$B + R_{X2} - K = \frac{q_l}{g} \times a$$

式中　a——车辆减速度；
　　　g——重力加速度。

车辆轮对除做平移运动外，还做回转运动，根据转动定律 $M = J \times \alpha$ 得式：

$$K \cdot \phi_k \cdot r - B \cdot r = J \cdot \alpha$$

式中　r——轮对半径；
　　　J——轮对转动惯量；
　　　α——轮对角减速度。

再取转向架构架为自由体，其受力情况如图 7-33 所示。图中 q_z 为转向架构架的重量；q_t 为车体重量；P_x 为心盘间的纵向水平作用力。

由 $F = ma$ 得：

$$R_{x1} - R_{x2} - P_x = \frac{q_z}{g} \cdot a$$

最后取车体为自由体，其受力情况如图 7-34 所示。由 $F = ma$ 得：

$$2P_x = \frac{q_t}{g} \cdot a$$

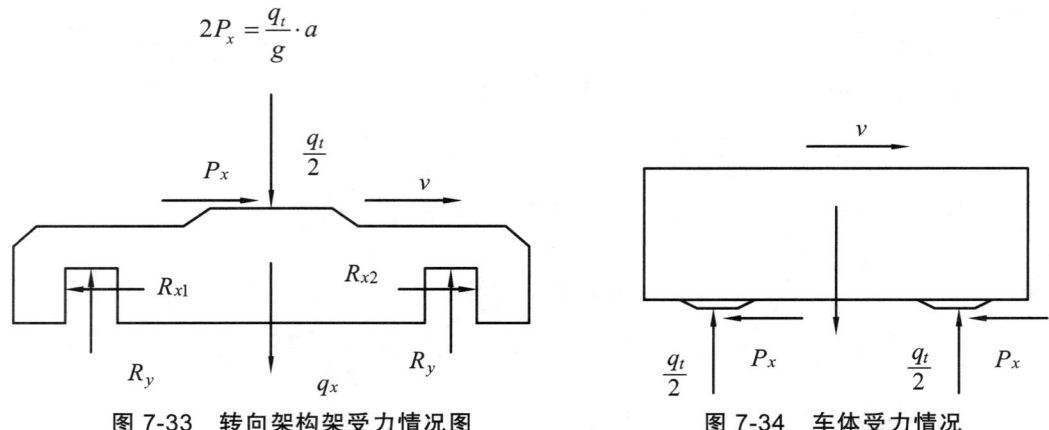

图 7-33　转向架构架受力情况图　　　图 7-34　车体受力情况

整个车辆包括四个轮对（按车辆运行方向，有两个轮对的闸瓦在车轮之前，另两个轮对的闸瓦在车轮之后）、两个转向架和一个车体。故整个车辆的运动方程由以上合成而得，即

$$2(B + K - R_{x1}) + 2(B + R_{x2} - K) + 2(R_{x1} - R_{x2} - P_x) + 2P_x$$
$$= 2\frac{q_l}{g} \cdot a + 2\frac{q_l}{g} \cdot a + 2\frac{q_z}{g} \cdot a + \frac{q_t}{g} \cdot a$$

归并后得：

$$4B = (4q_l + 2q_z + q_t) \cdot \frac{a}{g}$$

由于车辆的总重量 $4q_l + 2q_z + q_t = Q$，所以

$$4B = Q \cdot \frac{a}{g}$$

由此可见，使质量为 $\frac{Q}{g}$ 的车辆得到减速度为 a 的制动力，就是由闸瓦摩擦力引起的钢轨作用于车轮的水平反作用力 $4B$。

由上得出：

$$4(K \times \phi_k \times r - B \times r) = 4J\alpha$$

$$K \times \phi_k \times r - B \times r = J\alpha$$

从中可知，闸瓦的摩擦力矩由两部分组成：一部分是 Br，它是引起钢轨对轮对的水平反作用力，它使整个车辆产生减速度 a；另一部分是 $J\alpha$，它使转动惯量为 J 的各轮对产生角减速度，这部分影响较小（一般约为制动力的 0.6%），可以忽略不计，故得：

$$B = K\varphi_k$$

由此可见，钢轨对轮对的水平反作用力是闸瓦制动装置的制动力，其方向与车辆运行方向相反，作用点在车轮与钢轨的接触处，其数值等于闸瓦的摩擦力。因此，一般在计算时，就取闸瓦摩擦力 $K\varphi_k$ 为制动力。

二、制动力的计算

前面已证明，车辆的制动力就是闸瓦与车轮的相对摩擦力。因此，在闸瓦摩擦力不大于轮轨黏着力的前提下，列车制动力就等于列车中所有动车和拖车的闸瓦压力与摩擦系数乘积的总和。其计算方法有两种：一种是采用实算摩擦系数和实算闸瓦压力；另一种是采用换算摩擦系数和换算闸瓦压力。前者因每辆车的闸瓦压力和摩擦系数不尽相同，如果逐辆计算的话，则非常麻烦，故在制动计算中多采用后一种方法。其计算公式为：

$$B_z = 1\,000\varphi_h \sum K_h$$

式中：B_z 为列车制动力；φ_h 为列车换算摩擦系数；$\sum K_h$ 为列车换算闸瓦压力总和（kN）。

列车减速度可以如下计算：

$$a_z = \frac{B_z}{M}$$

式中：a_z 为列车减速度；M 为列车总质量（包括乘客）。

由于闸瓦换算摩擦系数是随列车运行速度的变化而变化的，所以闸瓦压力不变时列车制动力随列车运行的速度变化而变化。

三、黏着与滑行

1. 黏 着

闸瓦制动的制动力，在运用中是通过控制闸瓦的压力来调节的。在正常情况下，制动力随着闸瓦压力的增大而增大。而所谓的正常情况，指的是车轮没有发生滑行，或者说轮轨间的黏着没有被破坏。

按刚体平面运动学的分析：沿钢轨自由滚动的车轮，具有不断变化的瞬时转动中心，车轮和钢轨的各个接触点在它们接触的瞬间是没有相对运动的，轮轨之间的纵向水平作用力就是物理学上说的静摩擦力，其最大值——"最大静摩擦力"是一个与运动状态无关的常量，它等于钢轨对车轮的垂直反力 N 与静摩擦系数 μ 的乘积。

实际上问题比较复杂：车轮和钢轨在很高的压力作用下都有变形，轮轨间实际上是椭圆面接触而不是点接触，不存在理想的瞬时转动中心；车辆运行中不可避免地发生冲击和各种振动，车轮在钢轨上滚动的同时还伴随着微量的纵向和横向滑动，即实际上不是纯粹的"静摩擦"状态；在制动过程中，由于制动力和车辆惯性力不是作用在同一水平面内，造成车辆前后车轮作用于钢轨的垂直载荷不均匀分配。所以，轮轨间的纵向水平作用力的最大值实际上与运动状态有关，而且比物理上的"最大静摩擦力"要小得多。轮轨间的静摩擦系数 μ、黏着系数 ψ、动摩擦系数 φ 的关系是：$\mu > \psi > \varphi$。

因此，铁路牵引和制动理论中，分析轮轨间纵向力问题时，不用"静摩擦"这个名词，而是以"黏着"的概念来代替它。相应的，轮轨间纵向水平作用力的最大值就叫做（轮轨间）黏着力，而黏着力与轮轨间垂直载荷的比值就叫做黏着系数。而且，为了便于应用，还假定轮轨间垂直载荷在制动过程中固定不变，即黏着力的变化完全是由于黏着系数的变化引起的。这样，黏着力与运动状态的关系就被简化成了黏着系数与运动状态的关系。但是此时黏着系数也就成了假定值。由于它和假定不变的轮轨间垂直载荷的乘积等于实际的黏着力，所以这个假定用于黏着力计算是可行的。

依靠黏着滚动的车轮与钢轨黏着点之间的黏着力来实现机车车辆的制动，叫做黏着制动。黏着制动是目前主要的一种制动方式，它能实现的最大制动力不会超过黏着力。

影响黏着系数的因素概括起来主要有两个：一个是车轮和钢轨的表面状况，另一个是车列运行速度。

车轮和钢轨的表面状况又受许多因素的影响，如干湿情况、清洁和污秽以及是否生锈的情况、是否撒砂、砂子的数量和质量，等等。轮轨的湿度和脏污程度又与天气、环境污染情况和制动装置形式（踏面和轨面能否得到清扫）等因素有关。

车列运行速度对黏着系数的影响也很复杂，但总的来说，随着速度的提高黏着系数呈下降趋势。

2. 车轮滑行

闸瓦制动的制动力，在运用中是通过控制闸瓦压力来调节的。车辆制动过程中发生滑行的过程如图 7-35 所示。在正常情况下，当车轮没有发生滑行或者说轮轨间的黏着没有被破坏时，如果忽略由于冲击、振动等带来的微量纵向和横向滑动，可以认为车轮基本上是在钢轨上做纯粹的滚动。这时，如果不考虑轮对的回转质量惯性，可以认为制动力就等于闸瓦摩擦力，制动力 B 随闸片压力 K 的增加而加大，列车运行速度 v 相应地下降较快；同时，运行速度 v 降低引起摩擦系数 φ_k 的增大，如图 7-36 所示。但当闸瓦制动力大到接近甚至等于黏着力时，轮轨间的黏着状态就开始被破坏，出现车轮在钢轨上"连滚带滑"的现象；即在车轮滚动的同时伴随着少量的但越来越大的纵向相对滑动，钢轨对车轮的纵向水平反力不仅不再随闸瓦摩擦力的增大而增大，反而开始急剧减小，车轮转速急剧降低，闸瓦摩擦系数剧增，闸瓦摩擦力几乎呈直线上升，轮轨黏着状态完全被破坏，车轮被"抱死"而不再滚动，车辆在钢轨上滑行。

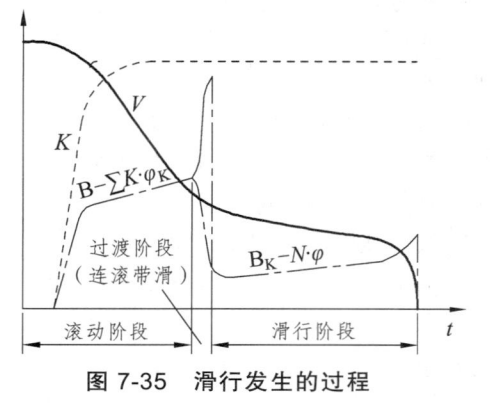

图 7-35　滑行发生的过程

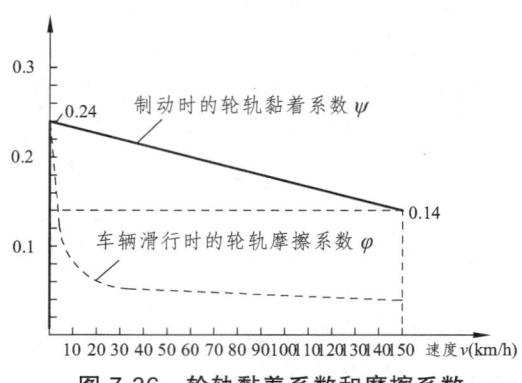

图 7-36　轮轨黏着系数和摩擦系数

这时，钢轨对车轮的纵向水平反力完全变成滑动摩擦力，在阻力忽略不计时，可以认为它就是制动力 B_o。由于 $B_o = N \times \varphi$，N 为钢轨作用在车轮上的支反力，φ 是轮轨间滑动摩擦系数，它不仅比黏着系数小，而且比闸瓦与车轮间的摩擦系数也小得多，因此滑行后的制动力 B_o 急剧下降，列车运行速度 v 的下降也就缓慢得多。随后，由于滑行速度降低到 20 km/h 左右后，轮轨间的摩擦系数显著上升，则制动力又稍有增长。从以上分析可以看出，要不发生滑动，必须保证在制动时钢轨对车轮的纵向水平反力（近似地说，即闸瓦摩擦力）不能大于轮轨间的黏着力（静摩擦力），或者说，闸瓦制动的制动力受到轮轨黏着能力的限制。制动后的滑行一般是在低速时发生。经验证明，在滑行速度不高、滑行距离不长时，擦伤的危害并不显著（轻微擦伤短期运行即可消失）。非常危险的是另一类滑行，即（列车起动时）某些轮对没有缓解而引起的长距离滑行。这种滑行在严冬季节最易发生，因为这时天气寒冷，制动机容易被冻住而发生缓解不良，制动缸有残余空气压力，再加上起动阻力大，起动时后轴减载，轨道上有冰霜，等等，所有这些不利因素加在一起，很容易使某些轮对阻碍车轮转动的力超过轮轨间的黏着力，因而发生滑行。在滑行开始以后，随着滑行距离的延长，车轮擦伤深度将逐渐增大，车轮就更不易恢复转动。在擦伤深度很大时，即使完全缓解，车轮也不会再转动起来了。

四、闸瓦对制动力的影响

对闸瓦制动装置来说，闸瓦是非常重要的最基本的零件。闸瓦压力和闸瓦摩擦系数直接影响制动力的大小和制动性能的优劣。同时闸瓦又是铁路运输中消耗量最大的零件，据不完全统计，我国铁路车辆每年需消耗铸铁闸瓦 10^5 t。所以，必须对闸瓦特别是它的摩擦性能进行较深入地研究，找出其变化规律，并用以解决有关的制动问题，提高制动效能，减少材料消耗。

1. 闸瓦摩擦系数及影响因素

机车车辆闸瓦与车轮踏面间的摩擦系数简称为闸瓦摩擦系数，以 φ_k 表示。闸瓦摩擦系数是直接影响列车制动力的重要因素，在闸瓦压力一定时，制动力的大小和变化就取决于摩擦系数的大小和变化。所以要求闸瓦摩擦系数的数值要高且比较稳定。影响闸瓦摩擦系数的因素很多，主要有以下几方面。

（1）闸瓦材质和制造工艺。

闸瓦材质对摩擦系数影响很大，现在机车车辆上大多使用的是铸铁闸瓦。铸铁闸瓦中有碳、硅、锰、硫、磷五种添加成分。其中磷是对摩擦性能起主要作用的元素，适当提高含磷量，摩擦系数与耐磨性均可相应增加。1999 年 6 月以后，我国主要使用含磷量为 2.5%～5% 的高磷闸瓦，取代含磷量为 0.7%～1.0% 的中磷闸瓦。此外，闸瓦的铸造工艺也影响着摩擦系数，用铁模浇铸的铸铁闸瓦，其摩擦系数就小于用砂模浇铸的闸瓦。随着对铸铁闸瓦的研究不断深入，据国内外一些文献报道，铸铁闸瓦的浇铸温度、浇铸方法及闸瓦中所含的杂质，都会大大影响闸瓦的耐热性与导热性，对摩擦系数也必然会有影响，从而导致同一材质的闸瓦可能有不同的摩擦系数。

（2）闸瓦压力。

闸瓦对车轮单位面积上的压力越大，摩擦系数越小；反之摩擦系数越大。这是因为闸瓦压力大时，摩擦产生的热量多，闸瓦温度升高，在接触面上可能有一薄层高温而变软，起着近似润滑剂的作用，所以降低了摩擦系数。

（3）列车运行速度。

铸铁闸瓦与车轮间的摩擦系数受列车运行速度的影响较大。列车速度高，闸瓦与车轮踏面摩擦的相对速度就大，在摩擦过程中产生的热量多，使闸瓦温度升高，摩擦系数减小。这显然不能满足高速时需要有较大制动力的要求。相反，列车速度低，摩擦系数反而增大，尤其是在速度很低时，摩擦系数急剧上升，从而容易导致"抱死轮"即"滑行"现象。

（4）列车制动初速度。

初速度较低时，其摩擦系数较高。当制动初速度较高时，闸瓦温度高，则摩擦系数较低。根据试验：制动初速每提高 10 km/h，铸铁闸瓦和低摩合成闸瓦的摩擦系数将降低 0.006～0.012。

除上述几种主要因素外，闸瓦摩擦系数还与气候、接触面状态等有关。

2. 改善闸瓦摩擦性能的措施

对闸瓦，除要求有高的、比较稳定的摩擦系数外，还要求它有较好的耐磨性和导热性，以及一定的机械强度，并且希望制造成本低。因此，世界各国都在对闸瓦的摩擦性能进行广泛研究，以提高制动效能，降低材料消耗。

（1）提高铸铁闸瓦中的含磷量。

据研究，高磷铸铁闸瓦可明显减小以至完全消除火花，制动效果好，但容易脆裂。我国研究出的采用钢背作为补强措施的高磷铸铁闸瓦，现在已普遍使用高磷铸铁闸瓦。

（2）采用双侧制动或复式闸瓦。

双侧制动即每一车轮两侧各有一块闸瓦。复式闸瓦是一个闸瓦托上安装 2 块或 2 块以上闸瓦。采用双侧制动或复式闸瓦能增加闸瓦的摩擦面积，减小闸瓦单位面积的压力。根据试验，闸瓦单位面积压力较小者，可获得良好的摩擦系数与较小的磨耗量；同时闸瓦单位面积的压力小，制动时的温度较低，由此而引起的闸瓦变形也较小，使闸瓦与车轮有较好的接触状态，得以提高其摩擦系数。据国外试验资料表明，采用复式闸瓦时制动距离比采用单式闸瓦可缩短 10%～15%。

此外，为减小制动过程中闸瓦因高温而发生的变化，除采用上述的复式闸瓦外，还可以采用两端硬化的闸瓦，来防止闸瓦冷却后两端翘起而导致的闸瓦接触面减小、摩擦系数降低。

（3）采用合成闸瓦。

铸铁闸瓦摩擦系数较低且随速度增加而减小，其耐磨性亦较差，已不能满足铁路运输高速、重载和行车安全的要求，因而出现了一种很有前途的新型闸瓦——合成闸瓦。合成闸瓦是用非金属材料（石墨粉、石棉、矿渣、云母、黏土等）和金属粉末（铸铁粉、铜粉、铅粉和铅锌等氧化物）为填充料，用橡胶或树脂等黏性材料作为黏结剂，通过加热而制成的。合成闸瓦有以下优点：

① 可根据需要改变配方和工艺，使摩擦系数曲线与黏着系数曲线较好地吻合，即摩擦系数很大而且对速度的改变不太敏感（随速度而变的程度较轻或者说比较稳定）。

② 特别耐磨，其寿命一般为铸铁闸瓦的 4 倍以上，不会发生"磨托"事故。

③ 制动时基本无火花，不会发生"烧车"或沿线火灾事故。

④ 重量较小，仅为铸铁闸瓦的 1/3 左右。

⑤ 车轮踏面磨耗也少，比用铸铁闸瓦可少一半。

合成闸瓦的缺点是对钢轨的湿润比较敏感，而且散热性能较差，易使车轮踏面发生热裂、剥落、金属镶嵌甚至磨出沟槽。当然，这些问题也不是不能解决。低弹性模量的闸瓦就是一种比较成功的产品，已经获得广泛的推广应用。

与铸铁闸瓦相比，合成闸瓦的摩擦系数大而稳定，而且可以在制造时通过采用不同的配方和工艺进行调节；耐磨性也有显著提高，制动时的摩擦火花也小，可防止火灾。目前我国快速旅客列车上已采用合成闸片。

3. 闸瓦摩擦系数的经验公式

闸瓦摩擦系数的影响因素很多，而且比较复杂，难以推导出它的计算公式，所以通常是综合试验结果得出的经验公式进行计算的。在制定我国1982年7月12日颁布、1983年1月1日开始实行的第二个《列车牵引计算规程》时，为了建立对客、货车都适用的闸瓦摩擦系数公式，采用了按客、货车机车制动装置复杂程度分别规定"动效率计算值"的办法：客车定为0.85（双侧制动，较复杂）；货车当时定为0.95（单侧制动，较简单）。由此，得到各型闸瓦和闸片的实算摩擦系数 φ_k，具体如下：

中磷闸瓦

$$\varphi_k = 0.64 \times \frac{K+100}{5K+100} \cdot \frac{3.6v+100}{14v+100} + 0.007 \times (110-v_o)$$

高磷闸瓦

$$\varphi_k = 0.82 \times \frac{K+100}{7K+100} \cdot \frac{17v+100}{60v+100} + 0.0012 \times (120-v_o)$$

低摩合成闸瓦和闸片

$$\varphi_k = 0.25 \times \frac{K+500}{6K+500} \cdot \frac{4v+150}{10v+150} + 0.006 \times (100-v_o)$$

高摩合成闸瓦和闸片

$$\varphi_k = 0.41 \times \frac{K+200}{4K+200} \cdot \frac{v+150}{2v+150}$$

式中：K 为每块闸瓦的闸瓦压力（kN）；v 为列车运行速度（km/h）；v_o 为制动初速度（km/h）。

复习思考题

7-1 说明基础制动装置的用途，简述基础制动装置的组成与各部件的作用，试述基础制动装置布置形式的分类。

7-2 试述箱式单元制动器的主要组成部件名称及作用。

7-3 试述 SS_4 改型机车闸瓦间隙调整器的作用原理。

7-4 手制动机的作用是什么？其作用原理是怎样的？

7-5　蓄能制动器的作用是什么？其工作原理是怎样的？
7-6　什么叫盘形制动？盘形制动的制动盘有哪些结构形式？
7-7　盘形制动与闸瓦制动相比，有哪些优点和不足之处？
7-8　什么是防滑器？防滑器如何防止制动时发生滑行？
7-9　MGS2型防滑器由哪些部件组成？采用了哪些判断依据？
7-10　防滑器有哪些种类，它们各自的基本工作原理是什么？
7-11　什么叫制动倍率、制动传动效率和制动率？
7-12　简述制动力的形成。
7-13　什么叫黏着？
7-14　滑行是怎样产生的？
7-15　影响闸瓦摩擦系数的因素有哪些？

第八章　制动系统试验及常见故障判断与处理

第一节　DK-1型电空制动机的操作规程与试验验收规则

DK-1型电空制动机的操作规程与试验验收规则，在各型SS系列机车上都大同小异，所不同的也就是个别器件的编号及在某些车上新增的部分功能。本节仅以SS_4改型机车为例讲述DK-1型电空制动机的操作规程与试验验收规则。

一、DK-1型电空制动机操作规程

1．电空位操作

1）操作前的准备工作

① 检查控制电源屏上的电空制动用自动开关615QA扳钮应朝上，处于闭合位。

② 检查电空制动屏柜：

——转换阀154在制动管定压为500 kPa时，置于货车位；在制动管定压为600 kPa时，置于客车位。

——转换阀153处于正常位。

——开关板502上的3个转换开关463QS、464QS、465QS均应朝下，处于闭合位。其中，转换开关463QS因目前尚未使用适应补风的车辆制动机，故不宜朝上处补风位。转换开关464QS、465QS则在相应的电路有故障或各段另有规定时，可分别朝上处于切除位。

——调压阀55输出压力调整为制动管定压（500 kPa或600 kPa）。调整时以司机操纵台制动管压力表读数为准。

③ 除155、156、121塞门外，开通所有与制动机系统有关的塞门。

④ 电空转换扳钮均处于"电空位"。非操纵节机车电空制动控制器手柄在重联位、空气制动阀手柄在运转位时将手柄分别取出，并于操纵节机车电空制动控制器、空气制动阀的相应位置装入手柄。

⑤ 空气制动阀下方调压阀53调整压力为300 kPa。调整时以司机操纵台制动缸压力读数为准。

完成上述各项准备工作并对制动机进行规定的机能检查后，即可使用电空位操作。

2）操作中的注意事项

① 操纵电空制动控制器可对全列车进行制动与缓解；操作空气制动阀可对机车进行单独制动与缓解。

② 电空制动控制器紧急制动后，若需要缓解全列车时，须在紧急位停留15 s以上才能返回运转位进行缓解。

③ 电空制动控制器手柄在过充位、运转位、中立位和制动位时，由于其他原因引起紧急制动作用，需经 15 s 以后，电空制动控制器手柄先置重联位或紧急位再回运转位才能缓解列车。

准备工作中的第②及③项操作，只是在机车出库前或一般的机能检查时，为缩短检查时间的简易方法。在运行中，则应严格执行《机车操作规程》的第 43 条中"车未停稳，严禁移动单、自阀手柄"之规定。

2. 空气位操作

1）操作前的准备工作

① 将操纵节机车空气制动阀上的电空转换扳钮移至"空气位"，并将手柄移至缓解位。

② 将操纵节机车空气制动阀下方调压阀 53 的输出压力值调整为定压（500 kPa 或 600 kPa）。

③ 将电空制动屏柜上的转换阀 153 由"正常位"转换至"空气位"。

上述第③项操作，在一般的机能检查时可不必进行。但在运行途中，必须转为空气位操作时，应全部完成上述三项操作，以确保顺利转换。

2）操作中的注意事项

① 操作空气制动阀可对全列车进行制动与缓解。单缓机车则要下压其手柄。

② 电空制动控制器手柄应放运转位，也可从重联位取出。

③ 需紧急制动时，应按压紧急按钮或开放手动放风塞门 121，并将空气制动阀手柄置于制动位。

④ 此时因制动管有补风作用，在中立位停留一段时间后，要监视速度的变化，以免因车辆的陆续自然缓解而丧失制动时机。

⑤ 由于空气位操作只是一种补救的措施，因此在操作时必须格外注意，做到正、副司机密切协调，方能确保运行的安全。

⑥ 若非操纵节机车处于空气位，或处于电空位但无电空制动电源，应将非操纵节机车中继阀的制动管塞门 115 关断。

⑦ 空气位操纵，只允许短时间低速维持故障运行，到达安全地方后，应及时恢复电空制动，以确保运行安全。

3. 本、补机重联操作

当机车作为本务机车运行时，制动机操作方法与上述的电空位或空气位操作相同。当机车作为补机运行时，该机车制动机受本务机控制，因此补机需作以下处理（此时补机操纵节 570DK 应闭合）。

（1）与同型号机车重联。

① 两机车间平均管、总风联管、制动管均开通：

——将两节机车电空制动控制器手柄置重联位或取出；空气制动阀手柄置运转位或取出。

——将两节机车重联转换阀 93 的转换按钮置于"补机位"。

——如某节机车无电空制动电源或处于空气位，还应将该节机车中继阀座下方的制动管塞门 115 关断。

② 两机车间平均管、总风联管没有开通：

——将两节机车电空制动控制器手柄置重联位或取出；空气制动阀手柄置运转位或取出。

——将重联操纵节机车重联转换阀 93 的转换按钮置于"本机位"。

——将重联非操纵节机车重联转换阀 93 的转换按钮置于"补机位"。

——将重联操纵节机车的分配阀缓解塞门 156 开放。

——如某节机车无电空制动电源或处于空气位，还应将该节机车中继阀座下方的制动管塞门 115 关断。

（2）与不同型号机车重联：同上述第②种情况。

4. 退乘操作

运行后的退乘及机能检查试验完成后的操作要点如下：

（1）切断电空制动电源。

（2）关闭总风缸塞门 111、113。

（3）确认控制风缸 102 的压力为 900 kPa 时，及时关闭膜板塞门 97。

5. 无动力回送操作

（1）空气制动阀手柄置于运转位或取出，电空制动控制器放重联位或取出。

（2）关断两节机车的制动管塞门 115，并开放分配阀缓解塞门 156 及无动力回送塞门 155。

（3）两节机车分配阀低压安全阀的整定值调整为 180～200 kPa。

（4）两节机车的重联转换阀 93 与本务机车相同。

（5）关断两节机车的总风缸塞门 112。

6. 电-空联锁的作用

使用电-空联锁时，制动机应工作在电空位下，且操纵节机车电空制动控制器在运转位。电空制动屏开关板上的转换开关 465QS 应朝下（电空联锁位）。

一次电空联锁结束，且调速手柄回"0"后，如需再一次实现电空联锁，应将"电空制动控制器"手柄移中立位后再回运转位。电空联锁作用时，空气制动经 25 s 自动缓解后，电阻制动力不足时，可追加空气制动。机车制动缸压力能自动缓解。

7. 空电联合制动的作用

当操纵节机车在电空位，电空制动控制器手柄置于运转位或过充位，空电联合制动转换开关 466QS 处于Ⅰ位或Ⅱ位，电子柜为 A 组，司机控制器在制位时，可产生空电联合制动作用。

（1）若 466QS 处于Ⅰ位，则在通过分相无电区时，应先断主断，再断辅机，并将调速手柄回"0"；分相完毕后，先合主断，再合辅机，给定调速手柄，确认完毕后，按司机台上的空电恢复按钮。

（2）空电联合制动中，若需司机人工干预，可将电空制动控制器手柄置于制动位、中立位追加减压；也可将电空制动控制器手柄置于中立位再回运转位或过充位，以提前缓解。

(3）若 466QS 处于 Ⅱ 位，只能将电空制动控制器手柄置于中立位再回运转位或过充位缓解空气制动。缓解空气制动后，电制动将维持最长 1 min。

二、DK-1 型电空制动机的试验方法

DK-1 型电空制动机的检查、试验，主要用来检查 DK-1 型电空制动机的各项作用是否正常。它是通过电空制动控制器、空气制动阀手柄在各工作位置间的顺序转换，同时观察压力表指针的变化情况，来分析、判断 DK-1 型电空制动机及其各部件是否处于良好状态。DK-1 型电空制动机试验分为装车前试验和装车后试验。其中，装车前试验是在 DK-1 型电空制动机试验台上进行；而装车后试验通常是在单机上试验，主要包括检修试验（即"八步闸"试验）和日常试验（即"五步闸"试验）。

（一）DK-1 型电空制动机单机检修试验

1．试验前的检查

（1）确认各管路和电路连接正确。
（2）确认各塞门及有关电路开关处于正常工况。
（3）确认空气压缩机工作正常。
（4）确认非操纵节机车电空制动控制器处于"重联位"，空气制动阀处于"运转位"。操纵节机车两手柄均置"运转位"。
（5）确认两节机车空气制动阀上的电空转换扳钮在"正常位"。

2．电空位试验

1）缓解状态下各压力值检查

电空制动控制器、空气制动阀手柄均置"运转位"，检查各压力表针指示应符合下列要求：

① 总风缸——750～900 kPa。
② 均衡风缸——定压。
③ 制动管——定压（允许与均衡风缸压力差不大于 10 kPa）。
④ 制动缸——0 kPa。

2）紧急制动性能检查

电空制动控制器在"运转位"停放不少于 90 s 后，移至紧急制动位。

① 制动管压力由定压降至零的时间不大于 3 s。
② 制动缸压力升至 400 kPa 的时间不大于 5 s。
③ 制动缸最高压力为 450±10 kPa；安全阀应动作。
④ 机车自动撒砂。
⑤ 机车有级位时，主断路器自动跳闸；否则，主断路器不跳闸。

3）紧急制动后的单独缓解性能检查

① 将空气制动阀手柄移至"缓解位"并下压手柄，制动缸压力应即刻下降，并能缓解至零。

② 待制动缸压力降至零后，再将空气制动阀手柄移至"运转位"，制动缸压力不回升。

4）列车充风性能检查

将电空制动控制器手柄置于"运转位"，制动管充风速度应符合表 8-1。

表 8-1 制动管充风速度

制动管定压 500 kPa	制动管定压 600 kPa
制动管压力由零升至 480 kPa 的时间不大于 9 s	制动管压力由零升至 480 kPa 的时间不大于 11 s

5）初制动减压和均衡风缸、制动管漏泄检查

① 将电空制动控制器手柄移至"中立位"，制动管压力下降每分钟应不大于 10 kPa。检查完毕后将电空制动控制器手柄移回运转位。

② 将电空制动控制器手柄移至"制动位"，待制动管减压 40~60 kPa 后置于"中立位"并保持 1 min，均衡风缸漏泄量每分钟不大于 5 kPa；制动管漏泄量每分钟不大于 10 kPa。检查完毕后将电空制动控制器手柄移回运转位。

6）阶段制动性能及最大有效减压量、过量减压量的检查

① 电空制动控制器手柄置于"运转位"20 s 以上后，再将其手柄在"制动位"与"中立位"间移动，施行阶段制动，直至达到全制动最大有效减压量。检查阶段制动是否稳定，制动管减压量与制动缸压力比例应符合表 8-2 的规定。

表 8-2 制动管减压量与制动缸压力比例表

	制动管定压 500 kPa			制动管定压 600 kPa		
制动管减压量（kPa）	40~50	100	140	40~50	100	170~180
制动缸压力（kPa）	90~130	240~270	340~380	90~130	240~270	400~435

② 最后将电空制动控制器手柄移至"制动位"，制动管获得过量减压量（见表 8-3）。待压力稳定后，制动缸压力变化每分钟不应大于 10 kPa。

表 8-3 制动管过量减压量

制动管定压（kPa）	500	600
制动管过量减压量（kPa）	190~240	210~290

7）过充性能检查

① 将电空制动控制器手柄移至"过充位"，制动管压力应超过定压 30~40 kPa，并且制动缸压力不缓解。

② 当电空制动控制器手柄移回"运转位"后，制动缸压力应缓解到零，制动管过充压力在 120～180 s 内自动消除。

8）常用全制动以及制动缸漏泄量检查

① 将电空制动控制器手柄移至"制动位"，均衡风缸减压速度和制动缸压力升压速度应符合表 8-4。

表 8-4　均衡风缸减压速度与制动缸压力升压速度

制动管定压 500 kPa	制动管定压 600 kPa
均衡风缸减压 140 kPa 的时间为 5～7 s	均衡风缸减压 170 kPa 的时间为 6～8 s
制动缸由零升至 340～380 kPa 的时间为 6～8 s	制动缸由零升至 400～435 kPa 的时间为 7～9.5 s

② 关断分配阀供给塞门，检查制动缸漏泄量每分钟不大于 10 kPa。检查完毕后开通供给塞门。

9）缓解性能检查

将电空制动控制器手柄移回"运转位"，均衡风缸、制动管应恢复定压。制动缸压力下降速度应符合表 8-5。

表 8-5　制动缸压力下降速度

制动管定压 500 kPa	制动管定压 600 kPa
制动缸压力由 340～380 kPa 下降至 40 kPa 的时间不大于 7 s	制动缸压力由 400～435 kPa 下降至 40 kPa 的时间不大于 8.5 s

10）单独制动与单独缓解性能检查

① 将空气制动阀手柄在"中立位"与"制动位"间来回移动，阶段制动作用应稳定。
② 将空气制动阀手柄在"中立位"与"运转位"间来回移动，阶段缓解作用应稳定。
③ 将空气制动阀手柄由"运转位"移至"制动位"，制动缸压力由零升至 280 kPa 的时间不大于 4 s。
④ 当空气制动阀手柄移回"运转位"时，制动缸压力由 300 kPa 下降至 40 kPa 的时间不大于 5 s。

11）重联位性能检查

将电空制动控制器手柄由"运转位"移至"制动位"，待制动管减压后再将手柄移至"重联位"，制动管应保压。

3. 空气位试验

扳动空气制动阀上的电空转换扳钮置于"空气位"，并将其下方的调压阀的输出值调整为定压。

1）缓解状态下各压力值检查

将空气制动阀手柄置于"缓解位"并下压手柄，各压力值应符合下列要求：

① 总风缸——750~900 kPa。
② 均衡风缸——定压。
③ 制动管——定压（允许与均衡风缸压力差不大于 10 kPa）。
④ 制动缸——0 kPa。

2）常用全制动及单独缓解性能检查

① 将空气制动阀手柄置于"制动位"，再回"中立位"，均衡风缸减压速度和制动缸压力升压速度应符合表 8-4。

② 下压空气制动阀手柄，制动缸压力应能缓解。停止下压空气制动阀手柄，制动缸压力停止下降。

3）缓解性能检查

将空气制动阀手柄移回"运转位"，并下压手柄，均衡风缸与制动管压力应能升至定压，制动缸压力应能缓解至零。

4）阶段制动性能检查

将空气制动阀手柄在"制动位"与"中立位"间移动，阶段制动作用应稳定。

4. 辅助性能检查

空气位试验完成后，将制动机恢复到电空位，即可进行辅助性能检查。在每项辅助性能检查之前，均应使制动机恢复到缓解状态，并将电空制动控制器、空气制动阀手柄置于"运转位"。

（1）检查按钮作用检查：按压充气按钮，均衡风缸与制动管压力同时上升至超过定压 100 kPa；松开该按钮，并迅速按下消除按钮，均衡风缸与制动管压力停止上升，并略有下降。

（2）电-空联锁性能检查：将司机控制器换向手柄置于"制"位，启动各风机，并将调速手柄离开"0"位。制动管应减压 45 ± 5 kPa，且制动缸升压。延时 20~28 s 后，制动管应自动恢复定压，且制动缸压力自动缓解。

（3）断钩保护性能检查。开放制动管手动放风塞门，产生紧急制动作用：制动管压力应快速降至零，并不得自动缓解；制动缸压力升至 450 ± 10 kPa；机车自动撒砂；自动选择切除机车牵引动力；失电制动性能检查（切除电空制动机电源，制动管压力应按常用制动减压速度减压，并且制动缸压力上升）。

5. 无动力回送性能检查

将电空制动机调整到无动力回送状态，并将电空制动控制器手柄置于"重联位"，空气制动阀手柄置于"运转位"。

（1）当制动管压力为定压时，总风缸压力应在低于制动管定压 140~180 kPa 之间。

（2）当制动管压力下降后，制动缸最高压力应限制在 200~180 kPa 间。

DK-1 型电空制动机单机检修试验的验收项目、方法及操作顺序见表 8-6。

表 8-6 DK-1 型电空制动机"八步闸试验"

序号	电空制动控制器						空气制动阀				检查要求(制动管定压 500 kPa)
	过充位	运转位	中立位	制动位	重联位	紧急位	缓解位	运转位	中立位	制动位	
第一步		1 / 5				2	3 / 4				1. 制动管、均衡风缸、总风缸均为规定压力;制动缸压力为 0; 2. 制动管压力 3 s 内降为 0;制动缸压力 5 s 内升至 400 kPa,最高压力达到 450 kPa;自动撒砂;有级位时切除主断路器; 3. 同时下压手柄,制动缸压力应能缓解到 0; 4. 制动缸压力不得回升; 5. 制动管充至 480 kPa 的时间在 9 s 内;
第二步			7 / 8 / 9	6 / 10							6. 制动管减压 40～60 kPa 后,均衡风缸、制动管的漏泄量分别不大于 5 kPa/min、10 kPa/min; 7. 制动管减压 40～60 kPa,制动缸压力为 90～130 kPa; 8. 制动管减压 100 kPa,制动缸压力为 240～270 kPa; 9. 制动管减压 140 kPa,制动缸压力为 340～380 kPa; 10. 制动管减压 190～240 kPa 时,制动缸压力变化不大于 10 kPa/min;
第三步	11	12									11. 均衡风缸压力为定压,制动管压力为过充压力[定压+30～40 kPa],制动缸不缓解; 12. 120～180 s 左右过充压力消除,制动管恢复定压,制动缸压力应缓解为 0;
第四步		15	13	14							13. 均衡风缸减压 140 kPa 的时间为 5～7 s,制动缸压力升至 340～380 kPa 的时间为 6～8 s; 14. 关断分配阀供给塞门,制动缸的漏泄量不大于 10 kPa/min; 15. 制动缸压力由 340～380 kPa 降至 40 kPa 的时间不大于 7 s,均衡风缸、制动管恢复定压;
第五步								17 / 19		16 / 18	16. 阶段制动作用应稳定、正常; 17. 阶段缓解作用应稳定、正常; 18. 制动缸压力由 0 升至 280 kPa 的时间不大于 4 s; 19. 制动缸压力由 300 kPa 降至 40 kPa 的时间不大于 5 s;
第六步				20				21		21	20. 均衡风缸、制动管应减压后保压; 21. 本务节机车制动缸压力 250 kPa 时,重联节机车制动缸压力应为 225～275 kPa;

续表 8-6

序号	电空制动控制器					空气制动阀				检查要求(制动管定压 500 kPa)
	过充位	运转位	中立位	制动位	重联位/紧急位	缓解位	运转位	中立位	制动位	
第七步		22 23 24 25								22. 按压充气按钮,均衡风缸与制动管压力同时上升,并超过定压 100 kPa;松开该按钮,迅速按下消除按钮,均衡风缸与制动管压力停止上升,并略有下降; 23. 司机控制器换向手柄置于"制"位,调速手柄离开"0"位,制动管应减压(45±5)kPa,且制动缸升压。延时 20～28 s后,制动管应自动恢复定压,制动缸压力自动缓解; 24. 开放制动管手动放风塞门,应产生紧急制动,并不得自动缓解; 25. 切断电空制动电源,应产生常用制动;闭合电源,制动机恢复正常;
第八步	空气位操作程序 1. 将电空转换扳钮扳至"空气位"; 2. 将调压阀 53 调至定压; 3. 空气位试验完毕后将电空转换扳钮复位至"电空位"					26	27 29	28	30	26. 同时下压手柄,制动管、均衡风缸皆为定压,制动缸压力为 0; 27. 均衡风缸减压 140 kPa 的时间为 5～7 s,制动缸压力升至 340～380 kPa 的时间为 6～8 s; 28. 下压手柄,制动缸压力应能缓解;停止下压手柄,制动缸压力停止下降; 29. 均衡风缸、制动管恢复定压; 30. 阶段制动作用应稳定

(二) DK-1 型电空制动机单机日常试验

在日常运用的交接班过程中,通常,只进行单机日常试验,其试验顺序、检查项目及方法见表 8-7。

另外,运行中,对列车制动机还要进行相关的全部试验和简略试验,以确保列车运行的安全可靠。其使用时机为:

(1) 列车制动机全部试验:

① 列检所对解体到达后、编组列车发车前、无调车作业的中转列车,可施行一次。
② 区段列检所和一般列检所对始发和有调车作业的中转列车。
③ 列检所对运行途中自动制动机发生故障的到达列车。
④ 电动车组、内燃车组的列车出段前或返回停留地点后。

(2) 列车制动机持续一定时间的全部试验。

列车在接近长大下坡道区间的车站时,应进行持续一定时间的全部试验,列检应填发制动效能证明书交给司机。具体试验和凉闸的地点、办法,由铁路局规定。

长大下坡道为:线路坡度超过 6‰,长度为 8 km 及其以上;线路坡度超过 12‰,长度为 5 km 及其以上;线路坡度超过 20‰,长度为 2 km 及其以上。

表 8-7　DK-1 型电空制动机"五步闸"试验

序号	电空制动控制器					空气制动阀				检查要求
	过充位	运转位	中立位	制动位	重联位	紧急位	缓解位	运转位	中立位	制动位	
第一步		1．2．	5．				3． 4．				1. 制动管、均衡风缸、总风缸均为规定压力；制动缸压力为 0； 2. 制动管压力 3 s 内降为 0；制动缸压力 5 s 内升至 400 kPa，最高压力达到 450 kPa；自动撒砂；有级位时切除主断； 3. 同时下压空气制动阀手柄，制动缸压力应缓解到 0； 4. 制动缸压力不得回升； 5. 制动管充至 480 kPa 的时间在 9 s 内；
第二步			6． 7．								6. 均衡风缸常用最大有效减压量的时间为 5～7 s；制动缸压力升至 340～380 kPa 的时间为 6～8 s； 7. 均衡风缸、制动管的漏泄量分别不大于 5 kPa/min，10 kPa/min；
第三步	8． 9．										8. 均衡风缸压力为定压，制动管压力为过充压力[定压+(30～40)kPa]，制动缸压力不变； 9. 120～180 s 左右过充压力消除，制动管恢复定压，制动缸压力应缓解为 0；
第四步									10． 11． 12．		10. 制动缸压力由 0 升至 280 kPa 的时间在 4 s 内，最终达到 300 kPa； 11. 制动缸压力不变； 12. 制动缸压力由 300 kPa 降至 40 kPa 的时间在 5 s 内；
第五步	空气位操作程序 1. 将电空转换扳钮扳至"空气位"； 2. 将调压阀 53 调至定压； 3. 空气位试验完毕后将电空转换扳钮复位至"电空位"						13． 16．	14． 15．			13. 同时下压空气制动阀手柄，制动管、均衡风缸皆为定压，制动缸压力为 0； 14. 均衡风缸减压 140 kPa 的时间为 5～7 s； 15. 均衡风缸、制动管、制动缸的漏泄量分别不超过 5、10 kPa/min； 16. 均衡风缸、制动管恢复定压

（3）列车制动机简略试验：

① 区段列检所和一般列检所，对无调车作业的中转列车。

② 更换机车或更换乘务组时。

③ 无列检作业的始发列车发车前。

④ 列车风管有分离情况时。

⑤ 列车停留超过 20 min 时。

⑥ 列车摘挂补机，或第一机车的自动制动机损坏交由第二机车操纵时。

第二节　DK-2 型电空制动机和 CCB-Ⅱ 制动系统操作规程与试验

一、HXD$_1$ 型机车 DK-2 型电空制动机试验程序（检查方法）

DK-2 型电空制动机试验程序（检查方法），见表 8-8。

表 8-8　DK-2 型电空制动机试验程序（检查方法）

步骤	设置	自动制动手柄（大闸）						单独制动手柄（小闸）			检查方法及要求（列车管定压 600 kPa）
		运转	初制	制动	全制	抑制	重联	紧急	侧缓	运转	制动	全制	

1. 风压力 750～900 kPa，列车管、均衡风缸为规定定压，制动缸压力为 0；
2. 列车管压力应在 3 s 内降至 0；机车制动缸压力在 5 s 内升至 400 kPa，最高压力为（450±10）kPa。均衡风缸压力降为 0，紧急制动倒计时 60 s 开始；
3. 制动缸压力应能缓解到 0，手柄复位后制动缸压力恢复；
4. 60 s 倒计时结束后操作，列车管、均衡风缸、制动缸压力不变。
5. 均衡风缸增压至 600 kPa，列车管压力由 0 升至 580 kPa 的时间不大于 11 s，制动缸压力下降为 0；
6. 等待 60 s 使系统各风缸充满风；
7. 均衡风缸减压 170 kPa 的时间为 6～8 s；制动缸由零升至 400 kPa 的时间为 7～9.5 s；列车管减压到均衡风缸压力±10 kPa；
8. 均衡风缸、列车管、制动缸的泄漏量分别不大于每分钟 5 kPa、10 kPa 和 10 kPa；
9. 各压力无变化；
10. 均衡风缸、列车管均恢复至定压 600 kPa，制动缸压力为 0。
11. 充满风后，均衡风缸减压（50±5）kPa，列车管减压到均衡风缸压力±10 kPa，制动缸压力为 90～110 kPa；
12. 制动缸压力应能缓解到 0，手柄复位后制动缸压力不恢复；
13. 均衡风缸以常用制动速率降为 0，列车管压力减压至 35～85 kPa，制动缸压力最终上升至（450±10）kPa；
14. 均衡风缸、列车管均恢复至定压 600 kPa，制动缸压力为 0。
15. 阶段制动，制动缸压力阶段上升，全制动制动缸压力（300±10）kPa；
16. 阶段缓解，制动缸压力阶段下降，运转位制动缸压力下降为 0；
17. 制动缸在 2～4 s 上升到 285 kPa，最终达到（300±10）kPa；
18. 制动缸在（3～5）s 内降至 40 kPa 以下。
19. 列车管、均衡风缸、总风缸均为规定压力，制动缸压力为 0；
20. 均衡风缸减压 170 kPa 的时间为 6～8 s，制动缸压力由零上升至 400 kPa 的时间为 7～9.5 s；
21. 制动缸压力从常用制动最高压力降至 400 kPa 的时间小于 8.5 s；均衡风缸、列车管恢复定压。

注：（19）～（21）系空气位操作，应按照操作规程由电空位转至空气位。试验完毕后，应恢复至电空位。

二、HXD₁型机车CCB-Ⅱ制动系统试验程序

（一）试验前准备工作

（1）确认本节、它节机车总风管、列车制动管、平均管连接良好且折角塞门在开发状态。确认本节、它节机车各塞门在正常位。

（2）将本节机车自动制动手柄置"抑制位"，单独制动手柄置"全制位"，它节机车自动制动手柄置"重联位"并插入穿销锁死，单独制动手柄置"运转位"。

（3）升弓、闭合主断，给压缩机扳钮。

（二）制动机试验程序

（1）进行LCDM屏设置试验，本机→单机、单机→本机、本机→补机，补机→本机。本机设置为"600 kPa、操纵端、投入、货车、不补风"；单机设置为"600 kPa、操纵端、切除、货车、不补风"；补机设置为"600 kPa、非操纵端、切除、货车、不补风"。

（2）将本节机车LCDM屏设置在"本机位"、它节机车的LCDM屏设置在"补机位"，按表8-9所示要求进行试验。

（3）操纵方法：

① 运转位列车制动管充风；中立位列车保压；

② 制动时，手柄自运转位，中立，移至制动位，手柄在"制动位"停留的时间长短控制减压量，再回中立位；

③ 缓解时，手柄回运转位；

④ 注意闸缸不能单独缓解，缓解时必须确认机车施加停放制动。

（三）后备制动机试验

（1）CCB-Ⅱ型制动系统故障不能使用时（如列车区间制动机不能缓解）启用备用制动。

（2）方法及要求：

① 自动制动手柄置紧急位，单独制动手柄置运转位；

② 自动制动手柄置重联位，均衡风缸压力空气排尽后；

③ 断开非操纵节制动机电源（所有＝28开头的除停放制动外的脱扣）；

④ 后备制动阀手柄置运转位，拔起后备制动阀上调压阀旋钮，调整后备均衡风缸为定压；

⑤ 后备制动阀手柄置制动位，将后备均衡风缸排空；

⑥ 打开操纵端平均管折角塞门、防撞塞门；

⑦ 打开操纵端司机室左柜D03塞门（红色手把垂直地面），激活备用制动；

（3）操纵方法：

① 运转位列车制动管充风；中立位列车保压；

② 制动时，手柄自运转位，中立，移至制动位，手柄在"制动位"停留的时间长短控制减压量，再回中立位；

③ 缓解时，手柄回运转位；

④ 注意闸缸不能单独缓解，缓解时必须确认机车施加停放制动。

表 8-9　CCB-Ⅱ型制动系统"五步闸"检查方法

步骤	设置	自动制动手柄						单独制动手柄				检查内容
		运转	初制	制动	全制	抑制	重联	紧急	侧缓	运转	制动	全制	
1	本机/不补风							2 4		3			1. 总风压力 750～900 kPa，制动缸压力 0，均衡风缸压力 500 kPa，列车制动管压力 500 kPa； 2. 列车制动管压力在 3 s 内降为 0，制动缸在（3～5）s 内升至 200 kPa，并继续增压至 450 kPa，均衡风缸压力降为 0，紧急制动倒计时 60 s 开始； 3. 制动缸压力下降为 0，手柄复位后制动缸压力恢复； 4. 60 s 倒计时结束后操作，列车制动管、均衡风缸、制动缸压力不变。
2	本机/不补风	5 6 10		7 8	9								5. 均衡风缸增压至 500 kPa，列车制动管增压至 480 kPa 不大于 9 s，制动缸压力下降为 0； 6. 等 60 s 使系统各风缸充满风； 7. 均衡风缸在 5～7 s 减压到 360 kPa，列车制动管减压至均衡风缸压力±10 kPa，制动缸 6～8 s 增压至 360 kPa； 8. 保压 1 min，均衡风缸压力泄漏不大于 7 kPa，列车制动管压力泄漏不大于 10 kPa，制动缸压力变化不大于 25 kPa； 9. 各压力无变化； 10. 均衡风缸增压至 500 kPa，列车制动管压力 500 kPa，制动缸压力下降为 0。
3	本机/不补风	14	11			13				12			11. 充满风后，均衡风缸减压 50 kPa，列车制动管减压到均衡风缸压力的±10 kPa，制动缸增压到 70～110 kPa； 12. 制动缸压力下降为 0，手柄复位后制动缸压力不恢复； 13. 均衡风缸以常用制动速率降为 0，列车制动管减压至 55～85 kPa 后保持，制动缸增压至 450 kPa； 14. 均衡风缸增压至 500 kPa，列车制动管压力 500 kPa，制动缸压力下降为 0。
4	本机/不补风	19							16 18	15	17		15. 阶段制动：制动缸压力阶段上升，全制动制动缸压力 300 kPa； 16. 阶段缓解，制动缸压力阶段下降，运转位制动缸压力下降为 0； 17. 制动缸在 2～3 s 上升到 280 kPa，最终为（300±15）kPa； 18. 制动缸压力在 3～5 s 到 35 kPa 以下； 19. 均衡风缸减压 100 kPa，列车制动管减压到均衡风缸压力的±10 kPa，制动缸增压至 230～250 kPa。
5	单机	22		20					21 24			23	20. 均衡风缸减压 140 kPa，列车制动管压力保持不变，制动缸压力保持不变； 21. 制动缸压力下降为 0，手柄复位后制动缸压力不恢复； 22. 均衡风缸增压至 500 kPa，列车制动管压力保持不变，制动缸压力保持不变； 23. 制动缸压力在 2～3 s 上升到 280 kPa，最终为 300 kPa； 24. 制动缸压力在 3～5 s 降到 35 kPa 以下。

注：试验完毕，机车恢复本机/不补风状态设置。

三、HXD₃型机车 CCB-Ⅱ型制动系统试验程序

（一）设置 CCB-Ⅱ型制动系统

（1）机车停车，小闸制动缸压力 280 kPa 以上压力状态下，CCB-Ⅱ型制动系统可通过司机室微机屏（LCDM）在本机（列车制动管投入）或单机状态（列车制动管切除）设置。如果显示错误信息，必须按照信息提示执行，否则将无法继续进行设置。

（2）设置方法及注意事项：

① 本机设置：按 F3"电空制动"，按 F4 选"操纵端"，按 F5 选"投入"，按 F1"执行"。担当货物本务机车（含单机运行），须设置为本机位，LCDM 屏正常显示为：500 kPa→操纵端→投入→货车→不补风，确认微机屏流量表上方显示"本机"字样，此位置大、小闸各位置均有作用。

② 补机设置：按 F3"电空制动"，按 F4 选"非操纵端"，按 F1 执行。此位置大、小闸都失效，因此在任何情况下适用重联线连接后位机车设置。

③ 单机设置：按 F3"电空制动"，按 F4 选"操纵端"，按 F5 选"切除"，按 F1"执行"。担当被加挂货物列车补机时，须设置为单机位，LCDM 屏正常显示为：500 kPa→操纵端→切除→货车→不补风，确认微机屏流量表上方显示"单机"字样，大闸置重联位并插上锁闭插销，小闸置运转位，此位置除大闸紧急位起作用，大闸各位置失效，小闸作用正常。

④ 列车制动管保持/不保持设置：确认操纵端 CCB-Ⅱ制动机为本机状态：按 F3"电空制动"两次，按 F7 选定"不补风"，按 F1"执行"，制动系统显示屏上必须设置为"不补风"。

⑤ 均衡风缸压力的设置：按 F3"电空制动"两次，进入风压设定菜单，要调整均衡风缸设置压力，按"定压 500/定压 600"键，选择均衡风缸定压 500 kPa 或 600 kPa。每按一次"减少 10 kPa 或增加 10 kPa"键，可相应降低或增加均衡风缸定压 10 kPa。按 F4 降低；按 F5 增加，每次 10 kPa，F1"执行"。注意牵引客运列车或者行包列车时，只需将列车制动管定压由 500 kPa 调为 600 kPa，显示屏上只能设置为"货车"。如按压 F3 查询符合以上规定的，按压 F8 退回；如不符合以上规定的，根据显示屏提示进行调整。调整后注意按压 F1 确认执行。

（二）HXD₃型机车 CCB-Ⅱ制动系统检查及试验

1. 制动控制静态试验程序

1）试验前的检查确认

（1）制动显示屏初始化正常，模式设置为本机、货车、不补风、管压 500 kPa（客车 600 kPa）。必须设置停车制动或在车轮下放置止轮器以防止机车移动，缓解弹停装置，确认弹停指示灯熄灭，弹停指示器绿色。

（2）确认机车总风缸风压不小于 750 kPa，均衡风缸、制动管压力 500 kPa，制动缸压力为 0。

（3）检查总风缸截断塞门（A24）打开，总风缸 4 个排水塞门（A12）关闭。

（4）检查制动系统两端制动管塞门（B81）关闭、两端总风管塞门（B80）关闭、两端平均管塞门（BB94）关闭，紧急制动模块上制动缸截断塞门（Z10.22）打开。

（5）确认自动制动阀手柄在【重联】位、单独制动阀在【运转】位。

2）试验操作程序

HXD₃型机车CCB-Ⅱ型制动系统"五步闸"检查方法见表8-9，CCB-Ⅱ制动系统试验程序见表8-10。

表8-10　HXD₃型机车CCB-Ⅱ型制动系统试验程序

项目	序号	操作程序与简要说明	LCDM显示屏信息
制动试验前的工作	1	合蓄电池自动开关（QA61）；打开电钥匙开关。（给制动系统供电、供气）	制动系统得电后，约60 s，LCDM显示屏得电并进入主操作画面（此时只有F3和F7两键有效）。检查此时总风缸压力为750～900 kPa；制动缸压力为450±15 kPa；均衡风缸压力为0 kPa；制动管压力低于90 kPa
	2	在主操作画面中按F3键（电空制动）。（查询制动系统的设置状态）	主操作画面上出现"电空制动设置"。本机牵引货物列车的正常显示为：【500 kPa-操纵端-投入-货车-不补风】。微机屏流量表上方显示为【本机】字样。如参数显示不同，则可通过LCDM显示屏进行手动设置
	3	移动自动制动手柄至运转位。（等待2 min，观察各压力表结果的稳定性）	均衡风缸压力表数值上升的同时，制动管压力也随之上升；制动缸压力下降。结果为：均衡风缸增压至500±7 kPa；制动管压力增加至均衡风缸压力±10 kPa；制动缸减压至0 kPa，动力切除不显示
常用制动	4	移动自动制动阀手柄到初制动位	均衡风缸减压到440～460 kPa；制动管减压到均衡风缸压力±10 kPa；制动缸压力上升到70～110 kPa；主操作画面上方无红色【动力切除】字样显示
		等待3 min，观察均衡风缸、制动管、制动缸保压情况	均衡风缸保持在440～460 kPa；制动管压力保持在均衡风缸压力±10 kPa；制动缸压力不能增加15 kPa，也不能减少15 kPa
	5	缓慢移动自动制动阀手柄到常用制动区，使均衡风缸减压至390～410 kPa（等待1 min）	制动管减压到均衡风缸压力±10 kPa；制动缸压力增加到200～230 kPa。
	6	移动自动制动阀手柄到全制动位。（等待1 min）	均衡风缸减压到335～355 kPa；制动管减压到均衡风缸压力±10 kPa；制动缸压力增压到360±15 kPa
	7	移动自动制动手柄到抑制位	均衡风缸压力保持在335～355 kPa；制动管压力保持在均衡风缸压力±10 kPa；制动缸保持在360±15 kPa
	8	缓慢移动自动制动阀手柄到抑制位和重联位之间，使均衡风缸减压到300～320 kPa	制动管减压到均衡风缸压力±10 kPa；制动缸压力为360±15 kPa；主操作画面上方无红色【动力切除】字样显示
	9	移动自动制动阀手柄到抑制位	均衡风缸压力保持在300～320 kPa；制动管压力保持在均衡风缸压力±10 kPa；制动缸保持作用
	10	移动自动制动阀手柄到重联位	均衡风缸缓慢减压到0 kPa（不发生紧急放风）；制动管减压到55～85 kPa；制动缸压力增加到450±15 kPa

续表 8-10

项目	序号	操作程序与简要说明	LCDM 显示屏信息
常用制动	11	移动自动制动手柄到运转位（等待 2 min）	均衡风缸增压至 500±7 kPa； 制动管增压至均衡风缸压力±10 kPa； 制动缸减压至 0 kPa； 主操作画面上方无红色【动力切除】字样显示
	12	直接将自动制动阀手柄移至全制动位（等待 1 min）	均衡风缸在 5~7 s 内减压至 360 kPa； 制动缸在 6~8 s 内从 0 增压至 340 kPa，并继续增压至 360±15 kPa
	13	移动自动制动手柄到运转位（等待 2 min）	均衡风缸增压至 500±7 kPa； 制动管增压至均衡风缸压力±10 kPa； 制动缸减压至 0 kPa； 主操作画面上方无红色【动力切除】字样显示
紧急制动	14	置换向手柄于前进位，主控制手柄置于牵引起始位。 快速直接将自动制动阀手柄移至紧急制动位（一旦列车实施紧急制动，自动制动手柄必须在紧急制动位滞留 60 s，直至红色"动力切除"字样消失，才可移至运转位）	排风阀（N97）打开； 制动管迅速减压到 0 kPa； 撒砂电磁阀得电并撒砂约 5 s； 确保 Z10.36 紧急电磁阀得电； 均衡风缸缓慢减压到 0 kPa； 制动缸在 3~5 s 内增压至 200 kPa 并继续增压至 450±15 kPa； 微机屏牵引电机指示器减至 0； 【动力切除】信息显示在 LCDM 显示屏上
	15	移动主控制器手柄回零位。移动自动制动手柄到运转位（等待 1 min）	主操作画面上方无红色【动力切除】字样显示； 均衡风缸增压至 500±7 kPa； 制动管增压至均衡风缸压力±10 kPa； 制动缸减压至 0 kPa
单缓制动	16	置单独制动阀手柄于全制动位（等待 1 min）	制动缸充气到 300±15 kPa； 均衡风缸保持在 500±7 kPa； 制动管保持在均衡风缸压力±10 kPa
	17	置自动制动阀手柄于全制动位（等待 1 min）	制动缸增压到 360±15 kPa； 均衡风缸减压到 335~355 kPa； 制动管减压到均衡风缸压力±10 kPa
	18	侧压单独制动阀手柄	制动缸减压到 300±15 kPa； 均衡风缸保持在 335~355 kPa； 制动管保持在均衡风缸±10 kPa
	19	单独制动阀从侧压位缓解	所有的压力保持不变
	20	置单独制动阀手柄于运转位（等待 1 min）	制动缸保持在 300±15 kPa； 均衡风缸保持在 335~355 kPa； 制动管保持在均衡风缸±10 kPa
	21	置自动制动阀手柄于运转位（等待 1 min）	均衡风缸增压至 500±7 kPa； 制动管增压至均衡风缸压力±10 kPa；制动缸减压到 0 kPa
单独制动	22	逐步移动单独制动阀手柄到全制动位	制动缸压力逐步增加
	23	随着单独制动阀手柄移到全制动位	制动缸压力应为 300±15 kPa

续表 8-10

项目	序号	操作程序与简要说明	LCDM 显示屏信息
单独制动	24	逐步移动单独制动阀手柄到运转位	制动缸压力逐步减少
	25	放置单独制动阀手柄到运转位	制动缸压力为 0 kPa
	26	快速移动单独制动阀手柄到全制动位	制动缸压力在 2~3 s 内增加到 255 kPa
	27	快速移动单独制动阀手柄到运转位	制动缸压力在 3~5 s 内从 300±15 kPa 减到 35 kPa，并继续减压到 0 kPa
	28	置自动制动阀手柄于重联位	LCDM 显示屏上信息同初始状态。给自动制动手柄上锁

2．停车制动（蓄能制动）试验

停车制动（蓄能制动）试验程序见表 8-11。

表 8-11 停车制动（蓄能制动）试验程序

序号	操作程序	具体要求
1	将弹停塞门置于关闭位（弹停塞门 B40.06）	察看塞门关闭信息显示正确（查看方法：按【机器状态】→【空制状态】）；弹簧制动缸压力排向大气
2	将弹停塞门置于开放位	塞门开放信息显示正确（方法同上）
3	实施弹停缓解	在机车两侧弹停状态指示器显示"绿"色；司机室弹停制动灯灭
4	实施弹停制动	在机车两侧弹停状态指示器显示"红"色；司机室弹停制动灯亮

3．制动缸压力指示器试验

制动缸压力指示器试验程序见表 8-12。

表 8-12 制动缸压力指示器试验程序

序号	操作程序	具体要求
1	将制动缸隔离塞门（Z10.22）置于"关闭"位置	1. 信息显示正确（查看方法：按【机器状态】→【空制状态】） 2. 制动缸排风； 3. 机车两侧制动缸压力指示器显示"绿"色
2	将制动缸隔离塞门（Z10.22）置于"开启"位置（试验后，缓解自阀）	1. 信息显示正确（查看方法同上）； 2. 制动缸压力上升； 3. 机车两侧制动缸压力指示器显示红色

（三）CCB-Ⅱ型制动机换端操作步骤

换端前机车必须处于制动停车状态。换端作业时小闸置于全制动位，大闸放置重联位，并插上锁闭插销，确认闸缸压力达到 300 kPa 以上，换向手柄至中立位，断开空压机、断主断、降弓、断开电钥匙并拔出，B 司机拿换向手柄，A 司机拿电钥匙进行换端。换端后，大闸需在抑制位停留 2 s 以上再放运转位，大、小闸均置全制动位，进行操纵端"本机位"设置。一班人共同确认"本机位"设置无误后，升弓、合主断、合空压机，动车前必须进行大、小闸制动试验。动车后，速度达到 2 km/h 按照规定试闸。

CCB-Ⅱ型制动系统换端作业卡死制度：严禁在走行中进行设置，严禁在设置为补机位的司机室进行牵引操纵，严禁在制动机完成设置前升弓、合闸，严禁大闸、小闸未在全制动位进行制动机设置，严禁换端后不进行大、小闸静态制动试验盲目动车，严禁换端中处理故障或做其他工作。

（四）机车无火回送的操作

（1）机车附挂时（无火回送连接在车辆或非和谐机车后）确保司机控制器在零位，换向手柄中立位，断开电钥匙。小闸手把"运转"位，大闸手柄"重联"位，（插好锁封销）实施停放制动（弹停模块"B40"上的截断塞门置于关闭位）。断开蓄电池接地断路器 QA61、制动系统 QA55。开放总风缸排水塞门，排空后关闭。将平均管塞门开放。控制风缸塞门 U77 至关闭位。在 EPCU 的 ERCP 上将无火回送塞门转到"投入"位。缓慢开通列车制动管塞门，防止紧急作用产生，总风缸被列车制动管充风（15～20 min）到约 250 kPa。手动缓解弹停制动（4个）。

（2）机车附挂在和谐号机车后（连接在本务机后）确保司机控制器在零位，换向手柄中立位，断开电钥匙，小闸手把"运转"位，大闸手柄"重联"位。（插好锁封销），断开 QA55、QA61 开关，将总风缸管、列车制动管、平均管分别与本务机相连，并开放截断塞门，实施停放制动（弹停模块"B40"上的截断塞门至于关闭位），手动缓解弹停制动（4个）。

（五）CCB-Ⅱ型制动系统操作运行注意事项

（1）始发站 CCB-Ⅱ型制动系统设置正确后，运行中严禁随意更改设置（作业需要及处理故障除外）。

（2）运行中注意观察信息提示框流量模块和各仪表显示状态。如果发现有异常流量或者机车制动缸非正常上闸时，应及时检查确认。

（3）上电或失电（即闭合或断开电钥匙 SA49、微机控制 QA41、电空制动 QA55、司机控制 QA43（44）、机车控制 QA45、蓄电池 QA61 自动开关或断路器）、空气制动系统故障以及监控装置实施的放风均会造成机车惩罚制动，此时均衡风缸将以常用速度排到零，这是一个不可抑制的惩罚制动。（注意上述开关或断路器在运行中不得断开！）

当满足下列所有条件时惩罚制动才能消除：引起惩罚制动的原因必须按照提示消除，特别注意监控装置放风后，必须视情况实施解锁（实行常用制动时必须停车后按压缓解键；防溜自停按压警惕键），大闸手柄放抑制位停留 1 s。在运行途中一旦产生惩罚制动必须停车，不得擅自强行缓解，防止引发安全事故。

（4）遇制动机失电停车后，再次上电必须重新确认显示屏设置是否正确。

（5）运行中长时间不对此装置进行操纵，显示屏将出现黑屏，只要按压任意键就可消除。

（6）紧急制动（大闸非常制动、监控装置实施自停动作、警惕报警装置动作、列车起非常）后大闸在紧急制动位停放 60 s，并且观察制动机显示屏显示，根据其提示进行操作。

（7）担当第二位重联运行时，CCB-Ⅱ制动系统设定为单机，此时若本务机车或车列发生起非常后，大闸手柄也要放紧急位 60 s 消除紧急制动，再放回重联位。注意当机车故障需要加挂运行，不能升弓打风时，必须按无火回送处理。

第三节　法维莱 Eurotrol 制动机检查试验

HXD$_2$C 型机车制动机日常试验见表 8-13 所示。

表 8-13 HXD$_2$C 型机车制动机日常试验程序

操作顺序	自动制动控制器（大闸）							直通制动控制器（小闸）				使用目的、检查项目及标准
	运转位	初制位	制动区	全制位	抑制位	重联位	紧急位	运转位	制动区	最大位	单缓位	
一	1				2			1				1. 将大、小闸手柄置于运转位，各压力值应符合下列要求： a. 总风缸压力为 750～900 kPa； b. 列车制动管压力为定压 600 kPa； c. 均衡风缸压力为定压 600 kPa； d. 制动缸压力为零。 2. 将大闸手柄由运转位移至紧急位，应产生下列作用： a. 列车制动管由 600 kPa 下降至零的时间不大于 3 s； b. 制动缸压力由零升至 400 kPa 的时间为（4±1）s； c. 制动缸最高压力应在（450±20）kPa； 3. 将大闸手柄由紧急位移至抑制位停留 65 s 以上，再将大闸移至缓解位，列车制动管压力由零升至 580 kPa 的时间不大于 11 s，制动缸压力从最高压力排至 40 kPa 的时间为（7±1）s。
二	9	4	6 7 8					5				4. 大闸紧急位移运转位后，待均衡风缸、列车制动管风压充至规定压力 60 s 以上，方可进行制动机试验。将大闸手柄由运转位移至初制位，列车制动管减压 50 kPa，制动缸压力为（100±10）kPa，均衡风缸泄漏量每分钟不大于 10 kPa，列车制动管泄漏量每分钟不大于 10 kPa。 5. 小闸单缓位，制动缸压力应缓解到零。 6. 检查阶段制动作用，大闸在制动区逐渐前移，直到全制位，阶段制动作用应稳定。均衡风缸从 600 kPa 降至 430 kPa 的时间为 6～8 s，列车制动管常用全制动减压 170 kPa，制动缸压力为（420±15）kPa，上升至最大压力的时间为 7～9.5 s。 7. 大闸从全制位移至抑制位，列车制动管、均衡风缸管压力不得下降。 8. 大闸从抑制位移至重联位，列车制动管慢慢下降至 0，均衡风缸压力不得下降。 9. 列车制动管恢复定压，制动缸压力应缓解至零。一次缓解时，制动缸压力从最高压力降至 40 kPa 的时间应小于 8.5 s。
三									10 11			10. 小闸移至制动区，阶段制动或阶段缓解作用应稳定。全制动时制动缸最高压力为（300±10）kPa，制动缸由零升至 285 kPa 的时间为 2～4 s。 11. 全缓解时，制动缸压力从 300 kPa 降至 40 kPa 的时间为 3～5 s。 试验完毕后，应将小闸推至最高压力 300 kPa。
四	12							12				12. 停放制动作用检查 a. 按压司机台上停放制动施加按钮，看司机显示屏上"停放制动"显示为红色，下车确认停车制动指示器显示为红色。 b. 首先恢复司机台停放制动施加按钮，看司机显示屏上"停放制动"显示为红色，按压司机台停放制动缓解按钮，看司机显示屏上"停放制动"红灯灭，下车确认，停车制动指示器显示为绿色。

第四节　DK-1 型电空制动机的故障处理

一、故障分类

DK-1 型机车电空制动机与一般机车空气制动机在结构、性能及操作方法等方面有较大的不同，故障的性质也不相同。一般可分为控制电路故障、阀类部件故障、管路及连接部分故障和操作不当。

（1）控制电路故障：DK-1 型机车电空制动机的操作系统采用电控方式，因此常会出现一些控制电路故障。例如，接线头、插头及插座的虚接和电子元件的虚焊，二极管及压敏电阻的击穿会造成控制功能的错误；而开关节点不良、中间继电器卡位及触头接触不良、线圈断路，电空阀线圈断路和控制单线断路、短路、接地等则会造成执行部件不动作。

（2）阀类部件故障：在 DK-1 型机车电空制动机中，阀类部件的故障会直接影响到气路的作用。这类故障大多是在阀类部件内的滑动件上。例如：由于缺少油脂润滑，各种鞲鞴杆和分配阀的滑阀、节制阀会出现卡滞，造成风路不能沟通；由于动作频繁和老化等原因，弹簧件会失效，影响阀类部件的正常动作，橡胶件会出现破损裂纹造成窜风和漏风，使阀类部件不能动作或性能下降，同样阀类部件内的小孔堵塞也会影响动作。

（3）管路及连接部分故障：这类故障的现象一般比较明显，主要表现在堵塞和泄漏，也有部分阀座内部暗孔内泄引起的窜风。

（4）操作不当造成的故障：DK-1 型机车电空制动机是一个比较复杂的系统，特别是 SS_4 改机车为双节制动机重联机车，司机在使用机车前，必须全面学习掌握 DK-1 型机车电空制动机的功能作用，并按照制动机的操作方法来操纵机车，如果违反操作方法或操作不当，也会使制动机出现故障。例如：塞门开闭不对，重联阀位置不对，重联机车电空制动控制器、空气制动阀手把位置不对等，将会使制动机不能正常工作。

二、故障处理法

（1）首先，必须熟悉 DK-1 型机车电空制动机的控制电路和空气管路，而且要熟悉各部件的内部结构、作用原理和制动机的操作方法，以便快速、准确地判断故障。

（2）大致判断机车制动机所出现的故障，按分类方法将故障分类。例如通过电空阀、压力开关动作是否正常，可以把故障区分成电路或气路故障。

（3）对每一类故障化整为零，缩小范围，具体方法有两条，可以采用优选法查找故障，也可以根据分析从最易发生故障的地方入手查找故障。

三、机车制动机故障处理

以 SS_4 改型机车采用的 DK-1 型电空制动机为例，对操作运用故障、变更部分和新增部分所发生的故障现象、连挂车列后所发生的故障现象以及主要零部件故障等进行分析和处理。

（一）操作运用故障处理

1. 电空制动控制器手柄放运转位，三针一致，过量供给

原因：

（1）255 检查电空阀下阀口漏；

（2）操纵端充气按钮作用不良。

处理方法：

（1）更换 255 检查电空阀；

（2）检测充气按钮；

（3）运用中除特殊情况须立即停车处理外，一般均应维持运行。维持运行中需要减压时，累计减压量不能超过 140 kPa，要利用线路纵断面配合使用电阻制动，直至达到前方停车站停车后处理：关闭 157 塞门；转换扳键置空气位。

当车辆压力已过量至 900 kPa 时，可分两步消除：停车后追加减压至 260 kPa，待全列排风停止，再将空气制动阀用的调压阀调整至 700 kPa 再缓解；待全列充满风后，两次实行减压 140 kPa，待全列排风停止，再将空气制动阀用的调压阀调整到制动管定压，空气制动阀放缓解位，车辆即可缓解。

2. 电空制动控制器手柄放运转位，均衡风缸与制动管均无压力

原因：

（1）电源开关未合；

（2）电-空转换扳键未在电空位；

（3）紧急阀及电联锁故障；

（4）缓解电空阀故障。

处理方法：

（1）电空制动控制器手柄在各位置均不能工作，则恢复电源开关。

（2）空气制动阀手柄移缓解位，均衡风缸有压力上升，但不能达定压，则转换扳键至电空位。

（3）断开 464 开关即恢复充风。检查紧急阀及电联锁，一时无法修复，即应断开 464 开关。

（4）手按 258 缓解电空阀头部，即能恢复充风。检查 258 电空阀，一时无法修复，转空气位操纵。

3. 电空制动控制器手柄放运转位，均衡风缸有压力，制动管无压力

原因：

（1）253 中立电空阀下阀口未复位或被异物垫住；

（2）中继阀遮断阀卡，不复位。

处理方法：

（1）电空制动控制器手柄置中立位 2~3 次，看是否能恢复正常，若运转位 253 中立电空阀继续排风不止，关闭 157 塞门，转换至空气位操纵。检测更换 253 中立电空阀。

（2）转空气位操纵后，制动管仍无压力，拆检遮断阀，一时修不好，抽出遮断阀，维持运行，到段检修。

4. 电空位操作，电空制动控制器手把由制动后中立位移运转位，均衡风缸不充风

原因：

（1）258 缓解电空阀接线松脱或 803 线无电；

（2）203 止回阀固着或过风慢；

（3）157 塞门关闭。

处理方法：

（1）检查 258 缓解电空阀接线及 803 线。运行中可手按充气按钮，当均衡风缸压力达到制动管规定压力时即松手（注意此时不得按消除按钮），或转空气位操纵。

（2）抽出 203 止回阀清洗并吹扫管路。运行中处理同（1）项。

（3）恢复 157 塞门至开位。

5. 电空制动控制器手柄放运转位，均衡风缸及制动管压力升压缓慢

原因：

（1）中继阀主膜板破；

（2）263、264 二极管同时击穿；

（3）259 重联电空阀漏。

处理方法：

（1）电空制动控制器手柄放制动位不减压，拆检中继阀。运行中则用手动放风阀减压，待停车后拆中继阀，抽出供风阀，维持运行。

（2）充风先快后慢。转空气位恢复正常，则可切除 264 二极管（断开 800～264 接线），维持运行。

（3）转空气位操作正常，则确认 259 重联电空阀故障，检修此阀。运行中，则转空气位操作。

6. 电空制动控制器手柄初放中立位，就有初制动减压量

原因：

（1）209 压力开关故障；

（2）263 二极管断路。

处理方法：

（1）检查 258 缓解电空阀是否得电；短接压力开关 209 联锁则恢复正常，即可确认该压力开关故障。运行中遇该故障，仍维持运行，注意初放中立位即有减压，其余均正常。

（2）判断方法同上，可短接 263 二极管，可继续运行。但注意此时无初制动作用。

7. 电空制动控制器手柄制动后置中立位，均衡风缸压力继续下降

原因：

（1）某端空气制动阀转换柱塞第二道 O 形圈漏；

（2）257 制动电空阀上阀口不严；

（3）262 二极管断路。

处理方法：

（1）检查调压阀 53（54）溢流孔，判断泄漏端。操纵端 O 形圈漏，可在减压后放中立位，

将电空扳键转至空气位，空气制动阀回运转位后，扳键再扳回电空位即可缓解。非操纵端 O 形圈漏，则必须转至空气位运行。

（2）更换 257 制动电空阀，或转空气位操纵。

（3）电空制动控制器放制动位过量减压后能自动保压，则可短接 800-807 线，维持运行。

8. 电空制动控制器手柄制动后移中立位，均衡风缸保压，制动管压力下降

原因：

（1）中继阀排风口不严；

（2）制动管系及折角塞门泄露。

处理方法：

（1）更换中继阀排风阀胶垫。运用中可轻击中继阀体，停车时用最大减压量排风，以吹落排风口异物，维持运行。

（2）检修制动管各接头并研磨折角塞门。运用中维持运行，到段检修。

9. 电空制动控制器手柄制动后回中立位，均衡风缸及制动管又恢复定压

原因：

（1）258 缓解电空阀故障；

（2）压力开关 209 故障。

处理方法：

（1）观察回升定压缓解，则为电空阀口漏，拆检电空阀。运用时则应转空气位。

（2）若 258 电空阀得电，则应断开其联锁，维持运行（注意此时初放中立位即有初制动作用）；若减压缓慢，且回中立位有缓慢回升，则为压力开关膜板小破故障，转空气位运行，回段拆检压力开关。

10. 电空制动控制器手柄减压后回中立位，制动缸不保压

原因：

（1）254 排风 1 电空阀故障；

（2）分配阀故障。

处理方法：

（1）查 254 电空阀排风口有排风声，在单机运行时必须将该阀进风口堵死，维持运行。此时单缓用手压缓解。

（2）查 254 电空阀及作用管系、工作风缸均不漏，则维持运行，需保持机车制动力时可推空气制动阀至制动位，回段检修分配阀。

11. 电空制动控制器手柄放制动位，均衡风缸不减压

原因：

（1）260 二极管击穿；

（2）压力开关膜板破损；

（3）258 缓解电空阀下阀口未关闭。

处理方法：

（1）查 259 重联电空阀得电，则拆除 260 二极管，维持运行。

（2）查257制动电空阀有排风声，但压力不降。若关153塞门后正常，即判为压力开关膜板破损故障，转空气位运行，回段检修。

（3）查257电空阀正常而无排风声，拆检258缓解电空阀。运行时则转空气位操纵。

12. 制动管减压80~100 kPa左右启紧急

原因：

（1）紧急阀95的缩堵Ⅰ、Ⅱ中之任意一半堵；

（2）初制动缸及257制动电空阀缩堵d4、d3中任一缩堵孔变大。

处理方法：

（1）清洗检查紧急阀空心阀杆。运用中则关闭116塞门维持运行。此时在拉手动放风阀或列车分离时无保护作用，应随时注意制动管的压力变化。

（2）此故障一般均在调试过程中出现。由于缩堵d4、d3变大，使均衡风缸减压速率过快。拆检相应缩堵。

13. 电空制动控制器手柄放紧急位，制动管不排风

原因：

（1）风路管系中，塞门117或158其中之一关闭；

（2）电动放风阀94橡皮碗破；

（3）804线无电或紧急电空阀故障。

处理方法：

（1）查塞门是否关闭，若是处关闭位，恢复即可；

（2）在紧急位可听到大的排风声，总风压力下降，但制动管压力未见下降，则更换该阀橡皮碗；

（3）查紧急电空阀无电，即为该故障。查线或拆检该电空阀。

运行中需紧急停车时，可使手动放风阀排风实现紧急制动作用。

14. 电空制动控制器手柄放紧急位，制动管压力降不到零

原因：

（1）253中立电空阀故障；

（2）中继阀遮断阀关不住。

处理方法：制动管压力下降先快后慢且有回升并伴有大排风声；拆检253电空阀或中继阀遮断阀。途中则维持运行，遇非常情况应提前采取措施。

15. 电空制动控制器手柄放紧急位，制动缸压力升至400 kPa的时间大于5 s

原因：分配阀总风通增压阀缩孔Ⅲ偏小或增压阀弹簧反力偏大。

处理方法：查作用管及制动缸管系无大漏，则可判为该分配阀故障。检修相应的部件或更换。不影响正常运行。

16. 电空制动控制器手柄放紧急位，机车制动缸压力单缓不到零

原因：

（1）分配阀总风通增压阀缩孔Ⅲ偏大；

（2）空气制动阀作用管通路变窄或增压阀柱塞不灵活。

处理方法：该故障一般在调试中发现，对运行没有影响。若升压时间过快，即系（1）项；若升压时间正常，则判为（2）项故障。拆检相应的部件即可。

17. 电空制动控制器手柄放过充位，制动管无过充量

原因：

（1）252过充电空阀故障；

（2）过充风缸无缩堵。

处理方法：

（1）查252过充电空阀，手压该阀有制动管过充量则检修该阀；

（2）能听到过充风缸有大排风声，应安装缩堵。

该故障均不影响正常运行。但无过充性能，在长大下坡道区段运行时应当特别注意。

18. 空气位操纵，空气制动阀放制动位，均衡风缸排风慢

原因：空气制动阀均衡风缸排风口被堵。

处理方法：查空气制动阀前方排风口排风不正常，可维持运行，到段拆检该排风缩堵。

（二）变更部分和新增部分所发生的故障现象以及连挂车列后所发生的故障处理

1. 单机试验正常，而挂车后仅制动管充风缓慢

原因：

（1）总风滤尘器100堵塞或冻结；

（2）尾部车辆制动管折角塞门开放；

（3）车列中个别分配阀紧急部仍开放或排风口未关死。

处理方法：

（1）抽出总风滤尘器100滤芯清洗干净，如冻结引起则先解冻并排出滤尘器100内积水。运行中，可抽出滤芯后维持运行，回段处理。

（2）关闭尾部车辆制动管折角塞门。

（3）检查车辆分配阀。

2. 单机试验正常，挂车后仅制动管减压缓慢

原因：中继阀104排风弯头堵塞。

处理方法：清除中继阀104排风弯头堵塞物，如铸造残留砂芯等。

3. 单机试验正常，挂车后电空制动控制器制动位减压后放中立位，均衡风缸和制动管压力有较大回升，但不回升到定压

（1）重联电空阀259YV下阀口窜风；

（2）二极管264V击穿。

处理方法：

（1）更换或处理重联电空阀259YV。运行中可转空气位操纵。

（2）如重联电空阀259YV得电，则为二极管264V击穿。同上，运行中可转空气位操纵。

4. 单机试验正常，挂车后，电空制动控制器手柄放制动位或中立位启非常

原因：
（1）尾部车辆制动管折角塞门未关；
（2）列车充风未满；
（3）个别车辆制动机紧急灵敏度过高。

处理方法：
（1）关闭尾部车辆制动管折角塞门；
（2）待列车充满风后再操作列车制动机；
（3）关闭紧急阀制动管塞门116后仍有些故障现象，则为车辆制动机故障现象。

第五节　DK-2型机车制动系统常见故障判断与处理

一、常见故障及应急处理

注意：任何情况下请确保，制动柜右侧连接器连接正常，未出现松动现象。

1. 机车运行过程中大小闸操作无效，同时制动显示屏提示通讯中断

处理措施：启用后备制动模式。

操作步骤：
（1）司机室设置：
① 将大闸手柄置重联位，小闸手柄置运转位。
② 将操纵节司机室后备制动模块上的后备塞门打开，此时操纵节的制动机会自动断电。
（2）机械间内设置：
① 将两节车上的制动机电源都断开（每节车上 =28－F04、=28－F06 开关打到向下位置）。其中 =28－F04 为制动控制器的电源开关，=28－F06 为 BCU 的电源开关。
② 操纵节制动柜塞门设置：将操纵节制动柜上的转换阀由"正常位"转到"空气位"。
③ 将非操纵节制动柜上的中继阀列车制动管塞门115置关闭位。
（3）试验：操作后备制动控制手柄，对机车进行制动和缓解，调节后备制动调压阀，使其输出压力为列车制动管定压，按压后备制动单缓按钮可以单缓机车。
（4）注意事项：
① 操纵空气后备制动阀可对全列车进行制动、保压和缓解，单缓机车则要按单缓按钮。
② 应将自动制动控制器手把置重联位，单独制动控制器手把置运转位。
③ 需紧急制动时，可按压紧急按钮或者拉车长阀，并同时将后备制动阀手把移放制动位。
④ 因列车制动管具有补风作用，后备制动阀减压后放中立位保压时，要注意监视列车速度的变化，防止长时间保压时的车辆制动机自然缓解。
⑤ 因为空气位的制动机性能不齐全，不能长期使用，但可作为制动机电空位故障时的一种维持运行的补救操作措施，因此在操作时必须格外注意，做到正副司机密切协调，方能确保行车安全。

2. 机车运行过程中制动显示屏黑屏、蓝屏或白屏且自动制动控制器能正常控制制动机

处理措施：

（1）通过观察司机室机械风表显示的列车制动管、闸缸及总风压力来操纵机车。

（2）机车停车后尝试复位电源柜自动开关=28-F05"制动显示屏"来消除故障。

3. 机车运行过程中，监控或CCU发出惩罚制动，制动机施加惩罚制动后，列车制动管无法缓解或者无法缓解至定压

处理措施：

（1）确保惩罚源消除，如果惩罚源已知且无法消除，而机车需要临时动车，可以临时将BCU电源板上ATP钮子开关拨至"ATP切除"来切除制动机外部的惩罚信号（紧急制动除外）。原则上不推荐用户将ATP钮子开关置于"ATP切除"。

（2）如需解除惩罚制动，首先惩罚源必须消除，同时需要将自动制动手柄置于抑制位1 s，制动机才能完成解锁。

4. 机车运行过程中，微机显示屏提示BCU牵引封锁请求，或者制动显示屏提示总风压力低于500 kPa

处理措施：

（1）确保没有紧急制动产生或者紧急制动已解锁。

（2）确保总风压力不低于750 kPa，如果低于750 kPa，应立即启动压缩机打风。

（3）确保制动机本补设置正确，操作节设置为本机，非操作节设置为补机（非操作节大闸至重联位，小闸至运转位，大小闸锁闭状态）。

（4）如果前三步都无法消除故障，检查二节机车制动柜BCU状态，如果任何一节BCU数码管无显示或者BCU生命状态灯未跳变，请复位故障节BCU电源开关=28–F05。

（5）如果以上方法都无法消除故障，请参考启用后备制动模式。

5. 机车紧急制动后，操作大闸至运转位，列车制动管不能缓解

处理措施：

（1）机车紧急制动而且机车速度为零时，制动显示屏将提示紧急解锁倒计时，倒计时60 s后，需将大闸手柄置紧急位或者重联位1 s解锁（注意制动显示屏上提示）。由其他原因引起机车紧急制动也需上述同样操作来解锁。

（2）如果制动显示屏提示紧急制动发生，但一直未提示紧急锁定倒计时，表明制动机一直未接收到来自CCU的零速信号（输入板第27点亮表示收到机车零速信号），请确认CCU工作正常，或进行操作节机车大复位。

（3）如果机车大复位后，列车制动管还不能缓解，如需临时运行机车，请参考启用后备制动模式。

6. 机车如果无法缓解或者缓解不到定压，同时制动柜中电动放风阀94、电动放风阀98排风不止或者紧急阀95排风不止

处理措施：

（1）确认司机室紧急制动按钮已复位。

（2）如果是电动放风阀 94 故障，可临时关闭塞门 117 隔离。

（3）如果电动放风阀 98 故障，可临时关闭塞门 118 隔离。

（4）如果是紧急阀 95 故障，可临时关闭塞门 116 隔离。

7. 机车上电后，操作大小闸，制动机没有反应

处理措施：

（1）确认制动机电源开关 =28-F04 与 =28-F06 已闭合。

（2）确保机车总风压力大于 750 kPa。

（3）确保操作节制动柜重联阀转换阀至"本机位"，非操作节重联阀转换阀至"补机位"，非操作节大闸至重联位、小闸至运转位，机械锁闭钥匙被拔出。

（4）将操作节大闸置重联位或抑制位 1 s，解制动机开机锁（注意制动显示屏上提示）。

8. 机车上电后，制动机解锁成功，大闸运转位，但列车制动管不充风

处理措施：

（1）确保总风塞门 157、列车制动管塞门 115 处于打开位。

（2）确保电空转换阀 153 处于正常位。

（3）确保二节机车紧急按钮没有被按下。

（4）通过制动显示屏确认制动机是否未处于"单机"模式，如果制动机处于单机模式（大闸除紧急位有效外其他位置均无效，小闸有效），将 BCU 钮子开关"单机投入/切除" 置于"单机切除"位。

9. 机车上电后，制动机解锁成功，大闸置于制动区，闸缸不上闸

处理措施：

（1）确保闸缸塞门 119 和 120 置打开位。

（2）确保制动机本补设置正确。

（3）制动机初充风时间过短，工作风缸未充满，将大闸至运转位 90 s 以上，再进行制动操作。

10. 无火回送时停放制动缸手动缓解拉杆不动或拉动不缓解

处理措施：

（1）升弓打风，使停放制动装置恢复正常状态后，重新进行无动力回送设置。

（2）若无法升弓打风，借用本务机车或调车机车列车制动管压力，使停放制动单元复位后重新进行无动力回送设置。

（3）处理后检查机车缓解状态，确认所有闸片活动。

11. 无火回送时机车闸缸不随牵引机车列车制动管缓解而缓解

处理措施：应检查各节机车相关塞门是否处于正确的位置。尤其需要重点检查二节机车制动柜分配阀缓解塞门 156 是否处于打开状态（塞门手柄垂直地）。

12. ATP 或 CCU 发出惩罚制动，制动机施加惩罚制动后，列车制动管无法缓解至定压

可能原因：
（1）惩罚源没有消除。
（2）制动机惩罚锁未解除。

解决方法：如需解除惩罚制动，首先惩罚源必须消除，同时需要将自动制动手柄置于抑制位 1 s，制动机才能完成解锁。

13. 制动显示屏提示"请确认钮子开关状态"消息

可能原因：人为改变 BCU 钮子开关状态。

解决方法：当制动显示屏会出现"请确认钮子开关状态"消息提示，确认钮子开关状态后，请在操作端显示屏上按"确认"。如未按下确认键，制动显示屏将不会出现其他消息提示，影响制动机正常操作。

14. 制动机解锁成功后，大闸运转位，均衡不充风

可能原因：电空转换阀 153 置于空气位。
解决方法：将 153 置于正常位。

二、DK-2 型制动机故障对照表

A 类故障：严重的故障，需司机和/或维护人员高度重视并及时处理的故障，处理不及时可能造成机车无法正常运行，同时制动机根据不同的 A 类故障将产生相应的安全导向措施（具体见制动显示屏的故障提示）。

B 类故障：一般的故障，需司机和/或维护人员注意，处理不及时可能会影响机车部分功能的运用。

C 类故障：轻微的故障，可由维护人员延迟处理，不影响机车正常运用。

DK-2 故障代码定义表见表 8-14。

表 8-14　DK-2 型机车电空制动机故障代码定义

故障代码	故障等级	故障定义	故障分类
FAULTS[01]	A01	列车制动管传感器故障	运行故障
FAULTS[02]	A02	均衡传感器故障	运行故障
FAULTS[03]	A03	备用	运行故障
FAULTS[04]	A04	大闸手柄位置故障	运行故障
FAULTS[05]	A05	小闸手柄位置故障	运行故障
FAULTS[06]	A06	电连锁塞门 115 关闭	运行故障
FAULTS[07]	A07	紧急微动开关故障	运行故障
FAULTS[08] ~ FAULTS[16]	A08-A16	备用	
FAULTS[17]	B01	闸 1 传感器故障	运行故障

续表 8-14

故障代码	故障等级	故障定义	故障分类
FAULTS[18]	B02	闸2传感器故障	运行故障
FAULTS[19]	B03	总风传感器故障	运行故障
FAULTS[20]	B04	作用管传感器故障	运行故障
FAULTS[21]	B05	电联锁塞门137关闭	运行故障
FAULTS[22]	B06	电联锁塞门119或者120关闭	运行故障
FAULTS[23]	B07	电联锁塞门139打开	运行故障
FAULTS[24]	B08	停放塞门177切除	运行故障
FAULTS[25]	B09	40 kPa压力开关故障	运行故障
FAULTS[26]	B10	闸缸预控传感器故障	运行故障
FAULTS[27]	B11	PWM过流保护	运行故障
FAULTS[28]	B12	输出板的过流保护	运行故障
FAULTS[29]	B13	大闸制动区模拟量输出故障	运行故障
FAULTS[30]	B14	紧急电动放风阀塞门117/118关闭	运行故障
FAULTS[31]~FAULTS[49]	B15~B32	备用	
FAULTS[50]	B33	初充风,BP与定压差大于10 kPa	自检故障
FAULTS[51]	C33	初充风,BP与ER差大于10 kPa	自检故障
FAULTS[52]	B34	初充风,制动缸未缓解到零	自检故障
FAULTS[53]	B35	大闸紧急BP降至零的时间大于3 s	自检故障
FAULTS[54]	C34	大闸紧急制动缸从零的升至400 kPa时间大于5 s	自检故障
FAULTS[55]	C35	大闸紧急后制动缸压力未在440~460 kPa之间	自检故障
FAULTS[56]	C36	大闸紧急后,小闸单缓,制动缸不能缓解到零	自检故障
FAULTS[57]	C37	1. 大闸紧急,小闸测压后回运转位,制动缸压力回回升至440~460 kPa之间 2. 大闸紧急,小闸测压后回运转位,制动缸压力回升	自检故障
FAULTS[58]	C38	大闸紧急后回运转位充风,ER升至480 kPa/580 kPa的时间超过9 s/11 s	自检故障
FAULTS[59]	C39	大闸紧急后回运转位充风,列车制动管未充风	自检故障
FAULTS[60]	B36	大闸运转,小闸全制动,列车制动管压力有变化	自检故障
FAULTS[61]	B37	小闸全制动,制动缸升至280 kPa的时间大于4 s	自检故障
FAULTS[62]	C40	小闸全制动,制动缸最终压力不在290~310 kPa之间	自检故障
FAULTS[63]	C41	小闸全制动后回运转位,制动缸压力降至40 kPa的时间大于5 s	自检故障
FAULTS[64]	B38	小闸全制动后回运转位,制动缸压力最终压力未到零	自检故障

续表 8-14

故障代码	故障等级	故障定义	故障分类
FAULTS[65]	B39	大闸初制动列车制动管减压量不在 45~55 kPa 之间	自检故障
FAULTS[66]	C42	大闸初制动,小闸运转,制动缸压力不在 90~110 kPa 之间	自检故障
FAULTS[67]	C43	大闸初制动,小闸运转,均衡管泄漏超过 3 kPa/min	自检故障
FAULTS[68]	B40	大闸初制动,小闸运转,列车制动管泄漏超过 5 kPa/min	自检故障
FAULTS[69]	C44	大闸减压 100 kPa,小闸运转,制动缸压力不在 240~270 kPa 之间	自检故障
FAULTS[70]	C45	大闸减压 170/140 kPa,小闸运转,制动缸压力不在 405~435 kPa/340~370 kPa 之间	自检故障
FAULTS[71]	C46	大闸全制动,小闸运转,均衡风缸减压 170 kPa±5/140±5 kPa 的时间不在 6~8 s/5~7 s 范围内	自检故障
FAULTS[72]	C47	大闸全制动,小闸运转,闸缸压力值 400 kPa/340 kPa 不在 7~9.5 s/6~8 s 范围内	自检故障
FAULTS[73]	C48	大闸全制动,小闸运转,列车制动管最终减压不在 160~180 kPa/130~150 kPa 之间	自检故障
FAULTS[74]	C49	大闸全制动,小闸运转,闸缸压力值不在 400~435 kPa 范围内	自检故障
FAULTS[75]	C50	大闸运转,小闸运转,8.5 s/7 s 后闸缸压力值大于 40 kPa	自检故障
FAULTS[76]	C51	大闸抑制位,小闸运转,列车制动管最终减压不在 160~180 kPa/130~150 kPa 之间。	自检故障
FAULTS[77]	C52	大闸抑制位,小闸运转,制动缸压力不在 405~435 kPa/340~370 kPa	自检故障
FAULTS[78]	C53	大闸重联位,小闸运转位,检查列车制动管最终压力不在 35~85 kPa	自检故障
FAULTS[79]	C54	大闸重联位,小闸运转位,检查制动缸最终压力不在 435~465 kPa	自检故障

第六节 CCB-Ⅱ型制动系统常见故障判断与处理

一、HXD$_1$C 型机车 CCB-Ⅱ型制动系统故障诊断与处理

1. 事件报文:故障代码 001,ERCN 故障

代码描述:ERCN 故障。

反应:ERCP 不能控制均衡风缸的压力。

可能的原因:EBVCN 生命信号丢失 6 s。

故障排除方法:确保 EBV 的插头和 PSJB 的 J100 插头之间的 LON 总线连接可靠。复位 AB 断路器。

2. 事件报文：故障代码 002，ERCP AW4 故障

代码描述：ERCP AW4 故障。

反应：ERCP 不能控制均衡风缸的压力。

可能的原因：均衡风缸的容积大于 825，或者 10 s 内压力变化不在 -35~+35 kPa 范围内。

故障排除方法：均衡风缸模块进行自检测试。如果通过，复位 AB 断路器以清除备份模式；如果没有通过，更换 ERCP。

3. 事件报文：故障代码 003，ERT 故障

代码描述：ERT 故障。

反应：ERCP 不能控制均衡风缸的压力。

可能的原因：传感器输出电压 > 4.5 V 或者 < 0.5 V。

故障排除方法：复位 AB 断路器。如果仍然出现出故障，更换 ERCP。

4. 事件报文：故障代码 004，MRT 故障

代码描述：MRT 故障。

反应：CCB-Ⅱ 制动系统不能通过在 ERCP 里面的传感器读出主风缸的压力。

可能的原因：传感器输出电压 > 4.5 V 或者 < 0.5 V。或者 IPM 探测到传感器停止传输信号达到 15 s。

故障排除方法：AB 断路器复位。如果仍然出现故障，更换 ERCP。

5. 事件报文：故障代码 006，MVER 故障

代码描述：MVER 失电关闭。

反应：ERCP 不能准确控制均衡风缸。

可能的原因：输出反馈显示 MVER 已经断开。

故障排除方法：更换 ERCP。

6. 事件报文：故障代码 008，MRT2 故障

代码描述：MRT 故障 2（MRT—备份）。

反应：CCB-Ⅱ 制动系统不能读出主风缸的压力。

可能的原因：传感器输出电压 > 4.5 V 或者 < 0.5 V。或者 IPM 探测到传感器停止传输信号达到 15 s。

故障排除方法：在下次库检时更换 BPCP。

7. 事件报文：故障代码 009，FLT 故障

代码描述：FLT 故障。

反应：CCB-Ⅱ 制动系统不能准确读取 FLT 的压力。

可能的原因：传感器输出电压 > 4.5 V 或者 < 0.5 V。

故障排除方法：在下次库检时更换 BPCP。如果在复位 AB 断路器以后仍然出现出现故障，可在下次库检时更换 BPCP。

8. 事件报文：故障代码 010，BPT 故障

代码描述：BPT 故障。

反应：CCB-Ⅱ制动系统不能通过在 BPCP 里面的传感器读出主风缸的压力。

可能的原因：传感器输出电压＞4.5 V 或者＜0.5 V，或者 IPM 探测到传感器停止传输信号达到 15 s。

故障排除方法：如果在复位 AB 断路器以后仍然出现故障，可在下次库检时更换 BPCP。

9. 事件报文：故障代码 014，MV-53 故障

代码描述：MV-53 失电打开。

反应：对制动管的控制丢失。

可能的原因：连续性的丢失。

故障排除方法：在补机模式下使用空气备用。更换 BPCP。

10. 事件报文：故障代码 016，BPCN 故障

代码描述：BPCN 故障（BP 管丢失）。

反应：对制动管的控制丢失。

可能的原因：生命信号丢失 4 s。

故障排除方法：复位 AB 断路器。检查 BP 控制节点处的黄色指示灯，如果稳定亮着，重新输入程序或者更换 BPCP。如果在重启电源之后亮着红灯，更换 BPCP。

11. 事件报文：故障代码 018，MVEM 故障

代码描述：MVEM 失电关。

反应：产生紧急事件的备份方式无法使用。

可能的原因：输出反馈显示 MVEM 失电。

故障排除方法：更换 BPCP。

12. 事件报文：故障代码 026，MV13S 故障

代码描述：MV13S 失电关闭。

反应：丧失对紧急快缓和备用快缓功能。

可能的原因：输出反馈显示 MV13S 失电。

故障排除方法：更换 13CP。

13. 事件报文：故障代码 031，13CN 故障

代码描述：13CN 故障。

反应：对 13#管和均衡风缸备份控制的丢失。

可能的原因：13CN 生命信号丢失 10 s。

故障排除方法：在采购之前，可以作为本务车和补机使用。紧急快缓和备用快缓丢失。更换 13CP。检查 13 控制节点处的黄色指示灯，如果稳定发亮，重新输入程序或者更换 LRU。如果在重启电源之后红灯一直亮着，可更换 13CP。

14. 事件报文：故障代码 033，ERBU 故障

代码描述：MVERBU 失电关闭。

反应：CCB-Ⅱ对均衡风缸管控制丢失。

可能的原因：输出反馈显示 MVERBU 失电。

故障排除方法：在采购之前，可以在备用模式下作为本务车使用。如果在重启电源之后仍然出现故障，可更换 16CP 和 13CP。如果更换之后还出现故障报错，检查 LON 总线。

15. 事件报文：故障代码 036，16CP 故障

代码描述：16CPAW4 故障（AW4-16 故障）。

反应：16CP 不能正常工作。

可能的原因：16 > 690 或者 10 s 内的压力变化不在 −35 ~ +35 kPa 范围内。

故障排除方法：运行 16 自检。如果自检通过，复位 AB 断路器以清除备份模式。如果自检没有通过，更换 16CP。

16. 事件报文：故障代码 037，16T 故障

代码描述：16T 故障。

反应：16CP 不能正确控制 16#管。

可能的原因：传感器输出电压 > 4.5 V 或者 < 0.5 V。或者 IPM 探测到传感器停止传输信号达到 15 s。

故障排除方法：在采购之前，可以在备用模式下作为本务车使用。更换 16CP。

17. 事件报文：故障代码 039，MV16 故障

代码描述：MPV16 失电关闭。

反应：16CP 不能正确控制 16#管。

可能的原因：输出反馈显示 MPV16 失电。

故障排除方法：更换 16CP。

18. 事件报文：故障代码 048，BPT 故障

代码描述：BPT 故障 2。

反应：16CP 不能正确控制 16#管。

可能的原因：传感器输出电压 > 4.5 V 或者 < 0.5 V，或者 IPM 探测到传感器停止传输信号达到 15 s。

故障排除方法：如果在重启电源之后还有故障报错，可更换 16CP。

19. 事件报文：故障代码 049，BCT 故障

代码描述：BCT 故障。

反应：16CP 不能正确控制 16#管。

可能的原因：传感器输出电压 > 4.5 V 或者 < 0.5 V。

故障排除方法：机车驾驶员可以在不用列车制动管的情况下启动机车的备用模式。推荐在采购之前可以在补机模式下使用。更换 16CP。

20. 事件报文：BCU 故障代码 052，16CN 故障

代码描述：16CN 故障。

反应：16CP 不能正确控制 16#管。

可能的原因：16CN 生命信号丢失达到 4 s。

故障排除方法：机车驾驶员可以在不用列车制动管的情况下启动机车的备用模式。推荐在采购之前可以在补机模式下使用。保证 16CP 插座的 LON 总线连接可靠。复位 AB 断路器。如果在重启电源以后红灯还亮着，可更换 16CP。

21. 事件报文：BCU 故障代码 055，20CP 故障

代码描述：20CP AW4 故障。

反应：20CP 不能正确控制 20#管。

可能的原因：10 s 以内压力变化不在 −35 ~ +35 kPa 范围内。

故障排除方法：运行 20 自检。如果自检通过，复位 AB 断路器以清除备份模式。如果自检没有通过，设置成补机。在采购时更换 20CP。

22. 事件报文：BCU 故障代码 056，20T 故障

代码描述：20T 故障。

反应：20CP 不能正确控制 20#管。

可能的原因：传感器输出电压 > 4.5 V 或者 < 0.5 V。

故障排除方法：只有 BC 管压力稍微减小。更换 20CP。

23. 事件报文：BCU 故障代码 058，MVLT 故障

代码描述：MVLT 失电关闭。

反应：20CP 不能正确控制 20#管。

可能的原因：输出反馈显示 MVLT 失电。

故障排除方法：设置成补机模式；采购时更换 20CP。

24. 事件报文：BCU 故障代码 062，20CN 故障

代码描述：20CN 故障。

反应：20CP 不能正确控制 20#管。

可能的原因：20CN 生命信号丢失达到 4 s。

故障排除方法：保证 20CP 插座的 LON 总线连接可靠。复位 AB 断路器。如果仍然出现故障，关闭 ABCB，使用补机模式下的气动备份。

25. 事件报文：BCU 故障代码 075，Auto POT 故障

代码描述：自动手柄打开。

反应：自动手柄不能正确地工作。

可能的原因：电位计输出电压小于最小输出值。

故障排除方法：设置成补机；更换 EBV。

26. 事件报文：BCU 故障代码 076，Ind POT 故障

代码描述：Ind 手柄打开。

反应：Ind 手柄不能正确地工作。

可能的原因：电位计输出电压小于最小输出值。

故障排除方法：设置成补机；更换 EBV。

27. 事件报文：BCU 故障代码 080，EBV B01 故障

代码描述：EBV B01 故障。

反应：快缓功能故障。

可能的原因：EBV 节点一直有输入信号 B01。

故障排除方法：设置成补机；更换 EBV。

28. 事件报文：BCU 故障代码 085，EBV CN 故障

代码描述：EBVCN 故障。

反应：EBV 不起作用。

可能的原因：EBVCN 生命信号丢失达到 6 s。

故障排除方法：确保 EBV 的插头和 PSJB 的 J100 插头之间的 LON 总线连接可靠。复位 AB 断路器。

29. 事件报文：BCU 故障代码 090，IPM CN 故障

代码描述：IPM CN 故障。

反应：IPM 和 EPCU 之间的通信失败。

可能的原因：所有的 LON 报文丢失 1.5 s。

故障排除方法：重启 EPCU 的电源（ABCB）以及 IPM 电源（包括 LEB，DP，或者 MTB 电路断路器）。检查 IPM 与 RIM 和 PSJB 之间的电缆，如果以上没有问题，可考虑更换 IPM。

30. 事件报文：BCU 故障代码 098，BPT/BPT2 故障

代码描述：BPT 和 BPT2 故障。

反应：BP 对制动管的控制丢失。

可能的原因：BPT 和 BPT 备份已经失败。

故障排除方法：重启 EPCU 的电源（ABCB）以及 IPM 电源（包括 LEB，DP，或者 MTB 电路断路器）。如果还出现故障报错，关闭 ABCB，启用补机模式下的气动备份。检查控制节点处的黄灯，如果黄灯一直亮着，重编程序或者更换受之影响的 LRU。检查 LON 总线连接。如果必要的话更换 BPCP 和 16CP。

31. 事件报文：BCU 故障代码 099，20TL 故障

代码描述：20TL 故障。

反应：20CP 不能正确控制 20#管。

可能的原因：传感器输出电压 > 4.5 V 或者 < 0.5 V。

故障排除方法：复位 AB 电路断路器。关闭 ABCB，设为补机模式。如果故障仍然存在，采购时更换 20CP。

32. 事件报文：BCU 故障代码 100，ER BU 故障

代码描述：ER 备份故障。

反应：CCB-Ⅱ对均衡风缸控制的丢失。

可能的原因：ER 备份，以及另外 036、037 和 052 故障。

故障排除方法：设置 AB 为补机，遵循特殊故障的处理步骤。

二、HXD₃型机车制动机常见应急故障处理

1. 故障应急处理时注意事项

（1）故障处理前，必须将主手柄及换向手柄置于"0"位，断开主断路器。

（2）确认需要断开蓄电池自动开关 QA61 之前，应正确处理好监控装置的操作。

2. HXD₃型机车制动系统故障判断处理流程图（见图 8-1）

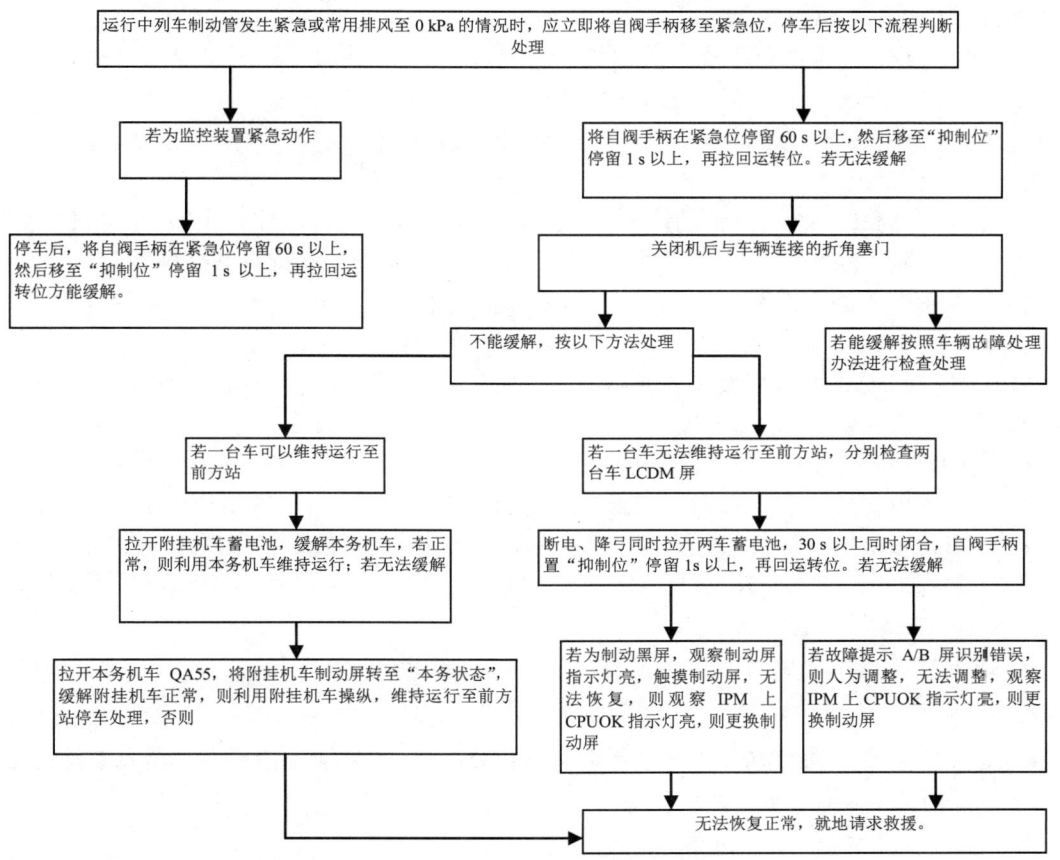

图 8-1 HXD₃型机车制动系统故障判断处理流程图

3. HXD₃型机车制动机常见应急故障处理

1）机车发生惩罚制动故障

（1）监控装置常用制动引起的惩罚制动，应将自阀制动手柄置于"抑制位"1 s 以上并缓解监控装置常用制动；

（2）操纵端处理无效，确认"IPM"上"CPUOK"指示灯为"绿色"显示时，换端操纵维持进站。

2）大闸运转位列车制动管不充风

（1）大闸手把置抑制位或重联位，等待"动力切除"消失后，回运转位充风。

（2）大闸非常制动或列车分离、使用放风阀、使用紧急停车按钮后，列车制动管排为0，大闸手把需在非常位停留60 s后，再回运转位充风；

（3）如动力切除不消失，应在LCDM上按F3键，查看制动机设置信息，并确认设置为操纵端和投入状态。

3）操纵端LCDM屏黑屏或死机

（1）操纵端LCDM屏电源指示灯是否亮，电源指示灯正常时立即手压显示屏下方F1~F8任意键，1~3 s后恢复正常。

（2）若LCDM屏电源灯不亮，拉回机车电钥匙，将控制电器柜上QA55"电控装置"脱扣开关脱掉10 s后恢复，再给电钥匙后观察LCDM屏是否启动正常。

（3）如果不能恢复，到制动屏柜处，检查"集成处理器模块"（IPM）上的"CPU-OK"指示灯是否亮。

① 若指示灯亮，在时间允许的情况下可互倒A/B端LCDM屏，否则可按《本务机车CCB-Ⅱ制动系统故障应急处理办法》（附件一或附件二）维持运行或维持进站处理。

② 若指示灯不亮，需断开机车QA61"蓄电池充电"脱扣开关60 s，恢复后若正常，则继续运行。

③ 若故障依旧，可直接按《本务机车 CCB-Ⅱ制动系统故障应急处理办法》（附件一或附件二）维持运行或维持进站处理。

（4）LCDM屏互倒方法及注意事项：

① 先拉回电钥匙开关，再断开本务机车QA61"蓄电池充电"脱扣开关。

② 在更换LCDM屏时，为节省时间，最好两端同时进行拆除。先拆掉4个安装螺丝，拔下2个航空插座，再拆掉接地线。（注意：对换到非操纵端的故障LCDM屏可不安装，但需将非操纵端接地线包扎好）

③ LCDM屏互倒完毕后，合本车QA61"蓄电池充电"脱扣开关，在LCDM屏启机后，对操纵端LCDM屏进行重新设置，主要内容是机车号（A/B）端、本机的重新设置。

4）运行中机车自动启非常（紧急制动），LCDM屏下方对话框内提示：紧急制动作用

将本务机车自阀置"紧急位"60 s后拉回运转位，观查列车制动管是否能正常缓解。

（1）若能正常缓解，可先维持运行。

（2）若不能正常缓解，操作LCDM屏（按压F3"电空制动"键→按压F7"维护菜单"键→按压F2"事件记录"）进入故障记录界面，查看故障记录内容，根据以下相关信息提示做相应处理。

① 紧急制动：操作员

含义：乘务员将自阀置"紧急"位。

处理：自阀置"紧急位"60 s后回运转位自动恢复正常。

② 紧急制动：ATP

含义：人为捅紧急制动按钮或列车监控记录装置放风。

处理：需检查恢复机车紧急按钮或解锁列车监控记录装置。

③ 紧急制动：列车制动管线

含义：全列列车制动管线有快速排风或较大泄漏现象。

处理：
a. 关闭机后第一位列车制动管折角塞门，自阀置"紧急位"60 s后，重新缓解列车，若列车正常缓解，则可判断故障为车辆问题。

b. 故障依旧时，恢复机后第一位列车制动管折角塞门，关闭本务、重联机车连接处列车制动管折角塞门，自阀置"紧急位"60 s后重新缓解，列车制动管正常缓解，则为后位重联机车列车制动管存在故障。若仍不能正常缓解，则为本务机车列车制动管线存在故障。

c. 根据上述步骤判断列车制动管排风处所，若为本务机车或重联机车列车制动管线存在故障，可根据《本务机车 CCB-Ⅱ制动系统故障应急处理办法》或《重联机车 CCB-Ⅱ制动系统故障应急处理办法》维持运行进站处理。

④ 紧急制动：列车制动管线（伴随 LCDM 主画面显示 F014-53 代码）

含义：非操纵端自阀在"紧急位"。

处理：检查恢复非操纵端及后位机车各 EBV，将自阀锁定在"重联位"

⑤ 紧急制动：ATP/（伴随 TCMS 屏显示：警惕动作）

含义：死人装置动作。

处理：拉回手柄及电钥匙，给电钥匙后自阀"紧急位"60 s 后缓解正常。

（3）若本务机车 LCDM 屏故障记录内无任何故障记录：

① 立即上重联机车检查，若发现重联机车操纵端 LCDM 黑屏，可按 LCDM 黑屏处理办法处理。

② 若重联机车操纵端 LCDM 屏工作正常，则需进入 LCDM 屏故障记录页面，检查其故障记录内容，根据故障记录做相应处理。若无法处理时，可按《重联机车 CCB-Ⅱ制动系统故障应急处理办法》维持运行或维持进站处理。

5）运行中 LCDM 屏突然无列车制动管、均衡风缸压力显示，机车自动停车，LCDM 屏显示"空气制动故障——XXX"、故障栏提示"自动制动不能被单独缓解，本车设置为拖车"，实际列车也不缓解

（1）将本务机车自阀置"紧急位"，待 60 s 后重新缓解列车。

（2）若列车不能正常缓解，将本务机车制动屏柜上方 A24 总风截断塞门关闭，待排风结束后再开启，将自阀再次置"紧急位"，待 60 s 后重新缓解列车。

（3）若列车依然不能正常缓解，将电钥匙拉回，将控制电器柜 QA55"电控装置"脱扣断开 30 s 后再恢复，缓解列车试验观察。

（4）若故障依旧，将两台车 QA61"蓄电池充电"脱扣开关断开 60 s 后重新合上，将自阀置"抑制位"后拉回"运转位"缓解列车。

（5）若故障依旧，在确认牵引力足够的情况下，可按《本务机车 CCB-Ⅱ制动系统故障应急处理办法》维持运行或维持进站处理。

6）司机台"弹停制动"灯不灭，LCDM 屏显示"动力切除"不消失，弹停制动不解除

（1）检查总风缸压力是否在 450 kPa 以上、B40 塞门在正常位。

（2）将"弹停制动"开关置缓解位，观察弹停制动是否能解除。

（3）下车检查四个弹停制动器及风路有无漏风现象。

（4）以上各项检查均正常时，可手压活动 B40 弹停模块上的双向脉动电磁阀左、右侧紫

红色柱塞，听是否有充风或排风声，观察故障现象是否消失。

（5）若故障依旧，可断开机车QA61"蓄电池充电"脱扣开关60 s后恢复，观察故障现象是否消失。

（6）应急处理办法：

a. 断开故障机车QA61"蓄电池充电"脱扣开关。

b. 在Ⅱ端司机室背后端子柜内找到1733线（1排9号柱）与440线（1排4号柱），分别将其破皮并用短接线短接。

c. 关闭B40塞门，下车手动解除四个弹停制动器。

d. 闭合QA61"蓄电池充电"脱扣，给"车底灯"扳钮，闭合电钥匙，弹停制动灯灭，LCDM屏"动力切除"消失，机车试验正常。

7）本务机车无动力，单节重联机车满足牵引力需求的故障应急处理办法

（1）断开本务机车控制电器柜QA55"电控装置"开关。

（2）本务机车自阀置"重联位"，单阀置"运转位"。

（3）到重联机车给电钥匙，将LCDM屏设置"本机"模式。

（4）重联机车自阀置"抑制位"后回"运转位"，解除惩罚制动，缓解列车。

（5）本务机车乘务员负责瞭望，重联机车乘务员负责操纵。

（6）重联机车自阀减压后，通过侧压单阀只能解除后车制动闸缸压力，不能解除本务机车制动闸缸压力。只有将重联机车单阀置"运转位"才能同时解除两台机车制动闸缸压力。

8）本务、重联机车均有动力，在困难线路对牵引力需求较大的情况下重联操纵应急处理办法

（1）断开两台机车QA61"蓄电池充电"脱扣开关并断开本务机车QA55"电控装置"开关。

（2）将本务机车自阀置"重联位"、单阀置"制动位"。

（3）在本务机车控制电器柜背后，找到CN7号插头内1号芯801线、CN7号插头5号芯805线、CN8号插头3号芯355分别将其破皮。

（4）用短接线将三根线短接，并进行绝缘包扎。

（5）闭合两台车QA61"蓄电池充电"脱扣开关，到重联机车给电钥匙开关，进入双机重联控制模式。

（6）将重联机车LCDM设置为"本机"模式，重联机车自阀置"抑制位"后回"运转位"，解除惩罚制动，缓解列车。

（7）本务机车负责瞭望，重联机车负责全面操纵。

（8）重联机车自阀减压后，通过侧压单阀只能解除重联闸缸压力，不能解除本务机车闸缸压力。只有将重联机车单阀置"运转位"才能同时解除两台机车闸缸压力。

9）重联机车无动力，适用于单节本务机车满足牵引力需求的故障应急处理办法

（1）断开重联机车控制电器柜QA55"电控装置"脱扣开关。

（2）将重联机车EBV自阀置"重联位"，单阀置"制动位"。

（3）到本务机车给电钥匙，点击TCMS屏进入单机状态。

（4）确认本务机车 LCDM 屏"本机"模式。自阀置"抑制位"回"运转位"缓解列车，单阀置"运转位"缓解重联机车制动闸缸压力。

（5）本务机车自阀减压后，通过侧压单阀只能解除本务机车闸缸压力，不能解除重联机车制动闸缸压力。只有将本务机车制动单阀置"运转位"才能同时解除两台机车制动闸缸压力。

第七节　法维莱 Eurotrol 制动机故障处理

法维莱 Eurotrol 制动机故障代码分为如下三类：类型 83——在运行期间请求向驾驶员发送信息的主要故障代码（DM），在 CPU 显示信息为 8983；类型 84——在运行结束时请求向驾驶员发送信息（该信息在 CPU 显示器上显示为 8984）的次要故障代码（DC）；型 87——仅用于维护的一般故障代码（该信息在 CPU 显示器上显示为 8987）。

当检测到一个故障时，该故障代码保存于 BCU 内部，仅在维护时进行复位。故障代码的复位删除掉内存中所有的故障列表。因此故障记录的功能必须在 TCMS 中实现。当一个故障代码被检测到时，BCU 继续工作。BCU 仅在故障被确认和声明后进行反应。故障代码类型 83 与 BCU 信息有关。这些故障代码请求将系统切换到备用模式。同时，日期（由 TCMS 通过 MVB 网络发送的时钟信号）一起存储于 BCU 内存中。这些故障能够通过对 Eurotrol 先导室 RE 完全排气引起制动。它们通过 MVB 网被送到 TCMS。故障代码类型 84 与 B_BCU 信息有关。这些故障代码不向驾驶员请求任何操作，仅请求在运行结束时进行维护方面的干预，同时间、日期（由 TCMS 通过 MVB 网络发送的时钟信号）一起存储于 BCU 内存中，它们通过 MVB 网被送到 TCMS。故障代码类型 87 同时间、日期（由 TCMS 通过 MVB 网络发送的时钟信号）一起存储于 BCU 内存中，它们通过 MVB 网被送到 TCMS。BCU 故障代码说明如表 8-15 所示。

复习思考题

8-1　以 SS_4 改型机车为例，叙述 DK-1 型电空制动机的操作规程与试验验收规则。

8-2　以 SS_4 改型机车为例，叙述 DK-1 型电空制动机的检查、试验方法。

8-3　叙述 DK-2 型电空制动机操作规程与试验。

8-4　叙述 CCB-Ⅱ型制动系统操作规程与试验。

8-5　叙述法维莱 Eurotrol 制动机操作规程与试验。

8-6　叙述 DK-1 型电空制动机故障处理方法。

8-7　叙述 DK-2 型电空制动机故障处理方法。

8-8　叙述 CCB-Ⅱ型制动系统故障处理方法。

8-9　叙述法维莱 Eurotrol 制动机故障处理方法。

第九章 车辆制动机简介

当司机控制列车制动管充气、减压以及保压时,不仅使机车制动机产生缓解、制动以及保压作用,而且列车制动管压力变化沿列车制动管向后传播,使车辆制动机也发生缓解、制动以及保压作用。列车的制动距离、缓解和制动时的纵向动作用力也受到车辆制动机性能影响。车辆制动机分为客车制动机和货车制动机,客车制动机有 PM 型、LN 型、104 型及 F8 型等,货车制动机有 KC 型、KD 型、GK 型、103 型及 120 型等。随着旅客列车编组的扩大以及运行速度的不断提高,客车空气制动机也在不断地发展。目前,我国大多数客车采用 104 型、104C 型空气制动机,大多数货车采用 120 型空气制动机。

第一节 客车 104 型空气制动机

104 型空气制动机是以我国 20 世纪 70 年代自行研制的 104 型分配阀命名的,并在客车上陆续投入使用。近年来,随着列车电空制动机的发展,在 104 型分配阀的基础上,通过增设电空阀、缓解风缸以及电缆等部件,成功开发了 104 型车辆电空制动机。其特点是以 104 型分配阀代替旧型制动机中的三通阀,设有容积为 11 L 的压力风缸、容积为 120 L(制动缸直径为 356 mm)或 180 L(制动缸直径为 406 mm)的副风缸、制动缸排气塞门,无附加风缸。

一、104 型空气制动机的组成

104 型空气制动机为二压力控制、间接作用方式的制动机,主要由 104 型分配阀、副风缸、工作风缸(压力风缸)、制动缸、闸瓦间隙自动调整器、远心集尘器、制动缸管、截断塞门、制动缸排风塞门等组成,如图 9-1 所示。

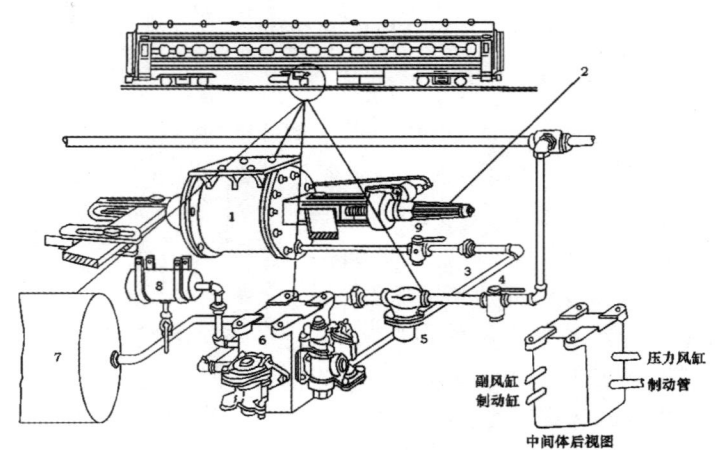

图 9-1 104 型空气制动机

1—制动缸;2—闸瓦间隙调整器;3—制动缸管;4—截断塞门;5—远心集尘器;
6—104 型分配阀;7—副风缸;8—压力风缸;9—制动缸排气塞门

二、104 型分配阀

（一）104 型分配阀的特点

1. 间接作用方式的分配阀结构

旧型空气制动机均采用三通阀控制形式，其性能比较简单，作用不准确，仅能适用于固定尺寸的制动缸，检修也不方便。104型制动机采用了与三通阀作用原理不同的分配阀控制形式，即由直接作用方式改为间接作用方式，在结构上通过增设压力风缸、容积室与均衡部来达到间接控制制动缸作用的目的；同时设有专门的充气部机构，以协调副风缸与压力风缸的充气作用。

2. 两种压力控制的膜板滑阀结构

为了适应与旧型制动机无条件混编，采用压力风缸及制动管的两种压力控制作用，以相当于三通阀的副风缸及制动管的两种压力控制。即依靠制动管压力变化引起与压力风缸的压力差来产生相应的动作控制制动机的充气缓解、减速充气和减速缓解、常用制动、制动保压和紧急制动等基本作用，便于司机按传统习惯进行列车制动机各作用性能的操纵，并满足长大货物列车的缓解要求。在考虑提高性能的同时又能使各作用压力、时间参数等方面与三通阀相协调，以保证与旧型制动机的混编。但三通阀为活塞环结构，其作用灵敏度较低，漏泄不稳定而容易产生各种故障，为此在分配阀设计中采用膜板滑阀结构，以消除活塞环阻力大、易磨耗、易漏泄等缺点，提高作用灵敏度，并有利于检修。

3. 分部作用形式

三通阀的紧急制动与常用制动作用由同一机构控制，依靠递动弹簧来区分这两个作用位置，这种方法虽有结构简单的优点，但也带来了紧急制动作用不可靠、常用制动与紧急制动作用易于混淆的缺陷。分配阀为克服这一缺点，设计为紧急制动与常用制动分开控制，专设一紧急阀控制紧急制动作用。当紧急制动时，紧急阀能使制动管直通大气以确保全列车迅速、有效地产生紧急制动作用，提高紧急制动波速，改善紧急制动性能。分配阀为了保证各种性能的良好性，并便于区分故障部分的检修、试验，除专设紧急阀部、充气部外，还专设有保证局部减压作用的局减室和局减阀结构来提高制动作用灵敏度，以适应长大列车的需要；在104型分配阀中设有紧急增压阀，在紧急制动时提高制动缸压力，以进一步缩短制动距离，更好地适应高速旅客列车的要求；在103型分配阀中则考虑缓和长大货物列车紧急制动时的冲动问题而设有紧急二段阀，实现紧急制动制动缸变速充气。

4. 采用新结构和新材料

分配阀采用了新的结构形式和新材料，便于检修，利于延长检修期。客车104型和货车103型分配阀各零部件尽量地做到了统一互换，通用件多，减少了零件的规格，使制造和检修均较方便；除采用S形和其他形式的橡胶膜板代替金属活塞环结构以外，大量采用橡胶夹心阀减轻研磨工作量；设滤尘器，加强防止油垢、尘埃侵入阀内，有利于延长检修期；采用新品种的润滑油、润滑脂等润滑材料，可以适应我国不同地区运用条件的要求。

（二）104 型分配阀的构造

104型分配阀由主阀、紧急阀和中间体三部分组成，如图9-2所示。中间体用铸铁铸成长方体结构，用以安装主阀、紧急阀及构成内部通路和作用容积，并把分配阀安装于车体。中间体的垂直面上共有8个清砂孔，用螺堵拧紧，不允许有漏泄。中间体内有三个独立的作用容积：分别为 1.5 L 的紧急室，0.6 L 的局减室，3.8 L 的容积室。紧急室通紧急阀安装座紧急室孔；容积室有两条通路，其一由安装座容积室孔 r_5 通向主阀部均衡活塞下侧，其二由安装座容积室孔 r 通向主阀紧急增压阀；局减室通向主阀安装座局减室孔。中间体主阀安装座面的制动管通路 L 上设一直径 50 mm 的圆孔，内装杯形滤尘器，过滤由制动管而来的压力空气中的水分、尘垢等杂质。主阀是 104 型分配阀中的最主要部件，它根据制动管的压力变化，控制车辆制动机实现缓解、制动、保压及紧急作用，由作用部、充气部、均衡部、局减阀、紧急增压阀等五部分组成，如图 9-3 所示。

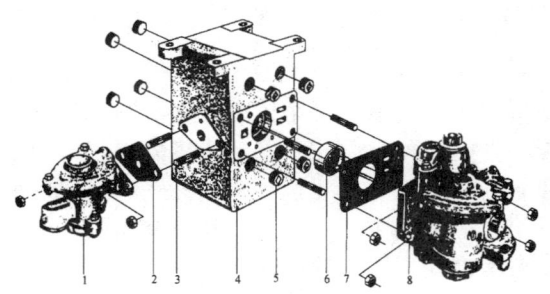

图 9-2　104 型分配阀组成

1—紧急阀；2—紧急阀垫；3—双头螺栓；4—中间体；5—螺堵；6—滤尘器；7—主阀垫；8—主阀

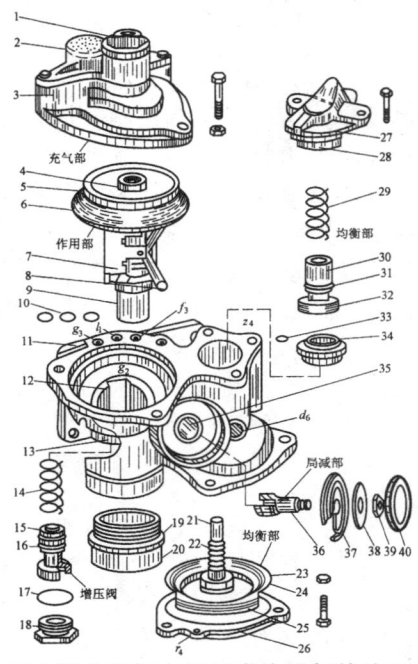

图 9-3　104 型分配阀主阀组成（零部件外形及组装）

1—止回阀盖；2—充气阀体；3—主阀上盖；4—活塞压帽；5—上活塞；6—主活塞膜板；7—滑阀；8—滑阀弹簧；9—主活塞杆；
10—$\varPhi 16$ 密封圈；11—主阀体；12—滑套；13—增压套；14—增压阀弹簧；15—增压阀杆；16—$\varPhi 24$ 密封圈；
17—$\varPhi 40$ 密封圈；18—增压阀盖；19—$\varPhi 75$ 密封圈；20—主阀下盖；21—均衡活塞杆；22—$\varPhi 15$ 密封圈；
23—均衡膜板；24—均衡上活塞；25—均衡下活塞；26—均衡下盖；27—均衡上盖；28—均衡阀杆套；
29—均衡阀弹簧；30—均衡阀杆；31—$\varPhi 19$ 密封圈；32—均衡阀；33—$\varPhi 16$ 密封圈；34—均衡阀座；
35—局减阀套；36—局减阀杆；37—局减膜板；38—局减活塞；39—螺母；40—压圈；
41—局减阀弹簧；42—局减阀盖；g_2、g_3—工作风缸；l_1—制动管（列车管）；
f_3—副风缸；d_6—均衡部排气口；r_4—容积室；z_4—制动缸

作用部由主活塞、滑阀、节制阀和稳定装置等组成，如图 9-4 所示。主活塞上侧通制动管，下侧滑阀室通工作风缸，作用部的功能是根据主活塞上下两侧的制动管与工作风缸之间的压力差，主活塞带动滑阀、节制阀上下移动，构成不同的气路，产生充气、局减、制动、保压、缓解等作用。主活塞包括主活塞杆、主活塞压板、主活塞膜板、主活塞及密封圈等零件。滑阀由翅形滑阀弹簧压紧在滑阀座上，并嵌于主活塞杆上、下两肩之间，滑阀与主活塞两肩之间沿轴向有 4 mm 间隙。节制阀嵌在主活塞杆上的节制阀槽内，由节制阀弹簧将其压紧在滑阀背面的节制阀座上，节制阀随主活塞同步移动，配合滑阀实现分配阀的各种作用。稳定装置安装于主活塞杆尾部的内腔，由稳定杆、稳定弹簧、稳定弹簧座和挡圈组成。稳定杆的顶部与滑阀下端面相接触，由于稳定弹簧有一定的预压力，使得制动管的轻微压力波动不会引起节制阀、主活塞动作，防止制动管的轻微压力波动引起主活塞动作而产生自然制动或自然缓解。节制阀、滑阀和滑阀座孔道布置如图 9-5 所示。节制阀、滑阀和滑阀座孔道名称及代号见表 9-1。

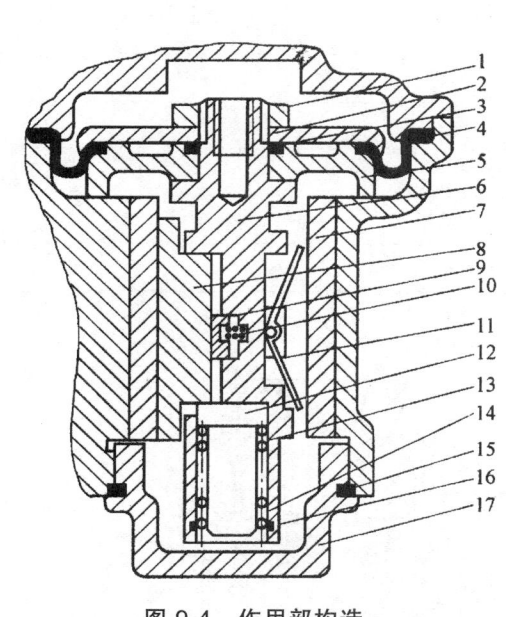

图 9-4 作用部构造

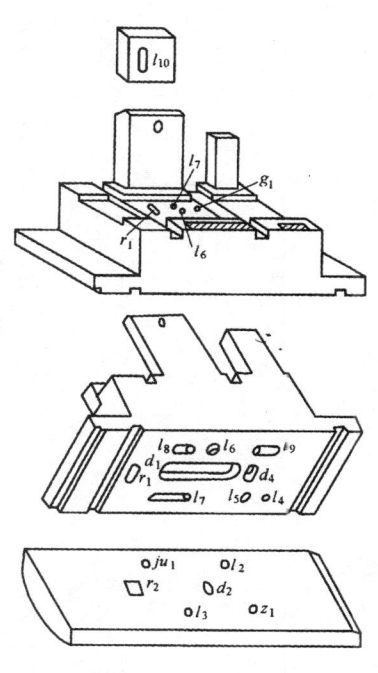

图 9-5 节制阀、滑阀和滑阀座

1—活塞压帽；2—主阀上活塞；3—$\Phi24$ 密封圈；4—主阀活塞顶膜板（$\Phi126$）；
5—主阀下活塞；6—主阀活塞杆；7—滑阀套；8—滑阀；9—节制阀；
10—节制阀弹簧；11—滑阀弹簧；12—稳定杆；13—稳定弹簧；
14—稳定弹簧座；15—$\Phi75$ 密封圈；
16—挡圈；17—主阀下盖

充气部的功能是控制对副风缸与工作风缸的充气速度，使它们保持一致，并防止副风缸压力空气逆流。充气部位于主阀上盖上方，由充气止回阀部和充气阀部两部分构成，如图 9-6 所示。充气止回阀上方通充气阀室，充气止回阀下方通主活塞上部，即与制动管相通。当工作风缸压力高于副风缸压力时，向上推动充气膜板及充气活塞，使顶杆上移开放充气阀，列车管压力空气向副风缸充入。当二者空气压力接近平衡时，充气阀在弹簧力作用下关闭阀口，副风缸停止充气。充气止回阀的作用是防止副风缸压力空气向列车管逆流。

表 9-1　节制阀、滑阀和滑阀座孔道名称及代号

部位	名　　称	代号
节制阀	局减联络槽	l_{10}
滑阀	充气孔	l_5
滑阀	局减室入口	l_7
滑阀	缓解联络槽	d_1
滑阀	充气限孔	g_1
滑阀	局减孔	l_6
滑阀	制动孔	r_1
滑阀	局减阀入孔	l_9
滑阀座	制动管充风用孔	l_2
滑阀座	通局减阀	z_1
滑阀座	制动管局减用孔	L_3
滑阀座	通大气	d_2
滑阀座	通容积室	r_2
滑阀座	局减室孔	ju_1

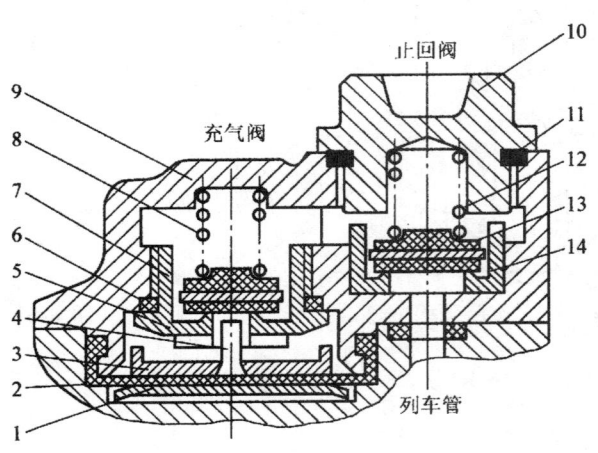

图 9-6　充气部构造

1—充气膜板垫；2—充气膜板；3—充气活塞；4—充气活塞杆；5—充气阀座；6—Φ35 密封圈；
7—充气阀（Φ25）；8—充气阀弹簧；9—充气阀体；10—止回阀盖；11—Φ40 密封圈；
12—止回阀弹簧；13—止回阀；14—止回阀座

均衡部的功能是根据容积室的压力变化，控制制动缸的排气、充气和保压作用。均衡部由均衡阀（作用阀）部和均衡活塞部两部分构成，如图 9-7 所示。

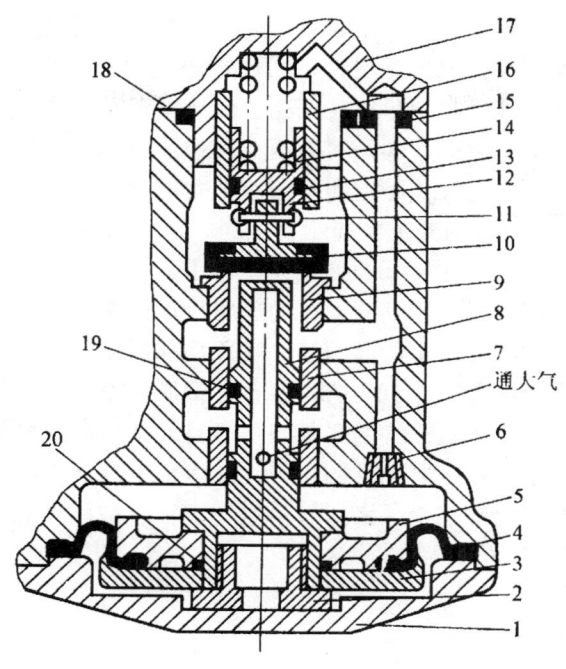

图 9-7 均衡部构造

1—均衡下盖；2—均衡活塞杆帽；3—均衡下活塞；4—均衡膜板；5—均衡上活塞；6—均衡模板；7—均衡活塞杆套；8—均衡活塞杆；9—均衡阀座；10—均衡阀；11—销；12—均衡阀杆；13—Φ19 密封圈；14—均衡阀弹簧；15—Φ16 密封圈；17—均衡上盖；18—Φ45 密封圈；19—Φ15 密封圈；20—Φ35 密封圈

均衡阀与均衡阀杆用销子连接，以使均衡阀动作灵活，容易与均衡阀座关闭严密。均衡阀室装滤尘套，过滤副风缸进入主阀体的压力空气中的杂质。均衡阀弹簧室经阀体暗道通制动缸。均衡活塞杆上半部设有轴向中心孔，中部 4 个径向孔经阀体暗道通向大气，在径向孔上、下设两道密封圈以防止制动缸压力空气漏入大气。均衡活塞下部经阀体暗道通向容积室。铜质缩堵Ⅱ以螺纹形式拧在均衡活塞上部通向制动缸的阀体暗道上，将制动缸与均衡活塞上部连通，使制动缸压力与容积室压力同步、稳定变化。

制动缸的排气、充气和保压作用对应均衡阀的的三种开闭状态，均衡阀的开闭状态由均衡活塞相应的位置控制，均衡活塞的位置由均衡活塞上下两侧的压力差控制。制动缸的排气作用：当容积室压力小于制动缸压力时，制动缸空气压力推动均衡活塞下移，使均衡活塞杆上端口脱离均衡阀，制动缸压力空气经均衡活塞杆上端口、轴向孔、径向孔 d_5 以及均衡部排气口 d_6 排向大气。制动缸的充气作用：当容积室压力高于制动缸压力时，容积室空气压力推动均衡活塞上移，均衡活塞杆顶开均衡阀，使得副风缸压力空气经均衡阀口充到制动缸；同时进入均衡阀弹簧室及均衡活塞上方（经缩堵Ⅱ）。制动缸的保压作用：当容积室空气压力大致等于制动缸空气压力时，在均衡阀弹簧室制动缸压力、均衡阀弹簧的伸张力作用下，均衡阀推均衡活塞杆下移，均衡阀与均衡阀座密贴，关闭了副风缸向制动缸充气的通路。此时均衡活塞杆顶部与均衡阀仍密贴，均衡阀和均衡活塞杆上端部之间的作用力大小大致为均衡阀弹簧室制动缸压力所产生，制动缸排气通路未开通，形成制动缸保压状态。

局减阀的功能是在制动作用刚开始阶段，使制动管的部分压力空气经局减阀充入制动缸，使制动管产生局部减压,加快后部车辆产生制动作用,以提高制动波速,改善制动性能,同时本车制动缸压力获得跃升,缩短空走距离。局减阀位于作用部与均衡部之间,由局减阀、局减阀活塞及局减阀弹簧等构成,见图9-8。局减阀盖上有轴向孔($\Phi 3$ mm)使局减活塞外侧室通大气,在局减活塞外移时消除空气背压,使局减阀开闭灵活。局减阀盖将压圈和局减膜板紧固于主阀体上,毛毡被局减阀弹簧紧压在阀盖轴心孔内,防止杂质侵入。局减阀套上有8个径向孔($\Phi 1$ mm),经阀体暗道通滑阀座上的局减阀孔。局减阀杆缩颈处有两个径向孔($\Phi 3$ mm),经轴向孔及均衡阀下方通制动缸。

局减阀的作用原理:平时在局减阀弹簧伸张作用下,局减活塞与局减阀向内侧移动,局减阀开放,即开通滑阀座局减阀孔到制动缸的通路,这样在制动作用开始阶段,使制动管压力空气经局减阀充入制动缸,产生所谓的第二阶段局部减压作用,提高制动波速。当制动缸压力(也即局减活塞内侧压力)达 50~70 kPa 时,局减阀被推动外移压缩局减阀弹簧,局减阀关闭,即切断制动管向制动缸充气的局部减压通路,第二阶段局部减压作用结束。紧急增压阀的功能是在紧急制动时提高制动缸的压力,产生紧急增压作用,以获得更大的制动力,缩短制动距离,确保旅客列车安全。增压阀由增压阀杆、增压阀套、增压阀弹簧等组成,如图9-9所示。

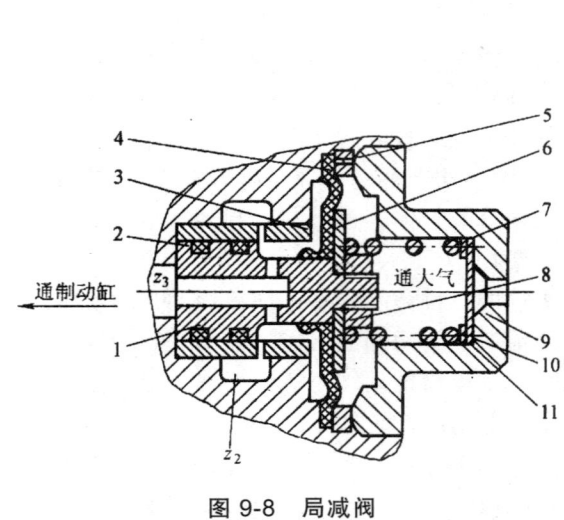

图 9-8 局减阀
1—局减阀杆;2—密封圈;3—局减阀套;4—局减膜板;
5—压圈;6—局减活塞;7—局减阀弹簧;8—螺母;
9—局减阀盖;10—毛毡;11—压垫

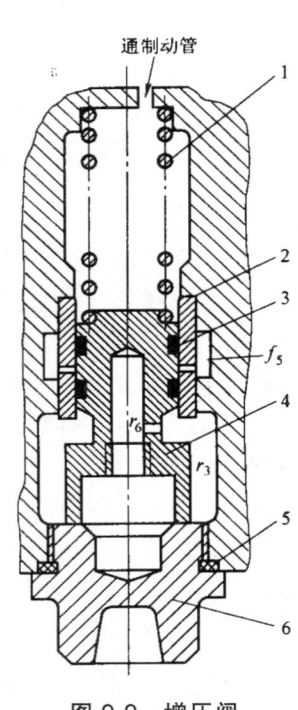

图 9-9 增压阀
1—增压阀弹簧;2—增压阀套;3—$\Phi 24$ 密封圈;
4—增压阀杆 5—$\Phi 40$ 密封圈;6—增压阀盖

增压阀套压入主阀体内,有8个径向孔 f_5($\Phi 1$ mm)经阀体暗道通副风缸。增压阀上方通制动管,下方空腔通容积室和滑阀座上的容积室孔。中部两个径向孔($\Phi 3$ mm)与轴向孔相通。在增压阀上套装两个密封圈($\Phi 24$ mm),用以防止副风缸、制动管及容积室之间漏泄窜气。通常，在制动管压力与增压阀弹簧作用下，增压阀处于下端位置（即关闭位置）。增压阀套上的小孔 f_5 处在增压阀上两道密封圈之间，使副风缸、容积室不相通。在紧急制动时，增压阀上部的制动管压力急剧下降，而下部容积室压力迅速上升，当容积室空气压力与制动管空气压力形成的压力差能克服增压阀弹簧反力、增压阀自重及移动阻力时，增压阀上移，增压阀套上的小孔 f_5 从增压阀密封圈下方露出来，使副风缸与容积室相连通，这时工作风缸和副风缸都向容积室充气，容积室实现增压作用。由容积室控制的制动缸也实现了增压作用。

紧急阀的功能是在紧急制动初期，引起强烈的制动管紧急局部减压，提高紧急制动波速，提高列车制动机紧急制动的可靠性，改善紧急制动性能。紧急阀由紧急活塞部和放风阀部两部分构成，如图 9-10 所示。紧急活塞上方经阀体暗道通紧急室，紧急活塞下方及放风阀导向杆下方与制动管相通。紧急活塞杆顶端圆孔中嵌装异形密封圈（$\Phi16$ mm），稍突出顶面，平时在安定弹簧弹力的作用下，紧急活塞上移处于极限位置，使密封圈与紧急阀上盖密贴。紧急活塞空心杆中部设一轴向缩孔Ⅲ，上部设一径向缩孔Ⅳ，下部设一径向缩孔Ⅴ。紧急活塞处于上方极端位置时，活塞杆下端距离关闭的放风阀面有 4 mm 间隙。紧急阀体用铸铁制成，在安装面的大孔内装有一个滤尘网，滤除空气中的杂质。在阀体的排大气口处设有排气保护罩垫，以防尘埃侵入。缩孔Ⅲ用以控制紧急室压力空气向制动管逆流速度，以保证常用制动的安定性，同时保证紧急制动的灵敏度。缩孔Ⅳ用以限制制动管向紧急室的充气速度，防止紧急室过充气引起意外紧急制动。缩孔Ⅴ用以限制紧急制动后紧急室排气速度，在 15 s 内放风阀开放，防止紧急减压被中止，造成列车产生剧烈的纵向冲动和断钩等事故的发生。

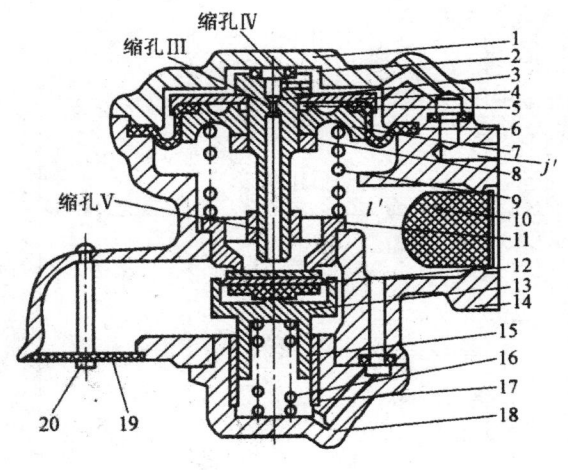

图 9-10　紧急阀

1—紧急阀盖；2—$\Phi16$ 密封圈；3—紧急活塞杆；4—紧急上活塞；5—$\Phi19$ 密封圈；6—紧急活塞膜板；7—紧急下活塞；8—螺母；9—安定弹簧；10—滤尘网；11—放风阀座；12—放风阀；13—放风阀导向杆；14—紧急阀体；15—$\Phi24$ 密封圈；16—放风阀弹簧；17—放风阀套；18—放风阀盖；19—排气口罩垫；20—铆钉；l'—列车管；j'—紧急室

（三）104 型分配阀的作用位置及作用原理

根据制动管压力变化，104 型分配阀可形成充气缓解位、常用制动位、制动保压位、紧急制动位四个作用位置，如图 9-11 所示。

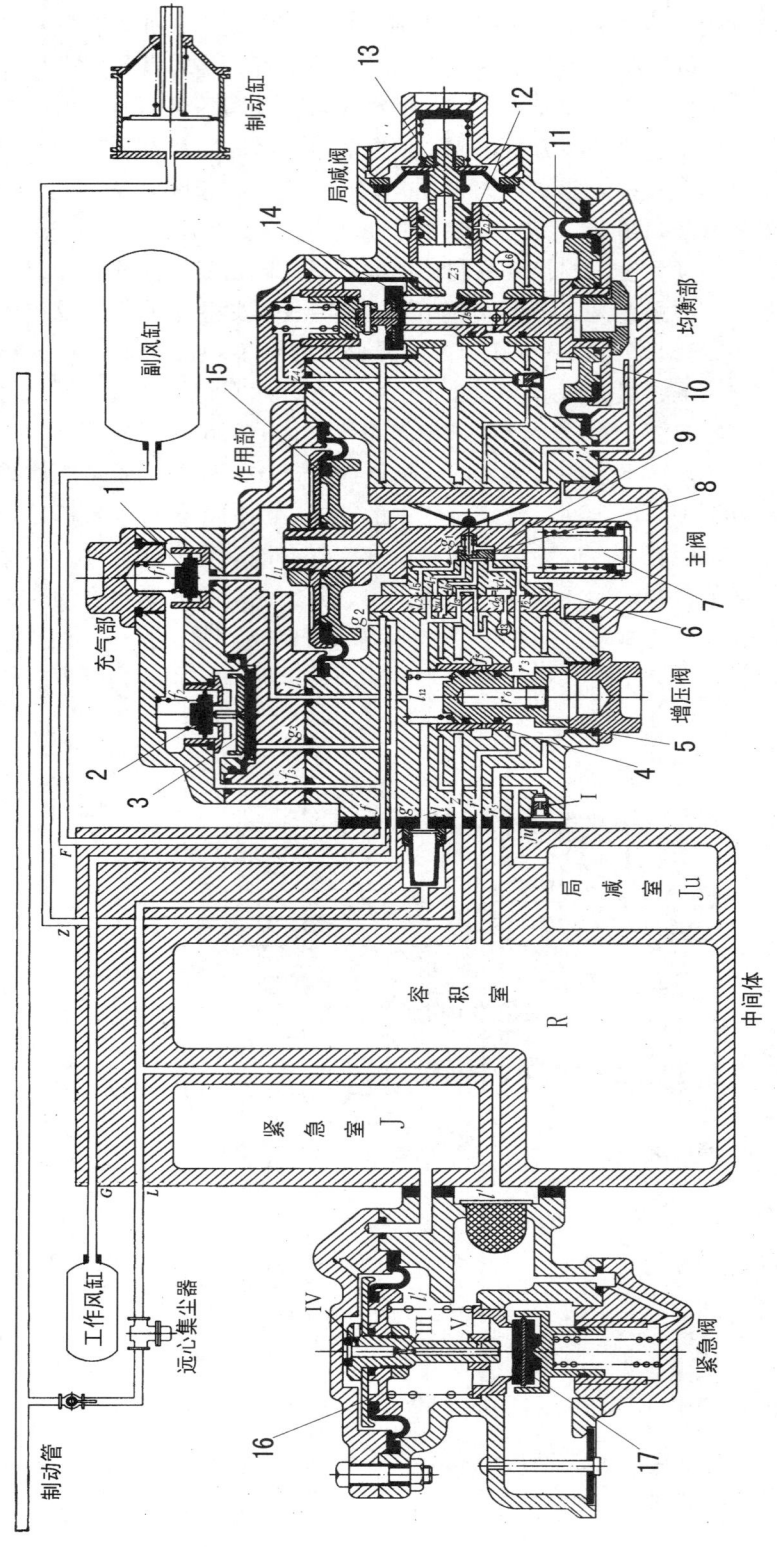

图 9-11 104 型分配阀作用原理

1—止回阀;2—充气阀;3—充气活塞;4—增压阀套;5—增压阀;6—滑阀;7—稳定杆;8—节制阀;
9—主活塞杆;10—均衡活塞;11—均衡阀套;12—局减阀套;13—局减活塞;
14—均衡阀(作用阀);15—主活塞;16—紧急活塞;17—放风阀

1. 充气缓解位

制动管充气增压时，压力空气进入中间体后，一路经滤尘器进入主阀，另一路经滤尘网进入紧急阀。

（1）主阀的作用部：制动管压力空气充入主活塞的上腔，主活塞上侧压力增大，主活塞在两侧压力差的作用下带动节制阀、滑阀下移，到达下方的极端位置，即为充气缓解位。该位置联通两条气路：

a. 制动管压力空气→中间体 l→滤尘器→主阀安装面 l 孔→滑阀座 l_2 孔→滑阀充气孔 l_5→充气限制孔 g_1→滑阀室→g_2 孔→g 孔→G 工作风缸。
└g_3 孔→充气阀膜板下方。

此条气路的作用是制动管向工作风缸充气，充至两者等压为止；由于工作风缸压力作用，使充气阀开放，以便对副风缸充气。

b. 容积室压缩空气→主阀安装面 r 孔→增压阀下部 r_3 空腔→容积室孔 r_2→缓解联络槽 d_1→大气孔 d_2→作用部排气孔 d_3→大气。

（2）主阀的充气部：工作风缸的压缩空气进入充气膜板下方，当其高于充气活塞上方副风缸压力时，打开充气阀。制动管压缩空气顶开止回阀。制动管压力空气→滤尘器→主阀安装面 l 孔→主阀体顶面 l_1 孔→主活塞上方→主阀上盖 l_{11} 孔→顶开止回阀→止回阀上方 f_1 空腔→充气阀→f_2 空腔→充气阀→主阀体顶面 f_3 孔→安装面 f 孔→副风缸。待副风缸压力上升至接近于工作风缸压力时，充气阀在充气阀弹簧及充气阀自重的作用下关闭，停止副风缸的充风。作用阀室 f_4 与副风缸相通，为制动作用做好准备。增压阀套径向孔 f_5 与副风缸相通，做好了紧急增压作用的准备。

（3）主阀的增压阀：增压阀弹簧室的制动管压力使增压阀处于下方关闭位置。

（4）主阀的局减阀：局减阀在制动缸的压力作用下处于关闭位置。当制动缸压力降至 20 kPa 时开启。

（5）主阀的均衡部：随着容积室压力的降低，作用活塞下方经主阀底面孔 r_4、主阀安装面孔 r_5、容积室向大气排风，压力下降，作用活塞在上方制动缸压力作用下而下移。使作用活塞杆顶部孔口（阀口）开放，连通制动缸向大气排风的气路：制动缸压缩空气→主阀安装面 z 孔→主阀暗道→作用活塞杆外周→作用活塞杆中心孔→径向孔 d_5→作用部排气孔 d_6→大气，制动机缓解。与此同时，作用活塞上方压缩空气也经缩孔 Ⅱ 随制动缸压缩空气一起排入大气。

（6）紧急阀：制动管压缩空气进入紧急阀部，将紧急活塞顶到上方极端位，活塞杆顶部密封圈与紧急阀上盖密贴。制动管压缩空气→紧急活塞杆中心孔→缩孔 Ⅲ→紧急活塞杆上部径向缩孔 Ⅳ→紧急活塞上侧→紧急室。制动管压缩空气进入放风阀弹簧室和放风阀弹簧共同作用，使放风阀关闭。

2. 常用制动状态

司机操纵制动机，使制动管施行常用减压。

1）主阀的作用部

随着制动管减压，主活塞上、下两侧产生压力差，主活塞首先压缩稳定弹簧，带动节制阀向上移动，滑阀暂时不动，节制阀上的 l_{10} 连通滑阀上的 l_6 和 l_7，形成第一阶段局部减压作用气路。

制动管压缩空气→滑阀座局减用孔 l_3→滑阀局减孔 l_6→局减联络槽 l_{10}→局减室入孔 l_7→局减室孔→局减室→Ⅰ→大气。

经第一阶段局部减压后，主活塞上、下两侧压力差加大，从而使主活塞带动滑阀、节制阀继续上移到极端位即制动位。滑阀上的 r_1、l_8 和 l_9 分别与滑阀座上的 r_2、l_3 和 z_1 相对。连通两条气路：

a. 制动管压力空气→滤尘器→主阀安装面 l 孔→滑阀座局减用孔 l_3→局减阀入孔 l_9→滑阀座局减阀孔 z_1→局减阀环槽 z_2→局减阀 8 个径向小孔→局减阀两个（$\varPhi 3$ mm）径向孔→局减阀轴向中心孔→主阀安装面孔 Z→制动缸，实现第二阶段的局部减压作用。

b. 工作风缸压力空气→主阀安装面 g 孔→g_2 孔→滑阀室→制动孔 r_1→容积室孔 r_2→增压阀下部空腔 r_3→主阀安装面 r 孔→容积室。

2）主阀的增压阀

增压阀弹簧室的制动管压力使增压阀处于下方关闭位置。

3）主阀的局减阀

局减阀处于开启位，制动管压缩空气经局减阀进入制动缸，产生第二阶段的局减作用。第二阶段的局减作用与容积室的充气作用几乎是同时发生的，所以制动缸初始的压缩空气是来自副风缸和制动管。当制动缸压力上升至 50～70 kPa 时，局减阀关闭，停止第二阶段的局部减压作用。

4）主阀的均衡部

由于容积室与作用活塞下方是连通的，随着容积室压力的升高，作用活塞产生向上的压力差而上移，顶开作用阀，连通副风缸向制动缸充风的气路：

副风缸→主阀安装面 f 孔→作用阀上部空腔 f_4→被顶开的作用阀→作用活塞杆上部外周空腔 z_3→┬→z 孔→制动缸。
　　　　　├→z_4 孔→作用阀杆上方。
　　　　　└→缩孔（Ⅱ）→作用活塞上方。

5）紧急阀

由于常用制动时，制动管减压速度并不急剧，紧急室的压缩空气通过缩孔Ⅲ逆流至制动管，能跟上制动管的降压速度，因而紧急活塞上、下两侧的压力差不足以充分压缩安定弹簧，放风阀仍处于关闭状态。

3．制动后保压状态

1）主阀的作用部

常用制动作用中，制动管停止减压时，工作风缸仍向容积室充风而继续减压。当主活塞上、下两侧压力接近平衡时，在主活塞尾部稳定弹簧及主活塞自重的作用下，使主活塞带动节制阀向下回移，节制阀关闭 r_1 孔，工作风缸停止向容积室充风，容积室呈制动后保压状态。

2）主阀的均衡部

容积室保压，作用活塞下侧保压。副风缸继续向制动缸充气，当作用活塞上侧制动缸压力上升到接近作用活塞下侧容积室压力时，在作用阀弹簧力作用下，作用阀带动作用活塞杆一起下移，关闭阀口，切断副风缸与制动缸之间的气路，停止制动缸充风，并且作用活塞杆口也处于关闭状态，制动缸不能向大气排风，制动缸呈制动保压状态。其余各部状态同常用制动作用。

4. 紧急制动状态

制动管紧急减压，主阀除紧急增压阀外均与常用制动相同，只是由于制动管减压速度快，各部动作迅速，一、二段局减作用不明显。

1）主阀的增压阀

紧急制动时，增压阀杆上方的制动管压力急剧下降，增压阀杆下方容积室压力迅速上升，阀杆上、下两侧形成较大的压力差，克服增压阀弹簧反力及阀杆自重迅速上移，使得增压阀套径向小孔的内侧孔口开放，连通副风缸经增压阀向容积室充风的气路：副风缸压缩空气→增压阀套外围空腔 f_5→增压阀套径向小孔→增压阀杆径向孔→阀杆中心孔→空腔 r_3→主阀安装面 r 孔→容积室。由于副风缸与压力风缸都向容积室充风，使容积室压力较常用制动时的最高压力提高 10%～15%，制动缸压力也相应提高，该作用称为紧急增压作用。

2）紧急阀

当制动管急剧减压时，紧急活塞及活塞杆迅速下移触及放风阀，紧急活塞杆中心孔的下口被堵死，紧急室压缩空气只能经缩孔Ⅲ和缩孔Ⅴ（$\varPhi 1.2\,\mathrm{mm}$）逆流至制动管，由于缩孔Ⅴ较小，所以在紧急活塞上形成的压力差急剧增大，并克服放风阀弹簧弹力，迅速顶开放风阀口，从而实现了制动管的迅速放风。经 15 s 后，紧急室压缩空气基本排尽，在安定弹簧及放风阀弹簧的作用下，紧急活塞及活塞杆向上回移，放风阀口关闭。

第二节　货车 120 型空气制动机

随着铁路运输生产的需要，1989 年由铁道科学研究院和眉山车辆厂共同研制出 120 型空气制动机，它能满足 10 000 t 重载货物列车的制动要求，是我国货车主型制动机，逐步取代了 GK 型和 103 型货车制动机。

一、120 型空气制动机

1. 120 型空气制动机的特点

（1）120 型空气控制阀的主控机构仍为二压力机构，能与现有的货车制动机很好地混编。

（2）采用直接作用方式控制制动缸压力，无需像 103 型分配阀那样由于采用间接作用方式而增设压力风缸、容积室及作用部、充气部等结构，使 120 型空气控制阀的结构简单，作用可靠。

（3）主控机构采用103型分配阀行之有效的橡胶膜板和金属滑阀结构。

（4）在结构上，常用制动与紧急制动分开，常用和紧急制动均具有完善的两阶段局减作用，紧急制动还有制动管压力空气直接急速排入大气的局减方式，紧急制动时制动缸呈先快后慢的两段上升方式。

（5）设置加速缓解阀和加速缓解风缸，使120型空气控制阀的缓解波速大大提高。

（6）在紧急阀中增设先导阀结构，提高了紧急制动波速。

（7）在主阀作用部的滑阀上增设一个$\Phi 0.2$ mm的眼泪孔（或称呼吸孔），使分配阀在常用制动保压时，沟通制动管与副风缸，配合具有自动补风作用的机车制动机工作，使其具备压力保持功能。

（8）设置半自动缓解阀。拉动该缓解阀的手柄，就可缓解制动机，方便了调车作业。

（9）与103型分配阀零件的通用性和互换性较强，并能与多种制动新技术配套使用。

2．120型空气制动机的组成

120型空气制动机由120型空气控制阀（简称120型控制阀）、KZW-4型空重车自动调整装置（包括空重车阀、比例阀和降压风缸）及副风缸、加速缓解风缸、制动缸等组成，如图9-12所示。

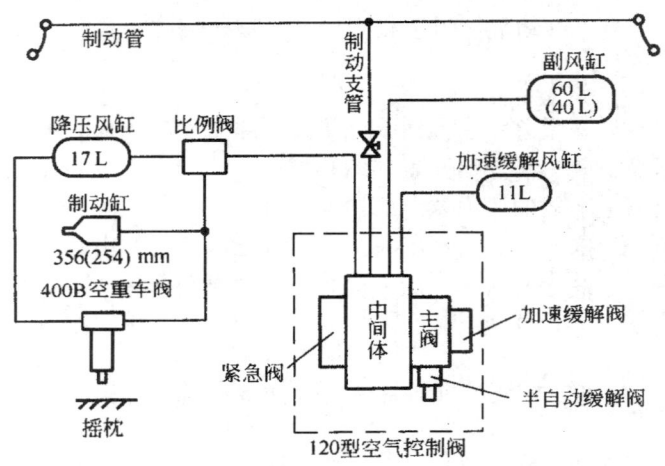

图9-12　120型空气制动机的组成

二、120型控制阀

（一）120型控制阀的构造

120型控制阀由中间体、主阀、半自动缓解阀和紧急阀等四部分组成，如图9-13所示。

1．中间体

中间体用铸铁制成长方体结构，把120型控制阀安装于车体，并且用以安装主阀、紧急阀及空气管路。中间体上安装有制动管，副风缸管，制动缸

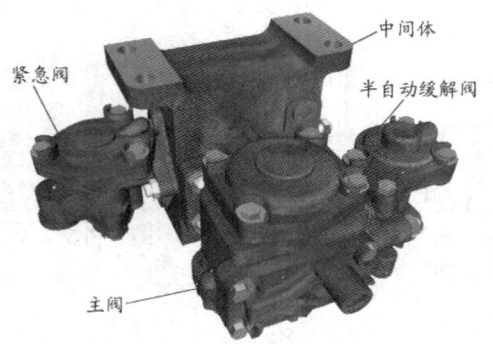

图9-13　120型控制阀外形图

管以及加速缓解风缸管,内有两个独立的空腔——1.5 L 的紧急室与 0.6 L 的局减室。

2. 主 阀

主阀是 120 型控制阀的关键部件,它的功能是根据制动管的压力变化,控制制动机实现缓解、制动、保压及紧急作用,由作用部、减速部、加速缓解阀、局减阀和紧急二段阀五部分组成。

(1) 作用部:主要由主活塞、滑阀、滑阀弹簧、节制阀、节制阀弹簧、稳定装置等组成。主活塞上侧通制动管,下侧滑阀室通副风缸,其功能是主活塞受制动管与副风缸之间的压力差推动,带动滑阀、节制阀上下移动以产生缓解、局减、制动、保压等作用。主活塞包括主活塞杆、主活塞压板、主活塞膜板、主活塞及密封圈等零件。滑阀嵌于主活塞杆上、下两肩之间,与主活塞两肩之间沿轴向有 6 mm 间隙。节制阀嵌在主活塞杆节制阀槽内,由节制阀弹簧将其压紧在滑阀背面,节制阀随主活塞同步移动,配合滑阀实现 120 型控制阀的各种作用。稳定装置安装于主活塞杆尾部,由稳定杆、稳定弹簧等组成,使作用部具有一定的稳定性。节制阀、滑阀和滑阀座上的孔道布置如图 9-14 所示,其孔道名称及代号见表 9-2。

表 9-2 节制阀、滑阀和滑阀座孔道名称及代号

部位	名 称	代号
节制阀	局减联络槽	l_6
滑阀	减速充气孔	l_3
滑阀	局减室入口	ju_{17}
滑阀	缓解联络槽	z_2
滑阀	眼泪孔(逆流孔)	f_4
滑阀	充气孔	l_4
滑阀	充气限孔	f_1
滑阀	加速风缸充气孔	h_2
滑阀	阻力调整槽	zu
滑阀	局减孔	l_5
滑阀	制动孔	f_3
滑阀	局减阀入孔	l_9
滑阀座	制动管充风用孔	l_1
滑阀座	局减阀孔	l_8
滑阀座	缓解孔	z_3
滑阀座	通大气	d_2
滑阀座	制动管局减用孔	l_2
滑阀座	加速缓解风缸孔	h_7
滑阀座	制动缸孔	z_1
滑阀座	局减室孔	ju_2

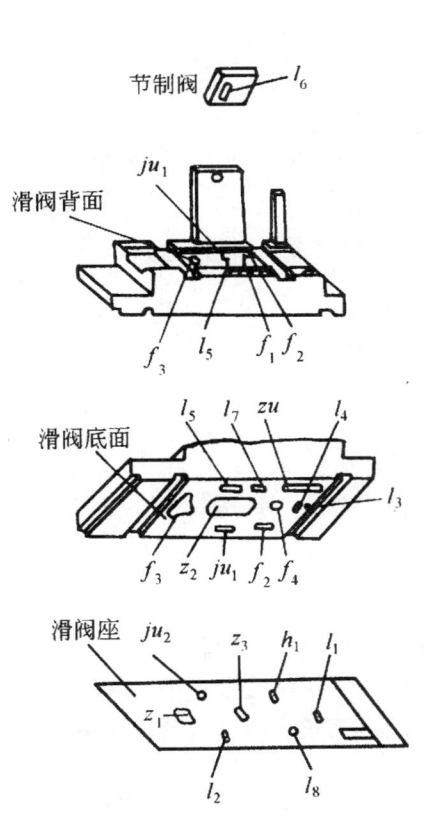

图 9-14 节制阀、滑阀和滑阀座

（2）减速部：减速部用于根据制动管增压速度的快慢，限制主活塞下移的位置，实现不同的充气缓解作用。减速部设在作用部下面，位于主阀下盖内，由减速弹簧、减速弹簧座等组成。

（3）局减阀：120型控制阀具有两个阶段的局减作用。局减阀用于控制制动时第二阶段局部减压量。局减阀主要由局减阀套、局减阀杆、局减活塞、局减弹簧等组成。

（4）加速缓解阀：加速缓解阀用于在缓解时将加速缓解风缸的压力空气充入制动管，实现制动管的局部增压作用，以加快制动管的缓解速度。加速缓解阀由加速缓解活塞、夹心阀、加速缓解弹簧、止回阀等组成。

在制动后缓解时，当本车制动管获得增压，其制动缸缓解的同时，将准备排入大气的制动缸压力空气作为压力信号先引导至加速缓解活塞的右侧，加速缓解活塞左移，推开夹心阀，使加速缓解风缸的压力空气经止回阀、夹心阀充入制动管，实现制动管局部增压作用，从而提高缓解波速，有利于减小列车缓解时的纵向动力作用。

（5）紧急二段阀：紧急二段阀是为了减轻长大货物列车在紧急制动时的纵向动力作用而设置的。主要由紧急二段阀杆、紧急二段阀弹簧和紧急二段阀套等组成。紧急制动时，制动缸压力跃升至120～150 kPa时，紧急二段阀阀杆在其下腔制动缸压力作用下，上移至关闭位，经控制阀来的副风缸压力空气只能经紧急二段阀上部的径向孔（Φ3 mm）向制动缸充风，从而使制动缸压力分两个阶段先快后慢地上升。

3. 半自动缓解阀

半自动缓解阀用于手动排出副风缸和加速缓解风缸的压力空气，自动排出制动缸的压力空气，使制动机缓解。缓解阀包括手柄部和活塞部两部分，由缓解活塞、缓解活塞杆、排气阀、手柄、止回阀等部件组成。

4. 紧急阀

紧急阀用于紧急制动时加快列车的排风（即紧急局减作用），使紧急制动作用可靠，提高紧急制动灵敏度，从而提高紧急制动波速。紧急阀由紧急活塞、紧急活塞膜板、O形密封圈、紧急活塞杆、安定弹簧、放风阀、先导阀顶杆、先导阀等组成。

（二）120型控制阀的作用位置和原理

120型空气控制阀的工作过程包括充气缓解、减速充气缓解、常用制动、制动保压和紧急制动等五个状态。

1. 充气缓解状态（如图9-15所示）

司机操纵制动机向制动管充风时，压缩空气经中间体进入主阀和紧急阀。

（1）主阀的作用部：制动管增压时，后部车辆制动管增压速度较慢，主活塞两侧形成较小压差，主活塞内移，其尾部仅接触减速弹簧套，而不能压缩减速弹簧，形成作用部的充气缓解状态。连通三条气路：

a. 制动管→滤尘器→主阀安装面 l 孔→l_1→l_4→f_1→F_1→f→副风缸。

b. 滑阀室→f_2→h_1→h→加速缓解风缸。

c. 制动缸→紧急二段阀→半自动缓解阀→z_1→z_2→z_3→加速缓解活塞外侧→Ⅱ→排气口→大气。

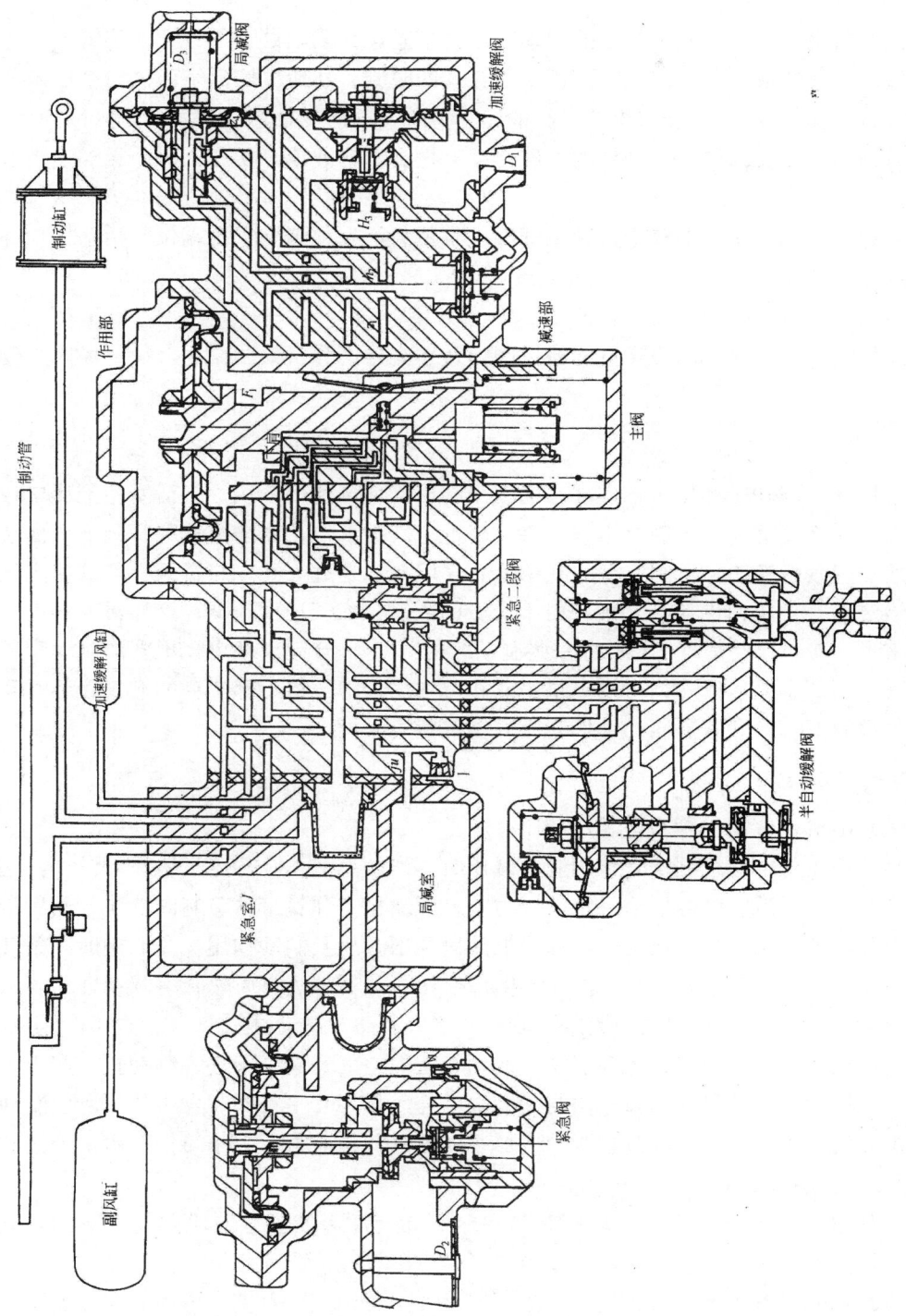

图 9-15　120 阀充气缓解状态

（2）主阀的局减阀：局减阀在制动缸的压力作用下处于关闭位置。当制动缸压力降至 20 kPa 时开启。

（3）主阀的紧急二段阀：其弹簧室的制动管压力使紧急二段阀处于下方开通位置。

（4）主阀的加速缓解阀：再充气时，由于缩孔Ⅱ的限制，加速缓解活塞两侧产生压差，内移通过顶杆打开加速缓解阀，加速缓解风缸的压力空气经开启的加速缓解阀口进入制动管，形成了制动管局部增压，加快了制动管的增压速度，提高缓解波速。初充气时，无加速缓解作用。

（5）紧急阀：制动管压缩空气进入紧急阀部，将紧急活塞顶到上方极端位，活塞杆顶部密封圈与紧急阀上盖密贴。

制动管→紧急活塞下方→缩孔Ⅲ→缩孔Ⅳ→紧急室。

制动管压缩空气进入放风阀弹簧室和放风阀弹簧、先导阀弹簧共同作用，使放风阀和先导阀关闭。

2. 减速充气缓解状态

主阀的作用部：制动管增压时，前部车辆由于制动管增压速度较快，主活塞两侧形成较大压力差，主活塞推动滑阀、节制阀迅速下移，越过充气缓解位，压缩减速弹簧到下方极端位，形成减速充气缓解状态。滑阀座上的制动管充气用孔 l_1 越过 l_4 孔，与滑阀上的减速充气孔 l_3 相对，通过 l_3 开始了向副风缸充气。由于受 l_3 的限制，充气速度较低，这样对列车前部的每一辆车来说，在一开始都少"吃"进一些制动管的"气"，合起来就可让更多的制动管压力空气送往列车后部车辆，使后部车辆更早一点获得增压，缩短前后部车辆的充气缓解时间差。主阀其他部分的动作和紧急阀的动作同充气缓解状态。

3. 常用制动状态

司机操纵制动机，使制动管施行常用减压。

（1）主阀的作用部：施行制动管常用制动减压时，滑阀室 F_1 的压力空气来不及经 $f_1 \to f_4 \to l_1$ 向制动管逆流，主活塞两侧形成一定的压力差，压缩稳定弹簧带动节制阀上移，然后带动滑阀上移，先后产生第一阶段局部减压和第二阶段局部减压及制动作用。先后连通三条气路：制动管→ $l_2 \to l_5 \to l_6 \to ju_1 \to ju_2$ →局减室；制动管→ $l_2 \to l_5 \to l_7 \to l_8$ →局减阀→制动缸；副风缸→滑阀室→ $f_3 \to z_1$ →半自动缓解阀→紧急二段阀周围大通路→制动缸。

（2）主阀的局减阀：局减阀处于开启位，制动管压缩空气经局减阀进入制动缸，产生第二阶段的局减作用。第二阶段的局减作用与制动缸的充气作用几乎是同时发生的，所以制动缸初始的压缩空气是来自副风缸和制动管。当制动缸压力上升至 50~70 kPa 时，由于局减阀关闭而停止第二阶段的局部减压作用。

（3）主阀的紧急二段阀：紧急二段阀弹簧室的制动管压力使紧急二段阀处于下方开通位置。

（4）紧急阀：由于常用制动时，制动管减压速度并不急剧，紧急室的压缩空气经缩孔Ⅲ逆流至制动管，能跟上制动管的降压速度，因而紧急活塞上、下两侧的压力差不足以充分压缩安定弹簧，先导阀和放风阀处于关闭状态。

4. 制动保压状态

主阀的作用部：制动管施行常用制动减压时，制动管停止减压。因作用部仍处于制动位，副风缸继续向制动缸充气，使副风缸压力继续下降，滑阀室的压力继续下降。当降至与主活塞上部的压力接近平衡时，在主活塞、节制阀自重及被压缩的稳定弹簧弹力作用下，主活塞带动节制阀下移（滑阀不动），节制阀盖住了滑阀背面的制动孔 f_3，切断了副风缸向制动缸充气的通路，形成了制动保压状态。

另外，节制阀露出了滑阀背面的副风缸充气孔 f_1 和加速缓解风缸充气孔 f_2。

由于与 f_1 暗通的滑阀底面的 l_3 和 l_4 孔在滑阀座上被封住，故节制阀露出了 f_1 无任何意义。

由于与 f_2 暗通的滑阀底面的眼泪孔 f_4 在制动位早已与滑阀座上的 l_1 对上，因而形成了气路：副风缸→滑阀室→f_2→f_4→l_1→制动管 L，从而实现保压。

5. 紧急制动状态

制动管紧急减压时，主阀部除紧急二段阀外，均与常用制动相仿，只是由于制动管减压速度快，第一阶段局部减压和第二阶段局部减压及制动作用的产生过程更迅速，而且两个阶段局部减压作用不明显。

（1）主阀的紧急二段阀：紧急制动时，制动缸压力跃升达 120～160 kPa，紧急二段阀上移关闭。关闭副风缸向制动缸充气的大通道，开启了小通道，这样就控制制动缸压力呈先快后慢两个阶段上升，有效地缓和了长大货物列车在紧急制动时的纵向冲动。

（2）紧急阀：制动管急剧减压，紧急室→缩孔Ⅳ→缩孔Ⅲ→制动管。该逆流速度远不及制动管的减压速度，紧急活塞稍压缩安定弹簧下移，紧急活塞杆下端面与先导阀杆接触，紧急活塞杆底面被堵，紧急室只能经缩孔Ⅲ、缩孔Ⅴ向制动管逆流，直径更小的缩孔Ⅴ使逆流速度更慢，促使紧急活塞两侧的压力差骤增，进一步压缩安定弹簧下移顶开先导阀。于是，放风阀弹簧室的制动管压力空气经先导阀口排向大气。由于缩孔Ⅵ的限制，放风阀背压急剧下降，紧急活塞继续下移推开放风阀，产生紧急放风，即制动管紧急局减。紧急放风作用产生后，紧急室Ⅰ压力空气仍只能经缩孔Ⅴ限制而排向大气，需 15 s 左右才能排完。紧急室压力空气排完之前，放风阀一直被紧急活塞推在下方开启位置，此时向制动管充气无效，不能实现制动机缓解。防止未停车就转充气缓解而造成列车产生剧烈的纵向冲动和可能造成的断钩事故。

第三节　F-8 型电空制动机

一、F-8 型电空制动机的组成与特点

F-8 型电空制动机包括空气制动和电空控制两部分，如图 9-16 所示。空气制动部分主要是 F-8 型客车分配阀（简称 F-8 型分配阀），电空制动部分主要由 F-8 型电空阀及电空阀箱组成。F-8 型分配阀于 1989 年通过铁道部鉴定后投入运用，F-8 型电空制动机现大量应用在 25K 型新造客车上。

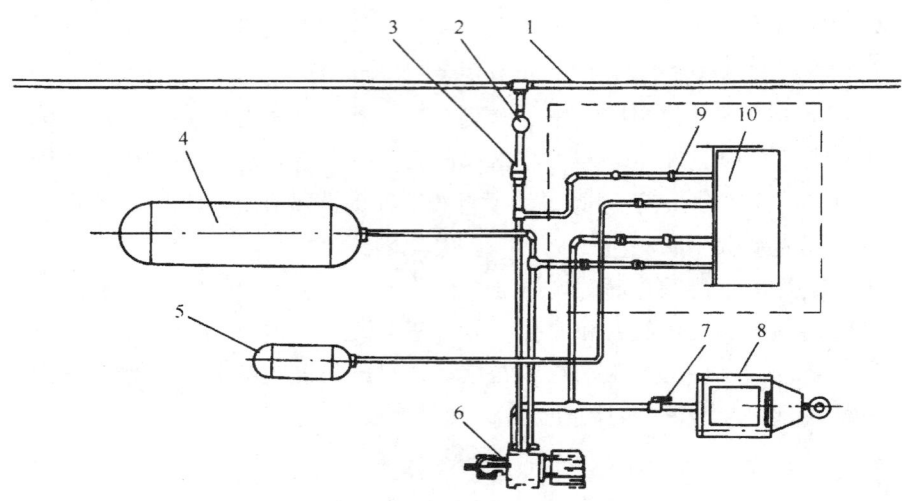

图 9-16　F-8 型电空制动机
1—制动管；2—集尘器；3—截断塞门；4—副风缸；5—定压风缸；6—F—8 型分配阀；
7—缓解塞门；8—制动缸；9—截断塞门；10—电空阀箱

主阀采用三压力控制机构，具有良好的阶段制动和阶段缓解性能，并有阶段缓解和一次缓解的转换功能，能与二压力机构的阀混编；设置单独控制紧急制动作用的辅助阀，采用二压力控制机构，同时具有加快主阀缓解的作用；紧急制动作用可靠，并且紧急制动波速很高，减少了紧急制动时的列车纵向动力作用；具有自动补风性能。当列车制动保压时，制动缸漏泄可以自动得到补风，使制动缸压力保持不衰减，并且制动缸压力与制动缸活塞行程无关；具有局部减压作用，制动波速快，首车与末车的制动一致性好，大大减少了制动时的列车纵向动力作用；设置限压阀以限制紧急制动时制动缸压力，防止因制动力过大而导致车辆滑行；采用橡胶膜板、柱塞等结构，取消了滑阀等研磨件，检修方便；通用性好，适应于不同直径的制动缸，便于旧车的改造。

二、F-8 型分配阀

F-8 型分配阀由主阀、辅助阀和中间体（也称管座）等三部分组成，如图 9-17 所示。中间体作为主阀、辅助阀及各连接管路的安装座，内设有两个空腔，分别是 0.8 L 的局减室和 3 L 的辅助室。主阀部分是由主阀、充气阀、限压阀、副风缸充气止回阀、局减阀、转换盖板等组成。

（1）主阀为三压力平衡机构。主活塞两侧分别是工作风缸和制动管压力空气，小活塞上方是制动缸压力，小活塞下方通大气。通过制动管、工作风缸、制动缸三者压力的平衡作用，产生 F-8 型分配阀的制动、缓解、保压等基本作用。

（2）充气阀：缓解时，制动管压力空气向工作风缸充气，局减室压力空气排入大气；制动时，切断局减室通大气的通路，切断制动管与压力风缸之间的联络通路。

（3）限压阀的作用是限制常用制动和紧急制动时的制动缸最高压力值。

（4）副风缸充气止回阀：用于沟通制动管向副风缸的充气通路，并防止制动管减压时副风缸压力空气向制动管逆流。

（5）局减阀：主阀产生局减作用时，制动管压力空气经局减阀向局减室充气，并防止局减室压力空气向制动管逆流。

辅助阀部分主要由辅助阀活塞、辅助阀套、O形密封圈和辅助阀杆、常用排风堵、紧急排风堵紧急放风阀组成等组成。辅助阀采用二压力平衡机构，辅助阀活塞上方为辅助室压力空气，下方为制动管压力空气。其作用是车辆制动后再充气缓解时加速主阀的缓解作用；紧急制动时产生制动管紧急放风作用。

F-8型分配阀的工作过程包括充气缓解、常用制动、制动保压、阶段缓解保压、紧急制动等五个状态。

1. 充气缓解状态（如图9-17所示）

司机操纵制动机向制动管充风时，压缩空气经中间体进入主阀和辅助阀。

（1）主阀：制动管增压，主活塞向下移动，压缩制动弹簧，直到主活塞外缘碰到下阀体，形成充气缓解状态，连通三条气路：

a. 制动管的压缩空气→a→a_2→副风缸充气止回阀→b_1→b→副风缸。另一方面经副风缸充气止回阀后从 b_1 进入主阀平衡阀的空腔 b_2。

b. 主活塞上方的压缩空气→a_5→充气阀杆沟槽 a_6→转换盖板槽 a_7→a_8→缩堵→下阀体通路 a_9→局减阀套→主活塞下方 c_1→上阀体通路 c_2→中间体通路 c_3→工作风缸。

c. 制动缸→d→d_1→d_2→d_3→d_4→缓解阀排气口→大气。

（2）充气阀：开始时，在制动缸压力作用下处于下部位，切断局减室通大气的气路。当制动缸压力排至20 kPa以下时，充气阀活塞在弹簧力作用下移动，打开充气阀杆尾部气路，局减室→大气。

（3）辅助阀：由于制动管压缩空气经 a_1' 进入辅助阀体内 a_2'（同时进入放风阀下方 a_3'），推动辅助阀活塞向上移动，辅助阀处于充气缓解状态。制动管→c_4→辅助阀暗道 c_5→辅助阀套→辅助阀杆→辅助阀活塞上方 f_1→f_2→f_3→辅助室。

2. 常用制动状态

司机操纵制动机，使制动管施行常用减压。

（1）主阀：当制动管以常用制动减压时，主活塞上下形成一定的压力差，同时又有制动弹簧的预紧力作用，推动主活塞并带动缓解柱塞、主阀杆等向上移动，打开平衡阀，形成主阀的常用制动状态。

a. 制动管→主活塞上方→a_3→a_4→e_5→缩孔Ⅳ→e_4→e_3→e_2→e_1→e→局减室→e_3→充气阀排气口→大气。

b. 副风缸→b→b_1→b_2→平衡阀→b_3→d_8→限压阀→d_7→d_6→d_1→d→制动缸→d_7→大缩堵Ⅱ→d_5→主阀小活塞上方→d_9→d_{10}→充气阀活塞的上侧。

（2）充气阀：制动缸压缩空气到充气阀活塞的上侧，压缩充气弹簧，使充气阀下移，切断局减室通大气的通路，第一阶段局减作用结束。形成第二阶段局减：制动管→局减室，直到二者压力平衡时结束。

（3）辅助阀：制动管减压，辅助活塞下移，先遮断辅助室与压力风缸通路，后打开常用排气限制堵。辅助室→常用排气限制堵→大气。辅助活塞两侧不能产生过大压差，放风阀关闭。

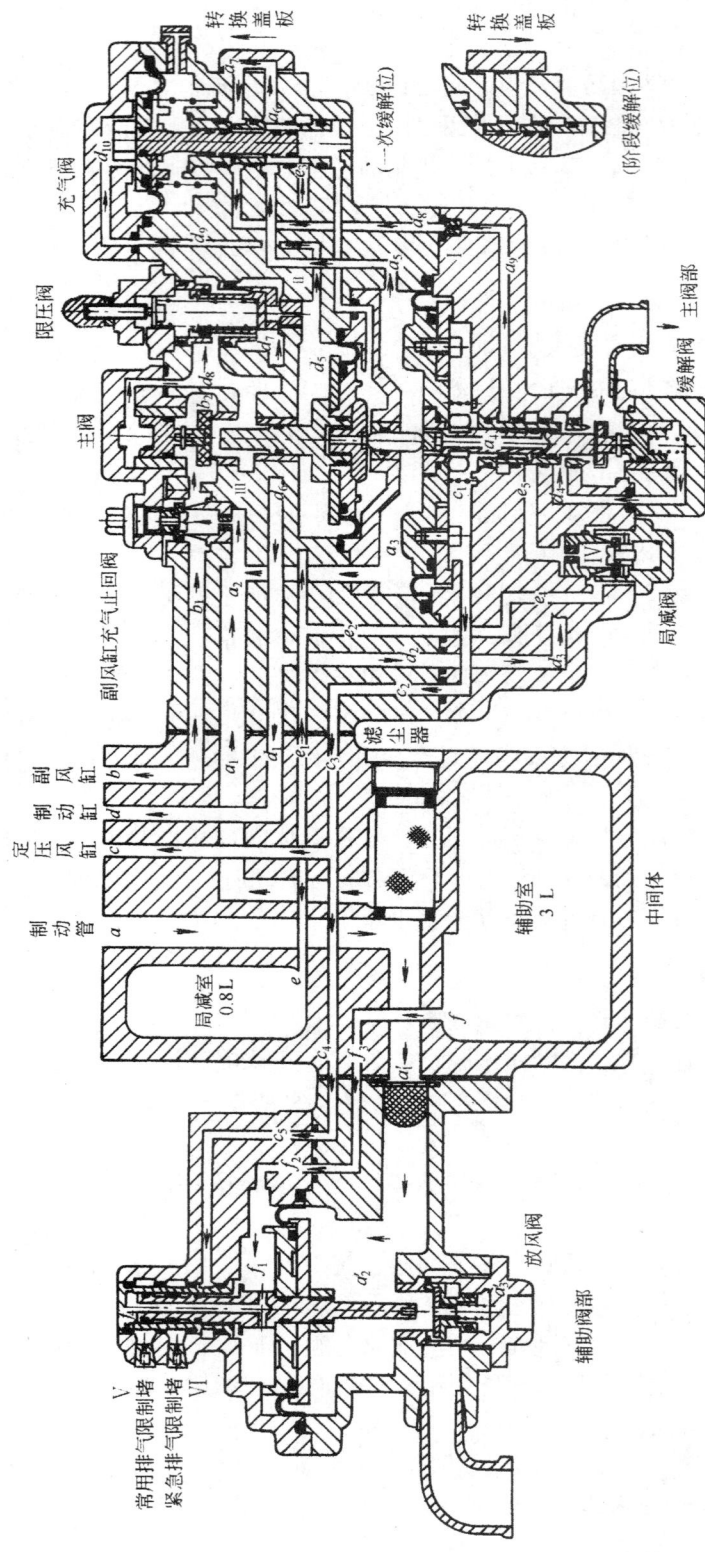

图 9-17 F-8 型分配阀充气缓解状态

3. 制动保压状态

在常用制动过程中,制动管停止减压后,副风缸的压缩空气继续进入制动缸及小活塞上方,当作用在主阀上向下的作用力大于向上的作用力时,主阀小活塞和主阀一起向下移,平衡阀关闭,此时副风缸向制动缸的充气通路被切断,副风缸停止向制动缸供气,实现制动保压。

4. 阶段缓解保压状态

当转换盖板装于阶段缓解位置时,F-8型分配阀具有阶段缓解作用,就是在充气缓解时制动管停止增压,制动缸压力也相应地停止向大气排气,实现制动机的阶段性缓解动作。缓解时,当制动管停止增压,而作用在小活塞上方的制动缸压力与作用在主活塞上方的制动管压力的合力小于压力风缸空气向上的作用力时,主活塞带动缓解柱塞向上移动,缓解阀关闭,切断了制动缸向大气的排气通路,实现阶段缓解保压位。

5. 紧急制动状态

紧急制动时,主阀的动作与常用制动时相同,只是由于制动管的减压速度比常用制动时快,所以主阀的动作更迅速。另外,平衡阀处于全开状态,制动缸的压力迅速上升。同时,由于制动管紧急减压,辅助阀活塞下方的空气压力骤降,辅助阀活塞的上下两侧形成较大的压力差,辅助阀活塞迅速向下移动,辅助阀杆压缩放风阀弹簧,顶开紧急放风阀,使制动管的压缩空气从放风阀迅速排入大气,产生紧急放风作用。辅助室的压缩空气经常用制动排风堵和紧急排风堵同时排入大气。排完需 10~15 s,其后才能施行充气缓解作用。

复习思考题

9-1　试述 104 型分配阀的结构。
9-2　试述 104 型分配阀的作用原理。
9-3　试述 104 型分配阀各部孔路及字母代号。
9-4　试述 104 型分配阀紧急制动作用是如何实现制动缸增压的。
9-5　分配阀为何在常用制动减压后能实现转紧急制动作用?
9-6　简述 120 型控制阀的结构。
9-7　简述 120 型控制阀的作用原理。
9-8　说明 120 型控制阀各部的作用、组成及各零件间的配合关系。
9-9　简述 120 型控制阀紧急阀中的先导阀有什么作用。
9-10　试述 F-8 型分配阀主阀的组成部分。
9-11　F-8 型分配阀采用三压力平衡机构,指的是哪三个压力?
9-12　F-8 型分配阀充气缓解位是如何形成的?
9-13　F-8 型分配阀常用制动位是如何形成的?
9-14　F-8 型分配阀如何实现自动补风作用?

附录一　HXD型机车缩写和首字母缩写

微信扫描二维码
查看具体内容

附录二　电力机车制动系统的不下车检查流程

微信扫描二维码
查看具体内容

附录三　SS_9型电力机车制动系统

微信扫描二维码
查看具体内容

附录四 "电力机车制动系统"课程实验

实验一 风源系统压力调整试验

压力控制器是根据总风缸压力的变化,自动闭合或切断主控器压缩机电动机电源,从而控制住空气压缩机的运转或停止,使总风缸内压力空气的压力保持在规定的压力范围内。当总风缸压力达到规定值时,自动切断主空气压缩机电动机的电源电路,主空气压缩机停止工作;当总风缸空气压力低于最小规定值时,自动闭合空气压缩机电动机电源电路,主空气压缩机恢复打风。

一、试验目的及要求

熟悉机车风源系统,通过对压力控制器的调节,掌握压力控制器的工作原理及机车风源系统压力的调节方法。

二、试验设备

机车风源系统、压力控制器和螺丝刀等。

三、试验步骤

(1)观察风源系统的组成,熟悉实验设备。
(2)将压力控制器接入风源系统:打开表盖,将压力控制器接入压缩机电源控制电路;旋下接头将导压管连接在套筒上,然后旋紧接头使连接管密封,压力空气由导压管进入压力控制器波纹管室,复查安装妥当后装好表盖,接通电源。
注意:① 压力控制器导线应按规定接好;② 严禁用手或工具碰撞拨臂,以防改变性能。
(3)取下锁紧螺帽,用螺丝刀旋动调节杆,使风压表指针指在所需控制的下限设定值(750 kPa),然后拧紧螺帽。
(4)用手旋动切换差动旋钮以获得所需要的切换差,即被控制压力的压力上限设定值(900 kPa)。
调整注意事项:
① 差动旋钮上的数字及调节杆和指针在标尺牌上的数字仅表示上、下切换值的大小而非实际值,实际值应由标准压力表(司机室风压表)读取。
② 应先设定下限压力值,后通过差动旋钮调节上限设定值。

四、思考题

试分析压力控制器导线错接能不能实现将压力控制在 750~900 kPa?

实验二 DK-1 型电空制动机认识实验

一、实验目的

（1）了解 DK-1 型电空制动机的组成及各部件的名称、用途；
（2）熟悉 DK-1 型电空制动机的基本特点及控制方式；
（3）掌握 DK-1 电空制动机各部件的实际安装位置；
（4）掌握基础制动装置的结构、安装位置及作用原理。

二、实验设备

（1）韶山型电力机车司机操纵台；
（2）制动屏柜；
（3）基础制动装置。

三、实验步骤

1. 认识操纵部分

（1）电空制动控制器的用途及安装位置：
① 电空制动控制器的结构、安装位置；
② 电空制动控制器 6 个工作位置的作用及操作方法。
（2）空气制动阀的用途及安装位置：
① 空气制动阀的安装位置；
② 空气制动阀 4 个工作位置的作用及操作方法；
③ 电空转换阀的作用及操作方法。
（3）调压阀 53（或 54）的用途及安装位置：
① 调压阀 53（或 54）的安装位置；
② 调压阀 53（或 54）的用途及调整方法。

2. 认识制动屏柜

（1）各电空阀的用途及安装位置；
（2）各继电器的用途及安装位置；
（3）各压力开关的用途及安装位置；
（4）调压阀 55 的用途及安装位置；
（5）转换阀的用途及安装位置；
（6）中继阀和总风遮断阀的用途及安装位置；
（7）分配阀的用途及安装位置；
（8）紧急阀的用途及安装位置；
（9）电动放风阀的用途及安装位置；
（10）初制风缸、过充风缸、均衡风缸的安装位置。

3．认识基础制动装置

（1）介绍基础制动装置：
① 制动缸的用途及安装位置；
② 制动传动装置的用途及安装位置；
③ 闸瓦装置的用途及安装位置。
（2）闸瓦间隙调节器的作用原理：
① 认识闸瓦间隙调节器的各零部件；
② 理解闸瓦间隙调节器的装配关系及作用原理。
（3）操纵电空制动控制器或空气制动阀，观察闸瓦相对于机车轮对的运动，掌握如何进行闸瓦间隙的自动调整与人工调整。
（4）弹簧止轮器与蓄能制动器的安装位置及作用原理：
① 弹簧止轮器的安装位置及作用原理；
② 蓄能制动器的安装位置及作用原理。

四、实验结果

（1）绘制制动屏柜的布置简图；
（2）说明 DK-1 型电空制动机各组成部分的用途。

实验三　DK-1 型电空制动机综合作用实验

一、实验目的

（1）进一步熟悉 DK-1 型电空制动机的基本构成；
（2）掌握 DK-1 型电空制动机"电空位"下的操纵方法；
（3）掌握 DK-1 型电空制动机"空气位"下的操纵方法。

二、实验设备

DK-1 型电空制动机模拟操纵装置。

三、实验准备工作

1．电空位操纵

（1）闭合电源开关。
（2）制动屏柜：
① 转换阀 154 置"货车位"，转换阀 153 置"正常位"；
② 调压阀 55 调整为 500 kPa；
③ 转换开关 463、464、465 均朝下处于"闭合位"；

④ 除 155、156、121、(122) 塞门外，其余均应置"开放位"。
(3) 电空位转换扳钮置"电空位"。
(4) 调压阀 53 (54) 调整为 300 kPa。
(5) 启动空气压缩机打风至 900 kPa。
(6) 开总风塞门。

2. 空气位操纵

(1) 转换阀 153 置"故障位"；
(2) 电空转换扳钮置"空气位"；
(3) 调压阀 53 (54) 调整为 500 kPa。

四、实验步骤

1. 电空位操纵

电空位操纵准备工作完成后，即可进行电空位操纵。

(1) 将空气制动阀手柄置于"运转位"，电空制动控制器手柄置于"运转位"，观察、记录各压力表指针指示情况。

状 态	总风缸（kPa）	列车制动管（kPa）	均衡风缸（kPa）	制动缸（kPa）
操纵前				
操纵后				

(2) 空气制动阀手柄置于"运转位"，电空制动控制器手柄由"运转位"移至"中立位"，观察、记录各压力表指针指示情况。

状 态	总风缸（kPa）	列车制动管（kPa）	均衡风缸（kPa）	制动缸（kPa）
操纵前				
操纵后				

(3) 空气制动阀手柄置于"运转位"，电空制动控制器手柄由"中立位"移至"制动位"，并往复 2 次，最后电空制动控制器手柄置于"制动位"，观察、记录各压力表指针指示情况。

状 态	总风缸（kPa）	列车制动管（kPa）	均衡风缸（kPa）	制动缸（kPa）
第一次操纵前				
第一次操纵后				
第二次操纵前				
第二次操纵后				

(4) 空气制动阀手柄置于"运转位"，电空制动控制器手柄由"制动位"移至"过充位"，观察、记录各压力指针指示情况。

状　态	总风缸（kPa）	列车制动管（kPa）	均衡风缸（kPa）	制动缸（kPa）
操纵前				
操纵后				

（5）空气制动阀手柄置于"运转位"，电空制动控制器移回"运转位"，观察过充压力消除情况。

（6）空气制动阀手柄置于"运转位"，电空制动控制器移至"紧急位"，观察、记录各压力指针指示情况。

状　态	总风缸（kPa）	列车制动管（kPa）	均衡风缸（kPa）	制动缸（kPa）
操纵前				
操纵后				

（7）空气制动阀手柄置于"运转位"，电空制动控制器移至"运转位"，待各压力指针指示正常后，再将空气制动阀置"制动位"，观察制动缸表针由零上升至 300 kPa 的时间：(　　)s。

（8）空气制动阀手柄移至"中立位"，制动缸保压应良好。

（9）空气制动阀手柄移至"缓解位"，观察制动缸压力由 300 kPa 下降至 0 kPa 所需时间：(　　)s。

（10）空气制动阀手柄移至"运转位"。

2. 空气位操纵

空气位操纵准备工作完成后，可进行空气位操纵。

（1）空气制动阀手柄移至"制动位"，待减压 140 kPa 后移回"中立位"，观察、记录各表压力指针指示情况。

总风缸（kPa）	列车制动管（kPa）	均衡风缸（kPa）	制动缸（kPa）

（2）空气制动阀手柄移回"缓解位"，观察、记录各表压力指针指示情况。

状　态	总风缸（kPa）	列车制动管（kPa）	均衡风缸（kPa）	制动缸（kPa）
操纵前				
操纵后				

（3）空气制动阀手柄移至"制动位"，待减压 140 kPa 后移回"中立位"，并下压空气制动阀手柄。观察、记录各表压力指针指示情况。

总风缸（kPa）	列车制动管（kPa）	均衡风缸（kPa）	制动缸（kPa）

五、实验结果

（1）说明"电空位"操纵时，操作电空制动控制器，各种操纵可实现的作用。
（2）说明"电空位"操纵时，操作空气制动阀，各种操纵可实现的作用。
（3）说明"空气位"操纵时，操作空气制动阀，各种操纵可实现的作用。

实验四　DK-1 型电空制动机试验验收

一、试验目的

（1）熟练掌握 DK-1 型电空制动机日常试验（五步闸试验）规则；
（2）熟练掌握 DK-1 型电空制动机中检或定修时的试验（八步闸试验）规则；
（3）进一步熟练掌握 DK-1 型电空制动机的综合作用原理；
（4）熟练掌握 DK-1 型电空制动机的操纵方法。

二、试验设备

DK-1 型电空制动机模拟操作试验台。

三、试验准备

1. 电空位操纵

（1）闭合电源开关。
（2）制动屏柜：
① 转换阀 154 置"货车位"，转换阀 153 置"正常位"；
② 调压阀 55 调整为 500 kPa；
③ 转换开关 463、464、465 均处于"闭合位"；
④ 除 155、156、121、(122) 塞门外，其余均应置"开放位"。
（3）电空位转换扳钮置"电空位"。
（4）调压阀 53（54）调整为 300 kPa。
（5）启动空气压缩机打风至 900 kPa。
（6）开总风塞门。

2. 空气位操纵

（1）转换阀 153 置"故障位"；
（2）电空转换扳钮置"空气位"；
（3）调压阀 53（54）调整为 500 kPa。

四、试验步骤

1. "五步闸"试验

试验步骤见本书表 8-7，并将各试验数据填入下表。

操作步骤	列车制动管（kPa）		均衡风缸（kPa）		制动缸（kPa）		总风缸（kPa）
	压力	时间	压力	时间	压力	时间	压力
1		—		—		—	
2						—	
3		—				—	
4		—		—		—	
5							
6				—			
7						—	
8							
9							
10		—		—		—	
11				—		—	
12		—		—			
13		—		—		—	
14		—				—	
15							
16							

2."八步闸"试验

试验步骤见本书表 8-6，并将各试验数据填入下列相应表格。

（1）电空位试验。

操作步骤	列车制动管（kPa）		均衡风缸（kPa）		制动缸（kPa）		总风缸（kPa）
	压力	时间	压力	时间	压力	时间	压力
1							
2						—	
3		—				—	
4		—				—	
5							
6		—				—	
7		—				—	
8							
9		—				—	
10		—				—	
11		—				—	

续表

操作步骤	列车制动管（kPa）		均衡风缸（kPa）		制动缸（kPa）		总风缸（kPa）
	压力	时间	压力	时间	压力	时间	压力
12				—			
13		—					
14		—		—			
15		—					
16		—		—			
17		—		—			
18		—					
19		—					
20		—		—		—	
21							
22		—		—			
23							
24		—		—			
25		—		—		—	

（2）空气位试验。

操作步骤	列车制动管（kPa）		均衡风缸（kPa）		制动缸（kPa）		总风缸（kPa）
	压力	时间	压力	时间	压力	时间	压力
26						—	
27		—					
28						—	
29							
30		—		—		—	

实验五 DK-2 型电空制动系统的认识实验、运行模式设置和综合作用试验

一、实验目的及要求

（1）了解 DK-2 型电空制动系统的组成及各部件的名称、用途；
（2）熟悉 DK-2 型电空制动系统的基本特点及控制方式；
（3）掌握 DK-2 型电空制动系统各部件的实际安装位置；

（4）掌握基础制动装置的结构、安装位置及作用；
（5）熟悉 DK-2 型电空制动系统运行模式设置；
（6）熟悉 DK-2 型电空制动系统综合作用试验方法。

二、实验设备

（1）HXD_1 型电力机车司机操纵台；
（2）HXD_1 型电力机车制动屏柜；
（3）基础制动装置。

三、实验步骤

1. 认识 DK-2 型电空制动机制动控制器部件

（1）自动制动控制器（大闸）的用途及安装位置：
① 自动制动控制器的结构、安装位置；
② 自动制动控制器的 7 个工作位置的作用及操作方法。
（2）单独制动控制器（小闸）的用途及安装位置：
① 单独制动控制器的安装位置；
② 单独制动控制器的 3 个工作位置及下压手把的作用及操作方法。

2. 认识 DK-2 型电空制动机的后备制动阀、制动显示屏等

3. 认识 DK-2 型电空制动机制动屏柜

（1）制动控制单元 BCU 的名称代号、用途及安装位置；
（2）分配阀的名称代号、用途及安装位置；
（3）紧急阀的名称代号、用途及安装位置；
（4）中继阀的用途及安装位置；
（5）重联阀的名称代号、用途及安装位置；
（6）放风阀的用途及安装位置；
（7）电空阀的用途及安装位置；
（8）传感器的用途及安装位置。

4. 认识基础制动装置

（1）认识盘形制动器的用途及安装位置；
（2）认识铸铁制动盘的用途及安装位置；
（3）认识闸片的用途及安装位置。

5. 熟悉 DK-2 型电空制动系统运行模式设置

6. 熟悉 DK-2 型电空制动系统综合作用试验方法

（1）DK-2 型电空制动系统自动制动作用试验；
（2）DK-2 型电空制动系统单独制动作用试验；
（3）DK-2 型电空制动系统后备制动作用试验。

四、实验结果

（1）绘制 DK-2 型电空制动系统制动屏柜的布置简图；
（2）说明 DK-1 型电空制动系统各组成部分的用途；
（3）说明 DK-2 型机车制动系统运行模式设置；
（4）说明 DK-2 型机车制动系统综合作用试验方法。

实验六　HXD$_3$ 型电力机车 CCB-Ⅱ型制动系统检查及试验

一、试验目的及要求

熟练掌握 CCB-Ⅱ型电空制动系统制动控制静态试验程序、停车制动（蓄能制动）试验和制动缸压力指示器试验。

二、试验设备

CCB-Ⅱ型电空制动系统试验台、秒表等。

三、试验步骤

1. 制动控制静态试验程序

1）试验前的检查确认

（1）制动显示屏初始化正常，模式设置为本机、货车、不补风、管压 500 kPa（客车 600 kPa）。必须设置停车制动或在车轮下放置止轮器以防止机车移动，缓解弹停装置，确认弹停指示灯熄灭，弹停指示器绿色。

（2）确认机车总风缸风压不小于 750 kPa，均衡风缸、制动管压力 500 kPa，制动缸压力为 0。

（3）检查总风缸截断塞门（A24）打开，总风缸 4 个排水塞门（A12）关闭。

（4）检查制动系统两端制动管塞门（B81）关闭、两端总风管塞门（B80）关闭、两端平均管塞门（BB94）关闭，紧急制动模块上制动缸截断塞门（Z10.22）打开。

（5）确认自动制动阀手柄在【重联】位、单独制动阀在【运转】位。

2）试验操作程序

项目	序号	操作程序与简要说明	LCDM 显示屏信息
制动试验前的工作	1	合蓄电池自动开关（QA61）；打开电钥匙开关。（给制动系统供电、供气）	制动系统得电后，约 60 s，LCDM 显示屏得电并进入主操作画面（此时只有 F3 和 F7 两键有效）。检查此时总风缸压力为 750～900 kPa；制动缸压力为 450±15 kPa；均衡风缸压力为 0 kPa；制动管压力低于 90 kPa。

续表

项目	序号	操作程序与简要说明	LCDM 显示屏信息
制动试验前的工作	2	在主操作画面中按 F3 键（电空制动）。（查询制动系统的设置状态）	主操作画面上出现"电空制动设置"。本机牵引货物列车的正常显示为：【500 kPa-操纵端-投入-货车-不补风】微机屏流量表上方显示为【本机】字样。如参数显示不同，则可通过 LCDM 显示屏进行手动设置
	3	移动自动制动手柄至运转位。（等待 2 min，观察各压力表结果的稳定性）	均衡风缸压力表数值上升的同时，制动管压力也随之上升；制动缸压力下降。结果为：均衡风缸增压至 500±7 kPa；制动管压力增加至均衡风缸压力±10 kPa；制动缸减压至 0 kPa，动力切除不显示
常用制动	4	移动自动制动阀手柄到初制动位	均衡风缸减压到 440~460 kPa；制动管减压到均衡风缸压力±10 kPa；制动缸压力上升到 70~110 kPa。主操作画面上方无红色【动力切除】字样显示
		等待 3 min，观察均衡风缸、制动管、制动缸保压情况	均衡风缸保持在 440~460 kPa；制动管压力保持在均衡风缸压力±10 kPa；制动缸压力不能增加 15 kPa，也不能减少 15 kPa
	5	缓慢移动自动制动阀手柄到常用制动区，使均衡风缸减压至 390~410 kPa（等待 1 min）	制动管减压到均衡风缸压力±10 kPa；制动缸压力增加到 200~230 kPa
	6	移动自动制动阀手柄到全制动位（等待 1 min）	均衡风缸减压到 335~355 kPa；制动管减压到均衡风缸压力±10 kPa；制动缸压力增压到 360±15 kPa
	7	移动自动制动手柄到抑制位	均衡风缸压力保持在 335~355 kPa；制动管压力保持在均衡风缸压力±10 kPa；制动缸压力保持在 360±15 kPa
	8	缓慢移动自动制动阀手柄到抑制位和重联位之间，使均衡风缸减压到 300~320 kPa	制动管减压到均衡风缸压力±10 kPa；制动缸压力为 360±15 kPa；主操作画面上方无红色【动力切除】字样显示
	9	移动自动制动阀手柄到抑制位	均衡风缸压力保持在 300~320 kPa；制动管压力保持在均衡风缸压力±10 kPa；制动缸保持作用
	10	移动自动制动阀手柄到重联位	均衡风缸缓慢减压到 0 kPa（不发生紧急放风）；制动管减压到 55~85 kPa；制动缸压力增加到 450±15 kPa
	11	移动自动制动手柄到运转位（等待 2 min）	均衡风缸增压至 500±7 kPa；制动管增压至均衡风缸压力±10 kPa；制动缸减压至 0 kPa；主操作画面上方无红色【动力切除】字样显示
	12	直接将自动制动阀手柄移至全制动位（等待 1 min）	均衡风缸在 5~7 s 内减压至 360 kPa；制动缸在 6~8 s 内从 0 增压至 340 kPa，并继续增压至 360±15 kPa
	13	移动自动制动手柄到运转位（等待 2 min）	均衡风缸增压至 500±7 kPa；制动管增压至均衡风缸压力±10 kPa；制动缸减压至 0 kPa；主操作画面上方无红色【动力切除】字样显示

续表

项目	序号	操作程序与简要说明	LCDM 显示屏信息
紧急制动	14	置换向手柄于"前进位",主控制手柄置于"牵引起始位"。快速直接将自动制动阀手柄移至"紧急制动位"(一旦列车实施紧急制动,自动制动手柄必须在紧急制动位滞留 60 s,直至红色"动力切除"字样消失,才可移至运转位)	排风阀(N97)打开; 制动管迅速减压到 0 kPa; 撒砂电磁阀得电并撒砂约 5 s。 确保 Z10.36 紧急电磁阀得电。 均衡风缸缓慢减压到 0 kPa; 制动缸在 3~5 s 内增压至 200 kPa 并继续增压至 450±15 kPa; 微机屏牵引电机指示器减至 0; 【动力切除】信息显示在 LCDM 显示屏上
	15	移动主控制器手柄回零位。移动自动制动手柄到运转位(等待 1 min)	主操作画面上方无红色【动力切除】字样显示。 均衡风缸增压至 500±7 kPa; 制动管增压至均衡风缸压力±10 kPa; 制动缸减压至 0 kPa
单缓制动	16	置单独制动阀手柄于全制动位(等待 1 min)	制动缸充气到 300±15 kPa; 均衡风缸保持在 500±7 kPa; 制动管保持在均衡风缸压力±10 kPa
	17	置自动制动阀手柄于全制动位(等待 1 min)	制动缸增压到 360±15 kPa; 均衡风缸减压到 335~355 kPa; 制动管减压到均衡风缸压力±10 kPa
	18	侧压单独制动阀手柄	制动缸减压到 300±15 kPa; 均衡风缸保持在 335~355 kPa; 制动管保持在均衡风缸±10 kPa
	19	单独制动阀从侧压位缓解	所有的压力保持不变。
	20	置单独制动阀手柄于运转位(等待 1 min)	制动缸保持在 300±15 kPa; 均衡风缸保持在 335~355 kPa; 制动管保持在均衡风缸±10 kPa。
	21	置自动制动阀手柄于运转位(等待 1 min)	均衡风缸增压至 500±7 kPa; 制动管增压至均衡风缸压力±10 kPa; 制动缸减压到 0 kPa
单独制动	22	逐步移动单独制动阀手柄到全制动位	制动缸压力逐步增加
	23	随着单独制动阀手柄移到全制动位	制动缸压力应为 300±15 kPa
	24	逐步移动单独制动阀手柄到运转位	制动缸压力逐步减少
	25	放置单独制动阀手柄到运转位	制动缸压力为 0 kPa
	26	快速移动单独制动阀手柄到全制动位	制动缸压力在 2~3 s 内增加到 255 kPa
	27	快速移动单独制动阀手柄到运转位	制动缸压力在 3~5 s 内从 300±15 kPa 减到 35 kPa,并继续减压到 0 kPa
	28	置自动制动阀手柄于重联位	LCDM 显示屏上信息同初始状态。 给自动制动手柄上锁

2. 停车制动（蓄能制动）试验

序号	操作程序	具体要求
1	将弹停塞门置于关闭位（弹停塞门 B40.06）	1. 察看塞门关闭信息显示正确（查看方法：按【机器状态】→【空制状态】）； 2. 弹簧制动缸压力排向大气
2	将弹停塞门置于开放位	塞门开放信息显示正确（方法同上）
3	实施弹停缓解	1. 在机车两侧弹停状态指示器显示"绿"色； 2. 司机室弹停制动灯灭
4	实施弹停制动	1. 在机车两侧弹停状态指示器显示"红"色； 2. 司机室弹停制动灯亮

3. 制动缸压力指示器试验

序号	操作程序	具体要求
1	将制动缸隔离塞门（Z10.22）置于"关闭"位置	1. 信息显示正确（查看方法：按【机器状态】→【空制状态】）； 2. 制动缸排风； 3. 机车两侧制动缸压力指示器显示"绿"色
2	将制动缸隔离塞门（Z10.22）置于"开启"位置（试验后，缓解自阀）	1. 信息显示正确（方法同上）； 2. 制动缸压力上升； 3. 机车两侧制动缸压力指示器显示红色。

实验七　HXD$_1$C 型机车法维莱制动系统试验

一、制动系统设置

法维莱制动系统可通过司机室制动显示屏在"主控投入"状态下设置。在司机室制动显示屏启动完毕后，按压 F3，查询制动系统的设置状态，本务牵引货物列车的正常显示为：

500 kPa　　主控投入　　货车位　　不补风

流量表上方显示"主控投入"字样。

如为牵引货物列车第二位重联运行时正常显示为：

500 kPa　　从控切除　　货车位　　不补风

流量表上方显示"从控切除"字样。大闸、小闸置运转位。

若按压 F3 查询符合以上规定的，则按压 F8 退回。若不符合以上规定需重新设置时，先按 F3 键，显示屏出现"新设置"一栏后，再按需要并根据显示屏上的提示进行相应的设置，设置完毕后按 F1 键确定执行。

系统的设置必须在列车制动管风压为零的条件下进行，即大闸置重联位或紧急位。

"客车位"与"货车位"的转换设置可按压 F6 键。

"500 kPa"与"600 kPa"的转换设置可按压 F3 键。

将"补风"设置为"不补风"时，按压 F3 键"更多"，再按压 F7 键，出现新设置"中立"，再次按压 F7 键即显示"不补风"，设置完毕后按 F1 键确认。

注意事项：

（1）运行中制动显示屏只能显示 F3（空气制动）、F7（显示屏信息）。机车运行且制动机处于正常状态下，空气管路柜的所有塞门位置均处于垂直位置状态。

（2）将制动柜重联阀上的"04.56"塞门置于主控位即可设置为"主控投入"位，"04.56"塞门置于从控位即可设置为"从控切除"位（操作时须先按压塞门手柄弹簧，再转动塞门至指定位置）。

（3）牵引客运列车或者行包列车时，只需将列车制动管定压由 500 kPa 调为 600 kPa，严禁在制动屏上进行客/货转换。显示屏上只允许设置为"货车"。

（4）禁止在"从控切除"状态下进行任何牵引作业。

（5）在现有条件下，制动系统显示屏上严禁设置为"补风"，只能设置为"不补风"。注：制动机上电默认为"补风"，司机换端操作、制动系统断电重启、备用模式转正常模式，即制动系统重启后，司机需将"补风"重新设置为"不补风"，开车前必须确认已转换为"不补风"状态。

（6）出现列车制动管起非常或监控装置动作时，应将大闸手柄置"紧急"或"抑制"位，按显示屏的消息框的提示进行操作（紧急制动产生后，必须将自动制动阀置紧急位 60 s 后才可缓解）。

（7）非操纵端大闸手柄应在重联位（紧急位仍然有效，应注意避免误动作），小闸手柄在运转位。

（8）运行中制动系统 BCU 制动控制单元、司机制动阀发生故障，可将大闸置重联位或紧急位，再将制动柜的备用制动切换塞门 04.52 置备用位，大闸置抑制位 1 s 以上激活备用模式后回运转位维持运行（备用模式下制动机的机能没有减少，仅不能对客、货位进行转换设置，显示屏上显示"备用模式"红色字样并间隔 3 s 闪烁）。

（9）机车在行车中发现有数据丢失现象，若通过制动显示屏无法调整，可通过低压柜上的制动电源开关（注：现法维莱制动机的制动电源开关仍标示为 CCB-Ⅱ系统，制造厂家暂未做改动），将制动系统断电后再恢复电源（注：断电后将产生制动作用，应在机车停车后实施）。

二、制动系统五步闸试验（主控投入位）

		自动制动阀	单独制动阀	检查方法及要求
第一步	1	运转位	运转位	总风缸在 825～900 kPa 之间，均衡风缸 ER 及列车制动管 BP 为 500 kPa（或 600 kPa），制动缸 BC 压力为 0 kPa
	2	初制位	运转位	自动制动手柄在初制动位减压 50±5 kPa，制动缸压力 100±10 kPa；保压 1 min，列车制动管泄漏不得超过 20 kPa
	3	制动区→全制位	运转位	自动制动手柄在制动区移动 3~4 次，观察阶段制动是否稳定，减压量与制动缸压力的比例是否正确，至全制位，列车制动管减压量为 140～160 kPa（或 170～190 kPa），制动缸压力应为 360±10 kPa（或 420±15 kPa）
	4	运转位	运转位	将自动制动手柄移至运转位，均衡风缸及列车制动管恢复定压，制动缸压力下降 0

续表

		自动制动阀	单独制动阀	检查方法及要求
第二步	5	抑制位	运转位	将自动制动手柄移到抑制位，均衡风缸及列车制动管 5~7 s 减压量为 150±10 kPa（或 180±10 kPa），制动缸压力 6~8 s 增加到 360±10 kPa（或 420±15 kPa）
	6	运转位	运转位	将自动制动手柄移至运转位，均衡风缸及列车制动管恢复定压
第三步	7	重联位	运转位	将自动制动手柄移至重联位，均衡风缸、列车制动管以常用制动速度降低到 0（没有紧急放风发生），制动缸压力增加到 450±20 kPa；将单独制动手柄向右侧压，制动缸压力降到 0，松手后制动缸压力自动上升至原压力
	8	运转位	运转位	将自动制动手柄置运转位，均衡风缸及列车制动管恢复定压，制动缸压力下降至 0 kPa
第四步	9	紧急位	运转位	将自动制动手柄移到紧急位，列车制动管 3 s 减压至 0 kPa，均衡风缸压力快速减至 0 kPa。制动缸压力在 3~5 s 上升至 400 kPa，并最终达到 450±20 kPa
	10	运转位	运转位	等待 60 s 后紧急制动复位，将自动手柄置运转位，让制动系统充风 1 min
第五步	11	运转位	制动区→全制位	将单独制动手柄阶段移到全制动位，阶段制动作用应稳定，制动缸压力应达到 300 kPa
	12	运转位	制动区→运转位	将单独制动手柄阶段移到运转位，阶段缓解作用应良好
	13	运转位	全制位	将单独制动手柄移至全制位，制动缸压力 4 s 内上升至 285 kPa 以上
	14	运转位	运转位	将单独制动手柄移至运转位，制动缸压力 5 s 内缓解至 40 kPa 以下

参考文献

[1] 夏演荪，吴培元，等. 120 型空气制动机[M]. 北京：中国铁道部出版社，1995.
[2] 刘豫湘，陆缙华，潘传熙. DK-1 型电空制动机与电力机车空气管路系统[M]. 北京：中国铁道出版社，2000.
[3] 张开文. 制动[M]. 北京：中国铁道出版社，1981.
[4] 张有松，朱龙驹. 韶山 4 型电力机车[M]. 北京：中国铁道出版社，2001.
[5] 赵叔东. 韶山 8 型电力机车[M]. 北京：中国铁道出版社，1999.
[6] 王爱民. DK-1 型电空制动机检修及故障处理[M]. 北京：中国铁道出版社，1996.
[7] 那利和. 电力机车制动机[M]. 北京：中国铁道出版社，2002.
[8] 余卫斌. 韶山 9 型电力机车[M]. 北京：中国铁道出版社，2005.
[9] 李益民. 电力机车制动机[M]. 北京：中国铁道出版社，2008.
[10] 杨永林. 韶山 7E 型电力机车[M]. 北京：中国铁道出版社，2004.
[11] 彭俊彬. 动车组牵引与制动[M]. 北京：中国铁道出版社，2007.
[12] 李益民，阳东. 电力机车制动机[M]. 北京：中国铁道出版社，2012.
[13] 彭俊彬. 动车组牵引与制动[M]. 北京：中国铁道出版社，2007.
[14] 董锡明. 现代高速列车技术[M]. 北京：中国铁道出版社，2006.
[15] 李益民，阳东. 城市轨道交通车辆制动系统维护与检修[M]. 北京：机械工业出版社，2012.
[16] 张曙光. HXD_1 型电力机车[M]. 北京：中国铁道出版社，2009.
[17] 张曙光. HXD_3 型电力机车[M]. 北京：中国铁道出版社，2009.
[18] 夏寅荪. 机车车辆及城市轨道车辆电空制动机[M]. 北京：中国铁道出版社，2000.
[19] 李益民，马金法，黄志高. 交流电力机车制动系统[M]. 成都：西南交通大学出版社，2014.